21 世纪经济学类管理学类专业主干课程系列教材

现代质量管理

（第 3 版）

主　编　王明贤
副主编　王　强　孙沛东　李　牧

清华大学出版社
北京交通大学出版社
·北京·

内容简介

本书系统地介绍了大质量观、质量战略、质量管理理念、质量管理基本理论与实践发展沿革；制造业与服务业的质量形成特性和质量管理模式；质量管理改进方法、统计过程控制和质量检验理论基础与实践；2015版ISO 9000族（GB/T 19000系列）质量管理体系标准，以及质量管理体系的建立与审核；作为宏观控制的质量监督及有关质量方面的法律、法规和条例。并在相关章节中加入质量管理最新理念、质量功能展开、供应商管理、顾客满意、六西格玛管理等。

本书注重理论与实践的结合，每章配备了案例分析、阅读资料、习题。

本书适合作高等院校工商管理、工程类专业本科教材，也适合作为制造业、服务业等各行各业质量管理培训教材，还可供工程技术人员、生产管理人员、质量管理人员参考学习所用。

图书在版编目(CIP)数据

现代质量管理/王明贤主编. —3版. —北京：北京交通大学出版社：清华大学出版社，2021.5（2025.1重印）
ISBN 978-7-5121-4323-4

Ⅰ. ①现… Ⅱ. ①王… Ⅲ. ①质量管理-高等学校-教材 Ⅳ. ①F273.2

中国版本图书馆CIP数据核字（2020）第165943号

现代质量管理
XIANDAI ZHILIANG GUANLI

责任编辑：郭东青
出版发行：清华大学出版社 邮编：100084 电话：010-62776969
北京交通大学出版社 邮编：100044 电话：010-51686414
印 刷 者：北京虎彩文化传播有限公司
经 销：全国新华书店
开 本：185mm×260mm 印张：23 字数：603千字
版 印 次：2012年1月第1版 2021年5月第3版 2025年1月第2次印刷
印 数：2 001～2 200册 定价：69.00元

本书如有质量问题，请向北京交通大学出版社质监组反映。对您的意见和批评，我们表示欢迎和感谢。
投诉电话：010-51686043，51686008；传真：010-62225406；E-mail：press@bjtu.edu.cn。

第 3 版前言

为顺应我国质量形势和质量管理环境所提出的新要求，本书至今已经进行了数次修订。特别是，我国质量发展史上首次以党中央、国务院名义发布《关于开展质量提升行动的指导意见》的质量工作纲领性文件，提出以提高发展质量和效益为中心，将质量强国战略放在更加突出的位置，开展质量提升行动，加强全面质量监管，全面提升质量水平，加快培育国际竞争新优势，为我国迈入质量时代、实现“两个一百年”奋斗目标奠定质量基础。

等同采用 ISO 9001：2015 质量管理体系标准的我国 GB/T 19001—2016 的升级改版，更新了受到全世界认可的质量管理标准的 MSS 高阶结构、基于风险的思维和强调领导力的框架，同时对各种管理标准进行了整合，从而提出了更加简练的概念和方法。随着这种重要的管理新知识的更新，这里对本书的整体内容进行了再次的修改，进一步充实了原书内容。

本版由王明贤担任主编，王强、孙沛东、李牧担任副主编。刘师典、王丽雯、单亦涵、史春慧参加编写。全书共分 10 章，其中第 1 章、第 2 章、第 4 章由王明贤负责编写；第 3 章、第 5 章部分内容由王明贤、刘师典和孙沛东共同编写；第 6 章、第 7 章由李牧负责编写；第 8 章的部分内容由孙沛东负责编写；第 9 章、第 10 章由王强负责编写。刘师典、李牧、单亦涵、史春慧参与了书中表格的整理和校对工作。

在本书的编写过程中，借鉴和参考了国内外专家学者的研究成果，在此，表示衷心感谢！

编者

2020 年 4 月

第2版前言

本书第1版于2011年12月出版。虽然仅经过3年的时间，但我国的质量形势与质量管理环境发生了变化。特别是国务院颁布实施《质量振兴纲要（2011—2020年）》，提出“以人为本作为质量发展的价值导向、安全为先作为质量发展的基本要求、诚信守法作为质量发展的重要基石、夯实基础作为质量发展的保障条件、创新驱动作为质量发展的强大动力、以质取胜作为质量发展的核心理念”的工作方针；产品质量、工程质量和服务质量到2015年及2020年的“质量基础进一步夯实，质量总体水平显著提升，质量发展成果惠及全体人民”的发展目标；“深入贯彻落实科学发展观，从强化法治、落实责任、加强教育、增强全社会质量意识入手，立足当前，着眼长远，整体推进，突出重点，综合施策，标本兼治，全面提高质量管理水平，推动建设质量强国，促进经济社会又好又快发展”的指导思想。大力推进质量强国、质量强省（市）、质量强企等活动，动员联系社会各方面参与质量强国建设，努力形成质量共治的良好氛围。

为适应《质量振兴纲要（2011—2020年）》的工作方针和发展目标，实现质量强国、质量强省（市）、质量强企的战略要求，质量管理体系标准GB/T 19004—2011和GB/T 19011—2013的改版变化，本书进行了再版修订，并对书中部分内容做了精简和增加。由于受到作者学识水平与本书篇幅的限制，很多内容难以如愿，书中难免存在不妥、疏漏甚至不完善之处，恳请广大读者批评指正。

本版由王明贤担任主编，董玉涛、郭志清、王丹丹担任副主编，马俊隆、包立群、李牧、刘茜、姬昱、李然参加编写。全书共分10章，其中第1章、第2章、第4章和第6章由王明贤负责编写；第8章、第10章由董玉涛负责编写；第7章、第9章（部分内容）由郭志清负责编写；第3章（部分内容）和第5章由王丹丹负责编写。刘茜、姬昱、安华东参与了书中部分表格的整理和校对工作。

在本书的编写过程中，借鉴和参考了国内外专家学者的研究成果，在此，表示衷心感谢！

编者

2014年6月

前　言

质量是一个具有十分丰富内涵的多侧面的概念，产品质量、服务质量、过程质量及工作质量等已成为各级组织生存与发展的基础、消费者生活和合法权益的保障，更是一个国家综合国力的象征。

随着科学技术的不断进步和世界经济一体化的不断发展，质量管理的理念、方法和管理模式也在不断地完善与发展，尤其是以质量管理奖为代表的我国卓越质量经营模式、美国的波多里奇卓越绩效奖、ISO 9004：2009 组织持续成功管理等受到越来越多的组织的广泛关注。在这些背景下，本书作为质量管理课程的基础教材，力求反映当代质量管理科学的最新发展，提示质量管理实践的最新变化，结合国内外的最新成果，以全面质量管理为基础，以质量策划、质量控制、质量改进为主线，系统地介绍了现代质量管理的基本理论和方法。

在教材内容上，一方面，反映质量管理理论知识的最新动态和系统理论；另一方面，教材内容尽量精简，避免冲突与重复；并且以质量形成、控制、改进、检验和监督连贯各个知识点，有助于学生系统把握知识的脉络和精髓。

在教材结构上，注重应用能力，知识的传授以必需为度。为使学生能够在生产、服务领域中具有分析、解决质量实务问题的能力，增强学生对质量管理实践活动的适应能力和开发创造能力：一方面，考虑学生的学习兴趣和热情，树立“授人以渔”的思想，把学生分析问题与能力的开发放在首要位置；另一方面，全书以质量管理职能为主线，注重知识的传承、理论体系的完整，关注质量管理学科的前沿性与管理实践性。

在教材编写的细节上，把来自实践第一线的实用知识纳入教材的体系，案例分析方面注重启发性内容的编写，增强教材的可读性。

本书由王明贤担任主编，董玉涛、马俊隆担任副主编。包立群、刘茜、姬昱参加编写。全书共分 10 章，第 1 章、第 2 章、第 3 章（部分内容）、第 4 章（部分内容）、第 5 章、第 6 章（部分内容）由王明贤编写；第 3 章和第 4 章的部分内容与第 7 章由马俊隆编写；第 3.4 节、第 4.4 节由刘茜编写；第 5.4 节由姬昱编写；第 8 章、第 9 章、第 10 章由董玉涛编写；包立群参与了第 7 章和第 10 章部分内容的编写工作。王明贤负责全书的总体结构设计、案例分析、阅读资料，修改初稿和定稿。包立群、刘茜、姬昱、安华东、李然参与了书中部分内容的整理和校对工作。

在本书的编写过程中，借鉴和参考了国内外专家学者的研究成果。在此，表示衷心感谢！由于水平有限，书中难免存在不妥、疏漏甚至不完善之处，恳请广大读者批评指正。

编者

2011 年 12 月

前 言

编者

2011年12月

目　　录

第1章 导 论

学完本章，应该理解和掌握：
产品、服务、程序、质量和质量特性的定义及大质量观念；
提高质量的重要意义；
质量战略、质量技术创新、卓越绩效模式以及质量文化建设等21世纪质量的重大任务。

美国著名质量管理专家朱兰（Juran）博士曾指出："21世纪是质量的世纪，质量是和平占领市场最有效的武器。"在中国迈向质量强国的背景下，抓住质量这个突破口，充分运用质量的思维，推动质量技术创新，追求卓越绩效，培育质量文化建设，是我国重要选择，也是这个时代的重大命题。

1.1 质量及质量特性

"质量"是人们在日常工作和生活中使用频率相当高的一个词语，也是质量管理中最为重要的一个概念和质量管理的对象。理解和掌握《质量管理体系 基础和术语》（GB/T 19000—2016）（ISO 9000：2015）中的质量及其特性的相关术语，对于开展质量管理工作是十分重要的。

1.1.1 产品和服务

产品和服务是社会生活中最常见的概念之一。在前工业社会是以农、林、渔和矿业的产物为基础的社会，工业社会是以制造出来的产品为基础的社会，而后工业社会则是以服务为基础的社会。无论是产品还是服务，都离不开产品的生产过程和服务的提供过程。

1. 过程（process）

过程的定义："利用输入实现预期结果的相互关联或相互作用的一组活动。"

注1：过程的"预期结果"称为输出，还是称为产品或服务，随相关语境而定。

注2：一个过程的输入通常是其他过程的输出，而一个过程的输出又通常是其他过程的输入。

注3：两个或两个以上相互关联和相互作用的连续过程也可属于一个过程。

注4：组织通常对过程进行策划，并使其在受控条件下运行。以增加价值。

注5：对不易或不能经济地验证其输出是否合格的过程，通常称之为"特殊过程"。

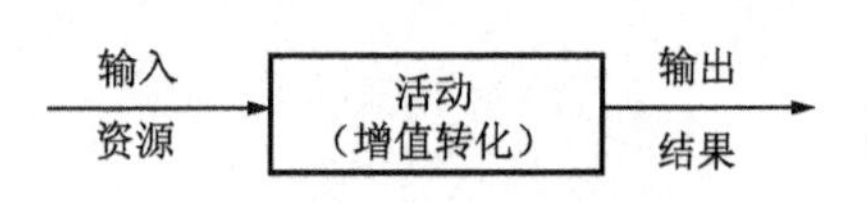

图1-1 过程的三要素

过程是质量活动的基本单元。过程由三个基本要素：输入、活动和输出组成，如图1-1所示。预期结果的输出可以是有形的产品，如一根铅笔，也可以是无形的服务，如获得的知识，以及我们完成的工作任务。

一个大过程可以分解为若干小过程，一些相关的小过程又可以组成一个大过程。一个过程的输出会是另一过程的输入，一个过程的输入可以是一种也可以是多种，一个过程的输出可以是一种，也可以是多种，如图1-2所示。

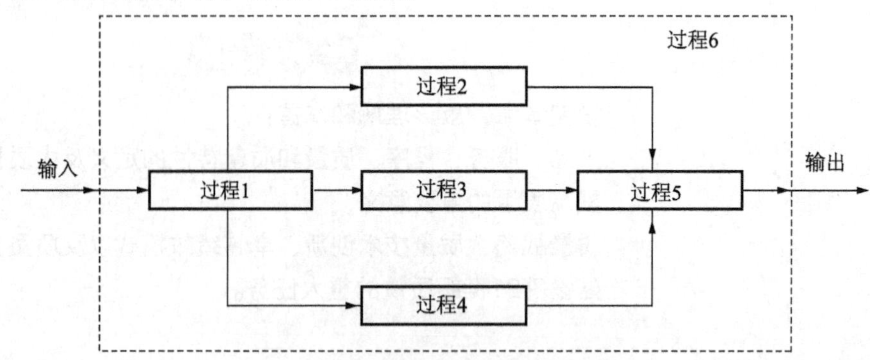

图1-2 过程间的关系及网络

2. 输出（output）

输出的定义："过程的结果。"

注：组织的输出是产品还是服务，取决于其主要特性，如：画廊销售的一幅画是产品，而接受委托绘画则是服务。在零售店购买的汉堡是产品，而在饭店里接受订餐并提供汉堡则是服务的一部分。

一般而言，输出分为四种类型，其特征如表1-1所示。

表1-1 输出的各种类型与特征

产品类型	各类产品的区别
硬件产品	具有特定形状的、可分离和组装的有形产品，一般由制造的或装配的零件、部件、构件或组装管件所组成。如外胎、内胎、轮胎、汽车、房屋、电视机等
流程性材料	具有某种预定状态而形成的有形产品。状态可以是液体、气体、粒状、线状、块状、板状等。如自来水、管道煤气、冰、大米、矿石、电线电缆、化肥、固态化工材料等。另一个显著特点是通常以桶、袋、罐、瓶、管道或卷成筒状的形式交付
软件产品	软件是指由承载媒体上的信息组成的无形的智力产品。软件能以概念、记录或程序的形式存在，如数据、字典、商标、专利、计算机程序等
服务产品	无形产品，是指为满足顾客的需要，供方和顾客之间接触的活动及供方内部活动所产生的结果。如销售、医疗、教育或维修有形产品等的活动

3. 产品（product）

产品的定义："在组织和顾客之间未发生任何交易的情况下，组织能够产生的输出。"

注1：在供方和顾客之间未发生任何必然交易的情况下，可以实现产品的生产。但是，当产品交付给顾客时，通常包含服务因素。

注2：通常，产品的主要特征是有形的。

注3：硬件是有形的，其量具有计数的特性（如：轮胎）。流程材料是有形的，其量具有连续的特性（如：燃料和软饮料）。硬件和流程性材料经常被称为货物。软件由信息组成，无论采用何种介质传递（如：计算机程序、移动电话应用程序、操作手册、字典、音乐作品版权、驾驶执照）。

通常产品的三种类型区别特征如表1-1所示的硬件、流程性材料和软件。

4. 顾客（customer）

顾客的定义："能够或实际接受为其提供的，或按其要求提供的产品或服务的个人或组织示例：消费者、委托人、最终使用者、零售商、内部过程的产品或服务的接收人、受益者和采购方。"

注：顾客可以是组织内部的或外部的。

顾客的内涵中将相关方和间接顾客纳入其中是广义的概念。

5. 服务（service）

服务的定义："至少有一项活动必须在组织和顾客之间进行的组织的输出。"

注1：通常，服务的主要特征是无形的。

注2：通常，服务包含与顾客在接触面的活动，以确定顾客的要求。除了提供服务外，可能还包括建立持续的关系，例如：银行、会计师事务所或政府主办机构，如：学校或医院。

注 3：服务的提供可能涉及，例如：

—— 在顾客提供的有形产品（如需要维修的汽车）上所完成的活动。

—— 在顾客提供的无形产品（如为准备纳税申报单所需的损益表）上所完成的活动。

—— 无形产品的交付（如知识传授方面的信息提供）。

—— 为顾客创造氛围（如在宾馆和饭店）。

注 4：通常，服务由顾客体验。

产品与服务都是输出的一种形式。产品与服务的区别在于“是否与顾客接触”，顾客接触是指通过其活动始终与顾客保持相互联系并且发生相互作用的过程。

6. 程序（procedure）

程序的定义：“为进行某项活动或过程所规定的途径。”

注 1：程序可以形成文件，也可以不形成文件。

要完成某项活动或过程可能有多种路径，程序则为活动目的的实现规定路径，通过程序所展示的则是实施控制了的途径。

对于产品和服务而言，是一组将输入转化为输出的相互关联或相互作用的活动的结果，过程的结果孕育在产品和服务实现过程之中，包括实现的途径、对过程的控制及相互关系和相互作用，如图 1-3 所示。

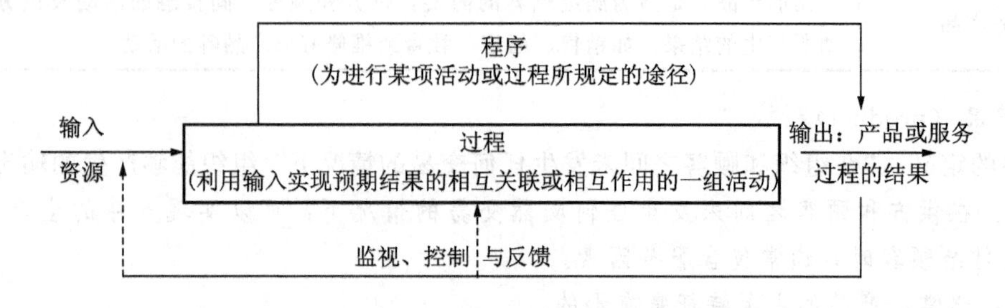

图 1-3　产品服务过程程序与产品和服务的关系

1.1.2　质量及相关术语

质量是一个具有十分丰富内涵的多侧面的概念，它随着社会进步与科技发展逐步拓展。

1. 客体 object，entity，item

客体的定义：“可感知或想象到的任何事物。”

示例：产品、服务、过程、人、组织、体系、资源。

注：客体可能是物质的（如：一台发动机、一张纸、一颗钻石），非物质的（如：转换率、一个项目计划）或想象的（如：组织未来的状态）。

2. 质量定义与内涵

质量（quality）的定义：“客体的一组固有特性满足要求的程度。”

注 1：术语“质量”可使用形容词如差、好或优秀来修饰。

注 2：“固有的”（其反义是“赋予的”）就是指在客体中。

(1) 质量的载体是客体。“质量”一词，加上具体的可感知或想象到的事物才使其表达明确、具体。例如，微观的使用质量的载体：产品质量、电视机质量、服装质量、建筑质量、工程质量、住宅质量、服务质量等。宏观的使用质量的载体：系统质量、运行质量、信息质量、人口质量、环境质量等。

产品质量或服务质量受到“过程质量”或过程中各项活动的影响，过程质量即全部手段和条件的总称。过程质量就是这些手段和条件所达到的水平，从而决定了产品质量。过程的各项活动是指工作的内容，工作质量是指与质量有关的各项工作，以及对产品质量的保证程度。工作质量涉及组织的各个部门、各个岗位工作的有效性，取决于人的素质，包括工作人员的质量意识、责任心、业务水平。产品质量、过程质量、工作质量与人的素质间的相互作用关系如图 1-4 所示。

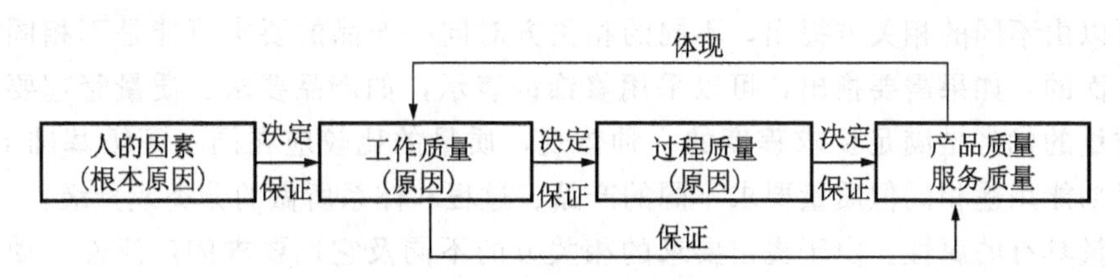

图 1-4 产品或服务质量的保证体系

(2) 质量的内涵涉及两个方面的内容。

① 特性 (characteristic)。特性的定义：“可区分的特征。”

注 1：特性可以是固有的或赋予的。

注 2：特性可以是定性的或定量的。

注 3：有各种类别的特性，如：

a) 物理的（如机械的、电的、化学的或生物学的特性）；

b) 感官的（如嗅觉、触觉、味觉、视觉、听觉）；

c) 行为的（如礼貌、诚实、正直）；

d) 时间的（如准时性、可靠性、连续性）；

e) 人体工效的（如生理的特性或有关人身安全的特性）；

f) 功能的（如飞机的最高速度）。

固有特性就是指某事或某物中本来就有的，尤其是那种永久的特性，如机械产品的机械性能、化工产品的化学性能、电子产品的速度等技术特性。有的产品只有一种类别的固有特性，有的产品可能具有多种类别的固有特性。例如，化学试剂只有一类固有特性，即化学性能；笔记本电脑则具有多类固有特性，如处理器、内存容量、硬盘容量、显示卡和续航时间等。赋予特性是完成产品后因不同的要求而对产品所增加的特性，如产品的价格、硬件产品的供货时间和运输要求、售后服务要求等特性。

固有特性与赋予特性是相关联的和相对的。某种产品的赋予特性可能是另一种产品的固有特性（转换）。如价格对于硬件产品来说，属于赋予特性，而对于运输服务业而言，就属于固有特性；交货期对于制造业来说，属于赋予特性，而对于零售服务业而言，就属于固有特性。

② 要求 (requirement)。要求的定义：“明示的、通常隐含的或必须履行的需求或期望。”

注 1：“通常隐含”是指组织、顾客和其他相关方的惯例或一般做法，所考虑的需求或期望是不言而喻的。

注 2：规定要求是经明示的要求，如：产品要求、质量管理要求、顾客要求、质量要求。

注 3：特定要求可使用限定词表示，如：产品要求、质量管理要求、顾客要求、质量要求。

注 4：要求可由不同的相关方或组织自己提出。

注 5：为实现较高的顾客满意，可能有必要满足顾客既没有明示，也不是通常隐含或必需履行的期望。

明示的要求可以理解为规定的要求，如在合同中阐明的规定要求或顾客明确提出的要求。通常隐含的要求是指作为一种习惯、惯例或常识，应当具有的不言而喻的，如食品不言而喻的常识就是安全无毒，化妆品对顾客皮肤的保护性等。必须履行的是指法律法规要求的或有强制性标准要求的，组织在产品的实现过程中必须执行这类标准。

要求可以由不同的相关方提出，不同的相关方对同一产品的要求可能是不相同的。要求可以是多方面的，如果需要指出，可以采用修饰词表示，如产品要求、质量管理要求、顾客要求等。质量的优劣是满足要求程度的一种体现，质量的比较应在同一等级基础上做比较。等级是指对功能用途相同但质量要求不同的产品、过程和体系所做的分类或分级。

（3）质量具有的属性。由于提出要求的相关方的不同及它们要求的广泛性、动态性，使得质量具有系统性、经济性、相对性、时效性和社会性。

①质量的系统性。质量是一个受到设计、制造、使用等因素影响的复杂系统。例如，汽车是一个复杂的机械系统，同时又是涉及道路、司机、乘客、货物、交通制度等特点的使用系统。产品的质量应该达到多维评价的目标。费根堡姆认为，质量系统是指具有确定质量标准的产品和为交付使用所必需的管理上和技术上的步骤的网络。

②质量的经济性。质量不仅从某些技术指标来考虑，还从制造成本、价格、使用价值和消耗等几方面来综合评价。在确定质量水平或目标时，不能脱离社会的条件和需要，不能单纯追求技术上的先进性，还应考虑使用上的经济合理性，使质量和价格达到合理的平衡。

③质量的相对性。组织的顾客和其他相关方可能对同一产品的功能提出不同的需求，也可能对同一产品的同一功能提出不同的需求，需求不同，质量要求也不同，只有满足需求的产品，才会被认为是质量好的产品。

④质量的时效性。由于组织的顾客和其他相关方对组织和产品、过程和体系的需求和期望是不断变化的，因此，组织应不断地调整对质量的要求。

⑤质量的社会性。质量的好坏不仅要考虑到直接使用者的评价，还要从整个社会角度的评价，尤其关系到生产安全、环境污染、生态平衡等问题时更是如此。

3. 质量观念的演进

质量具有的系统性、经济性、相对性、时效性和社会性，使得质量内涵具有与时俱进的特性。随着科学技术迅猛发展和经济一体化不断深入，国际贸易空前活跃，日趋激烈的市场竞争，使人们对质量的认识发生了变化。人们认为质量不仅仅要符合技术标准，还要在符合技术标准的基础上，具有适用性，更重要的是满足顾客的需要。ISO/TC 176 质量管理和质量保证技术委员会制定了质量管理方面的国际标准。与此同时，人们也逐渐认识到，要真正做到满足需要和要求，不仅要站在生产者、消费者、组织相关方的立场上，同时必须站在全社会立场上，生产社会需要的产品，提供社会需要的服务，保护环境以满足人类生存的需要，形成了大质量观。因此，质量理念的演进大致经历了四个阶段，如图 1-5 所示。

（1）符合性质量。符合性质量是以符合产品的技术标准作为衡量顾客需求产品规格的依据。质量管理专家克劳士比（Crosby）在 *Quality is Free* 一书中指出：质量就是要符合产品的设计要求，达到产品的技术标准，凡是有不符合“要求”的地方，就表明质量未满足要求。

符合性质量	适用性质量	需求性质量	全面质量
以符合产品的技术标准的程度作为衡量产品质量的依据 ——克劳士比	以适合顾客需要的程度作为衡量顾客满意的依据 ——米兰	以客体的一组固有特性满足要求的程度作为衡量相关方满意的依据 ——ISO 9000族等	以符合可持续发展的条件作为衡量人类生存需要的依据 ——可持续发展宣言

图 1-5 质量理念的演进

符合性质量体现了以生产者为主导的产品供不应求时代的企业经营阶段的特征。即只要合格了就满足了质量要求的狭义的质量观。

(2) 适用性质量。适用性质量是以适合顾客需要的程度作为衡量顾客满意的依据。“适用性”就是产品在使用时能成功地满足顾客需要的程度，包含“使用要求”和“满足要求”。质量管理专家朱兰深刻地指出，对用户来说，质量就是“适用性”，而不仅是符合企业的技术标准，产品的使用者对产品质量的评价总是以到手的产品是否适用，且其适用程度如何为基础的。质量从“符合性”发展到“适用性”，使人们对质量的认识逐渐上升到把顾客的需求放在首位，意味着企业在经营过程中需要确定他们有哪些使用需求，并在产品策划时考虑如何满足顾客的需要和期望。

(3) 需求性质量。需求性质量是以固有特性满足要求的程度作为衡量相关方满意的依据。“需求性”就是任何对质量有需求的相关方满足要求的程度。包含“当期的需求”和“潜在的需求”。质量不仅要满足顾客的需要，还要满足社会的需要，并使顾客、从业人员、业主、供方和社会都受益。即“客体的若干固有特性满足要求的程度”。

(4) 全面质量。全面质量是以符合可持续发展的条件作为衡量人类生存需要的依据。“全面”就是人类需求的所有方面满足要求的程度。朱兰博士认为，现代科学技术、环境与质量密切相关。“社会工业化引起了一系列环境问题的出现，影响着人们的生活质量。”质量从“符合性”—“适用性”—“需求性”发展到“全面质量”，质量的概念拓展到全社会的各个领域，包括人们赖以生存的环境质量、卫生保健质量以及人们在社会生活中的精神需求和满意程度等，从而形成了大的质量观。因此，大质量观包括狭义的产品质量、过程质量、工作质量，人们赖以生存的环境质量、卫生保健质量及人们在社会生活中的精神需求和满意程度等。

1.1.3 质量特性

质量特性（quality characteristic）的定义：“与要求有关的，客体的固有特性。”

注 1：固有意味着本身就存在的，尤其是那种永久的特性。

注 2：赋予客体的特性（如客体的价格）不是它们的质量特性。

质量概念的关键是“满足要求”。质量特性将“要求”转化为有指标的特性，作为评价、检验和考核的依据。质量特性有些是可定量的，有些是不能够定量的，只能定性描述。不同类别的产品和服务，质量特性的具体表现形式也不尽相同。

1. 硬件产品的质量特性

硬件产品的质量特性主要包括性能、寿命（即耐用性）、可靠性与维修性、安全性、适应性和经济性等 6 个方面。

（1）性能。性能（function）是指产品符合标准，满足一定使用要求所具备的功能。包括使用性能和外观性能。如内在质量特性（结构、物理性能、精度、化学成分等）和外在质量特性（外观、颜色、气味、光洁度等）。如手表的防水、防震、防磁和走时准确；电冰箱的冷冻速度；暖瓶的保温能力；电视机的图像清晰度；机床的转速、功率；钢材的化学成分、强度；布料的手感、颜色；儿童玩具的造型；食品的气味等。

（2）寿命。寿命（life）是指产品能够正常使用的年限，是产品在规定的使用条件下，完成规定功能的工作总时间；如灯泡在规定的电压和亮度条件下的使用小时数、电器开关的开启次数、钻井机钻头的进尺数、电视机的使用期限、轮胎的行驶里程数等都是衡量这些产品寿命的特性。

（3）可靠性与维修性。可靠性（reliability）是指产品在规定的时间内和规定的条件下，完成规定任务的能力；这项质量特性反映了产品在使用过程中，其功能发挥的稳定性和无故障性。如机床精度的稳定期限；材料与零件的持久件、耐用性等。与可靠性相联系的特性是维修性，或称保全性。产品的维修性（repairability）是指产品在规定的条件下和规定的时间内，按规定的程序和方法进行维修时，保持或恢复到规定状态的能力。可靠性与维修性决定了产品的可用性，可用性是指产品在任一随机时刻需要和开始执行任务时，处于可工作、可使用状态的程度。

（4）安全性。安全性（safety）是指产品在储存、流通和使用过程中，不发生由于产品质量而导致的人员伤亡、财产损失和环境污染的能力。它主要体现在产品本身所具有的保障使用者人身安全的质量特性。如洗衣机等家用电器采用对地绝缘电阻，保护用户在使用过程中不发生电击事故。此外，还应该考虑不对社会造成伤害及不对环境造成污染。如对汽车排放废气的控制，就属于产品安全下的范畴。

（5）适应性。适应性（adaptability）是指产品适应外界环境变化的能力。这里所说的环境包括自然环境和社会环境，前者是指产品适应沙漠与山地、暴风雨与海浪、振动与噪声、灰尘与油污、电磁干扰、高温与高湿等自然条件的能力；后者是指产品适应某地区、某国家、某类顾客等需求的能力。

（6）经济性。经济性（economy）是指产品整个寿命周期的总费用。具体表现为设计过程、制造过程、销售和使用过程的费用。对于产品的经济性而言，并不是最低的费用是最佳的，而是保证组织在激烈的竞争中得以生存的费用范围，以及用户在购买和使用过程满足程度的费用。

2. 服务质量特征

服务质量主要包括功能性、经济性、安全可靠性、时间性、舒适性和文明性等 6 个方面。

（1）功能性。功能性（function）是指某项服务所发挥的效能和作用。商店的功能是让顾客买到所需要的商品；交通运输包括铁路、民航、水运、公路等，其功能是运送旅客和货物到达目的地；邮电的功能是为用户传递信息；旅游的功能是让人们得到享受。而工业产品的销售和售后服务的功能是使用户满意地得到产品。功能性是服务质量中最基本的特性。

（2）经济性。经济性（economy）是指顾客为了得到不同的服务所需费用的合理程度。这里所说的费用是指在接受服务的全过程中所需要的费用，即服务周期费用（包括时间）。经济性是相对于所得到的服务满足不同等级需要而言，它是每个被服务者在接受服务时都要考虑的质量特性。

(3) 安全可靠性。安全可靠性(safety reliability)是指在服务过程中使用户感到准确、安全无危险。这是为了保证服务过程中顾客和用户等被服务者的生命不受到危害,健康和精神不受到伤害,货物不受到损失,如医疗、乘坐的交通工具、住宿等,用户主观上感觉可信、无差错、安全。

(4) 时间性。时间性(time service)是指服务在时间上能够满足被服务者需求的能力。它包括及时、准时和省时三个方面。及时是当被服务者需要某种服务时,服务工作能及时提供;准时是要求某些服务在时间上是准确的;省时是要求被服务者为了得到所需要的服务所耗费的时间能够缩短。及时、准时、省时三者是关联和互补的。

(5) 舒适性。舒适性(comfortability)是指在满足了功能性、经济性、安全性和时间性等方面的质量特性情况下,服务过程的舒适程度。它包括服务设施的适用、方便和舒服,环境的整洁、美观和有秩序。

(6) 文明性。文明性(civility)是指顾客在接受服务过程中满足精神需求的程度。顾客期望得到一个自由、亲切、友好、自然及谅解的气氛,有一个和谐的人际关系。文明性充分展示了服务质量的特色。

3. 真正质量特性与代用质量特性

直接反映顾客对产品期望和要求的质量特性称为真正质量特性;企业为满足顾客的期望和要求,相应地制定产品标准、确定产品参数来间接地反映真正质量特性称为代用质量特性。例如,汽车轮胎的使用寿命是真正质量特性,但它很难定量描述的,而使用的耐磨度、抗压和抗拉强度等则是它的代用质量特性。可见,真正质量特性是顾客的期望和要求,而代用质量特性是企业为实现真正质量特性所做出的规定。

1.2 提高产品质量的意义

质量体现着人类的劳动创造和智慧结晶,体现着人们对美好生活的向往。质量上不去,经济发展将受阻,也难以为继。质量上不去,产品在国内外市场上将丧失竞争优势,甚至还会错失良机。质量上不去,不仅难以满足人民群众日益增长的物质文化需求,而且会引起消费者的怨言。从这个意义上说,质量就是效率,质量就是价值,质量就是生命,质量决定发展。因此,提升质量是中国发展之基、兴国之道、富国之本、强国之策,关乎民生福祉,关乎国家形象。因此可以说,质量是人类美好生活和社会物质文化需求的保障,是企业赖以生存与发展的根本,是增强综合国力的重要途径。

1. 质量是人类美好生活和社会物质文化需求的保障

质量为满足人类对产品、过程和经营等要求而产生。如果发生了质量问题,不仅影响产品质量、过程质量和经营质量,还会影响人民美好生活和社会物质文化的健康发展。美国著名质量管理专家朱兰博士把质量形象地比拟为人类在现代社会中赖以生存的"质量大堤"概念,他认为在现代社会,人们将其安全、健康甚至日常的幸福都置于质量"堤坝"之下,例如药品、食品、飞机、汽车、电梯、隧道、桥梁等产品质量,以及电力、运输、通信、供水、垃圾清理等服务质量,直接关系到人们的日常安全和健康。"质量大堤"概念让人们进一步认识到,人们只有努力地创造出质量,确保了产品和服务质量,才能在"质量大堤"下面享受质量。这个质量大堤一旦出现崩塌或决口,将给人类、企业和社会造成损失,甚至灾难。例如，由于产品质量造成的电器漏电、电视机爆炸、高层建筑电梯失灵等，由于工作质量造成的飞机失事、煤矿爆炸、火灾等，由于工程质量不佳造成的建筑物倒塌等，不仅给人类带来无穷的烦恼、经济损失和灾难，也会造成社会资源的浪费和社会的不稳定现象。

伴随着科学进步所带来的产品和服务，如手机、互联网等，改变了人们原有的生活方式，这就意味着生活的质量只有在服务不中断的情况下才能有保障。然而，许多产品很容易发生故障，经常造成服务的中断。虽然大多数这类故障并不严重，但也有一些严重的，甚至相当可怕的故障，如食品、药品和医疗设备质量直接危害人类的安全和健康及其环境。因此，人类美好生活和社会物质文化需求只有依托质量才能得以保障。人类要想安居乐业、健康幸福地生活，就必须关注质量和提高质量，使质量大堤不断加高、加厚，牢不可破。

2. 质量是企业赖以生存与发展的基石

日本的质量管理权威石川馨先生曾说："日本的许多工业产品能在国际市场具有很强的竞争能力，能大量出口世界各地，一个最重要的原因是开展了质量管理。"日本把"以质量打开市场""以质量求生存，以品种求发展"的战略理念落实到企业的经营中，从而带来企业经济效益的不断增长。

(1) 质量是企业开拓市场的生命线。在社会经济高度发达的今天，"质量就是生命"等理念都已深深地扎根于每个企业，任何产品都要经受市场无情的考验。"今天的质量"就是"明天的市场"，只有用合格的产品质量满足消费者的需求，才有可能不断地扩大市场的份额。扩大市场份额体现在产品能极大地满足消费者的物质需求和心理需求。物质需求的满足，离不开产品的符合性质量、适用性质量的综合和统一；心理需求的满足离不开产品附加性质量、服务性质量的综合和统一。在消费需求不断特性化的今天，一个高质量的产品或一个有魅力的服务能拯救一个企业，能促使一个企业的发展。从更严格的意义上说，只有一个富有竞争质量的产品和服务才能引导一个企业驶向成功的彼岸。

(2) 质量是企业经济效益不断增长的根本。在市场经济条件下，提高经济效益的途径很多，如增加产量、提高价格、降低成本等。增加产量只是一项企业内部生产决策，如果不能扩大市场占有率，那么，增加产量就是滞销、积压，非但不能带来效益的增加，反而会引起效益的减少；提高价格虽然可以增加单位产品利润，但如果提价不能被市场接受，则将使销售萎缩，市场份额缩小，甚至会失去市场；降低成本当然可以扩大产品降价空间，提高产品市场竞争力。但如果产品本身缺少市场吸引力，也难以因此而扩大销售，最终可能得不偿失。因此，企业经济效益的实现并增加，不论通过何种途径，都必须以产品质量优势（含品种创新）为基础。企业产品质量过硬、深受消费者喜爱，销售量上升，则增加产量也是必然的。同样，产品质量过硬或市场份额足够大，适当地提价非但不会影响销售，反而有助于拉开和其他一般产品的档次，有利于形成品牌。至于成本，随着质量持续改善，不良品率降低，成本的合理降低也是必然之事。所以，质量是企业经济效益的基石，"提高经济效益的巨大潜力蕴藏在产品质量之中"。

(3) 质量是企业竞争力和经营素质的综合体现。优质产品好服务是企业竞争力的关键因素。由于市场经济和消费观念的变化，产品质量作为企业竞争力的关键因素正日益受到广泛的认同。事实上，在体现企业竞争力的五要素 F、T、Q、C、S 中，与质量直接有关的要素有两个：产品质量（quality）要好，服务质量（service）要优良。与质量间接有关的是产品价格或成本（cost），质量越高，则成本也越高；质量越差，则成本也越低。适用的功能

(function) 和产品品种是产品质量好坏的一种体现方式。交货期 (time to market) 是服务质量的体现形式。说到底，体现企业竞争力的五个要素均与质量有关。高质量的产品更具有合理的成本和富有竞争性的价格。离开了质量改进而单纯地降低成本并不能真正持久地提高产品的市场竞争力。相反，持续的质量改进却可以导致相对成本的合理下降。大量的事实证明，品牌的根基在于质量，高质量的产品在竞争中总能处于有利的地位。

从产品质量的形成来看，质量和产品的开发设计过程、制造或提供过程、销售和消费过程都有关。产品质量取决于过程质量，过程质量取决于工作质量，工作质量最终取决于员工的素质。质量不仅仅是体现在作业层，更重要的是体现在管理层、执行层。质量管理的强化、质量文化的营造、质量队伍的培育、质量制度的建设都将成为企业质量工作的一个重要的组成部分。提高质量首先要提高素质，企业各类人员的素质是质量管理成功的基本保证。同时，成功的质量管理必定可以全面提高企业和职员的素质。

3. 质量是增强综合国力的重要途径

质量最早只是一个符合技术标准的概念，但是随着经济社会的发展和科学技术的进步，逐步让人们认识到质量包括技术、经济、科技、教育和管理水平。如产品质量、工作质量、过程质量、生活质量、环境质量、消费质量、人口质量、教育质量、外贸增长的质量，外资运用的质量和民族素质质量等。质量作为国家整体竞争力的核心要素，是衡量经济社会发展水平的重要标尺，是经济增长和民生改善的基础。树立大质量的发展观，以质量为导向，提高各级组织的素质、效益和产业整体竞争力，提升国家在全球产业分工和利益分配格局中的有利地位，是全球化背景下实施可持续发展战略的必然选择。

质量发展的内涵在于牢固树立经济发展质量优先的理念，有了一流的质量，才能有一流的产品，才能有世界名牌产品，才会使产品质量总体水平跃上新台阶。有了产品质量、工作质量、管理能力和民众素质的不断提升，才会使产品质量稳步提高、工程质量得到有效保证、服务质量快速提升、环境质量保持良好水平，增长社会物质财富。环视当今社会，国家间的竞争正逐渐被企业间产品及服务的竞争所替代。质量已不再是一种奢侈品，而是任何产品及服务所必须具备的品质。用户完全满意已经成为世界一流企业和跨国公司所必须具备的最基本要求。因此，每个企业、每种产品和服务，要想在国际市场上占有一席之地，只能有超严格的质量要求，才能努力使自己达到世界级的质量水平。

经济社会今后的改革和发展，将更加注重科学发展，更加注重发展方式的转变，更加重视和处理好质量与速度、效益与规模、当前与长远的关系，加快从数量扩张型向质量效益型转变。因此，一个国家经济增长方式无论如何转变，都必将重视质量，质量是经济社会发展进步的综合反映，也是发展生产力、增长社会物质财富和增强综合国力的重要途径。

1.3 21世纪的质量管理挑战

质量是一个国家和地区的综合实力的集中反映，亦是物质文明和精神文明水平的综合体现。质量体现着人类的劳动创造和智慧结晶，体现着人们对美好生活的向往。因此，质量对个人、企业、行业、国家未来的发展都有着深刻影响。今天世界的发展已经进入质量时代，质量越来越成为全球发展中面临的重大战略问题。

1.3.1 质量战略

21 世纪，世界正逐步进入一个崭新的知识经济时代。发展看重质量，竞争依赖质量，社会讲求质量，质量成为经济社会发展的推动力之一。在这当中，质量内涵的丰富和向外延拓展，质量必然会得到前所未有的重视。

从国家层面讲，质量发展是兴国之道、强国之策。质量问题是经济社会发展的战略问题，关系可持续发展，关系人民群众切身利益，关系国家形象。从《质量发展纲要 2011—2020 年》，到中共中央、国务院印发的《关于开展质量提升行动的指导意见》；从开展质量提升行动的总体要求，到全面提升产品、工程和服务质量、破除质量提升瓶颈、夯实国家质量基础设施、改革完善质量发展政策和制度、切实加强组织领导，以及全面提出新形势下质量提升的目标任务和重大举措，释放出“质量第一”强烈信号，提升供给质量也成为我国质量提升的“主战场”。振兴制造业，要推动制造业从数量扩张向质量提高的战略性转变，质量第一的理念深入到每个行业、每个企业心目中，使重视质量、创造质量成为社会风尚。

从企业层面讲，“质量强企”是在新的市场竞争条件下的必然选择。这是因为在全球化的市场竞争中，以质量为核心要素的标准、人才、技术、市场、资源等竞争日趋激烈，从而质量战略中关于质量方针和质量目标的确定乃至实施的各种活动，必须实现从企业内部向国际市场的跨越；实现企业当前利益向可持续发展的长远利益的跨越；实现企业质量管理模式从局部改进向整体变革的跨越；实现企业综合竞争力从部分提升到创新构建式的跨越。

质量战略以一种全新的理念和模式展示在世人面前，推进产品、服务、过程和工作质量的全面创新，以超越竞争对手的实际质量成果赢得市场、消费者、社会效益和经济效益。这种质的跨越得益于注重管理创新、技术创新，重视打造技术人才队伍。同时需要建立完善的质量管理体系，实行质量安全“一票否决”，导入卓越绩效模式。

因此，无论是宏观方面，还是微观方面，质量战略都将被赋予新的历史使命：重视质量，充分运用质量的思维，坚守商业道德，担起产品和服务质量的主体责任，瞄准质量顽症，加快质量技术创新，完善质量管理体系，追求卓越绩效，形成“人人重视质量、人人创造质量、人人享受质量”的社会质量文化氛围，构建全社会质量共治机制。

1.3.2 质量技术创新

创新既是通过知识媒介和知识更新表现出的一种理念上的东西，也是一种社会实践。“对于知识经济，首先是创新，甚至可以说，没有创新，就没有所谓的知识经济。”所以，知识经济时代或面向知识经济时代的质量必须最大限度地突出创新，以培育创新意识、发展创新能力为质量战略的基本出发点，把创新努力贯穿于产品或服务质量形成的全过程中。从知识经济的本质是创新的角度来看，知识经济时代的知识已经成为生产力要素中最具活力、最富能量的要素，成为生产力发展的核心和基础，质量竞争体现在产品或服务中的知识的竞争，而竞争力正是创新能力的直接表现。

质量技术泛指组织为有效地实施质量管理和实现质量提升，由组织或个人所创造的或成功应用的质量管理的原则、理论、模式、技术、方法、工具，以及最佳实践等。质量技术包括：质量策划与控制技术、质量分析与改进技术、可靠性技术、标准化与计量检测技术、其他质量管理技术与工具，以及质量管理原理、理论、模式的创新或成功应用的技术路径等。

质量提升的对象可以是产品和服务质量，也可以是管理体系和过程质量，还可以是由各项绩效指标反映的企业经营质量。质量技术是质量理论在实践中的应用和发展，是质量进步的基础，也是质量创新的工具和平台。质量技术不是一成不变的，是不断发展和创新的，其创新的动力在于实践活动，在于对生产、生活中的劳动创造进行归纳、提炼和总结，在于对质量技术发展的深入思考。因此，质量技术创新仅仅在产品创新、工艺创新、开辟新市场、利用和开发新的资源及组织体制和管理的创新是远远不够的，在创新因素中，必将注入最具活力的创新知识，与之相适应的是质量观念及质量管理理念将发生深刻的变化。大质量观念将以知识丰富其内涵。大质量的概念不只是针对产品的质量，更是着重企业的质量，又强调提高企业质量来提高产品质量、降低产品成本、保证产品交货期和加强产品服务。从而质量管理的理念也将进一步提升，六西格玛管理、零缺陷的"一开始就把任何一件事做好"、精益管理、质量功能展开和可靠性管理的理念被人们广泛接受并积极推行，而各国的质量管理的新的理念和方法无不闪烁着知识、信息及创新精神的光辉。

质量技术的创新与应用有助于提高产品和服务的质量，改进研发、制造和服务流程，降低不良质量成本，增强顾客满意度，提升技术水平和经营绩效，并有助于节能、降耗、减排。它对于提高我国国民经济的质量和效益，提高我国的国际竞争力具有决定性的意义。对于一个企业的生存利发展同样具有决定性的意义。有了质量技术的创新，企业才能有生生不息的活力，才能在市场竞争中激流勇进。

1.3.3 卓越绩效模式

1987 年美国国会立法设立了波多里奇国家质量奖（Baldrige National Quality Award），其获奖单位是美国质量改进可以看得见的榜样，并且围绕着波多里奇奖和其标准，形成了非常广泛的全国范围内的质量活动。"比起其他的任何项目，美国波多里奇国家质量奖都更加注重于把质量作为国家和民族的最高优先级，在全国范围内推广质量改进及绩效卓越的典范，传播他们的做法"。由于波多里奇国家质时奖是针对"管理质量"和"经营质量"而被称为"卓越绩效模式"，使得波多里奇国家质量奖在运行了 23 年后，更名为"波多里奇卓越绩效奖"（Baldrige Performance Excellence Program），"卓越绩效"强调了质量的范畴已经从关注产品、服务和顾客质量，扩展到对组织整体质量这一更广义概念的战略性关注。波多里奇卓越绩效奖评奖标准聚焦于结果和持续改进，如图 1-6 所示。

卓越绩效模式的 1 000 分考核总分评价的核心价值观包括：有远见的、着眼于未来的领导人，顾客驱动的卓越绩效模式、全面的视野与管理创新、企业和员工的学习、注重雇员和合作伙伴、注重成果和创造价值、对市场的敏捷反应和社会责任。

我国国家标准《卓越绩效评价准则》（GB/T 19580—2012）和《卓越绩效评价准则实施指南》（GB/Z 19579—2012），体现了全面质量管理从指导思想到技术方法的变革与发展，是当今我国质量管理成功经验的最新总结，是我国质量管理工作发展到一个新阶段的标志。实施国家标准《卓越绩效评价准则》，是落实科学发展观、构建和谐社会和和谐企业的一条重要途径。我国正处在一个重要的战略转型期，机会与挑战并存，虽然我国的经济建设取得了举世瞩目的成就，但同时也面临着前所未有的挑战。日益严重的能源短缺和环境恶化决定了当前的生产体系不是一种可持续性的生产体系；我国的出口主要集中在低端产品，附加值低，缺乏自主知识产权；我国对外开放的方式仍然是以初级产品的直接出口为主要方式，这种方

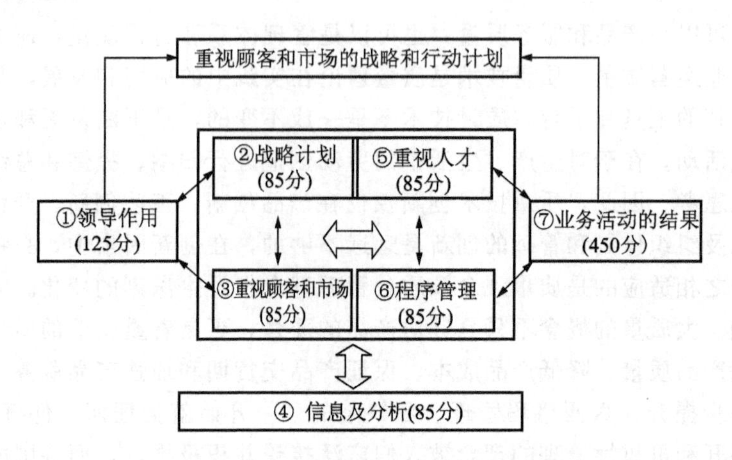

图 1-6 波多里奇卓越绩效奖评奖标准分值

式的增长是有极限的。面对这些问题，必须采取新的思路才能突破进一步的经济增长和发展的瓶颈，才能实现经济的可持续性发展，才能顺利实现全面建设小康社会的目标。卓越绩效评价准则体现了全面质量管理的精髓，充分理解、把握和应用卓越绩效评价准则是落实科学发展观、应对当前挑战和解决我国经济社会和环境可持续发展问题的最有效途径之一。实施国家标准《卓越绩效评价准则》，可以引导企业坚持以人为本，树立全面协调和可持续发展的观念，它为组织实现卓越绩效，对组织系统进行综合、全面和持续改进提供了一套方法论。

卓越绩效模式的标准提供了一个企业治理的文化。这里所说的企业文化，在企业内部表现在全体员工的素质和据此他们为了达到企业目标所做各种工作的互动上；在企业外部表现在全体员工的素质和据此完成对社会、对环境、对资源所负责任的程度上。绩效正是这一企业文化的结果，卓越绩效需要卓越的企业文化。企业文化是演进的，卓越是无止境的。

1.3.4 质量文化

质量文化的形成与发展正是人类自 20 世纪以来的质量实践活动的自然结果。作为人类社会的基本实践活动之一，质量实践活动已经从最初的工业领域渗透到人类社会生活的方方面面。从纯技术的范畴看，质量实践体现为确保实体（可以觉察或想象到的任何事物）与需要和期望有关的性质得到持续满足的完整过程，包括两个基本的方面：一是满足既定的需要和期望；二是满足需要和期望的能力的持续改进。随着质量实践活动的不断积累，质量实践逐步超越了其纯技术的范畴而演变为一种文化现象——质量文化。

1. 质量文化的内涵

作为一个解释当代质量实践活动的基本概念，“质量文化”的含义是“以近、现代以来的工业化进程为基础，以特定的民族文化为背景，群体或民族在质量实践活动中逐步形成的物质基础、技术知识、管理思想、行为模式、法律制度与道德规范等因素及其总和”。质量文化的概念继承了当代质量实践活动的 TQM 思想和 ISO 质量体系标准的绝大多数精髓，并突破了 20 世纪 80 年代以来在西方发达国家得到广泛关注与研究的企业文化的界限。

从宏观上看，质量文化研究的重点是国家或地区范围内的质量文化建设，其着眼点包括组织层次、地区经济层次或国家经济层次，体现出整个民族的素质。从微观上，企业作为一个群体，其质量文化反映了一个企业质量管理的历史传统，又支配着一个企业的质量技术和诚信的现实表现，它塑造着企业的质量基本理念，又规范着企业的群体行为，是企业文化的一部分和一种客观存在。图 1-7 展示了质量文化的宏观范畴与微观范畴的关系。不难看出，企业质量文化是从组织层面研究企业的质量实践活动的，既是企业文化的一个子范畴，也是质量文化的一个子范畴。

2. 质量文化的结构特征

质量文化作为一种与现代质量实践活动密切相关的文化现象，有其自身独特的结构特征。质量文化的结构特征由其物质层面、行为层面、制度层面和道德层面构成，质量文化渐变的特征从物质层面到道德层面逐渐增强，如图 1-8 所示。其中，物质层面和行为层面具有较高的易觉察性，属于质量文化中的较浅层面，而制度层面和道德层面具有较低的易觉察性，属于质量文化中的较深层面。

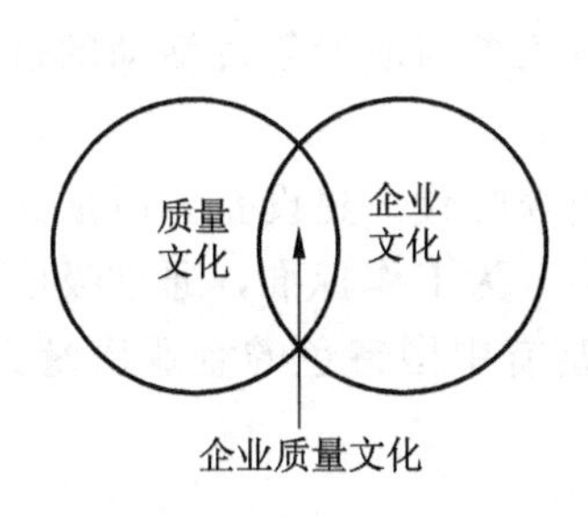

图 1-7 质量文化与企业质量文化的关系

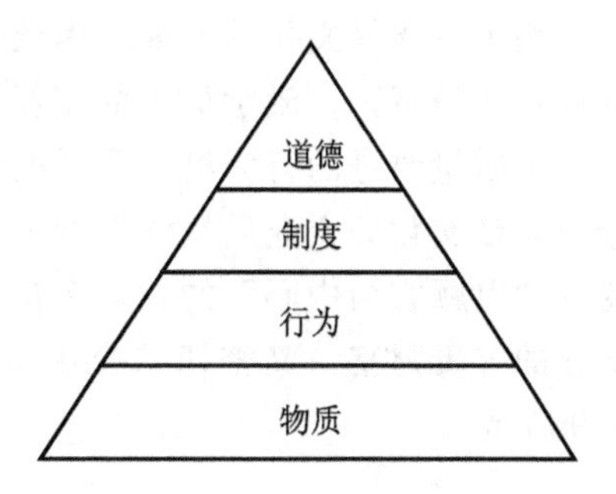

图 1-8 质量文化金字塔

（1）质量文化的物质层。质量文化的物质层是质量文化的基础性层面，构成质量文化金字塔的基座。质量文化的物质层面由国家或地区经济中的现有物质性因素构成，包括财富的数量与结构、财富的质量、科学与技术水平、人力资源的状况等。一般来说，某一国家或地区经济中物质性因素水平决定着该国或该地区质量文化的基本力量，在一个物质层面相对薄弱的国家，其质量文化的强度也相对较弱。但是，日本经济的发展进程清楚地表明，强大的质量文化能够促进经济的持续、快速、健康的发展，这就使得质量文化得以建立在不断提高的物质层面之上。

（2）质量文化的行为层。质量文化的行为层面建立在其物质层面之上，物质层面是行为层面的载体。行为层面体现为群体使用物质层面的因素创造财富的行为模式。在同样的物质层面之上，不同的行为模式将导致不同的质量文化强度。然而，与物质层面相比，行为层面对质量文化的影响更大。

（3）质量文化的制度层。质量文化的制度层面是塑造行为层面的主要机制。制度层面涉及以下三个方面，即标准化与规范体系、奖励制度和法律体系。其中，标准化与规范体系提供了对行为及行为结果的指导与评价体系，揭示了质量实践活动的基本目标；奖励制度体现出对行为模式的激励与导向作用。例如，20 世纪 80 年代中期，美国政府由于意识到美国经济竞争力正在减弱，通过立法程序设立了马尔科姆·波多里奇国家质量奖（Malcolm Baldrige National Quality Award），希望借此重振美国经济。而法律体系是行为层面的强制性塑造机制。法律体系对质量文化的影响力依赖于执法的公正性、执法的及时性和质量法律体系的健全性三个方面。

(4) 质量文化的道德层。质量文化的道德层面位于质量文化金字塔的顶层，既是质量文化的核心内容和最高境界，也是质量文化建设的最终目标。它表现为群体积极主动地尊重与维护顾客主权的价值取向和精神追求。道德层面涉及尊重顾客主权、积极主动地维护社会质量文化的权威、追求行为结果的社会效益与完美主义，以及以持久的眼光看待经济资源，倡导社会的可持续发展理念四个群体的价值取向。

3. 企业质量文化建设

企业质量文化是企业在长期的生产经营中自然形成的质量意识、规范、价值导向、思维方式、道德水准、行动准则、法律观念和传统惯例等的总和。企业质量文化主要和全体员工的质量意识、质量观念、业务素质、工作责任心和敬业精神等有关。在企业质量文化的建设中，上层管理者常常是质量文化的创造者。其工作态度、管理方式和处理问题的方式方法等都直接影响企业质量文化的形成。因此，要创立良好的质量文化，上层领导必须有质量战略意识和质量竞争意识，激励员工的创新精神，鼓励员工参与质量管理活动的过程改进，要善于对有利于质量改进的行为给予及时的认可和奖励。

企业质量文化即企业质量管理的最高境界。在当今时代，建设企业质量文化必须转变观念，树立“以顾客为中心”的企业宗旨，以“零缺陷”为工作标准，通过吸取国际优秀企业质量文化的宝贵财富，又密切结合中国实际，创建富有中国特色的企业质量文化建设模式，如图 1-9 所示。

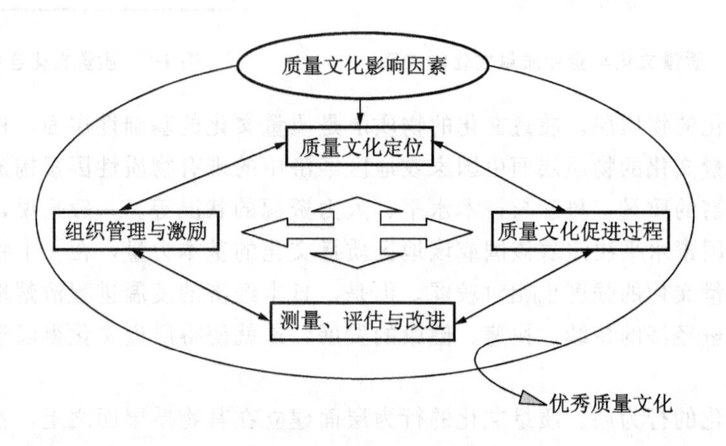

图 1-9 企业质量文化建设模式基本框架

(资料来源：http：//www.caq.org.cn/html/nqcc_news/2011－4/11/214112.shtml)

企业质量文化建设模式包含四个模块：质量文化定位，组织管理与激励，质量文化促进过程，测量、评估与改进。四个模块代表了每个组织开展质量文化建设所不可缺少的四个方面工作。在质量文化建设中，四个模块之间将相互作用、相互影响。“质量文化定位”模块：目的是确定质量文化方向与追求的目标。“组织管理与激励”模块：目的是建立质量文化的推进网络和推进机制。“质量文化促进过程”模块：目的是将确定的文化方向和期望目标通过具体过程转化为现实。“测量、评估与改进”模块：目的是建立质量文化评估机制，测量质量文化建设的工作业绩，评估质量文化总体成效，并推动改进。

企业质量文化要营造人人参与质量管理、人人具有强烈质量意识的氛围，通过员工与顾客的交流、部门间的交流与沟通，使企业所有人员更清楚地了解顾客的需求，了解下一道工序的需求，使部门间的工作相互协调一致。同时，质量文化要求企业持续改进产品和服务质量、持续改进过程运行质量，要进一步明确过程各环节的质量责任，使质量工作重心置于过程优化之中，世界上成功的企业无一不是以其优秀的质量文化作为取胜之道的。正如企业文化是企业经营战略的根本，任何企业的质量战略都植根于其自身的质量文化土壤之上。任何具有竞争活力的、追求卓越经营的质量战略都必须以培育相应的质量文化为其出发点和归宿。

企业质量文化和质量战略具有相互的能动作用。卓越的质量文化可以催化卓越的质量战略，同时，又为其圆满实施提供保证和条件；反过来，卓越的质量战略必然以培育相应的质量文化为其内在要求，同时，又为质量文化建设创造动力和机遇。质量文化建设是质量战略的重要组成部分，也是企业领导人的基本职责之一。一般来说，企业质量文化的培育作为质量战略的根本，在组织上涉及企业中每一个部门和每一个个人；在内容上则涉及经营管理，尤其是质量管理的所有方面，如企业的质量决策文化、质量产品文化、质量服务文化、质量道德文化、质量公关文化及质量文本文化等。但是，质量文化的核心是“质量第一、用户第一”的经营理念，这是质量文化培育必须遵循的基本原则。这些质量文化的发展与我国虽有不同，但以人为本、以创新和改进为动力的特质却是一脉相承的，反映了一种自强不息、开拓进取的时代精神。于是以顾客需求为导向，发扬团队精神，增强企业凝聚力，以达到社会效益和经济效益全面丰收。

本章小结

本章是本课程的开篇。经济全球化的不断深入，标志着一个国家的产品更具有广阔的市场。全面意义上的质量竞争已成为国际市场竞争的关键。本章引导学生了解现代质量管理的研究内容：一是从微观方面研究企业和服务机构的质量管理，二是从宏观方面研究对企业、服务机构的产品质量、服务质量的监督与控制。产品是“在组织和顾客之间未发生任何交易的情况下，组织产生的输出”、服务是“至少有一项活动必须在组织和顾客之间进行的组织的输出”。质量是“客体的一组固有特性满足要求的程度”。质量特性是“与要求有关的，实体的固有特性”。产品质量、过程质量、工作质量及系统质量的内涵及扩展，形成大的质量概念。并以生活实际和社会实际为背景，正确理解质量与整个国民经济发展、企业及人民切身利益的密切关系以便了解提高质量的意义：质量是美好生活和社会物质文化需求的保障；是企业赖以生存与发展的根本，是增强综合国力的重要途径。并引导学生从质量技术的创新、卓越绩效和质量文化建设的角度，思考 21 世纪的质量战略。

阅读资料

质量发展纲要（2011—2020 年）选编

为深入贯彻落实科学发展观，促进经济发展方式转变，提高我国质量总体水平，实现经济社会又好又快发展，特制定本纲要。

质量发展是兴国之道、强国之策。质量问题是经济社会发展的战略问题，坚持以质取胜，建设质量强国，是保障和改善民生的迫切需要，是调整经济结构和转变发展方式的内在要求，是实现科学发展和全面建设小康社会的战略选择，是增强综合国力和实现中华民族伟大复兴的必由之路。

1. **指导思想、工作方针和发展目标**

（1）指导思想。深入贯彻落实科学发展观，从强化法治、落实责任、加强教育、增强全社会质量意识入手，全面提高质量管理水平，推动建设质量强国，促进经济社会又好又快发展。

（2）工作方针。把以人为本作为质量发展的价值导向、把安全为先作为质量发展的基本要求、把诚信守法作为质量发展的重要基石、把夯实基础作为质量发展的保障条件、把创新驱动作为质量发展的强大动力、把以质取胜作为质量发展的核心理念。

（3）发展目标（产品质量、工程质量、服务质量）。到 2015 年，农业标准化生产普及率超过 30%、主要农产品质量安全抽检合格率稳定在 96%以上、制造业产品质量国家监督抽查合格率稳定在 90%以上；大中型工程项目一次验收合格率达到 100%、其他工程一次验收合格率达到 98%以上；生产性服务业顾客满意度达到 80 以上、生活性服务业顾客满意度达到 75 以上。到 2020 年，产品安全指标全面达到国家强制性标准要求，农产品和食品实现优质、生态、安全，制造业主要行业和战略性新兴产业的产品质量水平达到或接近国际先进水平；工程质量达到国际先进水平，人民群众对工程质量满意度显著提高；全面实现服务质量的标准化、规范化和品牌化。

2. **主要任务**

（1）强化企业质量主体作用。严格企业质量主体责任、提高企业质量管理水平、加快企业质量技术创新、发挥优势企业引领作用、推动企业履行社会责任。

（2）加强质量监督管理。加快质量法治建设、强化质量安全监管、实施质量安全风险管理、加强宏观质量统计分析、推进质量诚信体系建设、依法严厉打击质量违法行为。

（3）创新质量发展机制。完善质量工作体制机制、健全质量评价考核机制、强化质量准入退出机制、创新质量发展激励机制、创建品牌培育激励机制、建立质量安全多元救济机制。

（4）优化质量发展环境。加强质量文化建设、营造良好市场环境、完善质量投诉和消费维权机制、发挥社会中介服务作用、加强质量舆论宣传、深化质量国际交流合作。

（5）夯实质量发展基础。推进质量创新能力建设、加强标准化工作、强化计量基础支撑作用、推动完善认证认可体系、加快检验检测技术保障体系建设、推进质量信息化建设。

3. **工作重点**

（1）质量素质提升工程。通过质量知识普及教育、职业教育和专业人才培养等措施，提升全民质量素养。建立中小学质量教育社会实践基地，鼓励有条件的高等学校设立质量管理相关专业，建立和规范各类质量教育培训机构，广泛开展质量教育培训，重点加强对企业经营者的质量管理培训，加强对一线工人的培训，提高企业全员质量意识和质量技能。

（2）可靠性提升工程。重点行业实施可靠性提升工程。加强产品可靠性设计、试验及生产过程质量控制，依靠技术进步、管理创新和标准完善，提升可靠性水平，促进我国产品质量由符合性向适用性、高可靠性转型。

（3）服务质量满意度提升工程。根据生产性和生活性服务业的不同特点，建立健全服务标准体系和服务质量测评体系，重点领域建立顾客满意度评价制度，引导企业提高服务质量，促进服务市场标准化、规范化、国际化发展。

(4) 质量对比提升工程。在农业、工业、建筑业和服务业等行业，分类分层次广泛开展质量对比提升活动。比照国际国内先进水平，在重点行业和支柱产业，开展竞争性绩效对比；在产业链和区域范围内，开展重点企业和产品的过程质量和管理绩效对比。

(5) 清洁生产促进工程。积极推进清洁生产模式。加快制修订与节能减排和循环经济有关的标准，建立健全低碳产品标识、能效标识、再生产品标识与低碳认证、节能产品认证等制度；构建清洁生产技术服务平台；建立能源计量监测体系；严格高耗能、高污染项目生产许可管理，加大淘汰落后产能力度。

（资料来源：http：//www.gov.cn/zwgk/2012－02/09/content_2062401.htm，中华人民共和国中央人民政府网）

中国质量（上海）大会：上海质量宣言选编

中国质量大会借鉴美国、欧盟、德国等国家（地区）的做法，通过召开质量大会，交流先进质量管理经验和方法，帮助企业通过质量提升提高竞争力和效益，完善政府质量治理政策措施，推动经济社会实现高质量发展。

首届中国质量（北京，2014 年 9 月 15 日）大会，以“质量、创新、发展”为主题，推动了政府和企业重视质量、全社会关注质量的社会氛围，在国内外产生良好反响，促进了经济社会的持续发展。第二届中国质量（上海，2017 年 9 月 16 日）大会，以“质量：改善供给侧引领未来”为主题，并正式发布《上海质量宣言》，发出 10 项倡议，让质量引领全球发展的美好未来。第三届中国质量（深圳，2019 年 12 月 5 日）大会，以“质量 变革 共享”为主题。《上海质量宣言》大致内容如下。

我们体会到：质量是人类智慧的结晶，提升质量是全人类共同的追求。质量不仅仅表现为产品和服务的性能，也是一种生活规范和处世哲学，质量对个人、企业、行业、国家未来的发展都有着深刻影响。当今世界的发展已经进入质量时代，质量越来越成为全球发展中面临的重大战略问题。

我们认识到：国因质而强、企因质而兴，民因质而富。经济转型升级、人民生活福祉提升，都离不开质量的支撑。当前世界经济仍处在复苏中，我们都面临着不少困难和挑战，经济社会的稳定发展需要调整结构，而调整结构就必须提升质量。只有树立强烈的质量意识，建立坚实的质量技术基础，掌握先进的质量方法工具，才能以质量的升级推动产品和产业升级，才能支撑新技术、新产业、新业态的发展，才能增加高质量、高水平的产品和服务供给，进而全面提升经济社会的发展质量，让人民享受更多质量发展的成果。从这个角度来说，质量就是效率，质量就是价值，质量决定发展。

我们倡议：

①重视质量，切实认识到提升质量是当前发展中最需要关注的问题，在政府治理、城市管理、企业经营、社区运行等各个方面充分运用质量的思维，追求质量效益，从而取得持久、包容和可持续的发展；②共同维护质量安全，预防经济社会发展落入低质量的陷阱，共同应对和化解质量安全领域的风险，携手解决食品安全问题、产品质量问题、质量缺陷问题等，提高人民生活质量；③共同深化质量基础设施的合作，积极推进计量、标准、合格评定合作和互认；④共同促进质量文化交流融合，坚持质量文化的平等性和包容性。尊重不同国家和民族的质量文化，促进多元框架下的质量文化交流融合；⑤共同推动质量技术创新，以技术

创新促进质量的发展和创新；⑥努力开展质量培训和教育，在基础教育中强化质量意识，在职业教育中提升质量素养，在高等教育中加强质量前沿理论的研究和创新。强化产、学、研质量领域的交流互动，根据产业界的需求，开发质量教育和培训项目。通过质量教育，发挥潜质，提高技能、增强人们在劳动力市场的竞争力；⑦鼓励质量最佳实践的分享和交流，交流质量工具、技术和方法的应用经验，推动各国质量奖励结果的互认；⑧合作促进各经济体质量活动的民间交流，共享质量管理小组活动成果，促进各国质量领域青年互相学习，共同进步；⑨共同促进中小企业质量提升，关注中小企业的质量提升需求，帮助中小企业加强质量管理，提升质量竞争力，推动中小企业依靠质量拓展国际市场；⑩推动建立质量发展国际组织，在互利共赢的基础上，引领未来发展的国际化质量组织，促进全球的质量治理。

（资料来源：http：//www.ccq－online.org/xwzx/284_20170916112549.html，
中国质量（上海）大会）

案例分析

中国的“三鹿奶粉事件”

2008年，河北三鹿集团生产的著名品牌“三鹿”牌婴幼儿奶粉，为增加原料奶或奶粉的蛋白含量而加入对人体有害的三聚氰胺，酿成重大食品安全事故。导致6 200多名婴幼儿患病，还使消费者对国内众多知名品牌奶制品产生怀疑，使国内奶制品整个行业面临史无前例的危机，造成了负面影响。一些国家开始抵制中国食品及农产品的进口，国际贸易为此付出惨痛代价。河北三鹿集团生产的著名品牌“三鹿”牌婴幼儿奶粉，曾是中国驰名商标，国家免检产品。事件发生后，国务院迅速启动了国家重大食品安全事故Ⅰ级响应机制，对患儿诊断治疗、问题奶粉封存回收、相关企业停产整顿、事故责任查处、所有奶制品检验和相关行业整顿等问题做了重大部署。

2008年6月28日，位于兰州市的解放军第一医院收治了首例患“肾结石”病症的婴幼儿，据家长们反映，孩子从出生起就一直食用河北石家庄三鹿集团所产的三鹿婴幼儿奶粉。7月中旬，甘肃省卫生厅接到医院婴儿泌尿结石病例报告后，随即展开了调查，并报告卫计委。随后短短两个多月，该医院收治的患婴人数就迅速扩大到14名。9月11日，除甘肃省外，陕西、宁夏、湖南、湖北、山东、安徽、江西、江苏等地都有类似案例发生。9月11日晚卫生部指出，近期甘肃等地报告多例婴幼儿泌尿系统结石病例，调查发现患儿多有食用三鹿牌婴幼儿配方奶粉的历史。经相关部门调查，高度怀疑石家庄三鹿集团股份有限公司生产的三鹿牌婴幼儿配方奶粉受到三聚氰胺污染。三聚氰胺是一种化工原料，可导致人体泌尿系统产生结石。9月11日晚，石家庄三鹿集团股份有限公司发布的产品召回声明称，经公司自检发现2008年8月6日前出厂的部分批次三鹿牌婴幼儿奶粉受到三聚氰胺的污染，市场上大约有700吨。为对消费者负责，该公司决定立即对该批次奶粉全部召回。

三鹿牌婴幼儿配方奶粉重大食品安全事故发生后，三鹿集团于9月12日全面停产。截至10月31日财务审计和资产评估，三鹿集团资产总额为15.61亿元，总负债17.62亿元，净资产－2.01亿元，12月19日三鹿集团又借款9.02亿元付给全国奶协，用于支付患病婴幼儿的治疗和赔偿费用。三鹿集团净资产为－11.03亿元（不包括10月31日后企业新发生的各种费用），已经严重资不抵债。依据《中华人民共和国企业破产法》的有关规定，申请人（债权人）石家庄商业银行和平西路支行向石家庄市中级人民法院提出了对被申请人（债务人）石家庄三鹿集团股份有限公司进行破产清算的申请。12月23日，石家庄市中级人民法院宣布三鹿集团破产。

12月31日，石家庄市中级人民法院开庭审理了三鹿集团股份有限公司及田文华等4名原三鹿集团高级管理人员被控生产、销售伪劣产品案。1月22日，石家庄市中级人民法院对三鹿问题奶粉系列刑事案件中的被告单位三鹿集团股份有限公司做出一审判决。三鹿集团犯生产、销售伪劣产品罪，判原三鹿董事长田文华无期徒刑，原三鹿副总王玉良有期徒刑15年，原三鹿高管杭志奇有期徒刑8年，原三鹿高管吴聚生有期徒刑5年，被判罚金4 937万多元；以危险方法危害公共安全罪，判奶贩张玉军死刑、张彦章无期徒刑，判劣质奶生产者高俊杰死刑，缓期两年；以生产、销售有毒食品罪，判正定金河奶源基地负责人耿金平死刑等。3月26日，河北省高级人民法院对三鹿问题奶粉系列刑事案件做出二审裁定，维持一审判决。河北省纪委、省监察厅日前发出通报，对“三鹿牌”婴幼儿奶粉重大食品安全事故负有直接责任和领导责任的石家庄市政府、省直有关职能部门的14名相关责任人员做出了处理。

（资料来源：http：//www.sina.com.cn 2009－01－22，新华网）

案例思考

1. 三鹿集团为什么破产？
2. 三鹿奶粉事件对消费者、企业、社会和国家的影响如何？
3. 从质量管理角度分析生产企业如何避免这类事件的发生？
4. 为何追究地方政府及负有监管职责的主要部门领导的责任？

习 题

一、单项选择题

1. （ ）着重从企业、服务机构的角度研究质量管理。
   A. 微观质量管理　B. 宏观质量管理
2. 企业经济效益的实现并增加，不论通过何种途径，都必须以（ ）为基础。
   A. 品牌　B. 产品质量　C. 价格　D. 竞争力
3. 日本的许多工业产品能在国际市场上具有很强的竞争能力，能大量出口世界各地，一个最重要的原因是开展了（ ）。
   A. 品牌策略　B. 质量管理　C. 经营管理　D. 生产管理
4. “生活处于质量堤坝的后面”是著名质量管理专家（ ）提出的。
   A. 石川馨　B. 朱兰　C. 哈林顿　D. 戴明
5. 追求质量技术的创新、卓越绩效和质量文化的建设是赋予（ ）新的历史使命。
   A. 质量战略　B. 创新战略　C. 品牌战略　D. 经营战略
6. （ ）强调质量的范畴已经从关注产品、服务和顾客质量，扩展到关注组织整体质量。

A. 戴明奖　　B. 波多里奇奖
C. 欧洲质量奖　　D. 卓越绩效奖

7. 提出质量就是适用性观点的是美国质量管理专家（　）。
A. 田口玄一　B. 石川馨　C. 克劳士比　D. 朱兰

二、多项选择题

1. 企业竞争力的五要素中与质量直接有关的要素是（　）。
A. 产品质量　B. 产品价格　C. 交货期　D. 服务质量
E. 功能

2. 为全面提高质量管理水平，推动建设质量强国，促进经济社会又好又快发展质量发展纲要（2011—2020）中的工作重点包括：（　）。
A. 质量素质提升工程　　B. 可靠性提升工程
C. 服务质量满意度提升工程　　D. 质量对比提升工程
E. 创新质量发展机制　　F. 清洁生产促进工程

3. 质量文化作为一种与现代工业文明密切相关的文化现象有其自身独特的结构化特征。其结构化特征与（　）有关。
A. 道德　B. 制度　C. 行为　D. 物质
E. 涵养

4. 卓越绩效奖强调了质量的范畴已经从关注（　），扩展到关注组织整体质量。
A. 产品　B. 服务　C. 顾客质量　D. 工程质量
E. 环境质量

5. 不同类别的产品，质量特性的具体表现形式不尽相同。硬件产品的质量特性主要表现在（　）等方面。
A. 性能　B. 寿命　C. 时间性　D. 可靠性
E. 经济性

6. 不同类别的产品，质量特性的具体表现形式不尽相同。服务质量特性主要表现在（　）等方面。
A. 性能　B. 功能　C. 时间性　D. 安全可靠性
E. 经济性　F. 舒适性

7. 以下关于程序的说法正确的是（　）。
A. 程序必须形成文件
B. 程序是为进行某项活动或过程所规定的途径
C. “程序文件”是含有程序的文件
D. 程序可以形成文件，也可以不形成文件

三、名词解释

1. 产品、服务、顾客；
2. 质量、质量特性；
3. 过程、输出、程序。

四、简答题

1. 为什么说质量是人类美好生活和社会物质文化需求的保障？

2. 为什么说质量是企业赖以生存与发展的基石？

3. 对于一个企业而言，如何制定质量战略？

4. 我国为何制定国家标准《卓越绩效评价准则》?

五、论述题

1. 试述提高质量的意义。

2. 结合我国的实际情况，谈谈如何建设质量文化和企业质量文化。

第2章 质量管理理论基础

学习目标

学完本章，应该理解和掌握：

质量管理相关的概念及概念之间的相互关系；

质量管理理论发展过程及各阶段的特点；

质量管理学家提出的全面质量管理的理念；

全面质量管理的含义、核心观点；

全面质量管理基础工作的内容。

在科学进步和现代管理理论与实践的不断积累和发展中，现代质量管理理论成熟起来。人们共同地认识到，全面意义上的质量竞争已成为国际市场竞争的关键。为求得生存和发展，必须积极、有效地开展质量管理活动，这是成功企业的共识，也是发达国家的一些政府长期探索的结论。质量管理不再是企业的“专利”，政府及一些公共组织也开始开展质量管理活动，并形成和发展了全面质量管理理论。

在质量时代，质量概念的内涵将丰富和向外延拓展，质量管理将被赋予新的历史使命，质量管理理论在实践中的不断充实、完善与创新也将会引发变革。

2.1 质量管理相关术语

当今社会，知识已经成为生产力要素中最具活力、最富能量的要素，成为生产力发展的核心和基础。企业发展不再是简单的有形资产的扩张，而是在深刻的知识创新的基础上，把知识转化为财富。因而，统一对质量管理及其相关术语的认识是“运用质量的思维，追求质量效益”的首要任务。

1. 质量管理（quality management）

质量管理是“关于质量的管理”。

注：质量管理可包括制定质量方针和质量目标，以及通过质量策划、质量保证、质量控制和质量改进实现这些质量目标。

质量管理是组织管理的重要组成部分，是组织围绕着质量而开展的各种计划、组织、指挥、控制和协调等所有管理活动的总和。质量管理必须与组织其他方面的管理如生产管理、财务管理、人力资源管理等紧密结合，才能在实现组织经营目标的同时实现质量目标。

质量管理是通过建立质量方针和质量目标，并为实现规定的质量目标进行质量策划，实施质量控制和质量保证，开展质量改进等活动予以实现的。

2. 质量方针（quality policy）与质量目标（quality objective）

质量方针是“关于质量的方针”。

注1：通常质量方针与组织的总方针相一致，可以与组织的愿景和使命相一致，并为制定质量目标提供框架。

注2：质量管理体系标准中提出的质量管理原则可以作为制定质量方针的基础。

质量方针是企业经营总方针的组成部分，是企业管理者对质量的指导思想和承诺。企业最高管理者应确定质量方针并形成文件。质量方针的基本要求应包括各方的组织目标和顾客的期望和需求，也是各方质量行为的准则。

质量目标是“关于质量的目标”。

注1：质量目标通常依据组织的质量方针制定。

注2：通常，对组织内的相关职能、层次和过程分别规定质量目标。

质量目标是组织在质量方面所追求的目的，是组织质量方针的具体体现，目标既要先进，又要可行，便于实施和检查。其通常依据组织的质量方针制定。为了使质量总目标落到实处，就必须按照系统的要求，将质量目标自上而下层层分解，使之落实到各个部门、各个岗位。

3. 质量策划（quality planning）

质量策划是“质量管理的一部分，致力于制定质量目标并规定必要运行过程和相关资源以实现质量目标”。

注：编制质量计划可以是质量策划的一部分。

质量策划的目的在于制定并实现组织的质量目标。组织可以在质量方针制定的基础，依据质量方针所确定的框架，在不同的层次进一步细化制定出质量目标，同时确定为实现质量目标所需的措施（必要的运行过程）和必要条件（相关资源）。质量策划强调的是一系列活动，而质量计划、质量手册和程序文件只是质量策划的形成文件的部分结果。

4. 质量控制（quality control）

质量控制是“质量管理的一部分，致力于满足质量要求”。

质量控制的目的在于确保产品质量和服务质量能满足顾客、法律法规等方面所提出的质量要求（如适用性、可靠性、安全性等）。质量控制是以预防为主。作为质量管理的一部分，质量控制适用于对组织任何质量的控制，不仅仅限于生产和服务领域，还适用于产品和服务的设计、生产原料的采购、服务的提供、市场营销、人力资源的配置，涉及组织内几乎所有的活动。质量控制的目的是保证质量，满足要求。为此，要解决要求（标准）是什么、如何实现（过程）、需要对哪些项目进行控制等问题。

5. 质量保证（ quality assurance)

质量保证是“质量管理的一部分，致力提供质量要求会得到满足的信任”。

质量保证定义的关键词是“信任”，对达到预期质量要求的能力提供足够的信任。这种信任是在有两方的情况下才存在，由一方向另一方提供信任。由于两方的具体情况不同，质量保证分为内部和外部两种，内部质量保证是组织向自己的管理者提供信任；外部质量保证是组织向顾客或其他方提供信任。

组织规定的质量要求，包括产品和服务的、过程的和体系的要求，只有这些要求得到了证实，才能给顾客以足够的信任。因此，质量保证证实的方法可包括：供方的合格声明；提供形成文件的基本证据（如质量手册、第三方的型式检验报告）；提供由其他顾客认定的证据；顾客亲自审核；由第三方进行审核；提供经国家认可的认证机构出具的认证证据（如质量体系认证证书或名录）。

6. 质量改进（quality improvement)

质量改进是“质量管理的一部分，致力于增强满足质量要求的能力”。

注：质量要求可以是有关任何方面的，如有效性、效率或可追溯性。

质量改进的目的与内容非常广泛，凡是“致力于增强满足质量要求的能力”的质量管理活动均在质量改进之列。可以是产品和服务、过程或体系，也可以是组织管理中的任何部分。质量改进与质量控制的不同之处在于其对质量要求是“提升性”的满足，它提供一种“与时俱进”的进取精神，核心理念是要探索增强满足程度的新途径。因此它要发扬创新精神，追求新的质量水平，实现质量水平的新提升、新突破。质量改进以有效性和效率为活动准则，这意味着质量改进是以提高效益和效率为宗旨，组织应注意识别需改进的项目和关键质量要求，考虑改进所需的过程，应考核其业绩的有效性。这种有效性作为质量改进活动时的一个鲜明的成功标志和业绩记录。质量改进活动是质量管理的永久目标。质量改进的动力就在于发扬永不满足的精神。

2.2　质量管理发展历程及理念

自从有历史以来，人类为了生存和发展，创造了产品，在产品形成过程中，人们从不同目的出发，总是设法创造出优质的产品。从广义上讲，这种努力都可以看成是对产品质量的控制和管理。因此，可以认为质量控制和管理是伴随着人类的生产史和流通史而诞生和发展的。

2.2.1　质量管理的发展阶段

质量管理是机器大生产的产物，是生产力发展的必然结果。从质量管理经历的百年多的历史来看，差不多每隔 20 年，在解决质量管理工作方面就会发生重大的创新与变革。按照质量管理在工业发达国家实践中的特点，质量管理的发展一般可分为质量检验、统计质量控制（SQC）、全面质量控制（TQC）、全面质量管理（TQM）和质量创新与改进五个阶段。如图 2-1 所示。

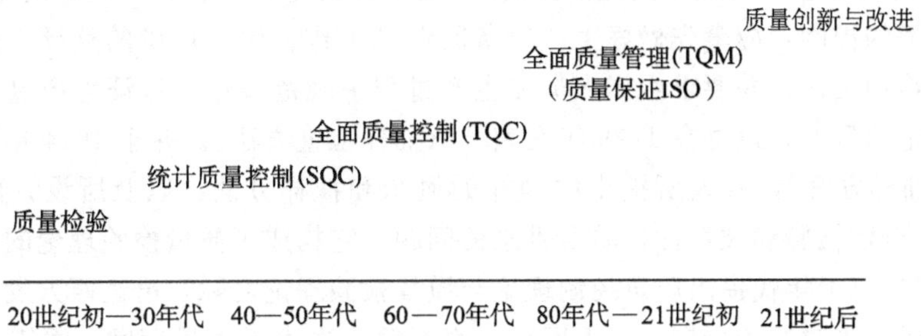

质量创新与改进

全面质量管理(TQM)
（质量保证ISO）

全面质量控制(TQC)

统计质量控制(SQC)

质量检验

20世纪初—30年代　40—50年代　60—70年代　80年代—21世纪初　21世纪后

图 2-1　质量管理的发展阶段

1. 质量检验阶段

质量检验（quality inspect）阶段是质量管理的初级阶段。人们对质量管理的理解还只限于质量的检验。质量检验所使用的手段是各种的检测设备和仪表，方式是严格把关，进行百分之百的检验，其主要特点是以事后检验为主。

人类历史上自有商品生产以来，就开始了以商品的成品检验为主的质量管理方法。小生产经营方式或手工业作坊式的产品质量主要依靠工人的实际操作经验，靠手摸、眼看等感官估计和简单的度量衡器测量而定。工人既是操作者又是质量检验、质量管理者，且经验就是“标准”。因此，有人又称之为“操作者的质量管理”。如《考工记》开头就写道“审曲面势，以饬五材，以辨民器”。所谓“审曲面势”，就是对当时的手工业产品作类型与规格的设计，“以饬五材”是确定所用的原材料，“以辨民器”就是对生产出来的产品要进行质量检查，合格者才能使用。1918 年前后，美国出现了以泰勒为代表的“科学管理运动”，强调工长在保证质量方面的作用，于是执行质量管理的责任就由操作者转移给工长。有人称它为“工长的质量管理”。1940 年以前，由于企业的规模扩大，这一职能又由工长转移给专职的检验人员，大多数企业都设置专职的检验部门并直属厂长领导，负责全厂各生产单位和产品检验工作，使质量检验的职能得到了进一步的加强。

检验工作是这一阶段执行质量职能的主要内容，通过严格检验来控制和保证出厂或转入下一道工序的产品质量。质量检验的专业化及其重要性至今仍不可忽视。但这种以质量检验为主要特征的质量管理阶段具有以下的缺点。其一，出现质量问题容易扯皮、推诿，缺乏系统优化的观念；其二，“事后检验”，无法在生产过程中完全起到预防、控制的作用；其三，百分之百的检验增加了检验费用，有时会延误出厂交货期限。因此，产规模扩大和大批量生产的情况下，由于事后检验信息反馈不及时所造成的生产损失很大，故又萌发出“预防”的思想，从而引发了质量控制理论的诞生。

2. 统计质量控制阶段（statistical quality control，SQC）

统计质量控制阶段的质量管理强调“用数据说话”，强调应用统计方法进行科学管理，故将质量管理的第二个发展阶段称为统计质量控制阶段。

第一次世界大战后期，美国贝尔电话实验室成立了两个课题研究组，一个是以休哈特（W. A. Shewhart）为首的过程控制组，另一个是以道奇（H. F. Dodge）为首的产品控制组。休哈特小组将数理统计的原理运用到质量管理中来，提出“事先控制，预防废品”的观念，发明具有可操作性的“质量控制图”。控制图的出现，是质量管理从单纯事后检验进入检验加预防阶段的标志，也是形成一门独立学科的开始。第一本正式出版的质量管理科学专著就是1931年休哈特的《工业产品质量的经济控制》（该专著奠定了质量控制理论的基础）。休哈特主张对生产过程的控制，应事先做好生产设备的调试工作、生产环境的整顿工作、技术人员和生产人员的培训工作，并要求生产人员在生产过程中规范操作，保证生产过程处于控制之中从而达到稳定的目的。道奇在1929年发表了《抽样检查方法》。并于1944年，正式公布了“道奇-罗米格抽样方案”，两人所提出的抽样的概念和抽样方法，以及所设计的“抽样检验表”，用于解决全数检验和破坏性检验所带来的问题。它构成了质量检验理论的重要内容。

在20世纪二三十年代提出质量控制理论与质量检验理论之际，恰逢西方发达国家处于经济衰退时期，所以当时这些新理论乏人问津，直至第二次世界大战期间，军需品面临严重问题（武器质量、被服质量、药品等），美国政府开始推广用统计质量控制方法，用数理统计方法制定了战时质量管理标准，《质量管理指南》《数据分析用的控制图方法》《生产中的质量管理用控制图》成功地解决了武器等军需品的质量问题，使美国的军工生产在数量上、质量上和经济上都占世界领先地位。由于采用了统计质量控制方法，给这些军工企业带来了巨额利润。战后，质量的统计控制方法成为质量管理的主要内容。统计质量控制强调对生产制造过程的预防性控制，使质量管理由单纯依靠质量检验事后把关，发展到突出质量的预防性控制与事后检验相结合的工序管理，成为进行生产过程控制强有力的工具。

从质量检验阶段发展到统计质量控制阶段，利用数理统计原理，预防产出废品并检验产品质量的方法，由专职检验人员转移给专业的质量控制工程师承担。这标志着将事后检验的观念改变为预测质量事故的发生并事先加以预防的观念。质量管理的理论和实践都发生了一次飞跃，从“事后把关”变为预先控制，并很好地解决了全数检验和破坏性检验的问题。但是，由于过多地强调了统计方法的作用，忽视组织管理和生产者能动性对质量的影响，致使人们误认为“质量管理就是数理统计方法”“质量管理是少数数学家和学者的事情”，限制了统计方法的推广发展，将质量的控制和管理局限在制造和检验部门。影响产品的质量因素是多种多样的，单纯依靠统计方法不可能解决一切质量管理问题。

3. 全面质量控制阶段（total quality control，TQC）

20世纪50年代以来，科学技术和工业生产的发展，对质量要求越来越高。如20世纪50

年代的美国的“阿波罗”飞船，其零部件就有560万个，如果零件的可靠性只有99.9%，则飞行中就可能有5 600个机件要发生故障，后果不堪设想。为此，在高、精、尖产品的质量控制要求下，显然仅仅依赖质量检验和运用统计方法已难以保证和提高产品质量，也不能满足社会进步的要求。这就对质量管理提出了新的要求，使质量管理理论从统计质量控制阶段向更高级的全面质量控制管理阶段发展。

基于上述背景，美国通用电气公司（GE）质量管理总经理费根堡姆和著名的质量管理专家朱兰等人在20世纪60年代先后提出了“全面质量控制管理”的概念，于是人们认识到质量管理问题不能同外部环境相隔离，只能将其作为企业管理系统乃至社会大系统的一个子系统，于是系统的观点、制约的观点、沟通的观点在质量管理中被广泛应用。并且，以人为本的观念被充分强调，把质量问题作为一个有机整体加以综合分析研究，实施全员、全过程、全企业的质量管理。

1961年，费根堡姆出版了*Total Quality Control*一书，指出“全面质量管理是为了能够在最经济的水平上并考虑充分满足用户要求的条件下进行市场研究、设计、生产和服务，把企业各部门的研制质量、维持质量和提高质量的活动构成一有效体系”。朱兰提出全面质量管理有三个环节：质量策划、质量控制和质量改进，并于1951年首次出版了《质量控制手册》，成为质量管理领域的权威著作。日本推出全公司的质量控制（CWQC），TQC与CWQC的全面质量控制是企业管理现代化、科学化的一项重要内容。

全面质量控制阶段的质量管理不再局限于数理统计，而是从企业内部全面地运用各种管理技术和方法。在一定意义上讲，它已经不再局限于质量职能领域，而演变为一套以质量为中心，综合的、全面的管理方式和管理理念。发达国家组织运用全面质量控制管理使产品或服务质量获得迅速提高，引起了世界各国的广泛关注。随着国际贸易的不断发展，特别是经济一体化的不断深入，国际市场竞争的加剧，各国企业越来越重视产品责任（PL）和质量保证（QA）问题。于是，一些工业发达国家，如英国、美国、法国和加拿大等国在20世纪70年代末先后发布了质量管理和质量保证标准。由于各国实施的标准不一致，给国际贸易带来了壁垒，一套通用的、具有灵活性的国际质量保证模式成为当时世界各国的迫切需要。

4. *全面质量管理阶段*（total quality management，TQM）

所谓全面质量管理，是以质量为中心，以全员参与为基础，旨在通过顾客和所有相关方受益而达到长期成功的一种管理途径。它强调了所有相关方受益。目前举世瞩目的美国波多里奇奖、欧洲质量奖、日本戴明奖等各种质量奖及卓越经营模式、六西格玛管理模式等丰富了全面质量控制理论，尤其是由国际标准化组织（International Organization for Standardization，ISO）质量管理和质量保证技术委员会（ISO/TC 176）制定的ISO 9000族的国际标准，都是以全面质量管理的理论和方法为基础的。

从1961年费根堡姆提出全面质量管理的概念开始，世界各国对它进行了全面深入的研究，使全面质量管理的思想、方法、理论在实践中不断得到应用和发展。概括地讲，全面质量管理的发展经历了以下四个阶段。

（1）日本从美国引入全面质量管理。全面质量管理起始于1950年戴明教授的统计方法和1954年朱兰教授的质量管理的课程培训。戴明博士在日本开展质量管理讲座，他在传授教统计方法的同时，向企业的经营者传授品质经营的理念及重要性，日本的早期的经营者几乎都见过戴明博士而受教于他，并实践戴明博士的品质经营理念，如准时制生产（JIT）、看板管理（Kanban management）、质量工程等，奠定了日本TQC的基础。从20世纪70年代开始，日本人在质量管理领域采用统计技术和计算机技术进行推广和应用，全面质量管理在这一阶段获得了新的发展。

（2）美国的全面质量管理模式。TQM起源于美国，却在日本开花结果，20世纪80年代，TQM开始成为美国人的关注焦点，当时美国人主要是想对日本在汽车制造业和其他耐用品比如空调的质量优势方面做出回应。对日本和美国空调制造者的一项研究表明，质量最好的美国产品比日本最差的产品平均次品率要高。美国的产品质量不足的问题已经如此严重，以致在整个行业中改善质量成为整个国家的优先任务。1980年6月24日美国广播公司（NBC）在电视播放举世闻名的“日本行 为什么我们不行”（If Japan Can，Why Can't We?）纪录片，介绍日本通过全面质量控制（TQC）活动，创造出优异产品的情况。同时，第一次向美国介绍日本的爱德华·戴明质量奖及其在创造经济奇迹中发挥的作用。由于日本企业与产品在全球大获成功，TQM迅速向世界各国普及推广，并且在实践中产生出新的质量管理理论和方法。美国摩托罗拉公司在总结日本TQM的基础上，提出了六西格玛管理方法和顾客全面满意（TCS）概念，获得巨大成功。

（3）全面质量管理的内容和要求得到标准化。随着全面质量管理理念的普及，越来越多的企业开始采用这种管理方法。1986年，国际标准化组织ISO把全面质量管理的内容和要求进行了标准化，并于1987年3月正式颁布了ISO 9000系列标准，这是全面质量管理发展的第三个阶段。因此，人们通常所熟悉的ISO 9000系列标准实际上是对原来全面质量管理研究成果的标准化。ISO质量管理体系标准诞生于市场经济环境，是国际标准化组织（ISO）在总结各国全面质量管理经验的基础上，为广大企业转换经营机制、强化技术基础、完善内部管理、提高产品和服务质量、保护环境、改善员工职业健康安全、提高企业信誉等方面提供了科学指南，同时也为企业迈向国际市场找到了“通行证”。

（4）质量管理上升到经营质量层面。随着质量管理思想和方法往更高层次发展，企业的生产管理和质量管理被提升到经营管理的层次。无论是学术界还是企业界，很多知名学者都提出了很多有关这个方面的观念和理论，“质量管理是企业经营的生命线”这种观念逐渐被企业所接受。各国通过设立国家质量奖来提升企业的管理水平已成为许多国家强化和提高产业竞争力的重要途径。除美国、日本、欧盟、加拿大等发达国家和地区外，许多新兴的工业化国家和发展中国家也都设立和开展了国家质量奖。在全世界所有国家质量奖中，最为著名、影响最大的当推日本爱德华·戴明质量奖（Edward Deming prize）、美国马尔科姆·波多里奇国家质量奖（Malcolm Baldrige National Award）和欧洲质量奖（European Quality Award），这三大世界质量奖被称为卓越绩效模式的创造者和经济奇迹的助推器。

日本企业通过申请戴明质量奖，把TQM作为企业参与市场竞争的武器，纳入企业经营战略中去，而且使经营战略得到贯彻实施。戴明质量奖提高了企业的凝聚力，实现了TQC到TQM的转变（见图2-2），纠正了企业过去不重视经营战略的做法，引导和促进了企业的可持续发展。波多里奇国家质量奖引导企业通过连续的质量改进和设定业绩的卓越标准而获得顾客满意。“质量”在波多里奇奖中有了更广泛的含义，由于波多里奇奖是针对“管理质量”和“经营质量”而被称为“卓越绩效模式”。欧洲质量奖的使命：一是激励和帮助欧洲的企业，改进它们的经营活动，并最终达到顾客满意、雇员满意，达到社会效益和企业效益的卓越化；二是支持欧洲企业的管理人员加速实施全面质量管理这一在全球市场竞争中获得优势的决定性因素的进程。

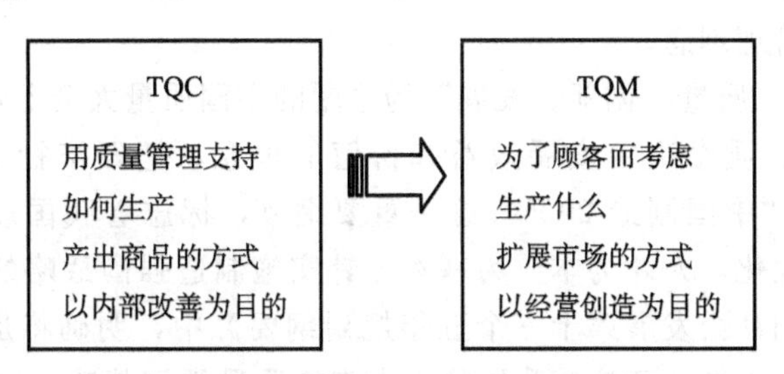

图 2-2　全面质量管理 TQC 与 TQM 的区别

5. 质量创新与改进阶段

进入 21 世纪，伴随着新技术环境变化所带来的风险，质量管理进入了基于风险和领导力的不断改进即与时俱进的新质量管理的发展阶段。

21 世纪是一个全球化、信息化和知识经济化时代，社会环境日趋复杂而多变。信息技术已经颠覆了人们的沟通与交流模式、各种经营模式和理念。人们越来越发现要做好质量管理，只考虑组织层面的相关利益者是远远不够的，质量管理不仅需要继承性的发展，还需要与国家层面的质量战略相结合，要有与时俱进的质量管理理念，通过质量创新与改进来改善供给，引领未来。

（1）ISO 的管理标准在 2015 年进行的大幅度改版，提出一个关注质量的组织应倡导一种文化，其结果导致其行为、态度、活动和过程，通过满足顾客和相关方的需求和期望实现其价值。组织的产品和服务质量取决于满足顾客的能力，以及对相关方有意和无意的影响。产品和服务的质量不仅包括其预期的功能和性能，而且还涉及顾客对其价值和利益的感知。质量的概念从过程发展到文化。

从基于过程方法的质量管理体系 PDCA 框架图可以看出，领导成为 PDCA 框架中的焦点，直接参与策划、实施、检查和改进相关的核心性质的要素，这是这次管理体系修改非常重要的一个变化，意味着无论是企业建立体系、体系建立的咨询、管理体系认证，都有了根本性的变化，而这种根本性的变化，就是与时俱进的变革。要求组织的质量管理体系（QMS）与组织的业务流程予以整合与统一：赋予最高管理者更积极的角色（领导力），促使高层管理者更大限度地领导和参与组织的质量管理体系。引入“基于风险的思维”的理念，该理念引导组织将资源重点分配到处理关键和主要风险，以及可能带来重大机会的领域。作为一个追求持续成功的组织，需要了解和持续监视对组织具有重要影响的内部和外部因素，可能包括宏观环境与微观环境、客户不断变化的需求与期望、新技术的演进，以及竞争对手的动态等。目前组织内的知识是否充分，是否需要利用外部知识、与外部进行相关的合作。对能够影响管理体系的重要事项，不论其是正面或负面的影响，都能拥有在高层次（战略层面）上的理解。

（2）进入 21 世纪，鉴于质量日趋凸显的地位，越来越多的国家和企业不断完善质量文化和质量管理实践，以应对日趋激烈的市场竞争环境。

费根堡姆博士在 2009 年的世界质量与改进大会（WCQI）上指出：企业拥有竞争力的根本原因是有效地理解和植入质量文化，强调质量管理理论的创新方面是以质量文化为基础的。2017 年的世界质量与改进大会从“创新”“领导力”“质量文化”等维度展开了“卓越运营”

方面的内容。2018 年的世界质量与改进大会则探讨了“质量 4.0”“建立并保持质量文化”等质量发展动态和质量管理理念。

中国在 2014 年以“质量、创新、发展”为主题的中国质量大会上，李克强总理强调，牢固确立质量即是生命、质量决定发展效益和价值的理念，把经济社会发展推向质量时代。2015 年国务院提出了“中国制造 2025”这一重要纲领，标志着我国以“创新驱动，质量为先，绿色发展，结构优化，人才为本”为基本方针实施制造强国战略的推进。2016 年《中华人民共和国国民经济和社会发展第十三个五年规划纲要》中，明确将加快建设质量强国、制造强国写入“十三五”规划，意味着我国将大力实施质量强国战略。2017 年以“质量，改善供给，引领未来”为主题的中国质量大会上，国务委员王勇强调：深入实施质量强国战略，大力促进质量提升，全面加强质量监管，着力夯实质量基础，推动中国制造和服务品质革命，促进经济发展，加快迈入质量时代。因此，抓住质量这个突破口，是世界各国的重要选择，也是时代的重大命题。

在全球化、信息化和知识经济化时代，任何一个国家和地区的产品和服务质量都面临着全球性的评价和对比，因而，要实现国因质而强、企因质而兴，民因质而富，则必须有与时俱进的质量管理理念——一种国家领导的理念、管理哲学以及指导原则，即从国家经济发展的战略高度来推动全面质量管理，使每一位国民的质量意识、质量能力都得到提升，使国家对全社会的每一个组织、每一位员工、每一项工作都能够灵活运用质量管理的手段、方法和技术，有系统地建立以质量为中心，长期持续不断改善与创新的国家质量文化。

应该看到，质量管理的各个发展阶段之间就其过程而言，如朱兰所说“大部分是彼此首位重叠的”，是不断地继承、扩展和完善的过程，而不是相互替代、相互排斥，截然分开的，它们共同构筑成现代质量管理科学。质量管理发展到全面质量管理，是质量管理工作的一大进步，统计质量管理着重于应用统计方法控制生产过程质量，发挥预防性管理作用，从而保证产品质量。然而，产品质量的形成过程不仅与生产过程有关，还与其他许多过程、许多环节和因素相关联，这不是单纯依靠统计质量管理所能解决的。全面质量管理相对更加适应现代化大生产对质量管理整体性、综合性的客观要求，从过去限于局部性的管理进一步走向全面性、系统性的管理。我们必须明白，质量管理理论与科学技术的进步和社会生产力的发展密切相关。进入 21 世纪，伴随着新技术而带来的风险，质量管理进入了基于风险和领导力的不断改进即与时俱进的新质量管理的发展阶段。

2.2.2 质量管理专家之理念

在现代质量管理的实践活动中，质量管理专家作为质量管理实践的核心人物发挥了积极的作用，正是这些著名质量管理专家，如戴明、朱兰、石川馨等，使人们对质量及质量管理有了更进一步的认识，专家们的质量管理理念及其理论对质量管理的发展和进步产生了巨大影响。

1. 统计质量控制（SQC）之父：休哈特

休哈特（Walter A. Shewhart）1891 年出生于美国伊利诺伊州的新坎顿，1917 年获得加州大学伯克莱分校的物理学博士学位。

1924 年 5 月，世界上第一张控制图由他提出。他认为，产品质量不是检验出来的，而是生产出来的，质量的控制重点应放在制造阶段，从而将质量管理从事后把关提前到事前控制。

休哈特重要的著作是《产品生产的质量经济控制》（*Economic Control of Quality of Manufactured Product*），1931 年出版后被公认为质量基本原理的起源。本书对质量管理做出重大贡献。休哈特宣称"变异"存在于生产过程的每个方面，但是可以通过使用简单的统计工具如抽样和概率分析来了解变异，他的很多著作在贝尔实验室内部发行。1939 年休哈特完成《质量控制中的统计方法》（*Statistical Method from the Viewpoint of Quality Control*）一书，并在专业期刊上发表大量文章。休哈特的计划—执行—检查—行动循环的观点被戴明和其他人广泛应用，进行质量改进项目的管理。此循环包括计划你想要做的事、执行计划、研究结果、进行纠正，然后再开始新的循环。

2. 现代质量改进之父：戴明

戴明（W. E. Deming）1900 年出生于美国艾奥瓦州。1928 年获耶鲁大学数学物理学博士。1950 年，戴明前往日本工业界担任讲师和顾问，对于日本的质量管理做出了巨大贡献。以戴明命名的"戴明品质奖"，至今仍是日本品质管理的最高荣誉。1980 年，在美国全国广播公司（NBC）的名为"日本可以，为什么我们不能"节目播出后，戴明便成为美国在质量方面的著名人物。戴明最早总结了旨在加强组织管理的戴明 14 条。14 条建立在一个"博大的知识体系"之上。这个体系包括四个部分：系统方法、了解统计变异、知识的本质和范围、了解人类行为的心理学。1987 年 8 月在美国召开的戴明国际学术研讨会上，戴明博士以"迎接挑战，摆脱危机"为题，对著名的 14 条质量管理要点进行了进一步的阐述。

（1）要使产品具有竞争力并占领市场，应该把改进产品和服务质量作为长期目标。

（2）提倡新的质量观念（新的哲学）——不能容忍粗劣的原料、不良的操作、有瑕疵的产品和松散的服务。

（3）消除依赖大量检查来保证质量——检验的滞后性，理解检验的目的在于改进流程并降低成本。

（4）采购、交易不应只注重价格——要有一个最小成本的全面考虑。

（5）持续不断地改善生产和服务系统——无论是采购、运输、工程、维修、销售、财务、人事、顾客服务及生产制造，都必须降低浪费和提高质量。

（6）实行更全面、更好的在职教育和培训——培训必须是有计划的，且必须是建立在可接受的工作标准之上，必须使用统计方法来衡量培训工作是否奏效。

（7）建立现代的督导方法——督导人员必须要让高层管理者知道需要改善的地方，当知道之后，管理当局必须采取行动。

（8）排除恐惧，让每个人都能有效工作——所有员工必须有胆量发问，提出问题，或表达意见。消除恐惧，建立信任，营造创新的氛围。

（9）拆除部门壁垒——每一部门都不应该只独善其身，而需要发挥团队精神，跨部门的质量圈活动有助于改善设计、服务、质量及成本，同时可以激发小组、团队和员工之间的努力。

（10）不搞流于形式的质量运动——取消主观的计量化目标。

（11）取消工作标准和数量化的定额——定额把焦点放在数量，而非质量上。

（12）排除人们为其工作成果而自豪的障碍——任何导致员工失去工作尊严的因素必须消除。消除障碍，使员工找回以工作为自豪的权力。

（13）鼓励自我改进，实施有力的继续教育和培训计划——由于质量和生产力的改善会导致部分工作岗位数目的改变，因此所有员工都要不断接受训练及再培训。一切训练都应该包括统计技巧的运用，并且教育员工学会自我提高。

(14) 采取积极的行动推动组织的变革——创造一个能推动以上 13 项的管理结构。

3. 质量领域的首席建筑师：朱兰

朱兰 (J. M. Juran) 1904 年 12 月出生于罗马尼亚的布勒伊拉。朱兰强调平衡使用管理、统计和技术概念的重要性，提出了一系列重要的质量管理理论、原则和方法，形成了质量管理理论体系。在朱兰质量管理理论体系中，他提出了质量管理过程的三部曲：质量策划、质量控制和质量改进。并用一个质量螺旋模型阐述了产品质量从产生、形成到实现的过程。《管理突破》(*Management Breakthrough*) 及《质量计划》(*Quality Planning*) 两本书是他的经典之著。他在 1951 年 出版的《质量控制手册》(*Quality Control Handbook*)，到 1998 年已发行到第 5 版，改名为《朱兰质量手册》(*Juran Quality Handbook*)，被称为当今世界质量控制科学的名著。为奠定全面质量管理 (TQM) 的理论基础和基本方法做出了卓越的贡献。1979 年朱兰学院成立，该学院如今已成为世界上领先的质量管理咨询公司。

朱兰的另一个重要贡献是提出：只有通过一系列不断累积的贡献和顾客——供应商价值链的创造才能够提高质量。他认为每个员工既是供应商也是顾客，认为任何活动都是与顾客和供应商相关的过程。

4. 全面质量控制之父：阿曼德·费根堡姆

阿曼德·费根堡姆 (Armand Vallin Feigenbaum) 1920 年出生于纽约市，1951 年毕业于麻省理工学院，获工程博士学位。费根堡姆是全面质量控制的创始人。1961 年，费根堡姆在其《全面质量管理》一书中首次提出“全面质量控制”概念 (total quality control，TQC)，并被世界广泛接受和运用。他认为全面质量控制的基本原理与其他概念的基本差别在于，它强调为了取得真正的经济效益，管理必须始于识别顾客的质量要求，终于顾客对他手中的产品感到满意。全面质量控制就是为了实现这一目标而指导人、机器、信息的协调活动。1998 年费根堡姆在第三届上海国际质量研讨会上发表了“未来属于全面质量领先者”的演讲，把全面质量发展归结为 10 项全面质量准则：

(1) 质量是全公司范围的过程；

(2) 质量是由顾客来评价的；

(3) 质量和成本是相合的和统一的，而不是相斥的和矛盾的；

(4) 质量成功要求个人和团队的热情和协作精神；

(5) 质量是一种管理方法；

(6) 质量与创新相互依赖；

(7) 全面质量是一种道德规范；

(8) 质量要求不断地改进；

(9) 全面质量是对提高生产率最有效的贡献者；

(10) 质量是联系顾客和供方的全面体系来实现的。

费根堡姆认为，这 10 项准则不是均等的，在某个阶段，其中的某几项是特别重要的。对于组织实践，全面质量的成功在于系统地管理。离开系统的方法，组织难以取得持续的成功。全面质量的有效在于“知识，在得到正确地应用的时候，才有力量”。

5. 零缺陷之父：菲利普·克劳士比

菲利普·克劳士比（P. B. Crosby）1926年出生于西弗吉尼亚的惠灵。克劳士比提出“零缺陷管理”（zero defects）的管理观念，并因此于1964年获得美国国防部的奖章，进而影响了世界的零缺陷管理运动。“零缺陷管理”或“缺点预防”是指第一次就把事情做对。这里所指的零缺陷并不是说绝对没有缺点，或缺陷绝对要等于零，而是指要以缺陷等于零为最终目标，每个人都要在自己工作职责范围内努力做到无缺陷。

采用这种管理方法，可以促使管理达到最佳度。该管理方法的主要做法如下。

（1）建立质量检查制度。

（2）DIRFT（do it right the first time），即每一个人第一次就把事情做对。

（3）开展零缺陷工作日竞赛。

1979年他在佛罗里达创立了PCA公司（Philip Crosby Associates，Inc.）和克劳士比质量学院，并把它发展成为全球最大的上市质量管理与教育机构。克劳士比认为，培训、纪律、榜样和领导可以产生预防，管理层必须下决心持续地致力于营造以预防为导向的工作环境。1979年他出版了《质量免费——确定质量的艺术》之作，把波及全球的质量革命运动推向新的阶段。提出作为工作哲学的质量管理的四项基本原则。

（1）什么是质量。质量的定义就是符合要求（POC），而不是好。

（2）质量是怎样产生的。产生质量的系统是预防（prevention），不是检验。

（3）什么是工作标准。工作标准必须是零缺陷（zero defects），而不是“差不多就好”。

（4）怎样衡量质量。质量是用不符合要求的代价（price of nonconformance，PONC）来衡量的，而不是用指数。

6. QC小组奠基人：石川馨

石川馨（Kaoru Ishikawa）1915年出生于日本，1939年毕业于东京大学工程系，主修应用化学。

石川馨的突出贡献是一直致力于日本全面质量管理方法的研究，开发出石川图（因果图）。作为日本质量管理小组（QC小组）的奠基人之一，他是将国外先进质量管理理论和方法与本国实践相结合的一位专家。1968年，石川馨出版了一本为QC小组成员准备的非技术质量分析课本《质量控制指南》（*Guide to Quality Control*），带动和培养了日本质量管理理论与实践人才。1981年，他在纪念日本第1 000个QC小组大会的演讲中，描述了“我的初衷是想让基层工作人员最好地理解和运用质量控制，具体来说是想教育在全国所有工厂工作的员工；但后来发现这样的要求过高了，因此，我想到首先对工厂里的领班或现场负责人员进行教育”。石川馨认为日本企业能够成功地支配世界市场的原因就在于日本人的质量意识和在质量管理方面所做的贡献，使人们意识到全面质量管理和QC理念的基本特征。石川馨坚信任何组织只要想让自己的产品和服务参与市场竞争就必须控制质量，除此之外别无他法。

石川馨强调：“全面质量管理包括做任何应当做的事。”

（1）一切活动都是一个过程，因此了解谁是顾客，谁是供应商，并正确判断他们的需求是至关重要的。

（2）质量管理需要系统的方法，必须把成本、产品本身的质量、生产率及可靠的分销渠道都考虑在内。

（3）质量管理是一个包括所有职能在内的横向管理过程。因此，要改进质量的所有关键领域必须通过协作共同完成质量循环。

(4) QC关键在于态度和行为，而不是一些工具和技术。因此，有效的质量管理离不开持续的教育和培训。

(5) 质量循环是一种真正的改进质量的方法，也是一种表现对人的尊重及利用人们的创造力和革新力的有效方法。

7. 创新质量观念的大师：田口玄一

日本工程师田口玄一（Genichi Taguchi）因为提出轰动的质量改进概念“稳健设计”（Robust Design）而出名。稳健设计（田口法）是质量工程学所取得的重大进展，也使节省成本的设计能力迅速提高。田口损失函数将质量特性与成本联系起来，认为质量损失是产品差异及产品使用中所带来的有害副作用造成的，每次偏差都会导致经济损失按几何级数上升。田口玄一的线上（on-line）和线下（off-line）质量法采用一种独特方式减少产品差异。其线上质量法指在生产环境中保持目标价值和有关该目标变量的技巧，其中包括统计控制图表等方法。线下质量法包括市场调查、产品开发和流程开发。这是田口法的独到之处。认真抓好这个方面最能提高产品质量，因为最终产品的质量主要取决于产品的设计和生产流程。田口玄一的质量观涉及整个生产职能，共有以下5个要点。

(1) 在竞争性市场环境下，不断提高产品质量、削减成本是企业的生存之道。

(2) 衡量成品质量的一个重要标准是产品对社会造成的一切损失。

(3) 改变产前实验的程序。从一次改变一个因素到同时改变多个因素，提高产品和流程的质量。

(4) 改变质量定义。由“达到产品规格”改为“达到目标要求和尽量减少产品变异”。

(5) 通过检查各种因素或参数素对产品性能特色的非线性影响，可以减少产品性能（或服务质量）的变化。任何对目标要求的偏离都会导致质量的下降。

2.3 全面质量管理概述

全面质量管理是以质量为中心，以组织全员参与为基础的质量管理形式，代表了质量管理发展的最新阶段。全面质量管理起源于美国，在日本开始推行，并且在实践运用中取得了丰硕的成果，引起世界瞩目。20世纪80年代后期以来，全面质量管理得到了进一步的扩展和深化，逐渐由早期的TQC（total quality control）演化成为TQM（total quality management），其含义远远超出了一般意义上的质量管理的领域，而成为一种综合的、全面的经营管理方式和理念。全面质量管理理论在推行和贯彻实施ISO 9000族质量管理体系标准的实践中进一步得到提高，并随着越来越广泛的推广和应用而不断发展和完善。美国福特公司的行政总监特罗特曼（Tlex Trotman）说：“我们处在新的竞争时代。在这个时代，全面质量管理是标准而非特例。不出几年，有些企业将不复存在。因此，我们是在为生存而战，决定成败的将是全面质量管理。”全面质量管理正是各企业为适应知识经济时代生存和发展需要所采取的重大举措。因此，要掌握全面质量管理理论应该理解全面质量管理的含义、特点、核心思想和其工作方法。

2.3.1 全面质量管理的定义

全面质量管理的理念最早见于1961年美国通用电气公司质量经理费根堡姆出版 *Total Quality Control* 一书，他指出："全面质量管理是为了能够在最经济的水平上并考虑充分满足用户要求的条件下进行市场研究、设计、生产和服务，把企业各部门的研制质量、维持质量和提高质量的活动构成一个的有效体系。"费根堡姆首次提出了质量体系问题，提出质量管理的主要任务是建立质量管理体系，这个新见解具有划时代的意义。费根堡姆的全面质量管理思想在日本、美国、欧洲和其他许多国家广泛传播，并在各国的实践中得到了丰富和发展。

日本在20世纪50年代引进了美国的质量管理方法，并有所发展。著名的日本质量管理专家石川馨博士，根据日本企业的实践把全面质量管理描述为"全公司的质量控制"（company wide quality control，CWQC）。他认为，CWQC在于整个公司从上层管理人员到全体员工都参加质量管理。不仅研究、设计和制造部门参加质量管理，而且销售、材料供应部门和诸如计划、会计、劳动、人事等管理部门及行政办事机构也参加质量管理。

ISO 8402:1994中给全面质量管理下了一个国际化的定义：一个组织以质量为中心，以全员参与为基础，目的在于通过让顾客满意和本组织所有成员及社会受益而达到长期成功的管理途径。在这一定义中，全面质量管理中的质量这个概念涉及全部管理目标的实现；"社会受益"是指满足"社会要求"。质量不仅仅指产品质量，也包括经营质量，可以是有意识形成的，也可以是无意中形成的（污染或有害效果）。过程除生产过程外，还包括服务、经营等其他过程。"顾客"已超出一般"顾客"的范畴，顾客可以是最终消费者、使用者、受益人或需方，它包括企业活动能影响到的所有人，无论是企业内部的，还是企业外部的。

日本戴明质量奖评审委员会于1998年6月对TQM的定义进行了修订。修订后TQM的定义为：TQM是由整个组织从事的、在效率和效益两方面达到组织目标的系统活动。它使组织可以在适当的时间和价格上提供给顾客满意的产品和服务。

2.3.2 全面质量管理的核心观点

从1961费根堡姆的定义到1994年ISO 9000标准定义，以及1998年 日本戴明质量奖评审委员的定义，可见全面质量管理理论随时代发展而与时俱进，结合质量管理大师对全面质量管理的观点，可以将全面质量管理的核心观点归结为以下几点。

1. *满足顾客需求，使所有相关方获益*

组织应关注、识别、满足顾客和其他相关方的需求和期望，包括当时的、潜在的和未来的需求，确保使所有各相关方均能获益。这不仅是指消费者，而是各种各样的顾客，包括组织的所有者、组织内的员工、组织外的供方、合作伙伴、银行、有关团体和社会等所有相关方。

对于一个企业来讲，顾客导向就是将顾客放在经营运作的中心位置，让顾客的需求引导企业的决策方向。绝大多数知名的成功企业将顾客导向的要点进行归纳总结，成为追求卓越的质量经营型企业的核心价值观的主要特征。

2. *强调全员参与，追求全面质量*

狭义的质量是满足顾客要求并使其满意的产品性能质量。由于全面质量管理讲的是对组织的管理，因此，将"质量"概念扩充为全部管理目标，即"全面质量"，可包括产品质量、过程质量、工作质量。而工作质量需要全员参与不断改进。因为，全员参与是企业实施全面质量管理，持续达到顾客完全满意的支柱之一。通过提高全面质量，超越满足顾客的需求、注重交货期和使用效率，还需注重实效，缩短周期（如生产周期、物资储备周期），降低生产成本等。

3. 不断改进，强调长期成功

企业的经营活动有如逆水行舟，不进则退。全面质量管理强调一个组织的长期成功，而不是短期的效益或市场效应。为实现长期的成功，需要持续地寻求改进。不仅是在原有基础上的改进，还需致力于质量技术创新，致力于追求卓越。这就要求组织要有全面质量管理的思想，必须以质量为中心来开展活动，其他管理职能不可能取代质量管理的中心地位；全面质量管理必须以全员参与为基础，通过对组织活动全过程的管理，建立质量管理体系，培育并不断发扬其企业的质量文化，以此来追求组织的持久成功。

4. 高层管理者作用

全面质量管理是从组织领导人的头脑中开始的，组织的全面质量管理都需要有头脑的领导。有头脑的领导能够理解全面质量管理对于组织的长远发展的真正意义所在，并能帮助和带领全体员工获得成功。高层管理者是组织创新全面质量管理的梦想家与驱动者。为了实现质量目标，领导者能够带动员工让他们产生使命感。能极大限度地向员工授权，充分发挥员工具有的灵活性，鼓励员工充分地进行创意性尝试和有助于实现公司质量目标的尝试。高层管理者应具有超越利润的价值观和意识指导，领导者是企业质量文化的创造者，企业质量文化的确立，只有在高层管理者的主动参与和实践的情况下才会成功。员工的价值观、信念及行为表现都由高层管理者来决定。因此，企业的最高决策者要树立正确的质量价值观，不断强化质量意识，带领全体员工创造良好的质量文化并成为质量文化的保护者。

2.4 全面质量管理的基础性工作

根据国内外质量管理的实践，要搞好质量管理，首先必须扎扎实实地做好基础工作。包括一些基本工具、基本手段和基本制度等。例如标准化工作、计量工作、质量信息管理、现场管理和质量责任制等。这些是开展全面质量管理最基础的工作。

2.4.1 标准化工作

众所周知，标准是质量管理的基础和依据，质量管理是贯彻执行标准的保证。加强标准化工作，对于加强质量管理，提高产品质量具有重要意义。随着生产技术的发展，管理水平的提高，标准化工作在质量管理中的地位日益重要。每个企业，要推行和加强质量管理，就都必须认真做好这项基础工作。

1. 标准与标准化的含义

（1）标准的概念。《标准化工作导则　第1部分：标准的结构和编写》（GB/T 1.1—2009）中将“标准”定义为：为了在一定范围内获得最佳秩序，经协商一致制定并由公认机构批准，共同使用的和重复使用的一种规范性文件。

标准化定义为：为了在一定范围内获得最佳秩序，对现实问题或潜在问题制定共同使用和反复使用的条款的活动。标准化活动主要包括编制、发布和实施标准的过程。标准化的主要作用在于为了其预期目的的改进产品、过程和服务的适用性，防止贸易壁垒，并促进交流和协作。

从一定意义上而言，标准时标准化的产物。质量管理的过程也就是标准化的过程，企业标准化的基本任务就是通过制订和贯彻标准，使企业的生产、技术、经营活动合理化，改进质量，提高效率、降低成本，以最少的投入实现企业的目标。

（2）标准的分类。依据标准制定和执行的范围，将标准划分为国际标准、国家标准、行业标准、地方标准和企业标准。

① 国际标准是指国际标准化组织（ISO）、国际电工委员会（IEC）和国际电信联盟（ITU）制定的标准，以及国际标准化组织确认并公布的其他国际组织制定的标准。如 CAC（国际食品法典委员会标准）、ECSS（欧洲航空标准化协作组织）、EN（欧洲标准）、EC（欧盟法规）、ETSI（欧洲电信联盟）等。国际标准在世界范围内统一使用。

② 国家标准是各国在全国范围内统一的技术要求。如 ANSI（美国国家标准）、BSI（英国标准）、NF（法国标准）、JSA（日本标准）、BIS（印度标准）和 GB（中华人民共和国标准）等。中华人民共和国标准的年限一般为 5 年，过了年限后，国家标准就要被修订或重新制定。中国标准分为强制性标准（GB）和推荐性标准（GB/T）两类性质的标准。保障人体健康，人身、财产安全的标准和法律、行政法规规定强制执行的标准是强制性标准，其他标准是推荐性标准。

依据《中华人民共和国标准化法》将标准划分为国家标准、行业标准、地方标准和企业标准等 4 个层次。各层次之间有一定的依从关系和内在联系，形成一个覆盖全国又层次分明的标准体系。

③ 行业标准是由国家的某个行业通过并公开发布的标准。对我国而言，是指当没有国家标准而又需在全国某个行业范围内统一的技术要求。行业标准不得与国家标准相抵触；行业标准之间应保持协调、统一，不得重复；同一标准化对象、同一主题内容，不得制定不同行业标准。在公布相应国家标准之后，该项行业标准即行废止。

④ 地方标准是由国家的某个地区通过并公开发布的标准。对我国而言，是指当没有国家标准和行业标准而又需要在省、自治区、直辖市范围内统一的要求。在相应国家标准或行业标准发布之后，该项地方标准即行废止。

⑤ 企业标准是对企业范围内需要协调、统一的技术要求、管理要求和工作要求所制定的标准。企业标准由企业制定，由企业法人代表或法人代表授权的主管领导批准、发布。企业的产品标准须报当地政府标准化行政主管部门和有关行政主管部门备案。已有国家标准或者行业标准的，国家鼓励企业制定严于国家标准或者行业标准的企业标准，在企业内部适用。

2. 标准化工作的内容

标准是衡量产品质量和各项工作质量的尺度，也是企业进行生产技术活动、经营管理工作和质量管理的依据。依据标准化工作的对象与内容，标准化工作包括技术标准、管理标准和工作标准的制定、推广和修订工作。

（1）技术标准是指对技术活动中需要统一协调的“物”所制定的技术准则。这是根据不同时期的科学技术水平和实践经验，针对具有普遍性和重复出现的技术问题提出的最佳解决方案。它的对象既可以是“有形”的物（如产品、材料、工具），也可以是无形的“物”（如程序、方法、符号、图形）。

对于企业而言，其技术标准的核心是产品标准。包括原材料、产品设计、工艺、设备、检验等技术标准，以及安全、卫生、能源、环保定额等技术标准。表现形式有标准、规范、规程、工艺卡、工序卡、守则、操作卡、作用指导书等。

（2）管理标准是对标准化领域中需要协调统一的管理事项所制定的标准。它的对象是管理技术事项，即“事”。它是为合理地组织、利用和发展生产力，正确处理生产、交换、分配和消费中的相互关系，以及行政和经济管理机构行使其计划、监督、指挥控制等管理职能而制定的准则。它是组织和管理企业生产经营活动的依据和手段。

对于企业而言，其管理标准的核心是管理制度。主要针对营销、设计、采购、工艺、生产、检验、能源、安全、卫生、环保等管理中与实施技术标准有关的管理事项。企业管理标准的表现形式有质量手册、程序文件、管理规范及管理制度等。

（3）工作标准是对标准化领域中需要协调统一的工作事项所制定的标准。它的对象是“人”的工作、作业、操作或服务程序和方法。由于工作标准是以“人”的行为准则和工作质量为基本依据，目前主要由企事业自行制定，它包括管理、操作和服务岗位员工的岗位职责、工作程序、工作内容与要求、工作质量考核等方面的标准，体现了某一工作岗位上相应的技术要求和管理要求。当然，在企业标准体系中技术标准是企业标准体系的主体。

对于企业而言，其工作标准的核心是按岗位制定的有关工作准则。企业应该把每个工作岗位上一些稳定的重复工作事项制定成工作标准。制定企业岗位标准时，要充分体现岗位上应实施的基础标准、技术标准、管理标准及管理制度，并做出明确的规定。

3. 企业的标准体系

标准体系是指一定范围内的标准按其内在联系形成的科学的有机整体。标准化工作是企业提高产品质量和发展品种的重要手段，执行国家有关标准化的法律、法规，实施国家标准、行业标准和地方标准，制定和实施企业标准，建立和健全企业的标准体系为企业的生产经营活动建立了统一的秩序和共同的准则和依据。

日本的全面质量管理和标准化专家石川馨教授等人根据日本多年推行全面质量管理的经验教训，明确地提出：企业要推行全面质量管理，首先就要搞好企业标准化。苏联质量管理专家杜亚尔纽克等人也认为，产品质量管理体系的工作效率，在很大程度上取决于所制定的企业标准质量。企业标准化是质量管理的支柱，没有标准化这个坚实的基础，质量管理大厦是绝对不可能建立起来的。

企业标准体系以技术标准为主体，包括管理标准和工作标准，如图 2-3 所示。

企业标准体系的对象是企业生产经营全过程中具有多样性、相关性特征的重复性事物。这些重复性事物彼此之间不是孤立的，而是相互作用、相互影响，存在一定的内在联系。反映在对这些事物所制订的标准上也是如此，企业的各级各类标准构成了具有特定功能的系统，标准与标准之间有机作用，互相联系、协调统一。如果顾此失彼或重此轻彼，则标准体系的功能便难以充分发挥。因此，企业标准体系的建立要注意以下两个方面。

（1）企业的标准与标准之间、企业标准与企业外部相关标准之间必须协调统一。标准之间存在相互连接、相互依存、相互制约的内在联系，只有彼此之间协调统一，才能发挥预期的作用。

（2）企业的标准还必须做到完整配套。实现特定的标准化目的所需的各项标准要全面配齐、不得缺漏。如产品标准就要包括技术标准、安全标准、经济标准以及管理标准等一整套

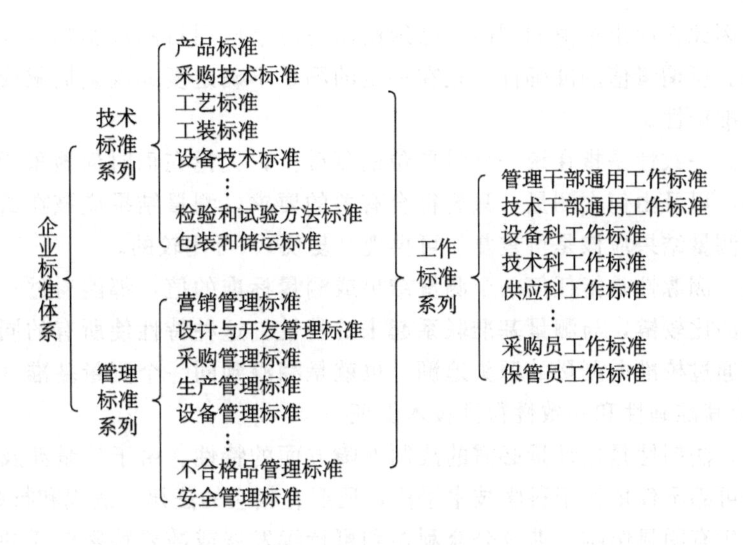

图 2-3 企业标准体系

标准。就产品质量而言，它受到多方面因素的制约。例如原材料的性质、配方、结构、成分；工作程序和工艺过程的详尽程度；试验、测量、检验的工具和方法；运输、包装、储存的条件和方法等。因此，为了生产优质产品，仅仅制订和实施最终产品的质量标准是远远不够的，必须使那些影响产品质量的所有因素和工作标准化，也就是说要围绕产品标准确定一整套管理准则和岗位工作准则。

2.4.2 计量工作

计量是保证产品质量特性的数据统一、技术标准的贯彻执行、零部件的互换和生产优质产品的重要手段。因此，计量管理工作是全面质量管理的一个重要环节。

1. 计量工作的内容

企业计量工作的重要任务是统一计量单位制度，组织量值正确传递，保证量值统一。在相当长的历史时期内，计量的对象主要是物理量。在历史上，计量被称为度量衡，即指长度、容积、质量的测量，所用的器具主要是尺、斗、秤。随着科技、经济和社会的发展，计量的对象逐渐扩展到工程量、化学量、生理量，甚至心理量。与此同时，计量的内容也在不断地扩展和充实，通常可概括为以下 6 个方面。

（1）计量单位与单位制。

（2）计量器具（或测量仪器），包括实现或复现计量单位的计量基准、计量标准与工作计量器具。

（3）量值传递与溯源，包括检定、校准、测试、检验与检测。

（4）物理常量、材料与物质特性的测定。

（5）测量不确定度、数据处理与测量理论及其方法。

（6）计量管理，包括计量保证与计量监督等。

2. 计量的特点

计量的特点可以归纳为准确性、一致性、溯源性及法制性四个方面。

（1）准确性。准确性是指测量结果与被测量真值的一致程度。由于实际上不存在完全准确无误的测量，因此在给出量值的同时，必须给出适应于应用目的或实际需要的不确定度或可能的误差范围。所谓量值的准确性，是在一定的测量不确定度或误差极限或允许误差范围内，测量结果的准确性。

(2) 一致性。一致性是指在统一计量单位的基础上，无论在何时何地采用何种方法，使用何种计量器具，以及由何人测量，只要符合有关的要求，测量结果应该在给定的区间内一致。也就是说，测量结果应该是可重复、可再现（复现）、可比较的。

(3) 溯源性。溯源性是指任何一个测量结果或测量标准的值，都能通过一条具有规定不确定度的不间断的比较链，与测量基准联系起来的特性。这种特性使所有的同种量值，都可以按这条比较链通过校准向测量的源头追溯，也就是溯源到同一个测量基准（国家基准或国际基准），从而使其准确性和一致性得到技术保证。

(4) 法制性。法制性是指计量必需的法制保障方面的特性。由于计量涉及社会的各个领域，量值的准确可靠不仅依赖于科学技术手段，还要有相应的法律、法规和行政管理的保障。特别是对国计民生有明显影响，涉及公众利益和可持续发展或需要特殊信任的领域，必须由政府起主导作用，来建立计量的法制保障。

由此可见，计量不同于一般的测量。测量是以确定量值为目的的一组操作，一般不具备、也不必完全具备上述特点。计量既属于测量而又严于一般的测量，在这个意义上可以狭义地认为，计量是与测量结果置信度有关的、与测量不确定度联系在一起的一种规范化的测量。

3. 计量工作为质量管理服务的途径

现代企业生产过程中，从原材料、燃料进厂验收，生产过程工艺与质量监控，最后到成品检验都需要做大量的各种物理量、几何量、化学基等计量测试。如果把企业生产活动过程看作是科学地组织生产过程中人流、物流和信息流三“流”相互作用的过程，那么，由计量测试仪器所提供的数据信息，是企业生产信息流的主体。就是说，可测量的信息量约占整个数据信息量的80%以上。没有准确、一致、可靠的计量工作，组织科学、有效的生产和质量管理也是不可能的。所以，计量工作（包括测试、化验、分析等工作）是企业生产的重要环节，是保证零部件具有互换性和产品质量的重要手段和方法。计量工作为质量管理服务的途径有以下三条。

(1) 统一计量单位，统一量值，为质量管理提供准确可靠和一致的数据。质量管理的重要特点之一，就是一切凭数据说话、数据是质量管理的重要基础，而数据的准确一致就要靠计量工作。把国家计量基准、标准的量值准确地传递到各行业生产第一线的是计量器具和仪器仪表。通过这些准确的计量器具、仪器仪表，保证被测工件、产品的质量数据准确一致。

(2) 加强对计量器具和仪器仪表产品的质量监督 。做好量值传递工作只能对正在使用中的计量器具和仪器仪表实行定期校准和检定，可保证使用中的计量仪器准确可靠。但这还不能解决计量仪器本身的质量问题。如果只抓使用中计量仪器的量值准确统一，不抓正在生产的计量仪器产品质量监督，就会使大量不合格的计量仪器流入市场。这不仅会给量值传递工作造成越来越大的压力，而且对产品质量也构成一个极大的威胁。

计量仪器是一种特殊的产品，随着工业化水平的提高，发展相当迅速，品种日益繁多。认真抓好对它们的质量监督和控制，就可防止“一家产品害千家”。各级计量部门正在通过“计量器具生产（修理）许可证”的发放和计量认证等工作强化监督管理。

(3) 加强对生产过程的计量检测和监控，是加强质量管理，提高产品质量的中心环节。

计量检测和监控水平是衡量一个国家工业技术水平的重要尺度。目前，世界上工业发达国家，把原材料、设备和计量检测手段作为工业生产的三大支柱。计量检测技术发展相当迅速，随着质量管理从“事后检验”发展到“事前预防”，计量检测也由被动测量发展到主动测量，由静态测量发展到动态测量，由人工检测发展到自动检测，由成品检验发展到生产过程中检测和监控。从而强化了质量管理，并显著地提高了质量。可以说，没有先进的计量测试手段，就没有先进的产品，没有高质量的产品。因此，研制、开发先进的计量检测仪器，已成为计量工作中一个十分重要的任务。

4. 计量器具及仪器的正确与合理使用

保证计量器具及仪器正确与合理的使用，是计量工作中的一个重要方面。为此应做到以下几点。①要经常对员工进行爱护计量器具及仪器的教育。②提高工人技术水平，使其熟练地掌握量具及仪器的使用技能。③要根据企业的生产过程和工艺特点，正确配备各种量具和仪器。④正确制定和严格贯彻执行有关规程和制度。例如，最具及仪器的使用和维护制度，以及化验和分析方面的规章制度。⑤建立和健全量具及仪器使用的责任制度。

（1）计量器具的周期检定。为了确保量具及仪器的质量，对企业所有的计量器具及仪器，无论是外购或自制的，都必须按照计量检定规程规定的检定项目和方式（或有关技术标准）进行检定。这些检定项目包括以下内容。①入库检定。外购或自制的计量器具在入库之前，由计量室、中央工具库检定站进行技术检定。检定合格的发入库合格证，送工具库保存备用。②入室检定。各车间工具室在从中央工具库领取计量器具及仪器时，应先由车间检查站进行入室前的检定。对入室检定合格的量具及仪器，检查站打上合格标志，送工具室保存备用。对于重要的量具及仪器，出借时必须进行校检。③周期检定。对使用中的计量器具及仪器，由检查站按照规定的周期和项目进行技术检定。实行周期检定的计量器具及仪器，必须按照检定周期日程表进行，并把检定结果记录下来，合格的换上新合格证，准予继续使用；不合格的由检定站进行修复，修复合格后，再发给合格证，提供使用。④返还检定。借用的量具及仪器用毕归还之前，由检查站作返还检定，合格的打上合格标志，送还工具室保存备用。

（2）计量器具及仪器的及时修理和报废。对于因使用和其他原因而发生磨损的计量器具及仪器，要根据检定结果，按照损坏程度的不同分别加以处理。凡是已经严重磨损或损坏无法修复的计量器具及仪器，该废的必须报废，该换的一定要换。对于那些经过检定发现不合格但可修复的计量器具及仪器，计量室（或站）应立即给予修复，修复后必须进行检定。使用单位或个人不能擅自对计量器具及仪器进行拆封或检修。

（3）计量器具及仪器的妥善保管 。为了保证计量器具及测试仪器质量稳定，示值准确一致，对于不在使用过程中的计量器具及仪器要妥善存放保管。

（4）改进计量器具和计量方法，实现检验测试手段现代化。随着科学技术的发展，现代化技术设备在生产经营过程中大量采用，生产经营自动化程度不断提高，为了更好地控制产品质量，迫切要求实行计量工作的技术改革，广泛采用高效能的检验装置、专用的计量器具及仪器、现代化的测试技术设备及先进的检测方法。如采用多用途的、气动的、电动的、激光的检测技术，运用精密测量仪器仪表和电子计算机等。

为了做好计量工作，充分发挥它在企业生产和质量管理中的作用，企业必须设置专门的计量管理机构和理化试验室，负责组织和管理企业的计量和理化试验工作。这样，才能保证质量管理的有效实行。此外，开展企业计量水平定级和诊断活动，有力地促进了企业计量基础工作的加强，也大大地促进了全面质量管理的深入开展。

2.4.3 质量信息管理

信息是指“有意义的数据”。该定义中数据是一个广义的概念，指有意义、有价值的资讯、消息。信息是通过形象符号、语言文字、指令代码、数据资料等不同形式和不同媒体对客观事物所作的描述和反映。原始数据和信息之间的关系，类似于原材料和成品之间的关系。通过对数据的整理分析或计算机的信息处理系统，将不可利用或难以应用的原始数据加工成可利用的有效信息。在质量管理活动中经常要记录或接触大量的数据（记录、客观证据等）。这些质量信息不但可以帮助人们发现问题，寻找解决问题的途径，也是质量管理的依据和基础。

1. 质量信息的概念

质量信息就是在质量形成的全过程中发生的与质量有关的信息，是反映产品质量和产供销各环节工作质量的原始记录、基本数据及产品使用过程中反映出来的各种信息资料。根据质量的概念可知，质量信息涉及企业的所有管理层次、全体员工、整个生产经营的全过程中的资讯、消息、数据和资料。

（1）工作质量信息。工作质量信息包括有关质量问题的各种指令、文件、法令、计划、任务；各项规章制度、岗位职责、经济责任制；各项工作标准、技术标准、各种工艺文件；各类质量报告；工作方法和内容的作业指导书；供应商的有关资料；检验与测试手段及制度等与工作质量有关的信息。

（2）工序质量信息。工序质量信息包括工序及工序质量管理资料；5M因素的定量分析资料；关键工序、特殊工序和控制点有关资料；能力分析资料；工序能力审核资料等与工序质量有关的信息。

（3）产品质量信息。产品质量信息包括产品的国际标准、国外先进技术标准及样品的实测指标；产品的技术水平、性能、质量指标、可靠性、安全性、可维修性、耐用性等指标，市场上同类产品相关资料；合格率、废品率、返修率等产品质量统计资料；成本及消耗资料等产品成本资料；产品的技术改造规划；市场调查、销售服务及客户反馈的资料；零部件及外协外购件的实用质量资料；产品设计图纸、各种技术文件、档案、使用说明书；新产品、新工艺开发计划；新产品试制、实验、检测、鉴定、小批及批量生产资料等与产品质量有关的信息。

（4）质量管理信息。质量管理信息包括：国家有关质量管理工作的各项规定、条例、办法和法律、法规；企业质量方针与质量目标展开及实施计划、方案、考核等资料；问题点的具体情况及定量分析资料；企业质量管理规划、制度及标准化、效能资料；质量管理体系资料；全员性质量管理活动和质量管理小组资料；质量管理培训教育计划、规划及实施资料；TQM骨干人员情况资料等与质量管理工作有关的信息。根据上述质量信息的作用，质量信息又可分为质量动态信息、质量指令信息、质量反馈信息等。

2. 质量信息管理

搞好质量管理工作，掌握产品质量运动的发展规律，必须深入认真调查、掌握大量的、齐全的、准确的信息资料。质量信息的准确性、完整性和及时性，将严重影响决策的质量。质量信息是质量管理不可缺少的重要依据，是改进产品质量，组织厂内外两个反馈，改善各环节工作质量最直接的原始资料，是正确认识影响产品质量诸因素变化和产品质量波动的内在联系，掌握提高产品质量规律性的基本手段，是使用电子计算机进行质量管理的基础，是加强质量管理不可缺少的一项基础工作。在质量管理工作中对产品质量信息应当着重掌握以下三个环节。

(1) 收集有关产品质量的原始记录和数据。从产品实际使用过程中，收集有关产品质量的原始记录、数据等资料。

①收集用户的意见和反映。一方面，企业可以通过关于产品质量问题的来信来访，请求修理或访问的用户，收集各种批评意见和结报资料，从中了解产品的实际使用效果，找出产品质量存在的主要缺陷，考虑如何改进，以提高产品的可用性、可靠性和经济性；另一方面，对于用户表扬产品质量的有关资料也应很好地加以积累、整理和归纳，从中看出主要表扬的是哪些方面，以巩固和发扬产品固有优点。此外、通过物资部门的信息，也能了解用户所欢迎的品种、规格。以及对产品质量要求的动向，作为改进产品质量的参考。

②组织产品质量状况调查。产品的实际使用寿命、可靠性是表明其质量高低的一个重要标志，也是目前世界各国十分重视的问题。产品的性能，虽然可以通过在企业内进行试验研究，取得一定的资料和数据。但由于种种条件的局限，试验性的效果和实际顶用效果总还会有差异。因此，认真调查和收集实际使用过程中产品的寿命、精度和可靠性等各种资料，就可以了解企业产品质量的状况。

③调查和收集产品实际完成的工作量或实际达到的能力。产品在使用过程中实际完成的工作量或实际达到的能力，也是重要的信息，也可以表明产品的质量。例如，汽车两次大修之间实际行驶的里程数，发电机实际达到的千瓦数，柴油机大修前实际运转小时数等。有了这些实际数据，并把它与设计数据或产品的验收鉴定数据对比，就可以揭示产品在实际使用过程中的质量状况，达到设计需要的程度和需要改进设计的地方，为进一步提高产品的性能和实际工作能力提供依据。

④调查和收集反映产品使用的经济性和其他的质量信息。例如，某些机械产品的质量高低可以通过其使用过程中所支付的修理费用大小来表示，修理费用越大则意味着产品质量越低。某些产品的质量可以通过在使用过程中的燃料或动力消耗量来表示，例如，载重汽车每吨公里的耗油量越低则说明汽车的质量越高。

这种从产品使用过程中取得产品质量情报信息的方式，可以由企业组织专门调查组到有关单位调查，可以在用户服务的过程中取得，也可以由协作单位或使用部门提供。但不论何种情况，企业都要认真收集、整理、分析、研究质量信息，用以促进产品质量的提高。

(2) 收集有关工作质量和产品质量方面的信息。从生产经营过程和辅助过程中收集有关工作质量和产品质量方面的信息等。这方面质量信息的主要来源是通过大量的、各式各样的原始记录获得的，包括以下几个方面。

①每批原材料（包括外购、外协件）入厂质量检验测试的验收记录、质量取样，库存保管发放记录，使用前检验记录。

②生产过程的工艺操作记录，在制品在工序之间流转记录和质量检验记录，半成品出入库记录，工序控制图表及其原始记录。

③成品质量检验记录，造成废次品的原因数量记录。

④设备、刀具、工装等使用验证和磨损测定记录。

⑤计量器具、测试设备、理化分析仪器等使用、调整和检修记录。

⑥质量成本记录。

⑦质量审核记录等。

必须十分重视制造过程和辅助生产过程中这些活动的原始记录和资料积累，它们都是改进质量管理的可靠的第二手资料，也是贯彻质量责任制的基本条件。

(3) 收集有关同行业产品质量的信息。从生产同类产品的国内兄弟企业和国外同行业收集有关产品质量的信息。有了这些信息，就可以使各级领导和有关人员了解国内外工业产品质量发展的新技术、新水平、新动向，进而找出差距，使赶超目标更明确。

3. 质量信息系统

质量信息系统（quality information system）是指质量管理体系用于组织内部沟通渠道的网络，即在计算机与通信技术基础上形成的对质量信息进行收集、整理、分析、传输和存储的有机体系。质量信息系统是企业在实施 TQM 质量管理方法的过程中，将质量目标与质量控制活动结合，运用先进的 IT 管理平台和应用软件产品，向质量管理者提供质量信息追溯体系。它是涵盖企业内部资源管理、横向的供应链管理、客户资源管理、知识管理、商业智能等，并能实现企业间的协作和电子商务的应用集成，实现企业内纵向深层次和纵横管理的一种管理方法。质量信息系统的目标是帮助质量管理者了解日常质量状况以便进行既有效又高效的控制、组织、计划，最后达到企业的质量目标。

企业质量管理数据散布在各个职能部门，或分（子）公司，建立产品质量信息系统，首先需要打通各个业务组织的数据链条，实行统一的数据管理规范（例如企业范围内的物料、客户、供应商的统一）。其次需要在整个企业范围内，以供应商管理、原材料采购管理、仓库管理、生产过程管理、产品销售管理、客户管理、售后服务管理和质量检验管理等各个环节的运营数据为基础，从质量管理角度出发，采集企业内不同分（子）公司、不同职能部门的质量数据，针对原材料采购、半成品生产、产成品生产，检验仪器，检验标准，检验环境，质量责任小组等建立完整的质量档案，实现了质量系统与其他业务子系统的高度集成，下面以金蝶 EAS 的产品质量追溯系统为例说明，如图 2-4 所示。

金蝶 EAS 管理平台之上建立的产品质量追溯系统，涉及以下几个环节。

(1) 集团管控的基础信息。在集团内统一的集团企业内物料统一编制，建立完善的客户档案，供应商档案管理体系。

(2) 批次档案。被追溯的产成品、半成品、原材料实行批次管理，建立完善的批次档案管理制度，辅助以条码技术的管理手段。

(3) 跨公司、生产厂以及职能部门的质量追溯。从原材料采购开始，到生产制造、库存、运输、销售、分销、售后服务结束，企业运营的各个职能部门的业务，以物料和批次档案为关联的主线，通过任何一个环节的物料，都可以方便地追溯到原材料、半成品、产成品，以及相关的采购批次，供应商信息，生产的批次，生产环境信息，产成品的批次，客户的信息等；

(4) 质量检验信息的追溯。在产品质量追溯的过程中，除了原材料、半成品、产成品的批次信息以外，还有很重要的“质量检验信息”。通过质量追溯系统追溯该批次物料的检验报告、检验仪器、检验环境，以及不良品的处理信息等。

(5) 决策分析。产品质量追溯过程中，获取了批次档案、质量检验信息，并不表示完成

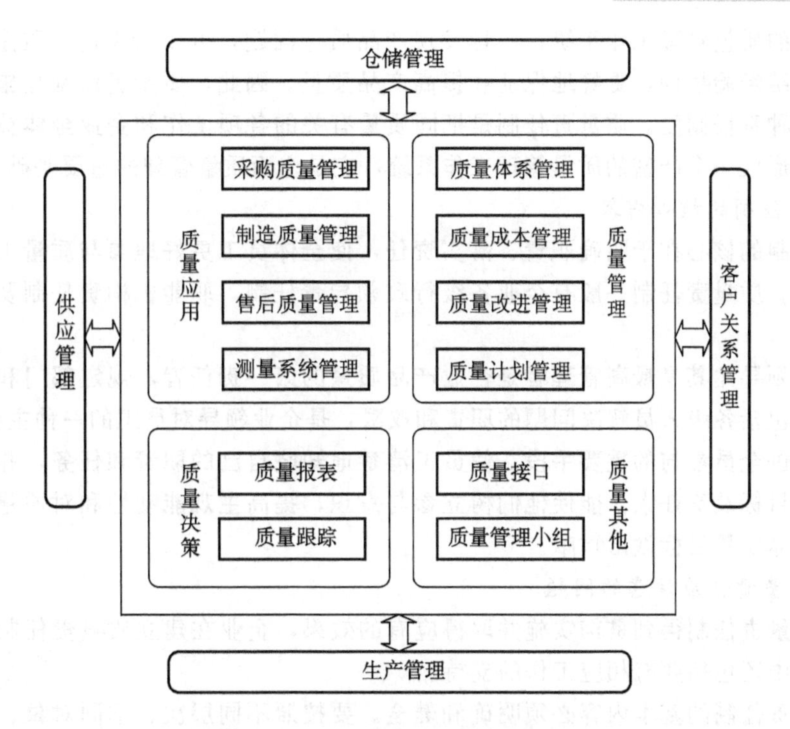

图 2-4　金蝶 EAS 的产品质量追溯系统

了质量追溯。追溯更重要的意义在于，对质量信息进行分析，当面临质量事故时提出应对措施；当出现质量下滑的趋势时，寻找到原因，并制定改进的方法。运用 EAS 的 BI 工具，通过建立数据仓库，定制分析模型，对质量追溯的数据进行分析，寻找质量原因，帮助企业持续改进产品质量。

随着社会科学技术的进步，市场竞争日益激烈，对质量信息工作的要求也更高，不仅要求质量信息正确、全面、迅速，而且要求建立质量信息系统，随时提供所需的各类质量信息。质量信息工作，还应当做到全面、系统。也就是说，它应当全面地反映质量管理活动的全过程，经常地反映质量管理相互联系的各个方面，系统地反映其变动情况。只有这样，才能帮助人们切实掌握产品质量运动的规律性，才能充分发挥信息在质量反馈和积极防范质量缺陷方面的作用。质量信息系统由用户质量信息、企业内质量信息、废品成本计算和质量分析等主要功能模块构成，把从原辅材料、外购外协等入库前的检验到用户质量信息的收集、汇总，处理过程中大量的质量信息数据收集、处理后，按质量统计分析要求，计算出各种质量考核指标，并为质量改进提供科学依据，显著地提高了质量管理水平。

2.4.4　质量责任制

质量责任制是为了保证产品或服务质量，而明确规定企业每个员工在质量工作上的责任、权限与物质利益的一种制度。建立质量责任制是企业开展全面质量管理的一项基础性工作，也是企业建立质量体系中不可缺少的内容。

建立质量责任制是企业建立经济责任制的首要环节。对企业中的每一个部门、每一个员工都应明确规定他们的具体任务，应承担的责任和权利范围，做到事事有人管，人人有专责，办事有标准，考核有依据。把同质量有关的各项工作同广大员工的积极性和责任心结合起来，形成一个严密的质量管理工作系统，一旦发现产品质量问题，可以迅速进行质量跟踪，查清质量责任，总结经验教训，更好地保证和提高产品质量。因此，质量责任制是指保证产品或服务质量的一种责任制度。质量责任制是把同质量有关的各项工作和企业全体员工的责任结合起来，从而形成一个严密的质量管理工作系统，它是全面质量管理的重要基础工作。

1. 质量责任制的核心内容

质量责任制的核心在于明确职责、落实责任，使全体员工更好地参与质量工作，确保产品或服务质量。质量责任制一般有企业各级行政领导责任制，职能机构责任制及车间、班组和个人责任制。

各级行政领导尤其是最高管理者是企业产品质量的第一责任者，规定部门和岗位人员的职责和权限，包括各级人员解决问题的职责和权限，是企业领导对员工的一种主要授权方式。这种授权是促进全员参与的重要手段，使员工清楚地知晓自己的职责和任务，并及时了解所在层次的质量目标及责任人，能使他们树立参与意识，提高主观能动性和对质量的承诺，为实现组织的总体质量目标做出贡献。

2. 建立质量责任应注意的问题

为确保质量责任制得到贯彻实施并取得应有的效果，企业在建立质量责任制时应该注意以下问题，其中还包括要有相应工作的支持。

(1) 质量责任制的基本内容必须明确和健全。要按照不同层次、不同对象、不同业务来制定各部门和各级各类人员的质量责任制；必须明确质量责任制的实质是责、权、利三者的统一，切忌单纯偏重任何一个方面。质量责任制的有关规定要具体和可操作，并防止遗漏或交叉。其基本内容至少要包括：每个部门和人员的具体职责和权限，与其他部门或岗位的工作接口，以及相应的考核和评价方法。有关规定要得到履行部门和人员的承诺，并使相关部门和人员周知。

(2) 质量责任制的有关规定要形成文件。质量责任制是企业中十分重要的工作，规定的内容应尽量形成文件。有了文件不仅可以作为部门和岗位人员执行各自职责的依据；通过文件的分发还能使各个部门和岗位之间相互了解；文件还有助于对职责规定的适宜性和充分性进行评审或修改。规定的内容可以全部集中在一个文件中，有时也可以分散，如分别在质量管理体系的质量手册、程序文件或其他管理文件中表述。但如果能集中成册更便于管理和应用，文件的名称不局限于叫质量责任制，也可以是岗位职责或工作标准的汇编等。企业质量责任制的文件表达形式主要有两种：一是以企业规章制度形式颁布实行；二是以企业标准形式发布实施。随着企业管理标准化工作的推行，许多企业采用了后一种形式，并取得较好的效果。

(3) 质量责任制的贯彻落实需有必要的培训作支持。通过培训要使每个员工都能熟悉本岗位该做什么，怎样做。工作要求达到的结果是什么，个人工作的好坏对结果产生的影响。此外，还要让员工进一步了解和掌握所承担的工作的重要性，在本岗位的工作或操作中会发生什么问题。如果发生问题，会导致什么结果，应该采取什么措施预防或防止问题的再次发生。为此，在必要时应有相应的操作规程或作业指导书等文件作指导。

(4) 质量责任制要与考评、奖惩等激励措施相结合。质量责任制强调责、权、利的统一，体现每个员工所承担的责任、完成的任务及做出的成绩，要与应有的权益相一致。通过对过程及展开后的各项活动的职责的规定，使得企业中各项质量工作的职责更加明确和具有可操作性。

总之，质量管理是涉及各个部门和全体员工的一项综合性的管理工作，而不是一个管理部门单独的任务。为了确保产品质量，企业各级行政领导人员、各个管理部门至每个员工。都必须对自己应负的质量责任十分明确，都要积极完成自己的质量任务。因此，在建立质量管理机构的同时，要建立和健全企业各级行政领导、职能机构和员工的质量责任制，明确各自职责及其相互关系。这是质量管理工程建设中一项重要的基础建设。

2.4.5 质量教育与培训

质量人才的形成绝不是天生的，也不是自然形成的，而是靠坚持不懈的质量培训与教育。通过质量教育不断增强员工的质量意识，并使之掌握和运用质量管理的方法和技术；使员工牢固地树立质量第一的观念，明确提高质量对于整个国家、企业的重要作用，认识到自己在提高质量中的责任，自觉地提高管理水平和技术水平以及不断地提高自身的工作质量，最终达到全员参与质量管理的目的。如美国质量管理协会设有一个专门从事质量教育培训的机构——教育培训学院。这个教育培训学院经常与各高等院校及高级中学合作，利用学校作基地，开展各类培训班，从质量管理的基础理论到提高质量技巧的培养及可靠性理论等，广泛开展质量教育。社会上还有各种培训与咨询公司也开展质量管理培训教育，从而组成一个纵横交错、多层次的质量教育网，为美国质量管理工作的广泛深入开展奠定了坚实的基础。日本更是始终抓住质量教育不放。在日本企业推行全面质量管理时，首先是从对全体经营者及管理干部进行质量管理教育，接着是对现场员工进行质量教育。这种以质量管理教育为主的管理技术教育，是日本产品畅销世界的重要原因。另外，日本规格协会每年举办的标准化培训班，同时讲授质量管理课程，使标准化教育与质量管理教育有机结合融为一体。

1. 质量教育与培训的主要内容

全面质量管理是以人为本的管理。推行全面质量管理，自始至终要进行质量教育工作，通过教育做好三个方面的质量教育工作。首先是“质量第一”的质量意识教育和质量法制教育；其次是质量管理技术知识的普及宣传和教育；最后是岗位业务技能教育与培训。三者都能有效地推行质量管理，是保证与提高产品质量所必不可少的基础。

(1) 质量意识教育。推行全面质量管理首先要强化全体员工的质量意识，使员工对质量活动有积极的态度。领导的质量意识直接关系到企业质量管理的成败，最高管理者应理解质量对提高公司效益的重要意义，并了解如何通过身体力行的领导创造使员工积极参与的工作环境，提高公司的效率和效益；应明确员工工作对质量的影响和贡献，知道如何为实现质量目标而工作。质量意识教育的内容包括质量的概念，质量法律、法规，质量对组织、员工和社会的意义和作用，质量责任等。

(2) 质量管理知识与方法培训。知识培训是质量管理培训内容的主体，组织应在识别培训需要的基础上，本着分层施教的原则，对所有从事与质量有关工作的员工进行比较系统的质量管理知识，包括质量管理的基本原理、质量改进、质量管理体系等的培训。如对最高管理层培训内容应以质量法律法规、经营理念、决策方法等为主，使其重点掌握质量管理理论和原则，了解领导责任和质量管理各职能的活动，以进行正确的引导和协调；管理人员和技术人员培训内容应注重质量管理理论和方法，使其掌握质量管理的基本原理和方法，以便提高质量领域的工作效率，通过改进质量提高经济效益；而一线员工培训内容重点则以本岗位开展质量控制和质量保证活动所需的质量管理技术知识为主。

(3) 专业技能培训。专业技能是指直接为保证和提高产品质量所需的专业技术和操作技能。由于各岗位人员的技术与技能水平直接影响产品质量。因此，专业技能培训是质量管理培训中不可缺少的重要组成部分。对技术人员，主要应进行专业技术的更新和补充，学习新方法，掌握新技术；对一线工人，应加强基础技术训练，让其熟悉产品特性和工艺，不断提高操作水平；对于领导人员，除了应熟悉专业技术外，还应掌握管理技能。从而使全体员工不断提高业务工作能力，保证与提高产品质量。

2. 质量教育和培训的基本要求

要做好质量教育和培训工作，除了最高管理者真正认识到质量教育和培训的重要意义并给予足够的重视之外，还必须注意识别培训需要、提供适宜的培训方法和评价培训有效性等。

(1) 培训需求的识别。识别培训需求可从三个方面人手。领导者的目标并不仅仅是找出并记录员工的失误和错误，更重要的是找出出错的原因并加以解决，以帮助员工比较轻松且更好地完成工作。这就是高管理层人员的任务。如果不能很清楚地理解高级管理层人员对质量的要求、所制定的目标及所做的努力，那么该组织也很难成为一个以质量为主的组织。培训中层管理人员，让他们明白怎样实施质量保障程序。中级管理人员需要接受培训的一个方面就是培养团队意识。这就意味着中层管理者应该学会如何分配有一定项目的团队的任务及与它们一起合作，来提高工艺过程或者是解决问题。应该培训中层管理者，让他们知道如何当一个教练、推进者及有效利用信息资源，而不是让他们成为质量进程的直接监督者。质量由做实际工作的员工来实施，管理者就有可能需要提供方法、条件和设备，以确保每个员工都能对质量保证做出贡献。质量保证始于生产第一线的员工。对于操作人员，为了生产出高质量的产品，重要的是拥有必要的工具，培训的机会及充实自己的信念来充分认识到自己要完成的任务。

(2) 提供适宜的培训方法。质量教育培训的对象是组织全体人员，质量意识教育对于各个层次的对象都是一项长期性的、经常性的教育内容。此外，由于行业不同，各类人员的工作性质不同，除集中培训、课堂教学外，还可以有带教实习、专题讨论、现场观摩等多种形式。培训还可以通过多种途径进行，如到教育机构寻求帮助，参加专业协会、培训机构举办的培训及会议、研讨等活动，利用书刊、网络自学等。

(3) 评价培训效果的有效性。培训的有效性体现在人员意识和能力的提高上。培训实施过程或实施之后，应采取适当措施检验培训效果。具体的评价方式有：参与培训者的自我评价，培训者的训后评价，管理者的跟踪评价等。

人们从事质量活动是一种有目的的行为，但其行为是要受环境条件和心理因素影响和制约的。俗话说："近朱者赤，近墨者黑。"这是说，人的思想与行为要受到环境条件的严重影响。又说："身居闹市，一尘不染。"这又是说，在同样的"闹市"环境中，由于个人的内在心理素质不同，可以产生不同的行为。心理素质好的人仍可保持"一尘不染"的高尚品格。因此，既要通过质量培训与教育提高人的质量意识和质量技术水平，也要充分重视社会的和企业的质量文化建设，造就良好的质量工作氛围。尤其在企业，质量文化是企业文化的重要组成部分，没有明确的"质量第一，服务第一，用户第一"的质量精神和职业道德观念，没有先进的质量标准、严明的质量纪律和奖优罚劣的质量制度，就绝不可能造就一流的企业、一流的产品。

本章小结

本章从 ISO 9000:2015 的质量管理的有关术语开始，给出了质量管理包括质量方针和质量目标的制定，以及质量策划、质量控制、质量保证和质量改进等活动过程；介绍了质量管理的历史演进，阐述了休哈特、戴明、朱兰、克劳士比、费根堡姆、石川馨等质量管理专家的全面质量管理的观点和方法，引导读者探寻全面质量管理的基本理念和价值观。全面质量管理（TQM）强调一个组织必须以质量为中心来开展活动，必须以全员参与为基础，通过对组织活动全过程的管理，追求组织的持久成功，即使顾客、本组织所有员工或社会等相关方持续满意和受益。全面质量管理应遵循“全方面、全过程、全员和多方法”的基本要求，做好包括质量培训工作、质量责任制、标准化工作、计量工作、质量信息工作等内容在内的全面质量管理的基础性工作，为企业开展全面质量管理建立基本的秩序和准则，维持和保证质量管理活动的持续和深入。

阅读资料

质量管理百年历程

年份	质量管理理论
1875	（美）泰勒制诞生——科学管理的开端 检验活动与其他职能分离，出现了专职的检验员和独立的检验部门
1911	（美）泰勒出版《科学管理原理》
1924	（美）休哈特提出世界上第一张控制图——p 控制图，并应用于生产过程
1925	（美）休哈特提出统计过程控制（SPC）理论——应用统计技术对生产过程进行监控，以减少对检验的依赖，并最早发表关于质量管理的论文； （英）费希尔出版《研究工作者的统计方法》
1929	（美）道奇和罗米格发表挑选型抽样检查方案
1931	（美）休哈特的《制造中的产品质量经济控制》出版
1935	（英）费希尔出版《实验设计》 （英）E. S. 皮尔逊出版《统计方法在工业标准化和质量管理中的应用》
1939	（美）休哈特出版《质量管理观点的统计方法》
1940	美国贝尔电话公司应用统计质量控制技术取得成效
1941	美国标准协会（ASA）制定出“Z 1.1 质量管理指南”及“Z 1.2 分析数据的管理图法”标准
1942	美国标准协会（ASA）制定出“Z 1.3 在生产中控制质量的管理图法”标准

续表

年份	质量管理理论
1946	（美）格兰特出版《统计质量管理》
1950	形成了对质量管理产生重大影响的“戴明十四法”，开始开发提高可靠性的专门方法——可靠性工程开始形成 美国制定“MIL-STD-105A计数调整型抽样检查程序表”标准
1951	日本科学技术联盟（JUSE）设立日本戴明奖； （日）田口玄一在《品质管理》杂志上连载实验设计法； （美）朱兰推荐主次分析法； （美）朱兰出版世界名著《质量控制手册》
1953	（日）石川馨提出因果图
1956	我国刘源张教授建立中国第一个质量管理研究组
1958	美国军方制定了MIL-Q-8958A等系列军用质量管理标准——在MIL-Q-9858A中提出了“质量保证”的概念
1960	朱兰、费根堡姆提出全面质量管理的概念，日本提出了全面质量控制（TQC）的质量管理方法，特别是“因果图”“流程图”“直方图”“检查表”“散布图”“排列图”“控制图”等被称为“老七种”工具的方法，被普遍用于质量改进
1961	1961年，（美）费根堡姆的著作《全面质量管理》出版
1963	北大西洋公约组织（NATO）制定了AQAP质量管理系列标准，引入了设计质量控制的要求，日本科学技术联盟设置质量管理小组总部，在仙台召开第一次质量管理小组大会
1966	（日）田口玄一出版《统计分析》介绍信噪（SN）比，提出“质量工程学”
1969	世界首次质量管理会议（ICQC69－Tokyo）在东京召开
1970	日本质量管理学者提出的管理方法和技术包括： JIT——准时化生产； Kanban——看板生产； Kaizen——质量改进； QFD——质量功能展开； 质量工程学等新七种工具
1974	制定ISO 2859“计数抽样检查程序和表”（采用MIL-STD-105D）标准
1978	北京清河毛纺织厂作为TQC试点企业，在中国率先引进了全面质量管理

续表

年份	质量管理理论
1979	英国制定了国家质量管理标准 BS 5750，成为 1987 版 ISO 9000 标准的基础。 菲利普·克劳士比提出“零缺陷”的概念，并编写了《质量免费》一书； 我国政府派出了第一个质量管理代表团到日本考察“质量月”活动和全面质量管理，8 月 31 日中国质量管理协会成立
1980	我国经委颁发了《工业企业全面质量管理暂行办法》
1982	我国张公绪教授提出“两种质量诊断理论”； 戴明在其著作《转危为安》中提出管理十四要点； 应中国质量管理协会之邀，朱兰博士来华讲学
1987	ISO/TC 176 委员会提出 ISO 9000《质量管理与质量保证》系列标准； Motorola 公司建立了“六西格玛”管理
1988	美国建立了鲍德里奇奖，其依据为《1987 年马尔科姆·波多里奇国家质量提高法》（又称《101—107 公共法》），提倡“追求卓越”（quest for excellence）的质量理念
1991	2 月国务院以国发〔1991〕6 号文件发出了《关于开展“质量、品种、效益年”活动的通知》
1992	欧洲质量基金会设立了欧洲质量奖，7 月中国在第一次全国认证工作会议上，决定中国等同采用 ISO 9000 标准
1993	9 月 1 日正式实施《中华人民共和国产品质量法》，正式发布 GB/T 19000/ISO 9000 系列标准
1994	ISO 9000 系列标准第一次改版； 朱兰博士提出：“21 世纪是质量的世纪”的论点； 4 月成立了中国质量体系认证机构国家认可委员会（CNACR）
1995	7 月 CRBA 以创始成员的身份参加了国际审核员与培训认证协会（IATCA），并当选为执委会成员
1996	12 月 24 日国务院以国发〔1996〕151 号文发布了《国务院关于印发质量振兴纲要（1996—2010 年）的通知》
1998	1 月 22 日 CNACR 首次签署了国际认可论坛及多边承认协议（IAF/MLA），成为 IAF/MLA 集团创始成员
1999	《朱兰质量手册》第 5 版出版发行，2003 年中译本出版
2000	ISO 9000 系列标准改版，出版 ISO 9000:2000 标准
2005	1 月《卓越绩效评价准则》国家标准（GB/T 19580—2004）正式实施（ISO 9000:2005 标准）

续表

年份	质量管理理论
2006	3月31日在CNAB、CNAL两个认可委员会的基础上合并成立中国合格评定国家认可委员会（CNAS）
2008	ISO 9000:2008标准
2015	ISO 9000:2015标准改版

习题

一、单项选择题

1. 最先提出全面质量管理概念的学者是（　　）。
   A. 朱兰　B. 费根堡姆　C. 石川馨　D. 戴明
2. （　　）提出了质量三部曲。
   A. 朱兰　B. 费根堡姆　C. 石川馨　D. 戴明
3. （　　）是质量管理的一部分，致力于制定质量目标并规定必要的运行过程和相关资源，以实现质量目标。
   A. 质量策划　B. 质量控制　C. 质量保证　D. 质量改进
4. 企业在一定时期内在质量方面所要达到的预期成果称为（　　）。
   A. 质量成本　B. 质量目标　C. 质量方针　D. 质量水平
5. 下列选项不是质量管理发展的一个阶段（　　）。
   A. 质量检验阶段　B. 统计质量控制阶段
   C. 事后把关阶段　D. 全面质量管理
6. 质量计划通常是（　　）的结果之一。
   A. 质量策划　B. 质量保证　C. 质量控制　D. 质量审核
7. （　　）针对企业领导提出了质量管理十四条。
   A. 戴明　B. 休哈特　C. 田口玄一
   D. 石川馨　E. 费根堡姆

二、多项选择题

1. 美国质量管理专家朱兰博士称（　　）为“质量管理三部曲”。
   A. 质量策划　B. 质量控制　C. 质量保证　D. 质量改进
2. 质量管理通常包括（　　）。
   A. 质量策划　B. 质量控制　C. 质量保证
   D. 质量改进　E. 质量方针与质量目标
3. 以下关于全面质量管理的陈述，正确的是：全面质量管理（　　）。
   A. 以质量为中心　B. 是对组织进行全面管理的唯一途径
   C. 以全员参与为基础　D. 致力于使组织获得长期成功
4. 质量教育与培训的主要内容包括（　　）。

A. 质量意识教育　B. 质量管理知识与方法培训
C. 职业道德教育　D. 专业技能培训

5. 质量管理中的计量工作具有的特点是（　　）。
A. 统计性　B. 一致性　C. 准确性
D. 可溯源性　E. 法制性

6. 全面质量管理的基础工作主要包括（　　）。
A. 标准化　B. 质量文化建设　C. 信息管理
D. 责任制　E. 教育与培训

7. 企业标准体系以（　　）为主体，包括（　　）。
A. 管理标准　B. 技术标准　C. 工作标准
D. 国家标准　E. 行业标准

三、名词解释

1. 质量管理；
2. 质量方针；
3. 质量目标；
4. 质量策划；
5. 质量控制；
6. 质量保证；
7. 质量改进。

四、简答题

1. 简述质量管理的发展及其特点。
2. 简述全面质量管理的内涵及其基本要求。
3. 简述全面质量管理的基础性工作。
4. 简述质量管理专家的贡献。

五、论述题

结合全面质量管理的思想及发展，阐述你对全面质量管理的理解。

第3章　制造业的质量管理

学习目标

学完本章，应该理解和掌握：

制造业产品质量形成的规律；

设计、开发与生产制造过程的质量目标；

设计与开发过程的评审；

生产制造过程的质量控制；

供应商的选择、控制和关系管理；

基于质量功能展开的质量策划。

制造业是指对制造资源（物料、能源、设备、工具、资金、技术、信息和人力等），按照市场要求，通过制造过程，转化为可供人们使用和利用的工业品与生活消费品的行业，包括扣除采掘业、公用业（电、煤气、自来水）后的所有30个行业。如一般机械（动力机械、农业机械、矿山机械等）、电工电子机械（输配电子设备、电器、家电等）、运输机械（汽车、飞机、索道等）、精密机械（科学仪器、钟表等）、金属制品（冲压件、紧固件等）及生活消费品（食品、日用品等）等类。制造业的质量管理，是在企业经营过程中，对实现产品质量所需质量职能与活动的管理。为了实现全面的质量目标，对产品生命周期的概念预定义、设计与开发、制造检验、售后服务中的各个过程实施质量管理。卓越企业的成功策略基于其扎实的产品质量基础。因此，本章主要讨论制造业产品质量形成过程中，质量管理的基本原理、内容和方法。

3.1　制造业产品质量形成规律

制造业的产品特征是有形产品的生产，包括硬件、流程性材料。有形产品质量有一个从产生、形成到实现的过程。这一过程由一系列活动所构成，每一个活动、环节都直接或间接地影响到产品的质量。这些环节就是散布于质量形成全过程的各个质量职能。

3.1.1　质量职能

质量职能（quality function），是对企业为保证产品质量而进行的全部技术、生产和管理活动的总称。在一个企业内部，质量职能就是对在产品质量产生、形成和实现过程中各部门应发挥的作用或应承担的任务和职责的一种概括。正确认识质量职能的含义是认识并理解质量形成全过程及其规律性的必要前提。

1. 质量职能的主要内容

质量职能所包括的各项活动，既有在企业内各部门所进行的，也有在企业外部的供应商、顾客中所进行的。所有这些活动，都对产品质量有贡献或影响作用。因此，对于制造业其质量职能的主要内容如下。

（1）为保证产品质量，企业业务部门、各级各类人员所应承担的质量任务、职务和权限。

（2）为保证产品质量而制定的各种标准、工作程序、规定使用的质量管理手段和方法。

（3）对质量工作的考核奖惩办法。

2. 各级部门的质量职能

企业各职能部门的设置与组织的产品特点、组织体制、规模、运作方式及市场环境有关，在各部门、各类活动中都应当存在质量职能，而这些分散在各部门中的质量职能是需要进行管理的，所以需要有质量职能的归口管理部门。为了能够向顾客提供符合或超出他们需求的产品或服务，一个企业必须正确理解质量是组织的目标。站在整个组织系统的层面上，可以从三个层次上来考察质量职能。

（1）组织层的质量职能。在这一层上，对应的主要质量问题是如何符合外部顾客需求，如何在规范有序的基础上将顾客需求输入系统中。通过以下这些问题，可以更好地理解这一层次的质量职能。比如，现有的哪些产品和服务满足您的要求？哪些是不合格的？哪些是您不需要的？您还有什么样的要求？以顾客为导向的绩效标准，应该作为基础在这一层面上建立起来。

（2）运作层的质量职能。在这一层上，企业的生产单元通常是按照职能划分的，比如营销、产品设计、开发、生产、财务及采购等。知道产品质量的形成要跨越各个职能部门，那种只注重本部门利益的行为，很有可能是以整体质量的受损为代价的。以下这些问题是这些部门的管理者应该理解的。哪些产品和服务是顾客最需要的？哪些过程提供这些产品？本程序的关键输入是什么？你的内部顾客是谁并且他们的需求是什么？

（3）实务层的质量职能。实务层次直接的任务便是提供合格产品的输出，而产品合格的标准是基于质量和顾客服务的要求做出来的。这些是在组织层和运作层中规定好的。这些标准可能包括产品的精确性、完整性、创新性及成本等。对于这一层次中每一个员工的输出，必须通过以下问题来检查。顾客（内部或外部）的要求是什么？如何测量产品要求？每项测量的特别要求是什么？对这些问题的回答直接推动了有效的质量控制系统的发展。

通过在三个层次上来考察企业各级部门的质量职能，可以更加深刻地理解质量管理的主要任务是把散布在各个质量职能部门中的质量职能通过质量职责有机地联结起来，协同一致地实现企业的质量目标。

3. 质量职能的主要环节

对于制造业而言，其质量职能的主要环节如下。

（1）市场调查研究质量职能，主要是进行市场调查，掌握用户需要；分析市场动态，掌握竞争形势；研究市场环境，进行市场预测。

（2）产品设计质量职能就是把顾客的需要转化为材料、产品和过程的技术规范。

（3）采购质量职能就是为产品质量提供一种“早期报警”的保证。

（4）生产制造质量职能就是通过对生产过程中的操作者、机器设备、材料、方法、测量手段和环境等过程变量的控制，稳定而经济地生产出符合设计规定质量标准的产品。

（5）检验的质量职能是对产品质量的保证、报告、监督和预防。

（6）使用过程（包括包装、运输、库存、销售、安装、使用及售后服务等一系列活动）的质量职能主要是积极开展售前和售后服务，收集使用现场的质量信息等。

3.1.2 质量形成的过程

产品质量有一个从产生、形成到实现的过程，在这一过程中的每一个环节都直接或间接地影响到产品的质量。

1. 朱兰质量螺旋

所谓质量螺旋是一条螺旋式上升的曲线，该曲线把全过程中各质量职能按照逻辑顺序串联起来，用以表征产品质量形成的整个过程及其规律性，通常称之为“朱兰质量螺旋”。在朱兰质量螺旋中，将质量的产生和形成过程分为 12 个阶段（见图 3-1）。作为一个产品质量系统，系统目标的实现取决于每个环节质量职能的落实和各个环节之间的协调。

质量螺旋曲线的特点如下。

（1）产品质量形成全过程包括 12 个环节。产品质量形成过程的这 12 个环节构成了一个系统，系统目标的实现取决于每个环节质量职能的落实和各环节之间的协调。因此，必须对质量形成全过程进行计划、组织和控制。

（2）产品质量的形成和发展是一个循序渐进的过程。12 个环节构成一轮循环，每经过一

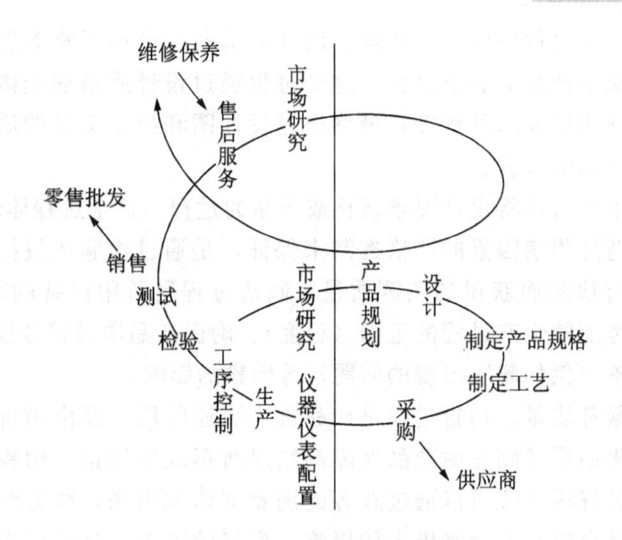

图 3-1 朱兰质量螺旋曲线

轮循环，产品质量就有所提高。产品质量在一轮又一轮的循环中，总是在原有基础上有所改进、有所突破，且连绵不断、永无止境。

(3) 质量系统是一个开放系统，和外部环境有密切联系。这种联系有直接的（质量螺旋中箭头所指处），也有间接的。如采购环节和物料供应商有联系，销售环节和零售批发商有联系，售后服务和用户有联系。此外，市场研究环节需要研究产品市场，几乎所有环节都需要人来工作，而人力资源主要由社会来培养和提供，等等。所以，产品质量的形成和改进并不只是企业内部行为的结果。质量管理是一项社会系统工程，需要考虑各种外部因素的影响。

(4) 产品质量形成全过程中的每一个环节都要依靠人去完成，人的素质及对人的管理是过程质量及工作质量的基本保证。所以，人是产品质量形成全过程中最重要、最具能动性的因素。现代质量管理十分重视人的因素，强调以人为主体的管理，其理论根源正在于此。

2. 基于生产系统观的质量形成过程

实际上，由于有形产品类型的不同，质量形成过程及控制要求也不同，但有着客观的共性规律。产品的质量要同时满足来自顾客和制造两个方面的双向要求，对质量管理目标来说，是一个系统的概念。它们始于消费者的需求，终于消费者的使用，消费者是产品质量形成这个螺旋上升过程的交汇点，也是企业各项生产经营活动的出发点和归宿。通过市场，企业了解消费者的需求，从而设计和生产出满足消费者需要的产品，如图 3-2 所示。

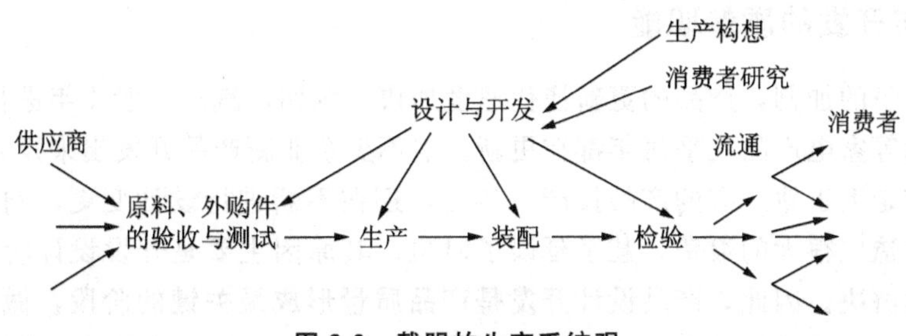

图 3-2 戴明的生产系统观

因此，从产品质量形成的过程来看，质量职能的归口，一件产品或一项服务能否成功地完成它预定的使命取决于四个主要质量职能过程的转化。

（1）市场研究与开发过程中的设计质量。设计人员通过市场调查等方法来判断顾客的需求，将顾客需求转化成对产品的要求过程。这个过程通过设计质量职能体现出来。设计质量是指产品设计符合各项质量要求的程度，最终通过设计图和技术文件的质量体现出来，即将技术规范转化为生产产品的过程。

（2）制造质量。生产人员将设计要求转化成产品的过程。这个过程体现出制造质量职能。制造质量要通过对制造过程诸因素的严格控制来保证，是通过检验质量把关的。检验质量是对制造出来的产品进行检测而获得的实测质量。制造过程受所用设备的能力、工人的技能、培训和激励、设计所考虑的生产过程的范围（程度）、确保产品质量符合设计的监控过程及必要时所采取的纠正措施（例如解决出现的问题）等因素的影响。

（3）销售和售后服务质量。销售过程是产品进入流通阶段，经由销售人员将产品传递到顾客手中的过程，而售后服务则是由产品保障的结果所形成的质量。销售和售后服务直接面对顾客，其服务质量的好坏往往可以通过顾客的满意度体现出来，顾客对企业提供的销售和售后服务是否满意，将会给企业带来极大的影响。良好的服务，是可以为企业带来更多利润的。从某种意义上说，顾客是企业一项最宝贵的资产。

（4）使用质量。使用质量是产品质量的最终体现，它应符合和满足用户所要求的所有质量特性。使用户使用起来感到方便并提供用户使用指南都是重要的。通过这些措施不但可以保证产品得以正确使用，同时，增加了在正确使用产品的前提下安全地持续发挥其功能的机会。

随着环境意识的不断增强，消费者不仅关注产品的基本属性（功能、质量、成本、个性特征），还特别关注产品的环境属性，如产品的有毒有害物质的含量、对环境的影响程度等。这就要求企业在提供个性化产品的同时，提供相关的环境属性信息。同时，一系列环保法律、法规和标准的发布与实施，也要求企业综合考虑产品在整个生命周期中的环境影响和资源消耗。

3.2 产品设计与开发过程的质量管理

产品设计与开发过程是指产品正式投产前的全部开发研制过程。产品设计与开发过程是产品质量形成过程的起始环节。如果设计试制过程的质量管理没有做好，产品的功能、性能、结构等定位不当，那么其后的工艺和生产中的努力都是徒劳无益的。

3.2.1 设计与开发的质量职能

随着市场竞争的加剧，产品的更新换代速度加快。例如，汽车一般4年进行一次大换型，电视机、照相机等家电产品几乎每年都在更新。但不少企业新产品开发出来投入批量生产后，很长时间生产难走上正轨，有的产品投产一年后，还在不断进行设计变更，制造现场的返修作业仍在继续，造成很大的浪费，甚至延误了时机。其原因主要是开发设计阶段的质量问题没有得到很好的解决。因此，产品设计开发是产品质量形成最关键的阶段，做好产品开发设计阶段的管理，确保开发设计质量，是企业提高自主创新能力和产品质量水平的重要环节。

1．产品设计与开发过程的质量管理目标

产品设计与开发是指对产品的外观、用途及外延功能进行的以满足和适应顾客需要为目标的设计，通过设计与开发使新产品由概念转变为实体形态。产品设计与开发是一个复杂的过程，其质量管理的目标同时要满足来自顾客和制造两个方面的双向要求。

(1) 满足顾客的要求。产品开发的目标决策来自对市场调查信息的系统分析，这是一个识别和确认顾客明确或潜在需求的复杂过程。产品设计开发质量目标的基本出发点就是满足用户需求，应清楚了解什么样的顾客需要什么样的产品。为此，正确识别顾客的明确要求和潜在要求是首要的，也是确定新产品设计与开发的依据。识别的整个过程就是大量收集情报并进行系统分析的过程。

(2) 要满足制造要求的符合性。顾客需求的最终实现是通过制造过程完成的，因此，设计过程的另一重要质量标志是对制造要求的符合性，俗话说："没有金刚钻，别揽瓷器活。"因此，企业设计的产品质量不能超过现有生产设备所能够达到的最大能力。否则，设计质量再高也没有实际意义。如产品结构的工艺性、标准化水平、消耗及成本、试制周期、生产效率等制造方面对设计工作的要求，为制造过程的质量管理奠定良好的基础。根据现代制造理论，可以委托与外包，因此，符合性也包括委托与外包的经济性。

2. 产品设计与开发的内容

有形产品的设计是为生产过程开发出产品的技术规格与参数，以满足在营销职能中所确定的顾客需求。过于简单的产品由于满足不了消费者的要求，自然会被淘汰；而过于奢华精致的产品，则有可能超出了消费者的需求范围。这都说明了设计与开发环节在获取制造业质量中的重要性。有些研究认为产品质量包括美学、性能、寿命和做工四个维度。则将这些维度进一步细化为产品质量的八个关键维度，即产品关键维度的功能、支撑基本功能的辅助特点、可靠性、符合性、寿命期、服务、美学和感觉质量等。有形产品的 6 个固有特性和产品创新的各种可能用途研究及并行工程的系统性思想，可以将需要转化的产品特性指标展开成包含以下 24 个创新维度的产品属性要求，如图 3-3 所示。

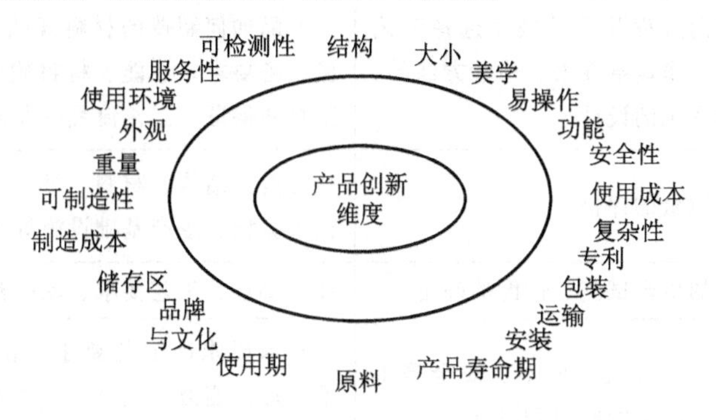

图 3-3 产品创新设计的维度

良好的设计环节将有助于预防制造环节中和服务中的缺陷，并且降低了生产系统对不产生附加值的检验环节的需求。

3. 产品设计与开发部门的质量职能

产品设计与开发是产品质量形成过程的起点，这一阶段工作质量的好坏将直接决定该产品的质量水平与竞争能力，所以必须进行一系列的技术经济分析及战略决策等活动。一般都要在经济、技术和管理三方面进行分析与论证，经过优化及试验之后，才能进入产品设计阶段。因此，产品开发部门的质量职能如下。

（1）在分析研究用户、市场、技术等方面情况的基础上，提出新产品的构思方案；对新产品的原理、结构、技术和材料等方面做出论证；对新产品性能及质量指标、安全性及可靠性等提出明确的要求；进行经济合理性论证等。

（2）优选方案，主要是利用价值工程等方法对新产品总体方案进行优选。

（3）绘制新产品示意总图。

（4）对关键零部件或新材料进行试验和试制等。

3.2.2 设计开发质量管理内容

设计开发质量是企业质量管理的起点，它“先天”地决定着产品质量，也是生产制造过程质量管理的依据和目标。按其质量形成过程分为市场调查研究阶段、产品开发策划阶段和产品设计与试制阶段。其产品设计与开发过程各阶段的质量保证事项如表 3-1 所示。

表 3-1　产品设计与开发过程各阶段的质量保证事项

阶　段	工作内容	质量保证活动事项
市场调研	产品概念形成、顾客需求预测、企业要求（方针、制约事项）	市场需求、技术动向、其他企业状况的调查。本社的生产装备、人员、技术能力等状况
产品开发策划	开发基本思想、基本开发建议书、产品企划书、评价、决策	使用目的、性能要求、生产计划许可、专利等知识产权的调查
性能、结构设计	面向产品开发的技术选择质量目标值、性能目标值装配图、零件图、公差要求	性能如何体现的识别关键质量特性、材料不同的变异性技术展开、性能分析、替代品的可能性探讨
过程设计	面向过程开发的技术选择工艺规则、作业指导书、检验方法等；制造系统的设计	产品如何制造的材料规范、工装和设施要求、试验设备要求；性能、材料确认试验及标准化、各种工具的保证；工艺流程的及使用技术
设计评审	设计质量的评价	性能、结构、材料、环境、外观等满足要求；工艺、流程、生产基础设施等满足生产要求
产品试制	样品的生产试制、性能的确定	技术要求、工艺要求、验收标准等调整与确定
小批生产	工艺、流程、成本、安全等生产系统问题的检讨和改善	技术要求、工艺要求、检查点的设置、验收标准、过程能力、生产线、人员和设备的配置等生产系统

以上各阶段反映了产品设计开发的基本模式和内在规律性。当然，不同类型的产品，其开发程序有差异，而本质是相同的。因此，产品设计和开发的基本任务，包括以下几个方面。

1. 市场调查研究与产品开发策划

产品质量能否满足用户要求，只能由用户来鉴别。因此，企业必须通过市场调查与研究，了解用户对质量的要求，并把市场调查质量信息，作为产品开发设计和安排生产的决策依据。可见，市场调查是质量活动的起点，是保证产品质量满足用户要求的决定性环节。开展市场调查与研究的基本任务可以概括为：收集市场信息、分析市场形势和确认顾客需求。

(1) 收集市场信息。要使开发的新产品在竞争激烈的市场上取胜，企业在新产品开发之前，必须进行市场研究，收集大量的信息，并进行系统的分析，以确定新产品开发的依据。市场信息可以通过向顾客征集意见、开展市场调查、查阅文献资料来获取。市场研究要获得的信息大致可以分为以下几类。

一是社会动向和市场信息。国内外的经济形势、市场规模的变化和预测、各厂家在市场上的占有率（排出顺序）、市场评价、安全及环境等法规、新技术的动向等。

二是竞争厂家的信息。竞争厂家的商品开发情况，今后的战略、课题、竞争商品的性能和特征（长处、短处），与竞争产品相比自己产品的优点和缺点。

三是顾客的信息。顾客的满意度，顾客对各厂家产品的评价，顾客对产品的改进要求，对价格的希望和承受能力，顾客的使用环境和使用方法。

四是收集政府部门颁布的技术经济政策、法令和规定，尤其是质量方面的政策、法令、规定，为企业领导确定质量方针目标提供依据。

(2) 分析市场形势。市场形势是指商品市场诸多要素的状态、动态和发展趋势。在市场经济条件下，市场形势决定企业的经营环境，因此，必须认真分析国际、国内两个市场的形势。

国际市场形势分析主要包括：对目标市场所在国家或地区经济周期的分析（指对处于萧条、危机、复苏等经济周期循环发展的不同阶段的市场形势分析）、重要经济指标的分析，以及对拟出口产品的主要进口国的分析。

国内市场形势分析的主要环节是分析目标市场所在地区的经济形势、竞争因素和环境等。

(3) 确认顾客需求。顾客需求是指顾客对产品适用性的需要、要求、愿望和期望的总和，通常反映为对产品性能、功能、安全性、价格、交货期、服务和信誉等方面的需求。不仅要掌握顾客当前的需求，还要调查顾客的潜在需求（顾客当前的需求和潜在需求因产品不同而不同，见图 3-4）。

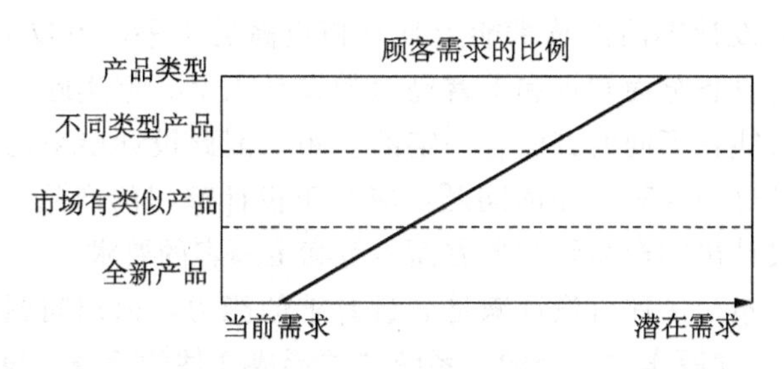

图 3-4 不同产品当前需求和潜在需求的比例

通过市场研究，把握顾客对产品适用性的需求，并将其转化为产品构思，形成产品的概念质量，也即将顾客需求转化为产品要求，确定产品的功能与性能参数。

2. 产品设计与试制

经过开发研究并确定新产品之后，接着就是进行新产品的设计及试制工作。设计与试制可分为初步设计、详细设计、样品试制及小批试制等阶段。

初步设计中的职能是设计计算、模拟试验、系统原理图设计及设计审查等；在详细设计（包括技术设计和工作两个步骤）中的质量职能有编制产品技术条件及其说明书，在工作图上注明质量特性的重要性级别、设计审查、进行可靠性及安全性分析等项内容；在样品试制试验中的质量职能有进行部件合格试验、样品的功能试验、可靠性试验及安全性试验等项内容，以验证设计是否达到用户的要求；小批试制的质量职能有试验生产工艺与装备是否能保证产品质量，拟订质量检验计划，等等；试制鉴定方面的质量职能就是要参与上述工作，协助与监督其达到用户要求。

(1) 样品试制的计划及准备。样品试制前，技术开发部对样品试制专用件、首次使用的通用件及订购件、工装模件进行确认；生产管理部根据技术开发部编制“新产品样品试制进度计划”，编制“新产品技术准备计划”。

(2) 样品试制的实施。样品试制的实施由生产管理部协助技术开发部组织样品的试制、试验，做好记录和技术服务；样品试制后技术开发部应组织相关部门对试制情况进行小结，提出整改措施，并应于小批试制前对整改措施的完成情况进行检查。

(3) 样品的检测与鉴定。样品的检测由质量管理部负责，并提出检测报告。样品检测完毕后，由技术开发部按《新产品试制鉴定管理》标准处理。当样品鉴定不能通过时，由技术开发部组织查明原因并提出改进意见。

(4) 小批试制。小批试制的任务是验证工艺和工装，同时也对样品试制问题点整改完成及效果进行验证。小批试制完成后，生产管理部应及时组织小结，对存在的问题确定对策措施，制订整改计划，并应于批量生产前对问题点整改的情况进行检查。

通过产品样机和小批试制，以及顾客对产品的确认设计，实现产品的设计定型。

在产品设计与开发设计阶段，要策划设计评审的时机，特别是新产品与开发在设计完成后的设计评审工作，设计评审由相关部门组织，以会议形式举行，并将审查意见形成文件 。

3.2.3 设计与开发的评审

一个优秀的设计必须使设计出来的产品，在性能、成本、安全性、可靠性、生产性、对环境的影响、可维修性、服务性、使用费用、人机工效、外观及符合法规等各方面，充分满足顾客的要求。这需要设计部门的技术能力具有相当高的水平，不仅要有完善的技术标准、设计手册，而且还要有具备全面知识和丰富经验的设计人员。但实际上一般的设计人员很难完全满足上述条件，可能在不同的方面有一定的差距，因此设计出来的产品多少存在这样或那样的问题。为了弥补这一客观存在的问题，应对于设计部门的产品——图纸、规范和要求等进行评审，以保证设计出的产品能在各方面尽量满足顾客的要求。

设计与开发评审是指为了评价设计满足质量要求的能力，识别问题（若有问题还要提出解决办法），对设计与开发所作的综合的、系统的并形成文件的检查。设计评审是重要的早期报警措施，也是产品设计阶段最重要的质量保证活动。因此，设计和开发评审应以满足顾客要求为前提，以贯彻适用法律法规、标准、规范为制约，站在组织和顾客共同利益的立场上评审产品的适用性、工艺性、可靠性、可维修性和安全性、寿命周期、成本等内容。同时，还必须注重工艺试验，提高工艺技术水平和生产能力，并对特定阶段的监视和测量加以评审和规定。

1. 设计评审的要求

设计评审应以满足用户的要求为前提，以贯彻有关的标准、法令、条例为制约。要站在制造厂和用户共同利益的立场上评审产品的适用性、工艺性、可靠性、可维修性和安全性等内容。在评审生产制造的可行性的同时，必须注重工艺试验，提高工艺能力和水平。

设计评审应根据产品的设计性质、复杂程度、技术难度和生产性质等特点，关注影响设计和规范质量目标的关键决策点，包括对与用户需要和满意有关的项目、与产品规范有关的项目、与工艺规范有关的项目等方面的内容进行评审（如：设计的工艺性；设计的可检验性和可试验性；材料、零件、部件规范；包装、搬运和防护）。

从产品开发设计的全过程来看，通常应将初步设计、技术设计、工作图设计、改进设计及小批试制阶段的工艺方案列为评审点组织评审。

2. 设计评审的种类和实施时期

设计评审可以在设计过程的任何阶段进行。在设计的适当阶段，应有计划地对设计结果进行正式评审，并形成文件。每次设计评审的参加者应包括与被评审的设计阶段有关的所有职能部门的代表，需要时也应包括其他专家。这些评审记录应予以保存。

企业对于不同的产品，评审的次数不一样，一般复杂的、要求高的产品评审次数多，完全更新型的产品评审次数多，有的企业产品评审次数多达 7～8 次。而较简单的产品、部分更新型的产品评审次数就要少一些，有的只有 1～2 次。在这方面没有统一的次数要求，而是从实际需要出发（见图 3-5 和图 3-6）。总的原则是，只要需要，再多也不嫌麻烦，一丝不苟地进行评审；而不需要多次评审的，绝不走形式。一切围绕目的，同时考虑经济性。

构思设计评审也叫初期评审，这一阶段要求对方案作概略的分析和论证，其内容偏重于对技术理论、设计原理及技术经济效果等方面的论证和评审。中间设计评审是指从设计开始至设计定型之前的评审工作，其目的是验证产品设计的正确性。包括：理论验证，模型验证，样机验证。最终设计评审重点是全面审查新产品各项性能指标与生产成本是否符合原定的各项要求，以便为投产做好准备。终期评审的主要形式是设计定型鉴定和生产定型鉴定，必要时，还应包括对初始试验所用的样机或样品的说明及在鉴定试验中为纠正不足所进行的修改的说明，以便为投产做好准备，防止出现其他问题。

图 3-6 中，构思评审的目的在于评审产品样式（构思图）与目标是否一致；试制工序评审的目的在于评审图纸样式（试制图）与工序计划是否一致；工序评审的目的在于最后确定工序，进一步评审图纸样式（生产图）与工序计划是否一致；生产前评审的目的在于确认并评价产品质量的达成情况，以及生产准备的进展情况；生产前综合判定评审的目的在于确认并评价产品质量保证体系、经济性、生产体制，综合评价后，宣布批量生产开始。

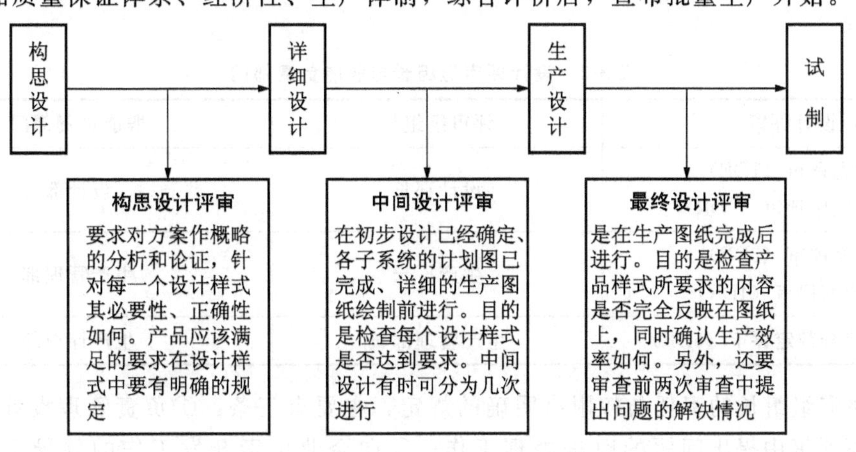

图 3-5　设计评审的实施时期和内容（3 次）

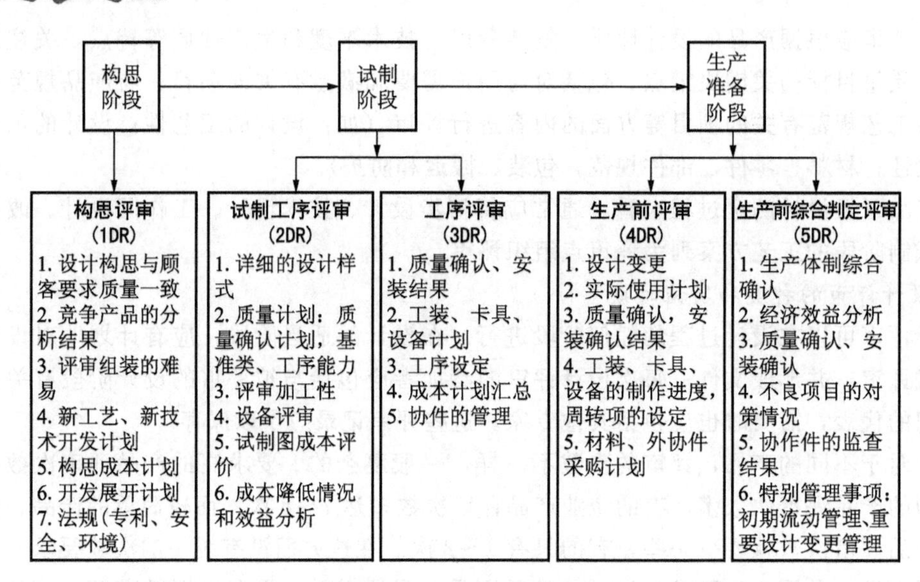

图 3-6　设计评审的实施时期和内容（5 次）

企业的设计评审（DR），主要是确认设计开发过程中构思图、计划图、试制图、批量生产图是否在性能、可靠性、可生产性、成本等方面达到预定目标（顾客的要求），并找出其中的差错。有的企业在此基础上，在新产品开发的各个阶段，以工厂的生产部门为中心，还要进行可生产性的审查。重点是确认在实际生产中，目标成本是否能达到目标质量，如何能实现高的生产效率，进一步落实生产准备项目等。为使设计的更改得以有效控制，必须制定设计更改程序，这些程序应对各种必要的批准手续、执行更改的指定地点和时间、从工作现场收回作废的图样和规范及在指定的时间和地点对更改进行验证等方面做出规定，程序中还应包括紧急更改办法，以防止不合格品的生产和交付。当更改的数量、复杂性及随之而来的风险超过一定的限度时，应考虑再次进行正式的设计评审和确认试验。

3. 设计评审的组织

设计评审是有组织、有计划进行的，对于产品的设计评审工作，因为不同阶段的设计评审内容侧重不同，任命的评审组组长也各不相同。以图 3-6 的评审为例，其各个阶段设置情况见表 3-2。

表 3-2　设计评审组组长与职能负责部门

设计评审	评审组组长	职能负责部门
构思评审（1DR） 试制工序评审（2DR）	设计部长	设计部
工序评审（3DR） 生产前评审（4DR）	生产厂长	生产管理部
生产前综合判定评审（5DR）	生产管理部长	生产计划部

设计评审组组长的责任与权限有明确的规定，主要有三条：①负责管理设计评审的组织；②指挥评审中提出问题的改进处理工作；③向企业负责开发工作的领导汇报、请示工作。

评审员都是各有关领域的专家，具有丰富的知识和经验，应该有两部分人参加，即直接参与设计的各方面人员和不直接参与设计的有关专家与使用部门的代表，例如，产品开发设计工程师、质量保证部门的可靠性工程师和质量控制工程师、制造工程部门的工艺工程师及生产管理、采购、工具制造、材料、检验、包装、维修、销售等部门代表和用户代表。他们拥有各方面的知识和经验，可以从不同的角度对设计工作进行评审。设计评审员的构成及责任分组见表 3-3。

表 3-3 设计评审员的构成及责任分组

职能部门	评审项目	各阶段评审责任部门				
		1DR	2DR	3DR	4DR	5DR
营业	对于顾客的要求；与竞争产品相比销售的要点	0	0			
销售	保证交货期		0	0	0	0
设计	要求样式的满足度、可靠性、安全性、标准设计的考虑，竞争产品及市场动向的调查，设计目的实现程度	0	0	0		
质量管理	确认市场及顾客要求的样式，目标样式的确定，确定索赔、工序不良的降低目标，制订索赔、工序不良的降低计划，质量确认计划	0	0	0	0	0
生产管理	自制和外协的区分是否妥当，开发计划、设备计划的展开日程，生产能力、生产体制	0	0	0	0	0
供应	可否购入 Q、C、D 都满足要求的材料和部件，工序、设备所需的材料、部件的特殊要求	0	0	0	0	0
生产技术	为满足公差要求和生产上的问题而开发新工艺、新技术的必要性，工序及设备计划中要遵守的标准和准则	0	0	0	0	0
成本	目标成本、计划成本、外协件成本	0	0	0		0
制造	自制件的加工、组装的难易程度，工序及设备的安全性、可靠性、人体工学等要素的考虑	0	0	0	0	
检查	过去生产的问题在图纸中是否给予考虑，在产品使用、安全性、材料、零部件的检查上有无问题，不良品流出的可能性如何，防差错的措施如何	0	0	0	0	0
物流	在包装、运输、保管、处理过程中有无问题		0	0	0	
服务	定期检修、保养有无问题；维修零部件的确定有无问题；维修零部件的供给	0	0	0	0	0
专利	专利的调查及确认有无问题	0	0	0		

各部门参加评审的人员一般是部门负责人，不随意更换，负责开发的企业领导原则上要出席每次评审会，在第五次评审时，因为要决定是否开始批量生产，企业有关领导（开发、

生产、质量、供应、成本等）都要出席。如果有特殊情况不能出席，要向企业经营会议报告。

3.3 生产制造过程的质量控制

产品生产制造过程是指将材料、部件转变为零件或成品的全过程。产品设计出来以后，目标质量是明确的，提出了产品生产制造的要求。低水平的设计当然生产不出高质量的产品，但高质量的设计也不一定就能生产出顾客满意的产品，这要取决于生产制造过程质量控制的好坏。

3.3.1 生产制造过程质量职能

生产制造是以经济的方法，按质、按量、按期、按工艺要求，生产出符合设计规范的产品，并能稳定控制其符合性质量的过程。生产制造过程的质量管理是实现设计意图、形成产品质量的重要环节，也是实现企业质量目标的保证。

1. 生产制造过程的质量控制目标

生产制造过程的质量管理，目的就在于设计确定以后，经济地、高效地生产出符合设计要求的产品。一是要实现稳定的制造质量，制造过程的目标是不偏离设计、是保证对设计的符合性质量；二是要降低不良品损失。

将一个理想的产品设计由图纸变成实物，是在生产制造过程中实现的。尽管当前不少企业质量管理的重点已经向设计和服务两个阶段转移，但产品的制造过程仍是产品质量形成的一个重要阶段，可以说制造过程的质量管理是全过程质量管理的基础。

2. 生产制造过程的质量职能

生产制造过程质量管理的任务是建立一个控制状态下的生产系统。所谓控制状态，就是生产的正常状态，即生产过程能够稳定、持续地生产符合设计质量的产品。生产系统处于控制状态下才能够保证合格（符合规格标准）产品的连续性和再现性。为此，在生产制造过程中的质量职能应有效控制影响质量的各种因素，包括生产技术准备过程的质量职能和生产制造过程的质量职能。

(1) 生产技术准备过程的质量职能。产品在制造之前必须做好准备工作，并编制质量控制计划，即生产技术准备工作，它包括选择合适的制造工艺，选用设备与工具，设计与制造工艺装备，编制工艺规程，选定工序质量控制点，制定质量工序表，提供各种技术文件，编制操作指导卡，等等，保证上述工作的质量优良之外，其质量职能还应包括组织质量攻关活动、组织工序能力测定并提高工序能力指数等。

(2) 生产制造过程的质量职能。生产制造过程的质量职能就是保证制造出来的产品符合设计质量要求，其中主要有下述几个方面。

① 加强工艺管理。严格工艺纪律，全面掌握保证产品质量的工序能力。

② 组织好质量检验工作，如正确规定检验点，合理选择检验方式，建立好专群结合的检验队伍，等等。

③ 掌握质量动态。为此必须系统地、经常地、准确地进行质量动态的统计与分析，健全原始记录，并由专人负责，严格进行。

④ 加强不合格品的统计与分析，实行工序质量控制。如对于需要加强监督的、需要特殊

技术的、质量不稳定的工序应设立管制点，进行质量控制；有条件的工序采用控制图进行质量控制。

⑤ 进行质量改进活动，解决生产中的质量问题。

3.3.2 生产制造过程质量管理内容

生产制造过程的质量管理，一般分为两个阶段，生产技术准备阶段和生产制造阶段。这两个阶段的活动内容见表 3-4。

表 3-4 生产制造过程的质量管理内容

阶　段	生产技术准备阶段	生产制造阶段
内　容	(1) 工艺准备； (2) 设备、工装卡具、计量器具的配备与管理； (3) 原材料、零部件的供给； (4) 工序能力分析与验证； (5) 人员配置和技能的教育培训	(1) 工序管理； (2) 质量保证与检验； (3) 质量改进

1. 生产技术准备阶段

生产技术准备阶段是指企业为了保证日常生产的正常进行，为顺利实现生产作业计划所从事的各项准备工作。

(1) 工艺准备。工艺是生产者利用生产工具对各种原材料、半成品进行增值加工或处理，最终使之成为制成品的方法与过程。工艺准备是根据产品设计要求和企业生产规模，把材料、设备、工装、能源、测量技术、操作人员、专业技术与生产设施等资源系统、合理地组织起来，进行过程策划，规定工艺方法和程序，分析影响质量的因素，采取有效措施，确保生产正常进行，使产品质量稳定地符合设计要求和控制标准的全部活动。工艺准备是生产技术准备工作的核心，是直接影响产品质量的因素。

工艺准备的技术文件包括：工艺规程、产品图、工艺流程图、工艺卡片、工装图；以及检验指导书、试验规程、校检规程、操作规程、各类作业指导书等。

(2) 设备、工装卡具、计量器具的配备与管理。设备通常是一批中大型机具器材的集合体，无法拿在手上操作而必须有固定的台座，使用电源之类动力运作而非人力，如自动化设备。自动化是指机器或装置在无人干预的情况下按规定的程序或指令自动进行操作或控制的过程。自动化设备即实现这一过程的设备。包装设备包括如啤酒行业，从啤酒的罐装机，到自动压盖机，到纸标贴标机，到装箱机，是指用来包装产品的机器。在生产与检验中使用的设备与工具，必须得到适当的维修与校准。失修的机器可能生产出不合格的产品，而未得到校正的检验设备提供的是不正确的系统信息。这些都导致了产品的质量问题。

工装卡具包括各种外购的标准工具和自制的非标准工具等，例如各种刃具、量具、模具、夹具等。对于量具，企业应有专门的部门负责量具的验收、保管、发放、鉴定、校正和修理工作。对于模具和夹具，由仓库统一管理，要建立工具卡片。对于大量消耗的刃具，要采取集中制造加工的办法，以保证刃具的质量。贵重的、使用时间长的复杂刃具，更要重视采取上述工具管理办法，以保证其质量。

计量器具是指能用以直接或间接测出被测对象量值的装置、仪器仪表、量具和用于统一量值的标准物质。计量器具要进行调整、校准及搬运、维护、储存的防护和失准时的处理等方面的管理工作。

（3）原材料、零部件的供给。原材料、零部件的供给是指原材料、零部件的采购与接收。质量合格的原材料、零部件的采购及保证及时交付，对企业来说是相当关键的。采购部门承担着相当重要的质量职责。选择可靠的供应商；确保采购合同符合设计开发部门确定的原材料质量要求；与供应商建立基于信任的长期关系，并保持密切沟通以应对各种设计与生产的变化；向供应商提供持续质量改进培训。高质量的原材料采购还可以减少对接受检验的需求。而原材料的接收则要求确保接收材料是合格的。特别是对于现今快速多变的生产系统，许多企业减少了库存，这对原材料的质量提出了更高的要求。

（4）工序能力分析与验证。工序能力是体现过程质量保证能力的重要参数，是指工序能稳定地生产出合格产品的能力，也即工序处于受控状态下的实际生产能力。工序是产品质量形成的基本环节。因此，在工艺准备中应该对工序具备生产符合产品质量要求的能力进行验证。有关工序能力分析与验证的相关内容见本书第 5 章的统计过程质量控制。

（5）人员配置和技能的教育培训（略）。

2. 生产制造过程

生产制造过程这一环节的主要任务是生产出合格的产品。作为设计与工艺部门的下一流程，一旦进入生产环节，任何缺陷都是不可接受的。因为事后的检验和纠正措施都是要花费成本的。如果出现问题，就要通过检验来发现并消除问题产生的原因。为了保证生产系统的稳定性，精密的检验仪器、设备与熟练掌握检验技术工具的员工都是不可缺少的。在每一个生产环节，无论是操作人员还是专门的检验人员都要尽力收集和分析生产系统的信息，以便及时做出必要的调整。

（1）工序管理。生产系统必须能够持续生产出符合规格的产品，而工序就是将材料、部件转变成零件或成品的直接生产过程。工序管理的质量职能是根据产品设计和工艺文件的规定对各种影响制造质量的因素实施控制。

（2）质量保证与检验。检验可以获得生产系统的信息，去发现和消除系统中可能存在的问题，还可以避免不合格品进入下一道工序和市场。无论在什么情况下，检验都应被视作一种收集有助于质量改进信息的手段，它的目的不仅仅只是检出不合格品，还具有把关、预防等质量职能。有关质量检验的相关内容见本书第 6 章的质量检验与抽样检验。

（3）质量改进。质量改进是消除系统性的问题，对现有的质量水平在控制的基础上加以提高，使质量达到一个新水平、新高度。质量改进是一个过程，要按照一定的规则进行，否则会影响改进的成效，甚至会徒劳无功。由于时代的发展是永无止境的，为立足于时代，质量改进也必然是“永无止境”的。有关质量改进的相关内容见本书第 7 章的质量改进与质量改进工具。

显而易见，产品经过设计开发后，能不能保证达到设计质量标准，这在很大程度上取决于产品生产工艺质量、产品生产设备质量和生产工装质量、外购品质量及生产制造过程的质量控制水平。

3.3.3 工艺准备质量管理

当产品设计定型之后，工艺准备工作的质量对确保产品质量、提高工作效率、降低成本、增加经济效益将起到决定性的作用。尤其是在市场竞争机制下，新产品从开始设计到正式投产的周期越来越短，因此，如何在确保质量的前提下缩短工艺准备的周期，已经成为十分重要与现实的课题。

1. 工艺准备工作的任务

产品设计与开发解决了生产什么样产品的问题，而生产工艺则是解决怎样制造的问题。工艺准备工作的任务就是根据产品的设计要求和生产规模，选择适宜的工艺技术和管理方法，将材料、设备、工装、操作工艺、测量技术、劳动力和生产设施等资源，系统合理地组织起来，形成一整套用于指导操作和控制的工艺文件，确保产品的制造质量稳定地符合设计规格和内控标准的要求。使产品达到预定的质量标准。

2. 工艺准备工作的质量职责

工艺准备工作的总体策划由工艺部门（生产技术部）负责，生产、品管、采购、仓库等部门参加，策划的结果应形成必要的《产品制造质量控制计划表》（见表 3-5）。

《产品制造质量控制计划表》实际上是一系列文件的组合，包括工艺规程、检验文件、培训计划、设施和设备计划等。

在总的《产品制造质量控制计划表》的基础上，可根据需要，编制各类分计划，如工序质量控制计划、质量检验计划、采购控制质量计划等。

表 3-5 产品制造质量控制计划表

序号	关键工艺步骤	关键工艺参数	控制点	控制方法	检验样本大小	检验方法

（1）工序质量控制计划。工序质量控制的目的是使工作人员在各道工序里正常工作并加以调节，以便达到各项标准要求。一般只针对关键工序编制工序质量控制计划。工序质量控制计划的内容包括：确定应控制的质量特性；确定工序质量控制点；明确工序质量控制点的控制要求；编制工序质量控制点文件，包括《工序质量控制点明细表》《工序质量因素分析表》《作业及检验指导书》等。

工序质量控制计划可作为制造质量计划的一部分，不必单独编写。

（2）质量检验计划。对于比较复杂或质量要求较高的产品，一般要编制质量检验计划。其内容包括：编制必要的检验流程图（说明检验程序、检验站或点的设置、采用的检验方式等），合理设置检验站（点），编写检验用质量缺陷严重性分级表，编写检验作业指导书，确定测量和试验设备的配置，人员调配、培训、资格认可事项的安排，其他需要做特殊安排的事宜。

质量检验计划可并入制造质量计划中。质量检验计划的具体内容见本书第 6 章相关章节。

3. 工艺准备过程的质量管理内容

工艺准备的主要活动范围是在产品投产之前的生产技术准备阶段，但并不局限于这一阶段。工艺准备几乎涉及产品生命周期的全过程。向前可延伸至新产品设计调研过程的工艺调研和产品设计后的工艺会签活动：向后可延伸至生产过程的现场技术服务、工艺更改控制和工艺改进等活动。

（1）工艺调研及先行试验。工艺调研及先行试验可以放在产品的设计过程中进行（如在设计调研过程中进行）。工艺调研的目的是了解国内外同类产品的工艺水平，新工艺、新材料的使用情况，用户意见及本企业在制造过程中存在的问题。在此基础上，进行必要的先行试验，预先掌握新工艺的关键，为提高工艺水平创造条件。

（2）产品工艺性审查。产品工艺性审查，是指新设计的产品（包括改进的产品）在满足使用功能的前提下，应符合工艺性指标要求，以便在现有生产条件下能用比较经济、合理的方法将其制造出来并便于使用和维修。产品工艺性审查在设计的各阶段都要进行。产品工艺性审查是生产技术准备和产品开发设计两个职能的接口，并有一定程度的交叉。

工艺性审查的内容如下。

① 材料选择是否符合标准规定，选用是否合适，是否经济。

② 零件的结构形状是否合理和便于加工。

③ 零件的精度及技术要求是否符合产品功能要求，是否经济合理。

④ 零件设计是否考虑工艺技术的选择。

⑤ 装配、拆卸是否方便。

⑥ 是否可利用现有设备、工具及仪表进行加工和检测。

⑦ 产品的结构和零件的通用化、标准化程度是否高。

⑧ 质量特性值是否便于测量和判别。

⑨ 结构的继承性是否合理。继承性的衡量指标是继承性系数，即旧零件数量与全部零件数量之比。

（3）编制工艺方案。产品工艺方案是指导产品工艺准备工作的依据，它是提出工艺技术准备工作具体任务和措施的指导性文件，除单件小批量生产的简单产品外，一般都应编制工艺方案。

① 新产品样机试制的工艺方案。提出样机试制所需的各项工艺技术准备工作。包括：对产品结构工艺性的评价和对工艺工作量的大体估计；提出自制件和外协件的初步划分意见；提出必需的特殊设备的购置或设计、改装意见；必备的专用工艺装备设计、制造意见；关键零（部）件的工艺规程设计意见；有关新材料、新工艺试验意见；主要材料和工时的估算。

② 新产品小批试制的工艺方案。新产品小批试制的工艺方案指在总结样机试制工作的基础上，提出批试前所需的各项工艺技术准备。内容包括：对样机试制阶段工艺工作的小结，对自制件和外协件的调整意见，自制件的工艺路线调整意见，提出应设计的全部工艺文件及要求，对专用工艺装备的设计意见，对专用设备的设计或购置意见，对特殊毛坯或原材料的要求，对工艺、工装的验证要求，对有关工艺关键件的制造周期或生产节拍的安排意见，根据产品复杂程度和技术要求所需的其他内容。

③ 批量生产的工艺方案。批量生产的工艺方案应在总结小批试制情况的基础上，提出批量投产前需进一步改进、完善工艺、工装和生产组织措施的意见和建议。内容包括：对小批试制阶段工艺、工装验证情况的总结，工艺关键部件和零件质量攻关措施意见和关键工序质量控制点设置意见，工艺文件和工艺装备的进一步修改、完善意见，专用设备或自动化生产线的设计制造意见；有关新材料、新工艺的采用意见，对生产进度的安排和投产方式的建议，装配方案和车间平面布置的调整意见。

④ 老产品改进的工艺方案。老产品改进的工艺方案主要是提出老产品改进设计后的工艺组织措施，老产品改进工艺方案的内容可参照新产品的有关工艺方案办理。

(4) 编制工艺文件。工艺文件是指导工人操作和用于生产、检验、工艺管理的技术文件，是企业安排生产计划、实施生产调度、劳动组织、材料供应、设备管理、质量检查和工序控制等的主要依据。

常用的工艺文件有以下四种类型。

① 综合型工艺文件。包括工艺方案，产品工艺性审查记录，工艺路线表。

工艺路线表，是用来描述产品全部零（部）件（外购件除外）在整个生产过程中所经过部门（科室、车间、班组）的工艺流程，供工艺部门、生产计划调度部门使用。

② 工艺规程。工艺规程主要有工艺过程卡（工艺路线卡）、工艺卡、工序卡、检验卡、工艺守则等形式。

工艺过程卡规定了零件（或产品）在整个制造过程中所要经过的车间、工序等总的路线，所使用的设备和工艺装备等。工艺路线是指零件的加工、装配、检验、试验、包装、入库的全部工艺过程的先后顺序和制造部门、小组的分工。

工艺卡是针对某一工艺阶段编制的一种工艺文件。它规定了零件在这一阶段的各道工序，以及使用的设备、工艺装备和加工规范。如冷冲压工艺卡、电气装配工艺卡等。

工序是一个或一组工人，在一个工作地点对同一个或同时对几个工件进行加工所连续完成的那一部分工艺过程。工序卡规定某一工序内具体要求的工艺文件。工序卡的主要内容有：操作步骤，质量要求，所选择的作业（工艺）参数，使用的设备、工装，必要的简图等。

检验卡（检验作业指导书）是根据产品标准、图样、技术要求和工艺规范对产品及其零部件的质量特性、检测内容、要求、手段做出规定的工艺文件。主要用于关键工序的检查。

工艺守则是某一专业应共同遵守的通用操作要求。如切削加工工艺守则。

工艺卡、工序卡、检验卡、工艺守则等统称为“作业指导书”。

③ 工艺装备文件。含专用工艺装备图样的设计文件。

④ 工艺管理类文件。包括工艺文件更改、材料代用通知单、材料消耗工艺定额表、外协件、工艺装备等明细表、工艺文件标准化审查记录、工艺验证书、工艺文件目录等。

(5) 工装的设计、制造和试验。工装（工艺装备）是指按工艺规程制造产品所需的各种工具、夹具、模具、工位器具、辅助工具的总称。使用工艺装备的程度，对保证产品质量、提高劳动生产率、改善劳动条件具有重要作用。工装分为通用工装、专用工装。通用工装一般通过外购获得，专用工装由企业自行设计制造。

工装购买或制造完成后，要进行检验，合格后进行现场验证。

(6) 检测手段的配备和检测方法的确定。检测手段包括各种计量器具、理化设备、测试仪器和设备。检测手段的配备一般由质量管理部（质检部）工程师负责。

质量管理部（质检部）QE 工程师还应编制检验作业指导书，明确检验方法和要求。

(7) 设置工序质量控制点。质量控制点是指质量活动过程中需要进行重点控制的对象或实体。它具有动态特性。具体地说，是生产现场或服务现场在一定的期间内、一定的条件下对需要重点控制的质量特性、关键部位、薄弱环节，以及主导因素等采取特殊的管理措施和方法，实行强化管理，使工序处于良好控制状态，保证达到规定的质量要求。可以以质量特性值、影响工序因素（5M1E）等为对象来设置工序质量控制点。

① 工序质量控制点的设置原则。全部的关键质量特性和少数的重要质量特性及关键部位；工艺上有特殊要求，对下道工序的加工、装配有重大影响的项目；内外部质量信息反馈中出现质量问题多的薄弱环节；关键工序、特殊工序。

② 质量控制点的实施要求。用文件形式明确质量控制点：用工艺流程图或质量控制点明细表等文件形式明确质量控制点，确定需要控制的质量特性和主导因素。

编制质量控制点作业指导书和多种技术文件：作业指导书、设备操作及维护保养规程、设备定期检查记录卡、设备日点检记录卡；工装维护保养规程；工装定期检查记录表；质量检查工具调整与维护保养规定，量检具周期校准记录卡；检验作业指导书；控制图等。

③ 在对工序质量控制点进行工序能力调查和分析的基础上，组织实施和验收。质量工序表中影响产品质量的因素都纳入有关部门进行控制。

④ 应有质量控制点管理制度。

3.3.4 生产过程的质量控制

生产过程的质量控制是指从材料进厂到形成最终产品的整个过程对产品质量的控制。其质量职能是，根据设计和工艺文件的规定，以及制造质量控制计划的要求，对各种影响制造质量的因素具体实施控制的活动。生产过程质量控制的目的在于控制过程并排除该阶段中导致不满意的因素，以此来确保产品质量。

1. 明确质量责任，组织文明生产和5S管理

明确有关职能部门对生产过程的质量责任和权限。明确生产现场和各类人员的质量责任与权限；明确部门之间和各类人员之间的相互关系；确定相关质量业务的处理方法和程序。文明生产指的是合理组织产品生产，建立生产计划管理制度，保证生产的节奏性和均衡性；“5S”是整理（seiri）、整顿（seiton）、清扫（seiso）、清洁（seikeetsu）和素养（shit-suke）这5个词的缩写。5S管理是指在生产现场中对人员、机器、材料、方法等生产要素进行有效的管理，这是日本企业独特的一种管理办法。

在生产过程中，无论是质量责任的实施、文明生产，还是5S管理，都要求有严明的工艺纪律、劳动纪律；遵守工艺规程；毛坯、在制品、成品堆放整齐，工器具齐备、零部件存放有序，机器设备运转良好、排列整齐；投料加工、在制品流转凭证齐全、手续完备、记录准确；工艺文件齐备、完整；等等。

2. 提供必要的物资保障，加强协调

（1）提供设备保障。设备保障的基本内容包括：设备维护保养、设备检查和设备修理。

设备维护保养的内容是保持设备清洁、整齐、润滑良好、安全运行，包括及时紧固松动的紧固件，调整活动部分的间隙等。简言之，即“清洁、润滑、紧固、调整、防腐”十字作业法。日常保养是基础。保养的类别和内容，要针对不同设备的特点加以规定，不仅要考虑到设备的生产工艺、结构复杂程度、规模大小等具体情况和特点，还要考虑到不同企业内部长期形成的维修习惯。

设备检查是指对设备的运行情况、工作精度、磨损或腐蚀程度进行测量和校验。通过检查全面掌握机器设备的技术状况和磨损情况，及时查明和消除设备的隐患，有目的地做好修理前的准备工作，以提高修理质量，缩短修理时间。按时间间隔，可分为日常检查和定期检查。按技术功能，可分为机能检查和精度检查。

设备修理是指修复由于正常的或不正常的原因而造成的设备损坏和精度劣化。通过修理更换磨损、老化、腐蚀的零部件，可以使设备性能得到恢复。设备的修理和维护保养是设备维修的不同方面，二者由于工作内容与作用的区别是不能相互替代的，应把二者同时做好，以便相互配合、相互补充。

严格执行设备维修保养制度，保证设备符合产品质量要求。要求操作者严格遵守设备操作规程，实行文明操作和维护保养。要求设备操作人员、设备维护保养人员做好设备的日常维护、定期保养工作，并适时对设备进行改善性维修。

(2) 提供工装保障。严格执行工装、夹具、模具和工位器具管理制度，要求操作者按制度和工艺要求正确地借用工装并及时归还工装，管理部门做好工装的发放、保管、保养和检定、调整、维修、更换工作。

(3) 提供计量保障。严格执行计量管理制度，要求操作者按照制度和加工零件的质量要求正确地使用保养计量器具；要求计量部门按规定加强计量仪器和器具的校准、维修和更换工作。

(4) 做好物资供应。按期、按量、按质为生产车间适时提供原材料、零部件、部件等生产必需物资。做好物资的标识、颁发、搬运、储存工作尤其是在生产现场的转运、清点、保管工作，防止遗失、锈蚀、变形和磕碰划伤。

3. 做好质量检验工作

生产制造过程中质量检验工作要把好以下“三关”。

(1) 材料关，即原材料、辅助材料、外购外协件、半成品的质量关。

(2) 工艺关，即产品生产过程的工艺质量。

(3) 成品关，即生产出符合设计和规范要求、满足顾客期望的产品。

生产制造过程中质量检验工作要做到以下“四不”。

(1) 不合格的材料不投产。

(2) 不合格的在制品不转序。

(3) 不合格的零部件（或元器件）不入库。

(4) 不合格的产品不出厂。

4. 严肃工艺纪律，建立健全工序质量控制点

工艺是生产的法规，管理、技术、制造部门都应该严格遵守。要求各级管理人员分层次地进行工艺纪律检查。特别是生产现场的各级负责人，应重视督促操作者严格按图纸、按标准、按工艺进行生产，对工艺纪律进行考核，发现问题要严肃处理。所有工艺更改均应执行审批程序，重要工艺更改还应组织工艺验证，并按工艺文件控制程序实施更改。

建立健全工序质量控制点。对关键、特殊工序实行重点控制，严格按质量控制文件要求做好原始记录或控制图表，定期测定工序能力，发现异常及时采取纠正措施。

5. 工序质量控制

工序的过程就是指操作者、机器设备、材料、工艺方法、测量和环境（5M1E）六大因素，在特定条件下，相互结合、相互作用的过程。工序质量是指工序过程的质量。

(1) 工序质量控制的目的和任务。工序质量控制的目的就是把工序质量的波动限制在要求界限内所进行的质量控制活动。工序质量控制的任务就是要维持正常波动的适度水平。

(2) 工序质量体制的对象。工序控制的对象从直观上来说是控制工序形成的质量特性值，而质量特性值的波动受工序因素 5M1E 的影响，所以说工序质量控制的实质对象是工序因素

5M1E，尤其是其中的主导因素。

(3) 工序质量控制的策划。工序质量控制的策划是指对工序质量控制的全部活动进行预防性的统筹安排。主要是针对关键工序提出的。工序质量控制策划按以下步骤来制定。

① 根据设计部门所提供的产品质量特性重要性分级，明确要控制的质量特性值。

② 对明确要控制的质量特性值，确定其质量形成过程，绘制必要的工艺流程图。

③ 按照建立工序质量控制点的原则，确定工序质量控制点，并编制必要的明细表。

④ 对确定的工序质量控制点，进行工序能力的调查。

⑤ 在工序能力调查的基础上，对工序质量的因素进行分析，确定其主导因素。

⑥ 在工序质量因素分析的基础上，编制工序质量分析表，并以此表为核心来编制工序质量控制点的各种文件。

3.4 采购供应过程的质量管理

采购供应过程是指原材料、零部件的采购与接收过程。原材料的采购保证及时交付，对企业来说是相当关键的。采购部门承担着相当重要的质量职责。选择可靠的供应商；确保采购合同符合设计开发部门确定的原材料质量要求，要对供应商实施质量控制；为保持密切沟通以应对各种设计与生产的变化，要与供应商建立长期的关系，并进行供应商的关系管理；向供应商提供持续质量改进培训。高质量的原材料采购还可以减少对接收检验的需求，而原材料的接收则要求确保接收材料是合格的。特别是对于现今快速多变的生产系统，许多企业减少了库存，对原材料的采购过程提出了更高的要求。

3.4.1 采购供应的质量职能

随着全面质量管理的深入与发展，企业供应部门的工作不再限于原材料的订货和付款业务，增加了许多质量管理的工作。原材料、外购件的质量问题，尽管合同规定协作厂要赔偿损失，但由此造成公司生产过程的损失、产品出厂后企业信誉的损失绝不是金钱可以赔偿得了的。因此，在企业的全面质量管理中，采购部门的质量管理工作越来越重要，它的影响往往最直接、最明显地反映在成本、质量上，对于制造业的企业而言，由于原材料、零部件的采购、外协的比重大，采购供应过程的质量管理的意义就更加重大了。

1. 采购供应质量管理的重要性

在企业质量管理体系中，采购供应质量管理是不可缺少的一环，它是生产制造过程质量管理向前的延伸，是企业最终产品质量的基础和可靠保证。忽视采购供应质量管理，会影响到企业最终产品的质量，对企业造成直接或间接的损失。因此，稳定提高采购供应物品的质量，是企业确保最终产品质量、减少质量损失的重要条件。

(1) 采购物品的质量与企业产品质量密切相关。制造企业生产需要的原材料、备品备件等基础物品，其质量对最终产品质量产生直接影响。通过质量控制手段、采取各种措施稳定提高采购物品的质量，从而确保最终产品的质量，增强企业的核心竞争力。

(2) 确保企业生产运营的稳定。企业的生产运营是一个“输入—转换—输出”的过程。企业为了维持生产运营的持续稳定，必须采购合格的原材料、备品备件等基础物品维持生产。相反，如果采购的物品质量低下，不符合用户要求，就会影响生产的持续性，对生产计划、工艺流程带来混乱，造成经济损失。

（3）采购物品质量的安全性。采购物品质量与企业生产安全有一定的关联性，将不满足企业质量要求的采购物品投入生产流程，就有可能造成质量事故，对企业的生产运营造成经济损失或对企业员工造成人身伤害。因此，在物品选型时要注意所选用物品的可靠性和安全性，在采购过程中，一定要注重执行企业的采购标准，注重采购物品的质量控制，将采购物品的质量风险降到最低。

2. 采购供应过程的质量管理职责

生产制造用的各种原材料，外购外协件，要满足产品质量要求，因此必须认真进行选择。要从经济性、交货期、交货质量及供应单位保证质量的能力等方面进行综合考查，然后择优选购采购。供应质量的好坏，直接影响企业产成品（或中间产品）的质量。随着企业的不断发展与壮大，与供应商的合作也日益广泛。物品的采购供应量越来越大，采购供应的质量管理在企业质量管理中也日显重要。采购部门要重视质量管理和控制，采取有效措施，确保采购过程的质量的稳定和提高。

采购工作的质量职能如下。

（1）严格按技术规格、工艺文件认真选购。

（2）货物入厂前要严格检验，合格的才允许入库，并保存好。

（3）调查及了解供应单位的产品质量保证能力，并进行信息反馈。

（4）保证向生产单位（制造部门）提供优质、足量的原材及外购外协件。

采购供应不只是采购部门的事，其活动职能要分配到有关部门去实施，采购供应涉及设计（R&D）、工艺（PE）、检查（OC）、质量管理（QA）、生产、财务等许多部门。采购供应工作的主要活动见表3-6。

表3-6 采购供应工作主要活动的分配

采购的主要活动	技术部	采购部	品检部	品管部	仓库
1. 制定采购质量政策	△	△	○	★	
2. 编制采购技术文件	★	△	△	△	
3. 选择供应商	○	★	△	△	
4. 货品验收	△	△	★	△	
5. 仓储和发放		△	○		★
6. 供需策略		★			
7. 对供应商的监督		△	△	★	
8. 交付产品的评价		★	△	○	○
9. 对供应商的支援	△	△	△	★	
10. 供应商能力评价	△	△	△	★	

注：★主办单位，△协办单位，○有关单位。

采购供应过程具有两大质量管理职责。

（1）保证质量的业务。保证质量的业务活动包括选定供应商，与供应商签订质量保证协议，明确质量、产量、交货期及目标价格的要求。对供应商进行监督指导、帮助，以及对供应商的能力进行评价，共同建立质量保证体系。这些工作要与质量、生产、检查等有关供应商管理部门配合进行。

(2) 对采购品的质量控制。对采购品的质量控制包括进货检查、交货期管理、库存量管理、订货、费用的支付等。进货检查是对采购时的抽样检验或者全部检验，或者依据合同在使用中识别质量。

3.4.2 采购供应的质量管理

为稳定和提高企业产品质量的竞争力，企业在采购供应过程中，就要注重采购供应物品的质量管理，选择行之有效的实施途径。

1. 建立健全采购物品的质量标准

制造企业物品采购具有批量大、品种多及供应渠道多等特点，这些物品的外观、理化性能、使用寿命等质量特性的好坏直接影响着企业的生产运营。客观上要求企业建立明确、合理、可行的采购物品的质量标准，并严格按照质量标准实施采购。建立采购物品的质量标准是采购供应的一项基础性工作，也是采购供应工作规范化、系统化的一项要求。质量标准的建立，既是按标采购、按标验收的必然要求，也是规模采购的前提。

采购物品的质量标准，是采购人员与供应商之间需求确认过程中的重要内容，也是采购人员与供应商之间商谈合约的重要内容。针对采购物品的不同类型、属性、用途等因素，企业可以选用不同的方法，建立健全自身的采购物品的质量标准（或者称为质量技术要求）。对于常规物品、社会已经标准化、企业也没有特别要求的物品，其质量标准可直接依据国际标准、国家标准、行业标准或通行的供应商标准。对于非社会标准化的物品，企业有特殊要求的如生产原辅料或者与生产密切相关的重要物品，其质量标准可由企业内部按自身需求、在资源允许的条件下合理制定，必要时还须与供应商进行技术交流、技术谈判而成，甚至经过试用后再修改完善。完整地描述这类质量标准，需要用户或者技术管理部门与供应商就质量技术要求达成共识，形成技术协议。诸如相关指标的最低要求、特性值、图纸、型号、规格、材质、理化性能、制造工艺和检测等方面都要予以明确。

随着人们环保意识的增强，各国特别是工业发达国家政府部门，相继制定了环保方面的法规或强制性技术标准，企业在选择采用相关标准或自行制定技术标准时，需要将所采购物品的环保特性一并纳入采购技术要求中，以确保供应商能够有效履行其环保义务，从而避免生产过程中对环境或员工产生不良影响，确保工业企业自身产品的环保特性。

2. 供应商的选择

生产质量的问题，在供应链模式下，有了不同于传统的表现。如 2001 年由于一个重要原件供应商的产品质量出现问题，导致当时世界手机第三大生产厂商爱立信公司的手机生产被迫停产，最终导致其战略性与索尼公司联合生产手机。由此可以看到，质量问题可能会形成供应链中的分裂点，严重损害生产商和供应商、生产商和消费者之间的关系，爱立信公司的手机业务的这一危机却并非生产商自身的问题。

(1) 供应商的选择原则。供应商的选择是采购供应过程中一项非常重要的工作。因为供应商供应物料的顺畅，可以使生产不会因为待料而停工；进料品质的稳定，可以保障生产成品质量的稳定；交货数量的符合，使得公司生产数量准确；交货期的准确，可以保障公司出货期的准确。因此，选择优秀的供应商是非常重要的。一般来说，选择供应商遵循以下几个方面的原则。

① 目标定位原则。这个原则要求新供应商评审人员应注重对供应商进行考察的广度和深度，应依据所采购产品的质量特性、采购数量和产品要求去选择供应商，使建立的采购渠道能够保证质量要求，减少采购风险，并有利于自己的产品打入目标市场，让客户对企业的产品充满信心。

② 优势互补原则。选择的供应商应该在经营方面和技术能力方面符合企业预期的要求水平，供应商在某些领域应具有比采购方更强的优势，在日后的配合中能在一定程度上优势互补。

③ 择优录用原则。在相同的报价及相同的交货承诺下，毫无疑问要选择那些企业形象好、信誉好的供应商。

④ 可操作性原则。选择供应商的指标体系应具有足够的灵活性和可操作性，使选择工作易于进行。

(2) 供应商的基本情况调查。

① 一个好的供应商应该有优秀的企业领导人，有了优秀的领导人，企业才能健康稳定地发展。② 应该有高素质的管理干部，企业有了高素质、有能力的管理干部，企业的管理才有效率、充满活力。③ 稳定的员工群体，才能保证产品质量的稳定，流动性过大的员工群体，其产品质量会受到相当大的影响。有了良好的机器设备，其产品质量更能得以保证。④ 企业不单要有素质高的管理干部和良好的管理，还应该有经验丰富有创新能力的技术人员，只有技术不断创新，才能使产品质量更加有保障，材料成本不断下降。⑤ 良好的管理制度，科学的激励机制，畅通的管理渠道，以及健全的管理制度，能充分发挥人的积极性，从而保证其供应整体是优秀的，其产品质量是优质的，其服务是一流的。具体针对供应商的调查主要有以下内容。

- 管理人员水平。包括管理人员素质的高低、管理人员工作经验是否丰富和管理人员工作能力的高低等。
- 专业技术能力。包括技术人员素质的高低、技术人员的研发能力、各种专业技术能力的高低等。
- 机器设备情况。包括机器设备的名称，机器设备的新旧、规格、厂牌、使用年限及生产性能及维护状况等。
- 材料供应状况。包括产品所用原材料的供应来源、材料的供应渠道是否畅通、原材料的质量是否稳定、供应商原料来源发生困难时其应变能力的高低等。
- 质量控制能力。其品管组织是否健全、品管人员素质的高低、质量制度是否完善、检验仪器是否精密及维护是否良好、原材料的选择及进料检验的严格程度，以及操作方法、制程管制标准、成品规格及成品检验标准是否规范。质量异常的追溯是否程序化。
- 财务及信用状况。每月的产值、销售额，来往的客户、来往的银行，以及经营的业绩及发展前景等。
- 管理规范制度。管理制度是否系统化、科学化，工作指导规范是否完备，执行的状况是否严格等。

(3) 供应商选择的步骤。

① 进行市场分析。了解市场类型有助于采购人员确定市场上供应商的数量、权限与依存

性的平衡点及何种购买方法才是最有效的。

② 识别所有可能的供应商。寻找潜在供应商的信息来源有很多，如网站、商业周刊、专业组织等。不过需要注意的是，现有供应商也是一个主要的信息来源。

③ 对所有可能的资源进行预先筛选。采购企业可以根据一些简单的标准，删除那些明显不合格的供应商，使供应商数目减少到足以满足用户需求的范围。

④ 评估剩余供应商。一旦最初的筛选去掉了不胜任的供应商，采购企业必须决定如何评价那些剩余的相对合格的供应商。对于简单、低价值的采购，只要对获得的信息进行检查就足够了，而对于复杂高价值的采购，首先采购企业要对供应商进行调研，如果调研结论不错，采购企业还需要拜访供应商，观摩其设施设备的情况。观摩之后，还有必要对供应商的管理、质量、生产能力、服务、及时性和信息技术能力等各个方面进行详细的分析和评估。

⑤ 选择供应商。对于惯常的项目，需要通知并与采购商签订采购合同。对于重要的采购，买卖双方则需要进行详细的谈判以在采购条款的特定细节上取得一致意见。

3. 供应商的审核

供应商的审核是企业进行持续改进的重要步骤，通过供应商审核，企业可以持续监督供应商提供合格产品和服务的能力。对审核中出现的问题，企业可以及时向供应商提出改进的建议，从而降低企业经营的风险、防止质量事故的发生。

审核时，企业可选派有经验的审核员或者委托有资格的第三方审核机构到供应商处进行现场审核和调查。在审核过程中，企业应该有自己的审核标准，要把握关键要素和过程。供应商的审核会耗费企业很多的人力和物力，所以审核必须要有针对性。一般来说，对于现有的供应商，主要是对批量提供产品的供应商或质量有问题的供应商进行重新评价审核；对于新入选的供应商，企业在对供应商做出初步筛选的基础上，对提供重要零部件、大批量供货或有可能成为供应商的主要供应商进行审核。

(1) 供应商审核的分类。供应商审核是对现有供应商进行表现考评及年度质量体系审核，这是供应商管理过程中的重要内容，是在完成供应市场调研分析、对潜在的供应商已做初步筛选的基础上针对可能发展的供应商进行的。供应商质量体系审核则是供应商审核的一个重要方面，由于质量管理在企业管理中占据着特殊的重要地位，因而一般的公司往往将供应商质量体系审核单独列出，当然也可视情况要求将它当作供应商审核的一部分，与供应商审核一起进行。

① 产品审核。主要是确定供应商的产品质量，实施办法有正式供应前的产品或样品认可检验，以及供货过程中的来料质量检查。必要时还可以要求供应商改进产品质量以符合企业的要求。

② 过程审核。过程审核主要针对那些质量对生产工艺有很强依赖性的产品。要保证供货质量的可靠性，往往必须深入到供应商的生产现场了解其工艺过程，确认其工艺水平、质量控制体系及相应的设备设施能够满足产品的质量要求。

③ 质量管理体系审核。质量管理体系审核是针对供应商整个质量管理体系的审核，这其中不可避免地包括过程和产品的审核，一般是参照 ISO 9000 标准或其他质量体系标准而进行的审核。

在实际情况中，对于那些普通商业型供应商，采购商一般只局限于产品审核和工艺过程审核，但是如果采购商要挑选合作伙伴，情况就不一样了，特别是那些管理严格、技术先进的国际大公司，它们通常会大量采用质量保证体系的审核来控制供应链管理体系。

(2) 供应商审核的方法。供应商审核的主要方法可以分为主观判断法和客观判断法。所谓主观判断法是指依据个人的印象和经验对供应商进行的判断，这种评判缺乏科学标准，评判的依据十分笼统、模糊；客观判断法是指依据事先制定的标准或准则对供应商进行量化的考核和审定，包括样品检验、小批试用、供应商绩效考评、现场调查等方法。

① 样品检验。对于一个新的候选供应商，可以先采购其少量样品，进行全性能或部分重要性能的测试和检验，做出合格与否的评价，以便初步判断该企业的产品在质量上能否被接受。

如果不能完全依靠检测决定其性能，还可以将样品装在部件或最终产品上进行试运行或试用，以便观察其性能和效果。这种方法特别适用于候选供应商是国外企业，对它进行第二方审核或现场调查比较困难的情况。

② 小批试用。对于重要物资，一般还需进行小批量试用。采购部采购小批量物料，质量管理部对小批量物料进行入厂检测并出具检验报告。检验合格的物料，由技术部门（R&D）或工艺部门（PE）组织生产部试用并出具“小批量试用报告”。试用后的（半）成品，由质量管理部进行检测并出具相应测试报告。

③ 供应商绩效考评。对某些已有多年合作关系的供应商，可根据其近几年供货的业绩表现加以评价，以便决定是否可以纳入合格供应商的范围。对于合格供应商，也应进行业绩评定，以便在调整合格供应商名单时决定该企业是否可以继续保留为合格的供应商。

业绩评定的项目一般包括质量、价格、交货期、配合度（见表 3-7）等专业人员参与的全面审核，它通常将问卷调查和现场审核结合起来。

表 3-7 年度业绩评定项目及比重

项　目	比　重	计算方法	考核单位
质量 X	0.4	X= ［1－（进料不合格批数/总进料批数）］×4	质量管理部
交货期 Y	0.2	Y= ［1－（逾期批数/总进料批数）］×2	采购部
价格 Z	0.3	比目标价格低：30 分 与目标价格相同：20 分 比目标价格稍高：10 分 比目标价格很高：0 分	采购部
配合度 W	0.1	态度积极，及时解决问题：10 分 有时配合：5 分 不配合：0 分	采购部 质量管理部
总分 $S=X+Y+Z+W$			
85 分：优秀供应商；70～84 分：合格供应商；60～69 分：合格供应商但须辅导；<60 不合格供应商			

④ 现场调查。对供应商进行现场调查，调查内容的深度和广度与采购的物资对最终产品的影响相一致。

在现场调查前，拟定评分表（见表 3-8），并针对评分表，制定出评分标准。应编写现场调查计划并组成调查组。调查组成员一般包括采购部、质量管理部、生产技术部、产品研发部等部门的代表。应将现场调查计划提前发给供应商。

表 3-8 现场审核报告

供应商名称：________ 供货类别/名称：________ 审核日期：

序号	现场审核项目		审核分数		
			A	B	C
1	公司的质量方针与质量目标	1）公司经营发展的长期方针	3	2	1
		2）公司的质量方针、质量目标	3	2	1
		3）方针实施与目标达成的情况	3	2	1
		4）公司对重大问题的控制情况	3	2	1
2	质量管理体系	1）体系结构的完整性	3	2	1
		2）体系运作的有效性	3	2	1
		3）体系文件、记录完整性和可靠性	3	2	1
		4）质量信息分析和传递情况	3	2	1
		5）质量文化（质量意识与教育）情况	3	2	1
3	产品设计控制	产品设计开发能力、管理	3	2	1
4	采购供应管理	1）外购件、外协件管理	3	2	1
		2）外购件、外协件进货质量检验、验证	3	2	1
		3）外购件、外协件的保管和存放条件	3	2	1
		4）对供应商的管理	3	2	1
5	生产管理	1）工序管理办法	3	2	1
		2）工艺规程、作业指导书	3	2	1
		3）关键工序与特殊工序控制	3	2	1
		4）产品标识与不合格品的管理	3	2	1
		5）生产设备的维护与保养	3	2	1
		6）生产环境与生产人员素质	3	2	1
6	检验	1）检验人员的素质	3	2	1
		2）检验规程、标准、其他依据	3	2	1
		3）检验设备与管理	3	2	1
		4）检验记录的完整性、可靠性	3	2	1
		5）成品检验及控制	3	2	1
7	图纸/文件管理	1）管理制度与方法	3	2	1
		2）图纸、文件的管理	3	2	1
		3）现场图纸、文件的控制情况	3	2	1
8	包装储存与交货	1）在库品的管理	3	2	1
		2）仓库条件	3	2	1
		3）包装及防护	3	2	1
		4）交货及服务	3	2	1

续表

序号	现场审核项目		审核分数		
			A	B	C
9	降低成本	1）降低成本的措施和绩效	3	2	1
		2）对降低成本的关键因素分析	3	2	1
10	培训	1）岗位培训、考核	3	2	1
		2）能力培训	3	2	1
注：总分150分，100分为及格					

（3）供应商的审核与评价方式。企业对供应商的评价，可以根据采购或外协产品的重要性而选择上述方法中的一种或几种的组合。

① 重要物资供应商的评价。

新的候选供应商：书面调查＋样品检验＋小批量试用＋现场调查（或第二、第三方审核）

老的供应商：书面调查＋业绩评定＋现场调查

② 一般物资供应商的评价。

新的候选供应商：书面调查＋样品检验＋现场调查

老的供应商：业绩评定＋现场调查

③ 辅助物资供应商的评价。

新的候选供应商：书面调查＋样品检验

老的供应商：书面调查＋业绩评定

以上各项调查评价工作完成后，应有一个总的评价结论，即所评价的供应商是否可纳入合格供应商名单中。

3.4.3 供应商的质量控制

供应商的情况是动态变化的，因此选定供应商厂家后并非万事大吉，还需要进行必要的质量控制。

1. 产品设计和开发阶段对供应商的质量控制

产品开发设计阶段，根据不同产品的不同要求，在产品开发设计建议书中提出先行试验项目和课题，有针对性地采用新原理、新结构、新材料、新工艺，进行先行试验，为了确保试验的效果和以后批量生产的需要，这一阶段的一项重要工作就是对供应商进行初步控制，确保在新产品设计的各个阶段及批量生产时，都能够有适合新产品或新服务需要的供应商。

（1）设计和开发策划阶段对供应商的质量控制。在设计和开发阶段主要是对供应商资源的先期策划、优选和沟通，充分利用供应商的技术优势和专门经验，与供应商确认产品规格和图样；调研供应商的生产能力和技术水平；与供应商商定产品验收标准；要求供应商实施可接受的质量保证体系；建立对物品的验收审核机制等。先期策划中，供应商的选择是质量管理中最重要的方面。拥有一支优秀的供应商队伍，是确保采购物品/服务质量的前提。在质量管理方面，对供应商管理主要考虑管理体系能力、物品认证、组织机构、资源支持、过程质量控制、统计分析、物流管理、服务质量等方面的情况。通过对其有效考察、评估来保证供货产品的质量及其稳定性。

（2）试制阶段对供应商的质量控制。根据试制阶段的特点，与选定的供应商签订试制合同，合同中应包括技术标准、产品接受准则、保密要求等内容。签订试制合同后，企业应该向供应商提供更加详细的技术文件，供应商对一些技术要求可能需要一个学习、理解和掌握的过程。对一些特殊的资源，如检验设备、加工设备、技术人员等，企业可以帮助供应商尽快具备这些资源，形成生产能力，满足试制的要求。

在试制阶段还不存在批量检验的问题，返工、返修和让步接受的数量都不会很大，主要还是解决改进方面的问题，包括产品质量的改进、供应商选择的改进。由于产品处于样品试制阶段，可能有些样本的质量达不到设计要求，这时企业可以帮助供应商分析过程，双方的技术人员可以进行重新设计或设计更改，形成折中方案，在双方都能接受的条件下，选择改进的切入点，改进样件的质量。

2. 批量生产阶段对供应商的质量控制

批量生产阶段，供应商提供的产品或服务的质量直接决定了企业向顾客提供的产品或服务的质量特性，企业在与供应商合作的过程中，应监控供应商的质量保证能力的变化。监控的目的一是防止供应商的质量保证能力出现下降的情况，二是与供应商共同发现改进的机会，寻找改进的切入点。

在此阶段，为了确保采购产品的质量，需要对采购产品实施检验或其他必要的活动，以确保采购的产品满足规定的采购要求。主要包括检验供应商是否按照规范生产；对供应商提供的试制品及供应产品进行检测；企业派驻检验员抽查在制品的质量；审核质量管理措施是否落实执行。执行中要注重对实物质量、使用业绩的跟踪，密切与现场使用人员联系，收集用户的意见和评价并及时反馈给供应商。对供应商供应物品的质量、使用评价、质量异议及处理、准时交付等方面的业绩，应建立台账、报表，并进行跟踪分析，一方面反馈给供应商以促进其改进提高，另一方面为综合评价供应商提供依据。

3.5 销售、顾客服务过程的质量管理

销售和使用过程是产品质量产生、形成和实现的最后一个过程，销售和使用过程的一切活动始终围绕着销售服务和售后用户技术服务展开，亦称为顾客服务过程。顾客服务是向消费者提供服务前后所采取的一种措施，它的重要程度依据产品、种类及顾客群而不同。顾客服务是一个企业客户价值体系不可或缺的一部分。顾客服务的概念是工商业作为竞争优势的增值工具，销售过程的顾客服务为企业建立一个发现顾客事实的需要。在经济发展迅猛的当今时代，如何把握市场把握机会是企业的首要任务。而要想在市场中站稳脚跟，就必须了解市场，了解顾客需求。获得了顾客，企业就获得了市场，才有可能占领市场，才有发展的机会。因此提高顾客服务过程的质量管理是一个非常重要的销售任务。

3.5.1 产品销售的质量职能

顾客在营销工作过程中占有非常重要的地位，顾客宛如企业的免费广告，如何让顾客成为企业的免费宣传者，使企业可以达到长期经营的目标，就要依靠企业在产品销售过程中的服务质量。顾客是产品的消费对象，企业依存顾客。因此，顾客服务质量将直接影响企业的生存与发展。

根据企业在产品销售过程中的活动内容，其质量职能可归纳如下。

(1) 确定国内外目标市场并制定具体的营销策略，开发和建立营销渠道、销售服务网点。

(2) 开展市场研究，确定用户和市场对产品的要求和期望，向设计开发部门提供初始的

产品规范，向企业有关职能部门提供用户和市场对本企业产品需求和期望的信息，并促进其提高满足营销要求的能力。

（3）确定并实施企业的商标和广告策略，策划并提供产品介绍，开展宣传，提高产品知名度及产品在市场上的信誉。

（4）制订、实施并控制企业的产品销售计划，确保实现企业的市场营销目标。

（5）组织、实施、监控对产品的搬运、储存、包装、防护、交付及安装和服务。

（6）建立营销职能的信息反馈系统，了解用户和市场对本企业产品的需求和期望，获得用户对产品满意与不满意的信息，掌握产品在整个寿命周期内质量特性的表现与演变情况。

（7）策划并制订营销人员的培训计划，建立培训档案。

（8）做好营销职能范围所需的质量记录，并实施全过程的控制。

3.5.2　顾客服务的质量管理

1. *顾客服务过程的质量职能*

服务顾客是质量活动的外延，包括售前服务和售后服务。它的质量职能包括以下几点。

（1）为保证产品质量提供必不可少的条件，如包装、运输及入库保管等工作。

（2）收集和管理现场工作质量的信息，反馈给企业有关部门。

（3）向顾客介绍产品结构性能、特点、使用范围和维护保养的知识。

（4）及时向顾客提供备品、配件，并指导或为其安装及维修。

2. *产品销售过程中顾客服务的质量管理*

产品销售过程中顾客服务的质量管理，是企业质量管理从生产过程向市场、顾客及流通领域和使用过程的延伸。产品销售过程中应从事的顾客服务活动，包括产品销售前的顾客服务质量管理，产品销售中的顾客服务质量管理，产品销售后的顾客服务质量管理，现场使用质量信息的收集和管理。

（1）产品销售前的顾客服务质量管理。在顾客使用产品之前，从保证实现产品的既定质量出发，要做好产品包装、产品识别标志、搬运、储存与防护工作。产品销售前的顾客服务活动内容主要包括：帮助顾客正确选择产品、为顾客培训人员、答复顾客的有关咨询等。

表3-9详细列出了产品销售前组织应从事的顾客服务活动及质量管理要求。

表3-9　产品销售前组织应从事的顾客服务活动及质量管理要求

类别	活动项目	活动内容	质量管理要求
售前服务	1. 帮助顾客正确选择产品	针对需要向顾客介绍本企业的产品，宣传企业产品	详细、细致、实事求是；宣传产品的技术、品种、优势
		对已签订合同的顾客进行技术质量交底	及时、合作、磋商、全面
	2. 为顾客培训人员	一般产品的顾客人员培训	按顾客需要认真实施
		生产大型、精密、复杂、全新产品企业的顾客人员培训（操作、维修、管理人员）	认真制订顾客培训计划；编写适用的培训教材；提供实际操作的机会；提供实习、代培的条件
	3. 答复顾客的有关咨询	在执行合同及产品交顾客使用后，履行答复顾客对技术、质量问题询问的义务	及时、负责地提供必要资料，不索取费用，直到顾客满意为止

（2）产品销售中的顾客服务的质量管理。产品销售中的顾客服务活动内容主要包括：产品交付、向顾客提供应有的文件资料、履行产品质量责任和开展安装、调试、维修服务等。

产品交付是指产品从进入产成品仓库，直至抵达需方收货地点并由需方完成验收的整个过程。在交付的各个环节，企业均应采取保护产品质量的控制措施，并制定相应的程序文件。除涉及以上关于产品搬运、储存与防护的质量控制外，就产品交付的质量控制而言，产品的交付质量控制活动包括：交付时双方清点、检查、复核并请顾客签字。

安装与调试是企业为顾客或消费者提供技术支持与服务的活动内容之一。对于安装调试要求高的产品，企业应派出人员为顾客进行安装和调试，同时为顾客传授有关技术、知识与技能。企业应制定并提供顾客正确安装和调试产品的技术文件，明确安装调试方法、具体要求与注意事项，对如何预防安装调试不当和由此引起的产品质量降低做出规定，以使产品顺利进入正常工作状态。

为了传播产品安装与调试的知识与技术及使用方法和维修保养技术，企业可以举办各种形式的培训班，帮助顾客培训技术骨干。

表 3-10 详细列出了产品销售中组织应从事的顾客服务活动及质量管理内容。

表 3-10　产品销售中顾客服务活动及质量管理要求

类别	活动项目	活动内容	质量管理要求
售中服务	1. 产品交付	为顾客着想，选择运输费用合理的运输公司。对交付中的各种中间环节（如托运、运输、装卸），通过签订合同、投保等方式，明确保护产品的质量责任	必须满足合同规定的交货期、交货状态、交货条件的要求，要保证产品质量的责任一直延续到交付的目的地为止
	2. 向顾客提供应有的文件资料，为顾客培训人员	按惯例提供产品质量保证证明文件	齐备、有效、随产品发送
		按合同提供产品质量保证证明文件	齐全、正确
		提供产品安装、使用说明文件（验收大纲）	符合实际、有足够的指导作用
		提供顾客需要的其他必要的资料或合同要求的特殊资料	满足必要的需求，只收取工本费用，合同要求的资料免收费用
	3. 履行产品质量责任，答复顾客的有关咨询	产品达不到质量标准要求或明显影响适用性要求时，实行“三包”“一赔”实现企业发布的质量承诺	管理顾客有关产品质量问题，做好登记，处理反馈；不推诿、扯皮、拖延；为用户着想、及时妥善处理；按要求兑现承诺
	4. 开展安装、调试、维修服务	依据产品特点，开展义务性安装、调试服务（合同或协议要求时）	创造条件，具备能力，及时服务（包括免费和收费两种方式）
		承揽产品安装、调试工程项目	以高水平、低费用、高效率参与竞争、积极争取（合同要求时）
		依据需要提供义务性的安装、调试指导服务（根据企业承诺规定和企业制度决定）	派出水平适应的人员，认真施行
		承揽产品使用中的大、中修服务	创造条件，积极争取，保证质量，开辟新业务与财源

（3）产品销售后的顾客服务质量管理。产品销售后的顾客服务质量管理主要指的是售后服务。售后服务属于产品的附加利益，是现代产品整体概念中十分重要的组成部分。售后服务有助于迅速、有效、持久地发挥产品的功能和社会效益，有助于生产企业直接倾听顾客的意见，了解顾客的需要。

表 3-11 详细列出了产品销售中企业应从事的顾客服务活动及质量管理内容。

表 3-11　产品销售后顾客服务活动及质量管理要求

类别	活动项目	活动内容	质量管理要求
售后服务	1. 组织产品维修，配件的生产与供应	产品发货应提供适应需要的备件、辅件、配套件（按服务宗旨）	按保证、合同、惯例执行
		根据已投放市场产品的维修需求，组织维修配件的生产	搞好调查，统计，以最大的努力保质保量地满足需求
	2. 满足特殊顾客的紧急需求	组织好维修配件的供应	结合网点设置，组织供应工作
		满足顾客的特殊质量要求	尽最大可能予以满足并及时服务
	3. 访问顾客，征询意见	对因意外原因受到灾害的顾客提供支援	采取挪借、赶制、送货上门等措施给予支援；到现场解决和处理问题
		制定并执行顾客走访制度	从领导做起，坚决执行
	4. 做好质量信息的收集整理、分析与利用	邀请顾客进行恳谈，进行顾客访问	倾听、收集和认真采纳意见
		定期向主要顾客当面征询意见	把征询顾客意见纳入制度进行管理
		聘请信息员，征集质量信息和意见	制定章程、实行约聘
		搞好市场和顾客质量信息的收集工作，随产品发出质量跟踪信息卡	制定办法、纳入制度；明确工作内容、落实分工与责任、定期收回跟踪卡
		对顾客信息认真登记、整理、分析、处理和反馈，建立顾客档案	建立外部质量信息工作，顾客档案按地区或行业分类管理
		处理顾客意见，做到信息回路循环	加强信息传递与管理，对顾客意见做到件件有答复，条条有着落
		注意外部质量信息的研究利用，发挥信息管理的作用	明确规定处理程序；定期总结；考核责任部门、实施奖惩，顾客意见的分析和处理，提供改进决策

产品销售后的顾客服务的主要内容包括：组织产品维修配件的生产与供应、满足特殊顾客的紧急需求、访问用户、征询意见和做好质量信息的收集和管理工作。

顾客使用质量信息是指产品出厂后所形成的对生产企业有用的一切有关的信息情报。顾客使用产品的质量信息是评价产品质量最直接、最确切、最及时的重要信息，做好顾客使用信息的收集、整理、分析和传递工作，是不断改进和提高产品质量的重要措施。因此，要注意信息的内容和收集方法，做好顾客意见的分析和处理：要考虑价格、时间、寿命和顾客的知识水平。通过售后服务，与顾客之间进行广泛的沟通、交流，对顾客的需求、产品的缺陷有了更直接的感观信息，反馈到企业后，有利于企业在产品的质量、产品的更新、产品的研发方面的改进，跟踪服务和商品投诉的处理，且总结所遗留的问题与有关部门沟通后确定其解决方案。不定期地进行顾客回访很重要。它是企业在市场竞争中争取机会的手段，也可以认为是感情投入，和顾客进行必要的沟通，增加企业的信誉度，结果就会增加竞争力。

本章小结

制造业作为我国国民经济的支柱产业，其质量管理的好坏直接体现了一个国家的生产力水平和管理水平。本章引导学生了解制造业现代质量管理的研究内容。介绍了制造业产品质量形成的规律、质量职能及戴明的生产系统观；设计与开发过程的质量管理活动是企业质量管理的起点，按其质量形成过程包括市场调研、产品策划和产品设计阶段，设计与开发评审是指为了评价设计满足质量要求的能力，识别问题，对设计与开发所作的综合的、系统的并形成文件的检查。设计评审是重要的早期报警措施，也是产品设计阶段最重要的质量保证活动，在设计的适当阶段，应有计划地对设计结果进行正式评审；生产制造过程的质量管理，目的就在于设计确定以后，经济地、高效地生产出符合设计要求的产品。一是保证对设计的符合性质量；二是降低不良品损失。生产制造过程的质量管理，一般分为生产技术准备阶段和生产制造阶段。生产技术准备阶段是指企业为了保证日常生产的正常进行，为顺利实现生产作业计划所从事的各项准备工作。包括工艺准备，设备、工装卡具、计量器具的配备和管理，原材料、零部件的供给，工序能力分析与验证及人员配置和技能的教育培训。生产制造阶段这一环节的主要任务是生产出合格的产品。为此，强调工序管理、质量保证与检验；采购供应过程相当重要的任务即选择可靠的供应商、为确保符合设计开发部门确定的原材料质量要求，对供应商实施质量控制、保持密切沟通以应对各种设计与生产的变化，要与供应商建立长期的关系，并进行供应商的关系管理；销售和使用过程是产品质量产生、形成和实现的最后一个过程，产品销售过程中应从事的顾客服务活动，包括产品销售前的顾客服务质量管理、产品销售中的顾客服务质量管理和产品销售后的顾客服务质量管理，并强调质量信息的收集和管理。

阅读资料

质量功能展开

质量功能展开（quality function deployment，QFD）是一种立足于在产品开发过程中最大限度地满足顾客需求的系统化、用户驱动式的质量保证与改进方法。QFD既是一种直观的、系统的、强有力的产品规划工具，又是一种以顾客需求为依据、对产品开发阶段的工程技术要素进行系统决策的方法。实践表明，运用QFD，可以大大减少设计更改次数、开展并行工程、缩短产品开发周期、降低研制成本、大幅提高产品质量、增强产品的竞争优势。

QFD是20世纪60年代末，日本质量专家赤尾洋二与水野滋提出的，基于顾客需求对新产品的开发进行质量保证的方法论。赤尾洋二将QFD定义为："将用户的要求变换成代用特性，确定产品的设计质量，然后经过各功能部件的质量，从而至各部分的质量和工序要素，对其中的关系系统地进行展开。"水野滋将其定义为："将形成质量保证的职能或业务，按照目的、手段系统地进行详细展开，通过企业管理职能的展开实施质量保证活动，保证顾客的需求得到满足。"

QFD的一个瀑布式分解过程，将顾客需求分解和配置到产品开发的各个过程中，其中一个四个阶段分解模型如图3-7所示。这四个阶段分别对应于产品开发全过程的产品规划、零件规划、工艺规划和工艺/质量控制。通过这四个阶段，顾客要求被逐步展开为设计要求（产品质量策划）、零件特性（构造/部件策划）、工艺操作（过程质量策划）和具体的生产要求（生产质量策划）。

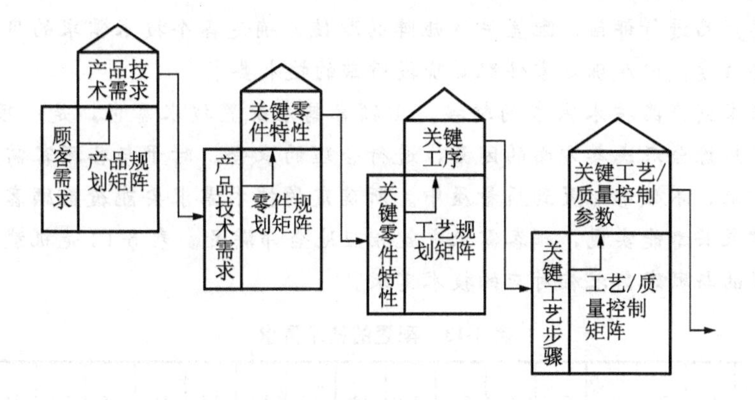

图 3-7 典型的 QFD 瀑布式分解模型示意图

案例分析

QFD 在机载天线研制过程中的应用

天线是辐射体或接收电磁波能量的装置；机载天线是指飞机上使用的所有天线，包括天线、传输线、天线罩和用于匹配、调谐、隔离、安装、连接及防护等所有零部件的完整连接组合。飞机机载天线的种类较多，有中波天线、短波天线、超短波天线、导航天线、微带天线，等等。一般来说，飞机机载天线不仅要有良好的电性能，即在飞机上与所配套的电子设备有满意的工作特性，而且还要满足在使用环境条件下具有良好的气动、强度等项要求。因此，在设计天线时必须综合考虑其物理特性和电器性能。

1. 顾客需求

了解到顾客对机载天线的需求现状、其他生产厂家同类产品的性能和研制动态，以及机载天线维护和故障等信息，经过筛选、整理，“去粗取精，去伪存真”，形成顾客需求的原始资料。经过分析整理，形成四大类、22 项顾客需求，见表 3-12。

表 3-12 机载天线顾客需求

功能要求																经济性		维修性		可靠性	
物理特性									电性能							价格	效率	维修	互换性	安全性	寿命
外形尺寸小	良好的气动外形	结构坚固	抗振动能力强	抗弯曲能力强	环境适应能力强	抗气流和飞行冲击	密封性好	外表光洁、美观	通信距离远	通信频带宽	防雷电、静电	通信、罗盘天线组合	电搭接、导电性好	可承受电气过载	抗电磁干扰能力强	价格适中	电传输效率高	维修简便	互换性强	安全可靠	使用寿命长

2. 产品规划

天线规划矩阵用于将顾客需求转换成技术需求（产品特征），并分别从顾客的角度和技术角度对现有同类产品进行评估，配置关系矩阵的取值，确定各个技术需求的目标值，计算各技术需求的重要程度，以及确定零件配置阶段所需的技术要求。

(1) 顾客需求到产品技术需求的转换。由顾客需求配置技术需求，是一项重要的工作。在配置过程中，应综合考虑各方面的因素，进行合理的取舍。对于与各顾客需求无关或相关性很小的技术需求，不必都配置到质量屋中。所确定的技术需求要能覆盖顾客需求，也就是说，这些技术需求若都能实现，顾客需求也就相应地全部满足。表 3-13 是机载天线研制专家经过分析，配置的与顾客需求相对应的技术需求。

表 3-13　配置的技术需求

序号	1	2	3	4	5	6	7	8	9	10	11	12	13	14	15	16	17	18	19	20	21
技术需求	外形尺寸	气动特性	静载荷	抗振动能力	抗弯曲能力	环境适应力	内密封性	外密封性	通信距离	通信频段	安装特性	传输电缆	电磁兼容性	表面光洁度	电搭接性	价格	可靠性	使用期限	拆装简便	标准化设计	有效高度

(2) 关系矩阵的确定。在顾客需求和产品技术需求都确定下来之后，接下来要配置两者的相关矩阵。采用一组符号来表示顾客需求与产品技术需求之间的相关程度，用●表示两者有“强”关系，即改善某个产品技术需求与满足其对应的顾客需求强关系；用○表示“中等”关系，即改善某个产品技术需求与满足其对应的顾客需求中等相关；△表示两者之间为“弱”的关系，即改善某个产品技术需求与满足其对应的顾客需求弱相关。配置好的顾客需求与产品技术需求之间的关系矩阵如图 3-8 所示的天线规划矩阵质量屋。

(3) 顾客竞争性分析。与其他企业的机载天线顾客满意度竞争分析结果，经过研究，确定各个顾客需求的重要程度值，用数字 1～9 来表示。如图 3-8 的右部所示。

(4) 技术评估。技术评估是通过试验、调查和分析比较，评估与其他竞争者同类产品技术需求指标之间的差异。通过调查、试验和分析之后形成的本企业与国外某企业机载天线技术指标的比较。全部指标的评估结果如图 3-8 所示下半部分。

在天线规划矩阵中，技术需求的目标值将作为天线设计的技术指标，直接指导着天线的整个详细设计。因此，选取技术需求的目标值，应该综合考虑各方面的因素，并结合以往的研制经验，由相关的专家来确定。表 3-14 是最终确定的各技术需求的目标值。

表 3-14　技术需求的目标值

序号	1	2	3	4	5	6	7	8	9	10	11	12	13	14	15	16	17	18	19	20	21
技术需求	外形尺寸	气动特性	静载荷	抗振动能力	抗弯曲能力	环境适应力	内密封性	外密封性	通信距离	通信频段	安装特性	传输电缆	电磁兼容性	表面光洁度	电搭接性	价格	可靠性	使用期限	拆装简便	标准化设计	有效高度

续表

序号	1	2	3	4	5	6	7	8	9	10	11	12	13	14	15	16	17	18	19	20	21
目标值	330 mm ×190 mm	对称流线型	33 000 N	固有频率 20~200 MHz	2 000 N	满足相关国标	浸泡水中 2 h	防雨淋	空地≮150 km	三频段（见表 3-15）	满足相关国标	国产原材料	隔离度≤45 dB	满足相关国标	满足相关国标	适中（×××RMB）	99.9%	5 000 h	快卸螺钉	标准件设计	0.15~0.20 m

技术需求重要度是通过相关矩阵运算得到的，运算的主要依据是顾客需求重要度和顾客需求与技术需求之间相关程度。技术需求重要度的计算如下。

重要程度 T_{aj} 的绝对值 $=\sum r_{ij}I_i$；重要程度 T_j 的相对值 $=(T_{aj}/\sum T_{aj})\times 100\%$

式中：i——顾客需求的编号；

j——技术需求的编号；

r_{ij}——关系矩阵值；

I_i——顾客需求的权重。

例如“外形尺寸”技术需求重要度为：

$$T_{aj}=\sum r_{ij}I_i=9\times9+5\times3+7\times3+6\times9+7\times1+9\times9+9\times3+9\times9+9\times1=376$$

依次类推，可得到所有技术需求重要度数值，如表 3-15 所示。

表 3-15 技术需求的目标值

序号	1	2	3	4	5	6	7	8	9	10	11	12	13	14	15	16	17	18	19	20	21
技术需求	外形尺寸	气动特性	静载荷	抗振动能力	抗弯曲能力	环境适应力	内密封性	外密封性	通信距离	通信频段	安装特性	传输电缆	电磁兼容性	表面光洁度	电搭接性	价格	可靠性	使用期限	拆装简便	标准化设计	有效高度
技术需求重要度	376	154	192	94	91	224	160	129	471	244	312	107	227	111	193	167	135	111	54	87	451

(5) 确定各技术需求之间的关系。机载天线与其他产品一样，有些技术需求之间是相互关联的，若改善某一技术需求的措施有助于改善另一个技术需求，则认为这两个技术需求呈正相关；反之，若改善某一技术需求，对另一个技术需求产生负面影响，则认为这两个技术需求为负相关。用○表示正相关；×表示负相关。技术需求之间相关关系如图 3-8 所示的顶部。

(6) 下一级展开的技术需求的选择。按照 QFD 瀑布展开模型，机载天线产品规划矩阵质量屋中的技术需求，要进一步转换为下一级质量屋即零件规划矩阵的顾客需求。最后确定配置到下一阶段（零件配置阶段）的技术需求为：“外形尺寸”“外密封性”“静载荷”“通信距离”“有效高度”“表面光洁度”“安装特性”“电搭接性”“抗振动能力”“电磁兼容性”。

(7) 建立健全机载天线的产品规划质量屋。完成以上 6 个主要步骤的工作之后，就可以最终建立健全机载天线的产品规划质量屋，并正式发布，作为机载天线研制的法规性文件。图 3-8 是健全的机载天线产品规划质量屋矩阵。

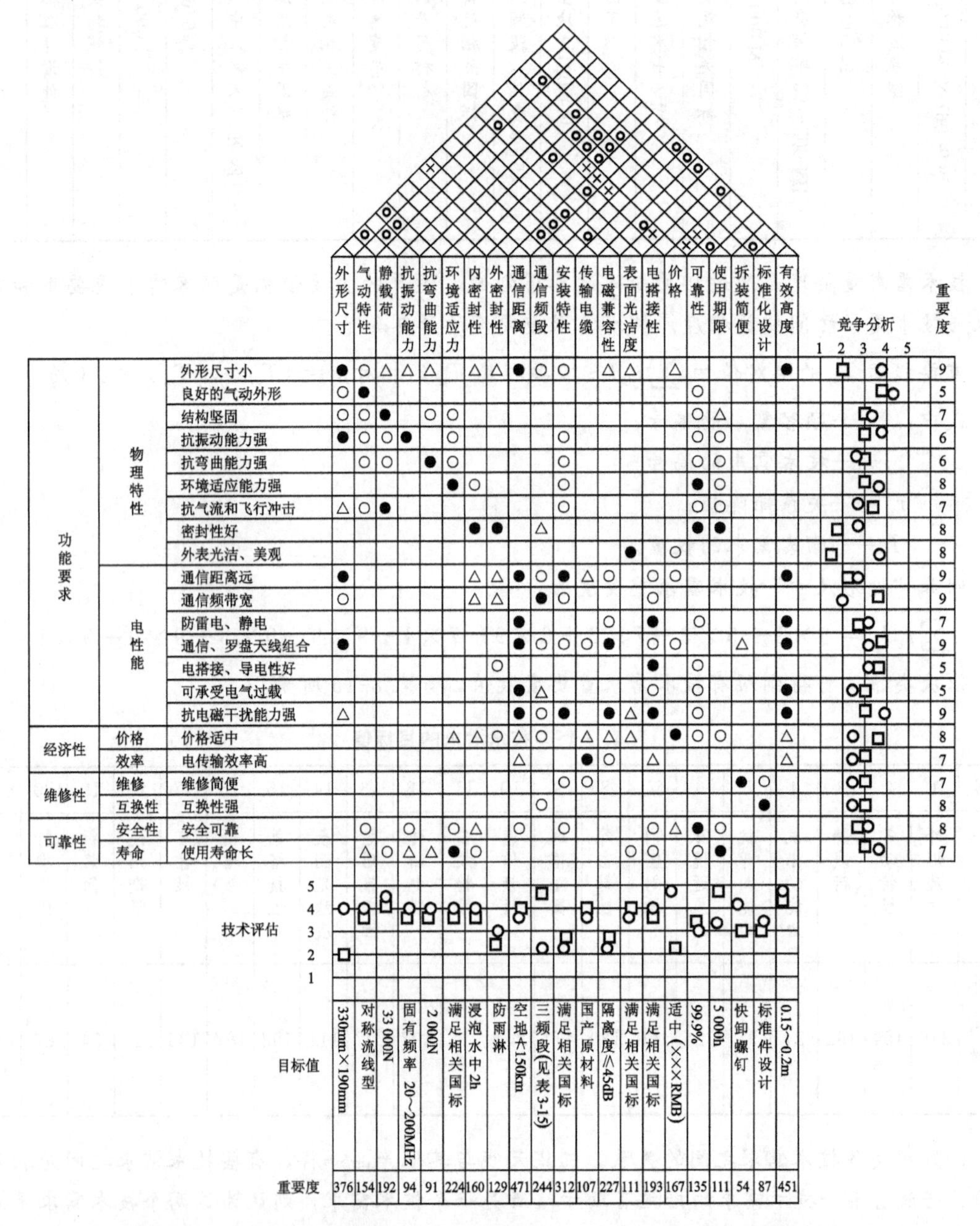

注：在顾客需求和产品技术需求关系矩阵中：●=9强关系；○=3中等关系；△=1弱关系；
竞争分析和技术评估中：□—我单位；○—竞争者；
质量屋顶中：○—正相关；×—负相关。

图 3-8　机载天线产品规划质量屋矩阵

3. 零件规划

进行零件规划之前，必须先确定或选择一个最佳的产品整体设计方案。确定了产品整体设计方案，才能够进一步确定产品的组成及哪些零件是关键的，它们的技术特征都包括哪些参数等。

（1）天线设计方案的选择。经反复技术可行性论证，选定了合理的设计方案，其原理结构见图 3-9。

机载天线是辐射或接收电磁波能量的装置。在图 3-9 所示的方案中，主要零部件为：①用于辐射或接收电磁波的电路板；②天线罩体；③天线底盘；④导电橡胶；⑤填充物。

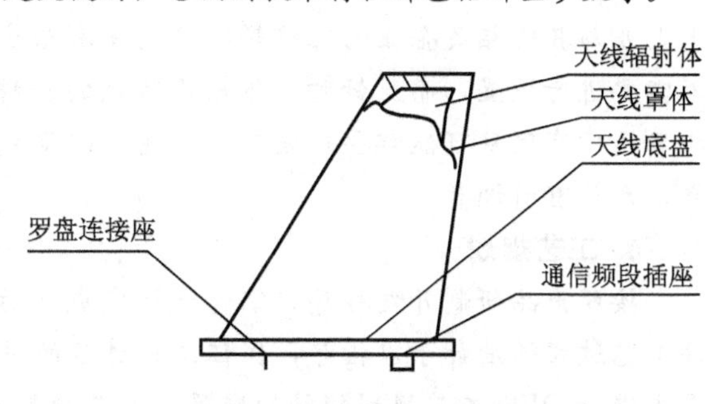

图 3-9　公用天线原理结构

（2）机载天线零件规划。机载天线的上述 5 个主要零部件，都各自有着自己的主要技术特征即关键零部件特征。只有这些主要零部件的关键技术特征得到了保证，天线整体的技术性能才能得以实现，顾客才会满意。机载天线零部件规划的目的是找出关键的零部件，并确定关键零部件的关键零件特征，为机载天线零部件的设计工作提供指南，以保证这些关键零件特征的设计质量。

机载天线零件规划质量屋的建立步骤及方法、技术等，与产品规划质量屋的建立步骤及方法、技术相似，也类似于减速箱产品规划质量屋和零件规划质量屋的建立，在此不进一步展开论述，只给出最后的配置结果，如图 3-10 所示。

零件特征 / 技术需求	电路板				天线罩体				天线底盘		导电橡胶				填充物			重要度技术需求
	通信电路	罗盘电路	元器件	材料	材料	强度	透波性	表面涂层	材料	强度	导电性	导电电阻	耐水性	硬度	透波性	耐高低温	柔韧性	
通信距离	●		●	△	●		●	○			●	●			●			9
有效高度		●	●	△	●		●				○	○						9
外形尺寸	●	●																8
安装特性						○												9
静载荷				○	○	●				●						○		7
外密封性													●	●			○	7
表面光洁度								●										7
电搭接性	○	○									●	●						8
抗振动能力						●								●		●		7
电磁兼容性	●	●	●		○						○	○			●			8
零件特征目标值	印制板电路	印制板电路	按给定目录	双面覆铜板73～300cm	玻璃钢罩	≥3 000N	≥85%	白色透波漆	YL-12	满足相关国家标准	≤500μΩ	50～200Ω cm	6167-89	A54±5	损耗≤5%	-50～+60℃	≥2 200%	
零件特征重要度	321	321	234	126	213	234	153	162	72	63	204	204	63	126	153	156	93	

图 3-10　机载天线零件规划质量屋

在该机载天线零件规划质量屋中，质量屋的屋顶没有画出；竞争分析和技术评估栏目的本企业与其他相关企业的比较等项目也没有给出，这并不是说它们在该阶段质量功能配置中不需要进行设置，而是针对具体应用所做的一种取舍。在其他具体的应用中，质量屋的所有栏目及所有项目可能都要求设置。质量屋的形式具有多样性，针对不同的应用环境和应用对象，允许有所调整。

4. 工艺规划

按照产品研制开发程序，零件设计完成之后，接下来是零件的工艺过程设计。为了对零件工艺过程的设计予以指导，保证工艺过程的设计质量，进而保证零件的质量和产品的质量，需要进行 QFD 工艺规划矩阵的配置。工艺规划矩阵的输入即顾客需求栏目的内容，来自零件规划矩阵质量屋最终选择的关键零件及其主要特征（技术要求）。这些特征在零件制造完成之后能否到达设计要求，在很大的程度上取决于工艺过程设计的合理与否，取决于工艺路线中的若干关键的工艺步骤。至于哪些是关键的工艺步骤及这些关键工艺步骤应该达到一个什么样的技术水准，通过该工艺规划矩阵来确定。

（1）确定工艺方案。通过工艺规划矩阵寻找关键工艺步骤及其关键工艺特征，首先需要确定工艺方案。在参照原有工艺方案的基础上，确定出新的工艺方案。整个机载天线的加工工艺流程如图 3-11 所示。结合该工艺流程，制定出各关键零件的工艺路线，见表 3-16。各关键零件的工艺路线由该领域专家或工程技术人员制定。

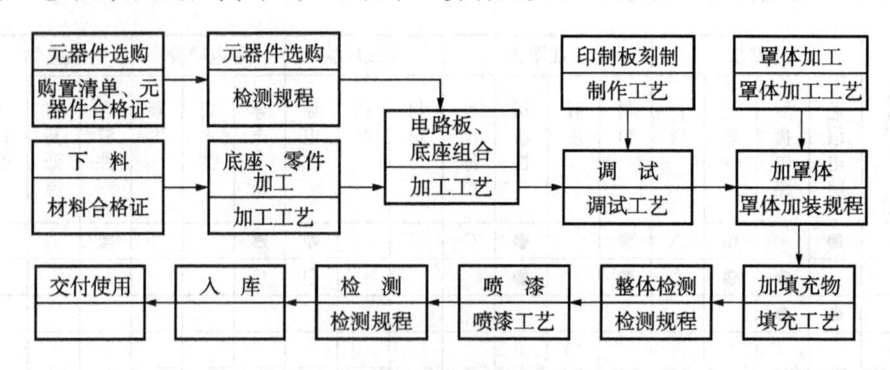

图 3-11　机载天线的加工工艺流程

表 3-16　关键零件的工艺路线

工艺步骤	电路板	天线罩体	天线底盘	填充物
1	按图样检查印制板覆铜质量、线路排列、尺寸、孔位、渐变线角度等	模具、玻璃纤维布、清洗剂、脱模剂、环氧树脂胶等准备	检查材料	检查工作环境
2	按图样领取配套零件、元器件、通信插座	布料剪裁	画线	零件准备
3	检查元器件、零件应无缺陷	布料除潮	下料	模具准备
4	钻底座与电路板连接件孔	胶液配制	去毛刺	填料准备
5	去毛刺	罩体裱糊	打孔	发泡

续表

工艺步骤	电路板	天线罩体	天线底盘	填充物
6	铆接连接件	模具对合	切铣插座槽	固化与实效
7	焊接元器件、制作匹配网络	脱模	检验	铆空心铆钉
8	将电路板固定在连接件上	固化与实效	入库	整修表面
9	将通信插座（高频插头）铆接在底座上	机械加工		间隙处理
10	将罗盘接头用 618 环氧树脂胶接到位	检验		检验
11	将组合件插入天线罩中检查是否能顺利到位			
12	转入实验室			

（2）关键零件的工艺规划。按照天线加工工艺流程及其各关键零件的工艺方案，确定天线电路板、罩体、底盘和填充物的工艺规划矩阵。由表 3-16 可以看出，各零件的工艺路线不相同，差别很大，很难把它们都集中在一个质量屋之下。即便是工艺上类同，可以放在同一质量屋之下，但是，当关键零件数量很大时，势必造成该工艺规划质量屋非常的庞大，也会给实际应用带来不便。因此，需要针对各个关键零件，分别制定其工艺规划矩阵质量屋。图 3-12和图 3-13 是其中电路板、填充物工艺规划矩阵质量屋。

	检查印制板	检查元器件	钻孔			铆接连接件		制作匹配网络				连接高频插头		胶接罗盘接头		固定电路板		检测
	按规程检查	按规程检查	模板精度	确定孔位	导角深度	底座与连接垂度	铆接力	锡焊点大小	网路间隙	元器件布局	焊接温度	铆接力	铆接顺序	胶液注入量	固化时间	垂直度	螺栓压紧力	检测加工精度
通信电路	●	●		○		○		○	●	●	○	●	●			○	○	
罗盘电路	●	●		○		○		○	●	●	○			○	○	○	○	
	按表检查	按表检查	按技术要求	采用模板	1.3 mm	90±10	按技术要求	按技术规范	按技术规范	按技术规范	按技术规范	按技术规范	按工艺规程	按工艺规程	按工艺规程	90±10	定力扳手	按检验规程

图 3-12 天线电路板工艺规划矩阵

5. 质量控制规划

由工艺规划矩阵确定的关键工艺步骤，都需要进一步实施质量控制规划。质量控制规划主要解决的是制造过程的质量控制问题。通过对关键工艺步骤的质量规划，确定它们的工艺参数、质量控制点、控制方法、检验方法及检验样本的容量等。

		检查工作环境			零件准备		模具准备	配制填料		发泡			铆空心铆钉	整修表面	间隙处理	检验
		温度	湿度	清洁度	检查零件	罩体扣合	间隙	总量	比例	压紧力	固化温度	固化时间	铆接精度	表面平整度	底座与罩体结合面间隙	按检验规程
耐高低温性	-50～+60℃	○					○		●			●				
透波性	≥85%			●					●					○	○	
		25℃±5℃	<70%	无浮尘	数量规格	垂直度	1~3mm	按要求	A：B	适中	15℃~25℃	15min	垂直度90±10	光滑平整	三倍放大镜观察	8TDXIA文件

图 3-13 填充物工艺规划矩阵

(1) 制造质量控制的主要内容。在具体的制造过程，制造质量控制的主要内容如下。

① 检验。按照制订好的工艺计划，对工艺参数进行检验，对不合格项做出处理。对于关键零件的关键工序和关键质量参数要重点把关，严格按要求进行检测、检验工作。

② 质量分析与控制。对由检验得到的参数进行分析，检查制造过程是否正常、是否存在质量隐患，找出其产生的原因，采取积极有效的控制方法和措施，消除这些不正常现象和存在的质量隐患。

③ 制造过程优化调整与控制。在对制造过程及制造质量深入分析的基础上，预测制造质量的发展趋势，优化调整制造过程，使制造过程始终处于正常状态，以最佳的状态保证加工质量。

总之，通过制造质量控制，最终保证生产出来的机载天线满足顾客的需求。

(2) 天线制造过程质量控制规划。要保证最终生产出来的机载天线满足顾客的需求，必须对由工艺规划矩阵质量屋得出的关键工艺步骤进行控制，保证这些关键工艺步骤即关键工序的质量。由机械制造原理可知，一道工序涉及了许许多多的控制内容，如加工参数、设备状态、工作步骤和实施程序等，有些对于这一道工序的质量可能具有至关重要的作用。要找出那些关键的工艺参数、制造过程和控制点；制定相应的检测、检验手段或方法；依据制造过程的质量能力和现状，并依据工艺规划对制造过程质量控制的要求，确定制造过程质量控制方法，即采取什么措施，对制造过程的质量进行优化控制，具体包括各制造过程、工序和参数是否需要控制、控制力度及采取什么样的控制方式等，根据质量问题的产生原因，制订排除制造过程中存在的不正常因素的方案。

机载天线的质量控制规划矩阵与前面的产品规划矩阵、零件规划矩阵、工艺规划矩阵在形式和结构上差别很大，这主要是考虑了实际应用的方便性和有效性。企业在应用 QFD 进行质量控制规划时，应结合本企业的实际，充分利用在长期生产中积累的一整套行之有效的制造质量控制方法。

针对每一个关键工序，都要规划出其质量控制方法。表 3-17 仅以天线电路板制作及其与底座的装配制造过程的质量规划为例，展示质量控制规划的形式和内容。

表 3-17 天线电路板制作及其与底座装配质量规划

	工艺步骤	工艺参数	控制点	控制方法	样本容量	检验方法
1	制作印制板	尺寸、表面、线形宽度空位、渐变线角度	原材料购置下料、刻制	原材料合格证操作人员业务水平	按国标	按检验规程
2	检查元器件	型号、电性能测试	合格证检测	检查合格证检测	按国标	按检验规程
3	钻孔	空位、孔径	空定位	钻空精度	全部	按检验规程
4	铆接连接件	将连接件与电路板铆接	垂直度	采用专用夹具	全部	按检验规程
5	制作匹配网络	制作电路板、焊接线路、元器件、电性能测试	线路、元器件焊接质量	专业人员按操作规程	全部	按检验规程
6	连接高频插头	检测插头、铆接	铆接质量	铆钉规格、铆接力	全部	按检验规程
7	胶接罗盘接头	配制胶液、固化、磨制	牢固性、平整度	配制比例、固化时间	全部	按检验规程
8	固定电路板	将电路板与底盘连接	垂直度、牢固性	螺钉紧度、专用夹具	全部	按检验规程
9	检测	机械性电性能	机械、电性能满足要求	仪器精度、测试方法	全部	按检验规程

(资料来源：http：//jpkc. nwpu. edu. cn/jp2005/05/dzja/dzja. htm)

案例思考

1. 在产品开发过程中，为什么要采用 QFD 的方法？
2. 本案例 QFD 瀑布式分解模型中把产品开发过程分为哪些过程？
3. 本案例 QFD 的产品是如何规划的？
4. 本案例 QFD 的零件规划了哪些内容？
5. 本案例 QFD 的工艺是如何规划的？
6. 本案例 QFD 的质量控制规划了哪些内容？

习 题

一、单项选择题

1. 在朱兰质量螺旋中，将质量的产生和形成过程分为（　　）个阶段。

A. 12　　B. 13　　C. 11　　D. 10

2. 质量功能展开是一种（　　）的质量策略。

A. 市场导向　　B. 产品导向　　C. 生产导向　　D. 推销导向

3. 产品设计与开发过程是指（　　）的全部开发研制过程。

A. 产品正式投产前　B. 产品策划后　C. 产品构思后　D. 试生产后

4. 生产制造过程是生产出符合设计规范的产品，并能稳定控制其（　　）的过程。

A. 过程质量　B. 全面质量　C. 适用性质量　D. 符合性质量

5. 建立健全采购物品的（　　）是采购供应物品的质量管理工作。

A. 质量标准　B. 工艺规划　C. 工序控制点　D. 检查标准

6. 下面关于质量控制点的表述不正确的一项是（　　）。

A. 质量控制点是一个广泛的实体范畴

B. 质量控制点具有动态性

C. 在服务过程中，它可以是关键部门、关键人员和关键因素

D. 就产品而言，它必须是硬件产品的关键部位或零件

二、多项选择题

1. 产品设计与开发过程的质量管理目标（　　）。

A. 满足顾客的要求　B. 满足制造要求的符合性

C. 保证对设计的符合性质量　D. 要降低不良品损失

2. 质量功能展开的分解步骤（　　）。

A. 确定顾客的需求　B. 产品规划

C. 工艺、质量控制　D. 设置工序质量控制点

3. 从产品质量的形成来看，质量和产品的（　　）都有关。

A. 开发设计过程　B. 制造或提供过程

C. 销售和消费过程　D. 采购过程

4. 工序质量控制的实质对象是工序因素（　　）5M1E，尤其是其中的主导因素。

A. 操作者　B. 机器设备　C. 工艺方法　D. 工装方法

5. 一般而言，产品质量取决于（　　）四个方面。

A. 包装质量　B. 设计质量　C. 符合性质量　D. 市场调研质量

E. 使用质量

6. 在采购质量管理过程中，与质量管理部门有关的职责有（　　）。

A. 确定货源　B. 制定采购标准　C. 供应商评级　D. 供应商控制

E. 供应商监督

三、名词解释

1. 质量螺旋；
2. 戴明的生产系统观；
3. 供应商的关系管理；
4. 质量功能展开。

四、简答题

1. 简述设计与开发过程质量管理内容。
2. 生产制造过程的质量管理质量职能有哪些？
3. 简述工艺准备工作的质量职责及工艺准备过程的质量管理内容。
4. 什么是工序质量控制点？如何设置工序质量控制点？

5. 什么是设计与开发评审？简述设计评审的作用、要求与阶段。
6. 如何选择可靠的供应商？

五、论述题

1. 如何实现生产制造过程的质量管理？
2. 在产品开发过程中，为什么要采用QFD的方法？

第4章 服务质量管理

学习目标

学完本章，应该理解和掌握：

服务的特征和服务质量要素；

服务质量形成模式及服务质量差距模型；

服务接触系统要素间的相互作用；

员工满意与顾客满意的联系；

服务过程的质量管理与服务蓝图；

顾客满意及顾客满意度测评指标体系。

服务业是指农业、工业和建筑业以外的其他各行业，即国际通行的产业划分标准的第三产业。服务业发展水平是衡量生产社会化和经济市场化程度的重要标志。近年来，服务业发展较快，尤其是现代服务业的产值和就业人数增长显著，使其在国际经济中的比重也有较大的增长，服务业自身的结构不断向知识化或信息化提升。服务业已成为国民经济的重要组成部分。

无论是有形产品的生产企业还是服务业，服务质量都是企业在竞争中制胜的法宝。制造业企业中的质量管理，经过长期的研究和实践，通过控制生产流程和标准化作业，已经形成了较为成熟的管理体系。随着经济水平的提高，消费者对服务业的要求愈加严格。迫于竞争和生存的需要，服务业要适应不断变化的市场环境和快速变化的顾客需求，必须把服务质量的管理作为企业经营的核心和重点。

4.1　服务和服务质量

由于服务和服务质量的一些特殊性，服务业的质量控制比制造业的质量控制相对要困难得多。服务质量始于服务传递系统的设计，贯穿于服务提供全过程之中，受诸多因素的影响。服务企业要适应不断变化的市场环境和顾客需求，唯有通过提高服务质量，才能增强服务要素，寻求更高的顾客满意度，以满足多层次、多方面、多变化的服务要求。

4.1.1　服务与服务业

有关服务的概念最初源于经济学领域。20 世纪 70 年代初期，服务业的发展迫使学术界开始注重对服务的研究。由于服务的范围太广，很难精确界定其内容，本书采用被普遍接受的 ISO 9000 族质量管理标准中的相关术语。

1. 服务的定义

服务是至少有一项活动必须在组织和顾客之间进行的组织的输出。并且通常是无形的。

服务的提供可涉及：

(1) 在顾客提供的有形产品（如维修的汽车）上所完成的活动；

(2) 在顾客提供的无形产品（如对退税准备所需的收入声明）上所完成的活动；

(3) 无形产品的交付（如知识的传授）；

(4) 为顾客创造氛围（如在宾馆和饭店）。

可以看出，接触面上完成的活动涉及供方与顾客间的互相作用，这种作用发生在相互接触的层面上，形成互动区域。服务就是伴随着供方与顾客在互动区的接触而产生的无形产品。互动区域的大小反映了服务的密集度。这说明服务质量管理意味着互动区的质量管理。因此，理解服务的含义需要把握好以下几个方面。

(1) 服务的目的就是满足顾客的需要。顾客的需要是指顾客对服务的物质和精神方面的需求，包括当前的和期望达到的需求。顾客的需要处在不断的变化和发展之中，所以，应不断地改善服务，以适应和满足顾客的需要。

(2) 服务的条件是必须与顾客接触。这是服务和其他类型产品之间最显著、最本质的区别。供方与顾客之间的接触，可以是人员的，也可以是货物的。按接触对象的不同，可以将供方与顾客的接触形式分为：人与人的接触服务，如商场里的销售过程、律师的咨询过程等；人与物的接触服务，如家用电器的修理过程；物与人的接触过程，如银行的自动柜员机服务、自动售货机贩卖服务等；物与物的接触过程，如使用自动洗车装置洗车的过程。

在服务的定义中强调了服务的实质和基础就在于与顾客的互动活动过程，其内涵就是说服务是针对顾客的需要来说的，服务必须以顾客为核心。在理解服务的定义时必须树立顾客至上的观念。

(3) 服务的内容就是供方与顾客接触的活动和所产生的结果。供方内部的活动是指供方内部的经营管理活动，通常又被称为“服务提供”（提供某项服务所必需的供方活动）。服务产生于人、设备、机器与顾客之间互动关系的有机联系，并由此形成一定的活动过程。如营业员与顾客之间买卖货物这样一个过程，是由迎客、接待、成交、送客各个环节组成的，这样的活动即体现为服务。结果是活动的体现，是过程的体现。因此，服务不仅是最终的结果，而且包括提供服务的活动或提供服务的过程。

(4) 服务有时是与有形产品的制造和供应结合在一起、联系在一起的。有形产品是指物质状态的产品，如电冰箱、食品、洗涤剂等。如果仔细思考一下“服务”这种特殊的产品，就会发现它一般是和有形部分产品相联系的。如就医院而言，病人要求医院治好病，这是医院提供服务的无形部分，而治病时药物、手术等方面的开销当然就是所说的有形部分。同样，在学校上课，学生获得知识（无形产品的交付），这是学校提供服务的无形部分，而其支持部分，即在教课过程中提供的课本、教室、桌椅等教学用具，则是有形物。此外，如果你在餐馆就餐，那么餐馆提供的“厨艺”、欢快和谐的气氛等就属于无形部分（为顾客创造氛围），而饭菜则是服务的有形部分，存在一个“生产”饭菜的烹调过程。

一方面，有形产品产出组织的销售及售后服务本身就是一种服务，从商品流通角度来看，产出组织、服务组织和顾客形成了一个大的循环。另一方面，服务组织本身常常需要有形产品的支持来达到服务的目的，如商场所采购的商品的质量、品种、档次、价格在商场的服务提供中是占据绝对重要的位置的，能否让顾客买到称心如意的商品是衡量商场服务水平的首要标准。

2. 服务的特征

与硬件和流程性材料等有形产品相比，服务具有无形性、不可分离性、顾客参与性、差异性、不可存储性和无所有权性等的特征（见图 4-1）。

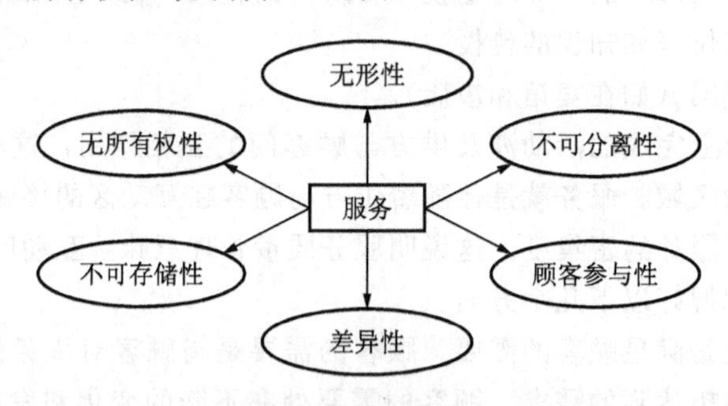

图 4-1 服务的特征

(1) 无形性。无形性是服务的主要特征。与制造业提供的是有形产品不同，服务及组成服务的要素很多都具有无形的性质。当然大部分服务也都包含有形的成分，比如快餐店的食物，但对顾客而言，在这些有形载体外所包含的无形的服务与效用才是他们最关注的。其次，不仅服务本身是无形的，甚至消费者获得的利益也可能很难觉察到或仅能抽象表达。

也不是所有的服务产品都完完全全是无形的，它的意义在于提供了一个视角将服务产品同有形的消费品或工业品区分开来。作为无形产品的服务带有“神秘”的吸引力，“无形性”背后的实质是服务行为，包括服务的技巧、技能、技术、知识、文化乃至信息等，这些正是服务吸引力的来源。因此，服务可以更多地依靠人的行为加以发展。

（2）生产与消费的不可分离性。在制造业中，从产品的设计、开发到加工、运输和销售，产品的生产和消费之间存在明显的中间环节。通过观察服务行业就会发现，服务的生产和消费具有不可分离的特征，也就是说，服务的生产与顾客的消费是同时进行的。服务人员直接与顾客接触，在他们提供服务给顾客的同时，也是顾客消费服务的过程。服务的这一特性表明，顾客只有而且必须加入到服务的生产过程中才能最终消费到服务。例如，只有在顾客在场时，理发师才能完成理发的服务过程。

服务产品的生产与消费的不可分离性，在客观上形成一种压力，推动服务生产者改善与顾客的关系，关心顾客的需要，理解有关服务产品的知识，促使服务机构在同顾客的接触中提高服务质量。

（3）顾客参与性。服务不仅是一种活动，而且是一个过程，对于顾客来说，他们几乎参与了服务的整个过程，服务其实就是一种发生在服务设施环境中的体验。服务是一种或一系列的行为过程，很难对服务过程和结果进行准确的描述和展示。例如，个人电脑的维修服务，它既包括维修人员检查和修理计算机的活动和过程，又包括这一活动和过程的结果——顾客得到完全或部分恢复正常的计算机。

（4）差异性。服务业是以人为主体的行业，既有服务人员的参与，又有顾客的参与，包括服务决策者、管理者、提供者和消费者。由于人类个性的存在，服务的构成成分及其质量水平受环境、心理、情绪及行为要素的干扰，是经常变化的。服务的差异性表现在三个方面。①由于服务提供人员自身因素的影响，如心理状态、服务技能、努力程度等，即使由同一服务人员在不同的环境下可能产生不同的质量水平，而不同的服务人员在同样的环境下，他们提供的同一种服务的服务质量也有一定的差别。②由于顾客直接参与服务的生产和消费过程，不同的顾客自身条件的客观差异，如知识水平、爱好等，会直接影响服务的质量和效果。如，同是去旅游，有人乐而忘返，有人败兴而归；同是听一堂课，有人津津有味，有人昏昏欲睡。这正如福克斯所言，消费者的知识、经验、诚实和动机，影响着服务业的生产力。③由于服务人员与顾客间相互作用的原因，在服务的不同次数和不同环境的互动过程中，即使是同一服务人员向同一顾客提供的服务也可能会存在差异。

另外，每次服务带给顾客的效用、顾客感知的服务质量都可能存在差异。因此，差异性的存在使得服务不易标准化、规范化，服务质量难以维持，服务品牌较难树立，服务规范较难严格执行，服务质量的控制也比较困难。

（5）不可存储性。由于服务的无形性，以及服务的生产和消费的同时性，服务不具备有形产品那样的存储性。我们可以看到，春运时飞机票价暴涨，而平时飞机票价却打折颇多，飞机客运能力的不可存储性表露无遗。服务生产的起始和结束就是消费的起始和结束，因此，不存在服务生产结束与消费起始之间的储存期，即服务产品是不可储存的。

服务通常是“一次性的”，如果服务发生了问题或事故，不可能通过重复来消除已发生的问题或事故，只能做到某种程度的弥补。

（6）无所有权性。缺乏所有权是指在服务的生产和消费过程中不涉及任何东西的所有权转移。既然服务是无形的又不可储存，服务产品在交易完成后便消失了，消费者并没有实质性地拥有服务产品。以银行取款为例，通过银行的服务，顾客手里拿到了钱，但这并没有引起任何所有权的转移，因为这些钱本来就是顾客自己的，只不过是“借”给银行一段时间而已。

服务的特征中，“无形性”被认为是服务产品的最基本特征。其他特征都是从这一特征派生出来的。事实上，正是因为服务的无形性，它才不可分离。而“差异性”“不可存储性”“缺乏所有权性”在很大程度上是由“无形性”和“不可分离性”两大特征所决定的。

3. 服务业的分类

随着科技的发展和人类文明的进步，现代服务业不断涌现出新的服务产品，因而如不对种类繁多的服务进行恰当的分类，就很难进一步认识其共性。服务分类有助于有条理地讨论服务管理，以实现不同行业间的取长补短。如洗衣店可以向银行学习——银行为客户开设便利性晚间存款业务，洗衣店也可以为其客户提供洗衣袋和下班后接收衣物的箱子。

(1) 根据顾客和服务体系的接触程度分类。美国亚利桑那大学教授 Richard B. Chase 根据顾客和服务体系的接触程度，将服务分为高接触性服务、中接触性服务和低接触性服务三大类。

①高接触性服务。顾客在服务提供的过程中参与其中全部或大部分的活动，如娱乐场所、公共交通、餐馆等提供的服务。

②中接触性服务。顾客只是部分地或在局部时间内参与其中的活动，如银行、律师、房地产经纪人等提供的服务。

③低接触性服务。服务买卖双方接触很少，其交易大都是通过仪器设备进行的，如咨询中心、批发商、邮电业等提供的服务。

组织应针对顾客与服务体系接触程度的不同而实施相应的服务管理。高接触性服务中的商品更难管理，对服务提出了更多的即时提供的要求。

(2) 根据服务的对象特征分类。根据服务的对象特征，将服务分为经销服务、生产者服务、社会服务和个人服务四大类。

①经销服务。如运输和仓储、批发和零售贸易等服务。

②生产者服务。如银行、财务、保险、通信、不动产、工程建筑、会计和法律等服务。

③社会服务。如医疗、教育、邮政、福利和宗教服务、政府服务等。

④个人服务。如家庭服务、修理服务、理发美容服务、宾馆饭店服务、旅游服务和娱乐业服务等。

(3) 根据服务存在的形式分类。根据服务存在的形式，将服务分为以商品形式存在的服务、对商品实物具有补充功能的服务、对商品实物具有替代功能的服务和与其他商品不产生联系的服务四大类。

①以商品形式存在的服务。如电影、书籍、数据传递装置等服务。

②对商品实物具有补充功能的服务。如运输、仓储、会计、广告等服务。

③对商品实物具有替代功能的服务。如特许经营、租赁和维修等服务。

④与其他商品不产生联系的服务。如数据处理、旅游、旅馆和饭店等服务。

(4) 根据服务供方的性质分类。根据服务供方的性质，将服务分为以设备提供为主的服务和以提供服务为主的服务两大类。

①以设备提供为主的服务。如自动洗车、影院、航班、计算机数据处理等。

②以提供服务为主的服务。如园丁、修理工、律师、医师等。

(5) 根据服务性质分类。根据服务性质分类，将服务分为流通服务、生产者服务、生活性服务、精神和素质服务。

①流通服务。包括零售、批发、仓储、运输、交通、邮政、电信等服务。现代物流也属于流通服务。流通服务有两个特点：服务的物质性和服务之间的依赖性。

②生产者服务。也称为生产性服务业，一般包括：金融保险服务、现代物流服务、信息服务、研发服务、产品设计、工程技术服务、工业装备服务、法律服务、会计服务、广告服务、管理咨询服务、仓储运输服务、营销服务、市场调查、人力资源配置、会展、工业房地产和教育培训服务等门类。

③生活性服务。它直接面向人们提供物质和精神生活消费产品及服务，一般包括文教卫生、商贸流通、旅游休闲、娱乐健身、餐饮住宿、交通运输、市政服务等行业。

④精神和素质服务。是指为满足人们精神需要和身体素质需要的服务，包括教育、文艺、科学、新闻传媒、出版社、公共图书和博物、宗教等。精神和素质服务的特点：精神性、门类多样性、非营利性。

4.1.2　服务质量构成要素

质量是一组固有特性满足要求的程度。因此，服务质量是指服务过程中固有特性满足顾客和其他相关方要求的能力。具体来说，服务质量是指顾客对服务生产过程、服务的效用感知认同度的大小及对其需求的满足程度的综合表现。

服务产品具有无形性、多样性和异质性。从简单的搬运行李到未来的登月旅行，从家电维修到网上购物，不同的服务具有各自不同的固有特性。虽然服务质量特性依行业而定，但鉴于服务过程的顾客参与性和生产与消费的不可分离性，服务质量的关键取决于服务过程的技能、态度和及时性等服务者与消费者之间的行为关系。因而，消费者对服务质量的评价不仅要考虑服务的结果，而且要涉及服务的过程。服务质量应被消费者所识别，消费者认可才是质量。

1. 预期服务质量与感知服务质量

预期服务质量即顾客对服务企业所提供服务预期的满意度。感知服务质量则是顾客对服务企业提供的服务实际感知的水平。如果顾客对服务的感知水平符合或高于其预期水平，则顾客获得较高的满意度，从而认为企业具有较高的服务质量，反之，则会认为企业的服务质量较低。从这个角度看，服务质量是顾客的预期服务质量同其感知服务质量的比较。

预期服务质量是影响顾客对整体服务质量的感知的重要前提。如果顾客预期质量过高，不切实际，则即使从某种客观意义上说他们所接受的服务水平是很高的，他们仍然会认为企业的服务质量较低。预期质量受市场沟通、企业形象、顾客口碑和顾客需求等因素的影响。

(1) 市场沟通包括广告、直接邮寄、公共关系及促销活动等，直接为企业所控制。这些方面对预期服务质量的影响是显而易见的。例如，在广告活动中，一些企业过分夸大自己的产品及所提供的服务，导致顾客心存很高的预期质量，然而，当顾客一旦接触企业则发现其服务质量并不像宣传的那样，这样使顾客对其感知服务质量大打折扣。

(2) 企业形象在消费者购前准备阶段的搜集信息阶段直接影响其是否把本企业提供的服

务纳入其可能购买范围内，如果企业形象恶劣，顾客会直接把本企业提供的服务排除在其考虑范围外，所以说企业形象是进入顾客购买决策过程的敲门砖。企业形象好坏直接影响到通过企业的一系列经营活动、社会活动建立起来的在公众中的口碑。企业形象和顾客口碑只能间接地被企业控制，这些因素虽受许多外部条件的影响，但基本表现为与企业绩效的函数关系。

(3) 顾客需求则是企业的不可控因素。顾客需求的千变万化及消费习惯、消费偏好的不同，决定了这一因素对预期服务质量的巨大影响。

感知服务质量是顾客对服务企业提供的服务实际感知的水平。顾客对服务的感知水平贯穿于和客户的互动中，只有当服务被提供时，才能体现其存在和价值。感知服务质量取决于服务提供者与顾客间互动过程中某协议的实现程度，因而，服务质量是一种互动质量。顾客感知到的服务优劣，很大程度上取决于服务设施、服务人员素质、服务补救和现场消费群体等因素。

①服务设施。服务设施包括服务场所的硬件设施和软件设施。硬件设施包括服务场所的地理位置、服务环境、便利性设施等。软件设施包括布局、氛围、辅助服务人员的行为方式等。良好的服务设施可以使顾客感到愉悦，顾客的感知服务质量提高，从而提高服务质量，达到顾客满意。

②服务人员素质。由于服务是在与顾客接触面上完成的活动，即服务的生产和消费同时发生，因此，服务人员的素质（工作态度、知识水平、专业水平、行为方式等）、服务技能、对顾客表现出的关心直接影响顾客的感知服务质量。提高服务人员素质能够提高顾客对服务质量的实际感知，从而提高服务质量。

③服务补救。无论何时出现意外，服务供应者将迅速有效地采取行动，寻找新的可行的补救措施。服务失败不仅引起顾客的消极情绪和反应，而且最终导致顾客离开，甚至将其经历告诉其他顾客。例如，航班因某种原因晚点，由于顾客不知晚点原因与晚点的时间，很快会造成一种紧张不安的气氛。如果航空公司职员能够迅速、及时、有效地向候机乘客说明缘由，并告知晚点的准确时间，乘客即使不喜欢这种事件，但是毕竟对情况有所了解，这要比他们一无所知要好得多。因此，成功的服务补救不仅能够留住顾客，还能够提高顾客的体验服务质量，从而提高服务质量，并且使顾客获得更大的满意度。

④现场消费群体。学者阿希曾进行过从众心理实验，结果在测试人群中仅有1/4～1/3的被试者没有发生过从众行为，保持了独立性。对于感知服务质量而言，受现场消费群体从众心理的影响，会增加顾客的心理归属感，进而增强顾客对产品的信心，提高顾客对产品的评价，增加产品的顾客感知价值。

因此，服务质量好坏的评价是一个主观范畴，它取决于顾客对服务的预期质量和实际体验质量（即顾客实际感知到的服务质量）之间的对比（见图4-2）。

美国学者隋赛莫尔（Valarie A. Zeithaml）、贝里（Leonard L. Berry）和潘拉索拉曼（A. Parasuranman）认为顾客根据服务质量和体验到的总体满意感来感知服务。顾客在消费前形成对于服务的期望，在接受服务过程中感知到过程质量，接受服务后感知到产出质量并将之与消费前形成的期望相比较，根据期望的满足程度判断出三个质量水平，即不可接受的服务质量、满意的服务质量和理想的服务质量。如果获得的感知服务低于购前的期望，消费者就会失望，成为不可接受的服务质量；如果感知服务符合购前的期望，消费者就感到基本满意，成为满意的服务质量；如果感知服务超过购前的期望，消费者会很满意，成为理想的服务质量。

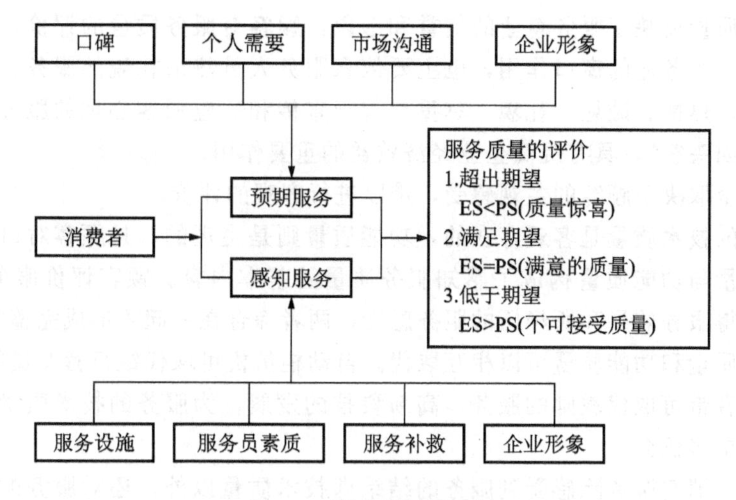

图 4-2　服务质量的感知

显然顾客满意是顾客将过程质量和产出质量同期望水平相比较的结果，因此，服务质量水平的高低将直接影响顾客的满意程度，即服务质量是导致顾客满意的一个起因，两者之间应该有某种程度上的相关。消费者在享受某项服务后，自然会体会到某种程度的满意或不满意，并会做出相应的购后评价。这些感觉会直接影响消费者是否会再次接受服务，并且向他人赞扬或贬低这种服务。消费者对服务质量的评价有更特别之处，即服务质量的消费后评价远比消费前评价更重要，同时将服务质量与产品质量的评价相比，消费者对服务质量会做出更多的消费后的评价。

2．技术质量与功能质量

服务质量既是服务本身的特性与特征的总和，也是消费者感知的反映，因而，对于服务企业而言，服务质量是由服务的技术质量、功能质量、形象质量和真实瞬间构成，而对于消费者而言，服务质量是感知质量与预期质量的差距的体现。

（1）服务的技术质量。服务的技术质量是指服务过程的产出，即顾客从服务过程中所得到的东西。可以通过很多例子来说明服务的技术质量，例如，宾馆为旅客休息提供的房间和床位，饭店为顾客提供的菜肴和饮料，航空公司为旅客提供的飞机、舱位，网络用户通过互联网购买了商品，会计师事务所通过对客户进行审计而提供给顾客审计报告等。以上这些都说明了顾客通过消费服务得到了一定的结果（有形的商品、无形的知识或享受）。

服务的技术质量是服务产生的基础，是服务业的基本职能，服务如果没有服务结果的保证，就不能满足顾客的基本需要，服务业的信誉就会受到影响，提高服务质量就失去了意义。

对于技术质量，顾客容易感知，也便于评价。技术质量是服务质量的一个方面，一般可以用某种形式来度量。如客运服务可以利用运行的时间、教育服务可以利用教学成果如考试或升学率作为衡量服务质量的一个依据等。

（2）服务的功能质量。服务的功能质量是指服务提供的过程中顾客所感受到的服务人员在履行职责时的行为、态度、穿着、仪表等给顾客带来的利益和享受。服务的功能质量是一切服务企业的重要职责，是服务业在交易过程中提供的无形的劳务质量。服务企业向顾客提供技术质量和物资设备，都离不开一系列服务的功能质量，否则，服务企业的经营活动就无法进行。

服务的功能质量反映了服务企业的信誉和形象，顾客对服务质量的评价，在很大程度上取决于功能质量。服务业的窗口作用，也主要依靠服务人员热情礼貌的服务、美观大方的仪容仪表体现出来。热情、诚恳、礼貌、尊重、善于宣传和适应顾客心理的服务，还能为服务企业吸引大批“回头客”，具有提高企业经济效益的重要作用。

功能质量完全取决于顾客的主观感受，难以进行客观的评价。

因此，服务的技术质量是客观存在的，功能质量则是主观的，是顾客对过程的主观感觉和认识。技术质量与功能质量构成了感知服务质量的基本内容。顾客评价服务质量的好坏，是根据顾客所获得服务效果和所经历的服务感受，两者综合在一起才形成完整的感受。因此，许多服务的技术质量和功能质量可以相互取代。自动柜员机可取代银行营业员的服务，图书、教学录像带、录音带可取代教师的服务。高新科技的发展，为服务的技术质量和功能质量的相互取代提供了更多机会。

对顾客来说，消费服务除感受到服务的结果即技术质量以外，还对服务的消费过程即功能质量非常敏感，实践也证明了顾客明显受到所接受服务的技术质量的方式以及服务过程的影响。虽然消费服务的目的可能仅仅是获得该项服务的技术质量，但如果顾客在得到技术质量的过程中，由于发生了不愉快的事情，给顾客留下了不佳的印象，这样即使服务的结果即技术质量是完全相同的，顾客对服务质量的总体评价也会存在较大的差异。

(3) 服务的形象质量和真实瞬间。形象质量是指服务企业在社会公众心目中形成的总体印象。它包括企业的整体形象和企业所在地区的形象两个层次。企业形象通过视觉识别系统、理念识别系统和行为识别系统多层次地体现。顾客可从企业的资源、组织结构、市场运作、企业行为方式等多个侧面认识企业形象。企业形象质量是顾客感知服务质量的过滤器。如果企业拥有良好的形象质量，轻微的失误会赢得顾客的谅解；如果失误频繁发生，则必然会破坏企业形象；倘若企业形象不佳，则企业任何轻微的失误都会给顾客造成很坏的印象。

真实瞬间（关键时刻）则是服务过程中顾客与企业进行服务接触的整个过程。这个过程有着一个特定的时间和地点，这是企业向顾客展示服务质量的有限时机。通常，这种短暂的接触往往发生在顾客评估服务的一瞬间，同时也形成了对服务质量好坏的评价。因此，一旦时机过去，服务交易结束，企业也就无法改变顾客对服务质量的感知；如果在这一瞬间服务质量出了问题也很难补救。真实瞬间是服务质量构成的特殊因素，这是有形产品质量所不包含的因素。

4.2 服务质量管理模式

服务质量是服务业的“生命线”。对于服务业，尤其是现代服务业只有了解和掌握服务质量形成模式、服务质量差距模式、服务质量系统模式和服务利润链模式，才能提升服务质量、服务水平和服务能力。并通过服务质量的管理，实现企业经营目标。

4.2.1 服务质量形成模式

服务质量既是服务本身的特性与特征的总和，也是消费者感知的反映，因而服务质量既由服务的技术质量、功能质量、形象质量和真实瞬间构成，也是感知质量与预期质量的差距的体现。

北欧学派的两名服务管理学家，瑞典的古默森教授和芬兰的格龙鲁斯教授，针对有形产品提供过程中的服务质量的形成过程进行了研究，并于20世纪80年代中期发表了各自的研究成果。古默森的理论叫作4Q模式，即质量的形成有四个来源：设计来源、生产来源、供给来源和关系来源。考虑到服务的生产和消费不可分离的特征，将服务质量的来源综合为设计、供给和关系三个来源。服务企业如何认识和管理好这三个方面来源，将会影响顾客对总体服务质量的认识。

(1) 设计来源。即服务是否优质，首先取决于独到的设计。

(2) 供给来源。即将设计好的服务，依靠服务提供系统，并以顾客满意和希望的方式操作实际服务过程、把理想中的技术质量转变为现实的技术质量。

(3) 关系来源。指服务过程中服务人员与顾客之间的关系，服务人员越是关心体贴顾客，解决顾客的实际问题，顾客对服务质量的评价就越高。

服务质量的三种来源和服务的技术质量与功能质量这两方面的内容之间是相互关联、互为作用的。服务的设计虽然总的来说是增加服务的技术质量，但同时也会提高功能质量。设计服务要考虑到现有的顾客和潜在的顾客。企业通过征询顾客的要求和爱好，把它们归纳为一定的特征或要素。然后通过设计过程尽可能满足顾客的要求和爱好。通过细致周到的服务设计，不仅反映服务的技术质量，顾客也会感到企业为满足自己的要求而做出相当的工作和努力，必然提高服务的功能质量。

服务的供给过程不仅需要服务人员和服务设施参与其中，而且需要顾客的参与和配合。顾客在参与服务提供过程中，会与服务供方的有形资源如设备、设施等接触和认识，服务供方的这些有形设施会给顾客留下深刻的印象，顾客据此评价服务的感受与预期是否相符，影响服务的技术质量。此外，服务人员操作设备的熟练程度、关心顾客的深度及对待顾客投诉和要求的处理方式等，都会在顾客心中留下很深的印象，影响服务的功能质量。

服务过程中顾客与服务组织之间的关系是形成服务功能质量的最重要来源，也是评价服务质量优劣的重要依据。组织如何培育和发展与顾客之间的长期关系是目前服务组织提高服务质量最困难也是最关键的环节。发展这种相互关系必须深入了解顾客的需要和期望，引导和满足顾客的需求并从中不断开发新的服务项目。

上述关于服务质量的内容和来源的理论可归结为古默森-格龙鲁斯质量形成模式。考虑到服务的生产和供给过程的一致性，如将生产和供给综合在一起来分析服务质量的形成和实质，服务质量形成模式如图4-3所示。

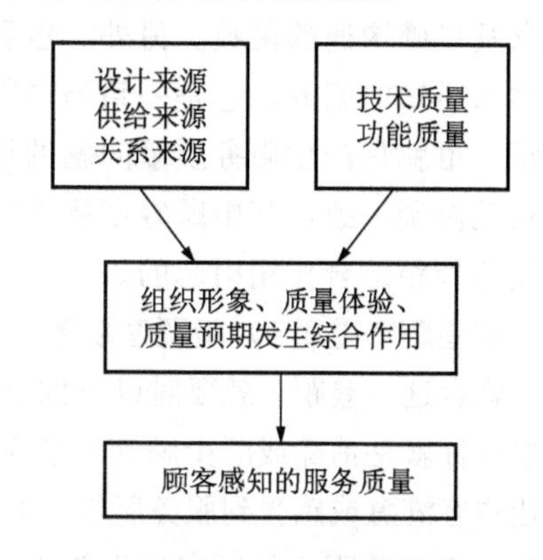

图4-3 古默森-格龙鲁斯质量形成模式

图 4-3 表明，服务质量既是服务本身的特性与特征的总和，也是消费者感知的反映，因而服务质量既由服务的技术质量、功能质量、形象质量和真实瞬间构成，也由感知质量与预期质量的差距所体现。顾客感知的服务质量要受到组织形象、预期质量、体验质量及质量来源和内容多方面的综合作用。

4.2.2 服务质量差距模型

服务质量差距模型（service quality model），是 20 世纪 80 年代中期到 20 世纪 90 年代初，美国营销学家潘拉索拉曼、隋赛莫尔和贝里等人于 1985 年提出的一种分析方法或模式，简称 5GAP 模型，如图 4-4 所示。

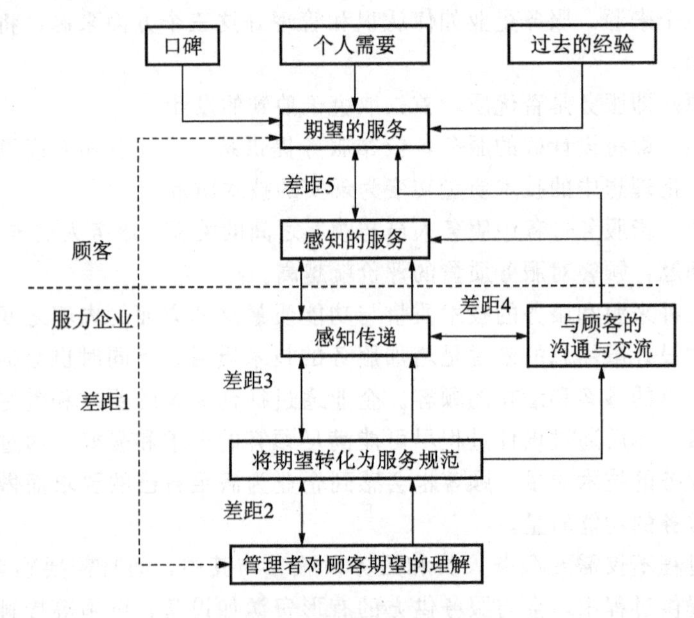

图 4-4 服务质量差距模型

服务质量差距模型首先说明了服务质量是如何形成的。模型的上半部分涉及与顾客有关的现象，下半部分涉及与服务企业内部运作有关的内容。期望的服务是顾客的实际经历、个人需求及口碑沟通的函数。另外，也受到企业营销沟通活动的影响。实际经历的服务，在模型中称为感知的服务，它是一系列内部决策和内部活动的结果。该模型表明了五种服务质量的差距，也就是产生服务质量问题的可能起源。造成这些差距的原因是质量管理过程中的偏差和缺乏协调一致，其中顾客期望的服务质量与所感知的服务质量之间的差距，是由整个过程的其他差距综合作用引起的。

顾客差距（差距 5）指顾客期望与顾客感知的服务之间的差距，是服务质量差距模型的核心。要弥合这一差距，就要对以下四个差距进行弥合。基于服务质量差距模型，服务质量管理的首要目标就是消除或减少顾客对服务质量的实际感知与顾客对服务质量的期望之间的差距，从而让顾客满意或感受到服务所带来的价值。服务质量除了服务感知与服务结果间的差距 5 外，还应包含产生差距 5 的所有过程差距，服务质量差距（差距 5）＝质量差距 1＋质量差距 2＋质量差距 3＋质量差距 4，必须消除或减少五种差距，才能达到令人满意的程度。因此，通过服务质量差距模型，可以分析质量问题的起源，从而协助服务组织管理者采取措施，改善服务质量。

1. 差距1（管理层认识的差距）

管理层认识的差距是指顾客期望与管理层对这些期望的感知之间的差异，即管理层没有准确理解顾客对服务质量的预期。通常管理者认为他们知道消费者需要什么，并按他们的估计去设计服务，而实际上消费者的期望可能与其有所不同。例如，航空公司管理人员可能认为旅客要求飞机上提供高质量的配餐，但旅客更看重乘务人员的真诚服务。

导致该差距产生的原因有：管理层从市场调查和需求分析中得到的信息不准确；管理层对从市场调查和需求分析中得到的信息的理解不准确；服务企业对顾客的需求没有进行正确的分析；一线员工没有准确、充分、及时地向管理层反馈顾客的信息；服务企业的内部组织机构层次过于复杂，一线员工不能直接向管理层传递顾客的信息。缩小这一差距的战略是改进市场调查方法，增进管理层与员工之间的交流，减少组织机构层次，缩短与顾客的距离。

2. 差距2（服务质量规范的差距）

服务质量规范的差距是指管理层对顾客期望的感知与服务质量标准的差异，即服务企业制定的服务质量规范未能准确反映出管理层对顾客期望的理解，管理者的估计与服务质量规范之间存在差距。管理者可能正确预料了消费者的需要，但没有建立质量标准，或者质量标准没有被详细规定说明。再者，管理者建立起清晰的质量标准但它不可行。例如，航空公司管理者可能要求值机人员要实行“快速周到”的服务，但无法量化这一要求的标准。

导致该差距产生的原因有：企业对服务质量的规划还缺乏完善的管理；管理层对企业的服务质量规划也缺乏完善的管理；服务企业本身还没有一个明确的目标；企业最高管理层对服务质量的规划支持力度不够；企业对员工承担的任务不够标准化；对顾客期望的可行性没有足够的认识。缩小这一差距的战略是管理层首先要重视服务质量，要确定服务目标，将服务传递工作标准化、规范化，使员工真正理解管理层希望提供怎样的服务。

3. 差距3（服务过程传递的差距）

服务过程传递的差距是指实际传递服务与服务质量标准的差异，即服务在生产和供给过程中表现出的质量水平，未能达到服务企业制定的服务规范。意外事件或较差的管理都会导致服务水平满足不了服务质量规范。例如，服务人员可能缺乏培训或劳累过度，以及无能力或不愿意按标准行事；或者服务人员面对互相矛盾的标准，不愿意花时间倾听旅客的意见和提供快速服务。

导致该差距产生的原因主要有：质量规则的制定太复杂或不具体；员工对质量标准不习惯或不认同；服务的生产和供给过程管理不完善；新质量规范与企业现行企业文化不一致，企业内部的宣传、引导不足，使员工对规范没有一致的认识；企业的设备、体制不利于员工按新质量规范操作；员工尚无能力按质量规范提供服务；员工与顾客、管理层间协作不力。缩小这一差距的战略是完善管理的监督机制，改变营运系统，合理设计工作流程，加强团队协作，招聘合格员工，加强培训，使员工与管理层对规范、顾客的期望与需求有统一的认识。

4. 差距4（市场信息传播的差距）

市场信息传播的差距是指实际传递服务与顾客感受的差异，即企业在市场传播中关于服务质量的信息与企业实际提供的服务质量不一致。对服务的承诺与服务实绩之间存在差距。企业运用多种方式方法宣传自身的服务，然而有时会夸大实际所能提供的服务水平。这会造成实际提供的服务与经过宣传后预期的服务不符，消费者因而产生不满。例如，航空公司的广告展示新型宽体客机和优秀的乘务人员，但旅客登机后发现机舱狭小，服务不尽如人意时，这种外部沟通就扭曲了消费者的预期。

导致该差距产生的原因主要有：企业市场营销规划与营运系统之间的协调未能奏效；企业向市场和顾客传播信息与实际提供的服务活动之间未能协调好；企业向市场和顾客传播了自己的质量标准，但在实际服务中都未按标准进行；企业在宣传时承诺过多，夸大服务质量，使顾客的实际体验与宣传的质量不一致。缩小这一差距的战略是企业在对外宣传、沟通时不要提出过度承诺，不要过于夸大其词，要和一线服务人员很好地沟通。

5. 差距 5（服务质量感知的差距）

服务质量感知的差距是指顾客期望的服务和顾客感知的服务的差异，即顾客体验和感觉到的服务质量未能符合自己对服务质量的预期。这是前面一个或多个差距所导致的必然结果，也就是顾客实际获得的服务与他们最初所期望的不相符。

导致该差距产生的原因是上述四种差距的综合作用。当顾客体验和感觉的服务质量低于预期的服务质量时，会产生以下不良影响：顾客对企业的服务持否定态度，并将亲身的体验和感觉向亲朋好友诉说，使服务口碑变差，企业的形象和声誉遭到破坏，顾客将会流失；反之，当顾客体验感觉的服务质量高于预期的服务质量时，顾客在享受了优质服务的同时，会进行良好的口碑宣传，使企业不仅留住了老顾客，还会吸引更多的新顾客。

总体来讲，当顾客对组织抱怨不满时，说明组织提供的服务没有达到顾客期望的水平，而其中的差距往往会出现在以上五个方面。了解服务质量差距模式，在设计服务质量时，依据基本框架考虑基本步骤，然后可以发现差距的所在，找出改进的方法，提高服务质量水平。

消除或减少服务质量差距，使顾客获得最大满足，就是服务质量管理的总目标。而要消除或减少服务质量差距，就要消除或减少质量差距 1、质量差距 2、质量差距 3、质量差距 4 或差距 5，因而要做到以下几点。

（1）要准确了解顾客实际的期望。

（2）要使制定的服务标准体现顾客的期望。

（3）要使服务实绩达到服务标准。

（4）要使服务承诺符合服务实绩。

这是消除或减少服务质量差距的 4 项子目标。

服务期望是指顾客心目中的服务应达到或可达到的水平。了解顾客对服务的期望对服务有效地影响管理是至关重要的。在不了解顾客期望的情况下：

（1）如果顾客的期望高于服务质量的标准，那么，即使服务实绩达到服务营销者的标准，顾客也不会满意；

（2）如果顾客的期望低于服务质量的标准，那么，服务就可能因服务标准过高而浪费成本。

因此，服务质量管理不仅要考虑顾客的需要，还要考虑顾客的背景包括顾客对服务的认知、动机、态度和价值观等。

4.2.3 服务接触系统

服务质量的好坏与高低取决于顾客的感知质量，顾客感觉中的服务质量不仅与服务结果有关，也与服务过程有关。要提高顾客感觉中的整体服务质量，服务企业通过建立质量方针和质量目标，并制定一组相互关联或相互作用的要素，来实现其规定的质量目标。这组相互关联或相互作用的要素包括服务策略、服务组织和服务人员。关注它们与顾客的接触过程，才能形成具有鲜明特色的高质量服务。

1. 服务金三角

服务金三角（service triangle），是美国服务业管理的权威卡尔·艾伯修先生在总结了许多服务企业管理实践经验的基础上提出来的。服务金三角理论的观点认为：任何一个服务企业要想获得成功，保证顾客满意，必须具备三大要素：一套适应市场需要的服务策略；一批能精心为顾客服务、具有良好素质的服务人员；一种既适应市场需要，又有严格管理的服务组织。简而言之，服务策略、服务人员和服务组织构成了任何一家服务企业走向成功的基本管理要素。一个核心：顾客。因此，它是一个以顾客为中心的服务接触系统模式，把这一思想用图形表现出来，就形成了描述服务企业服务传递过程的“服务金三角”，它简单清晰地体现了服务企业最本质的顾客主动参与服务生产过程的特征。同时，反映了服务质量管理最基本的内容（见图4-5）。

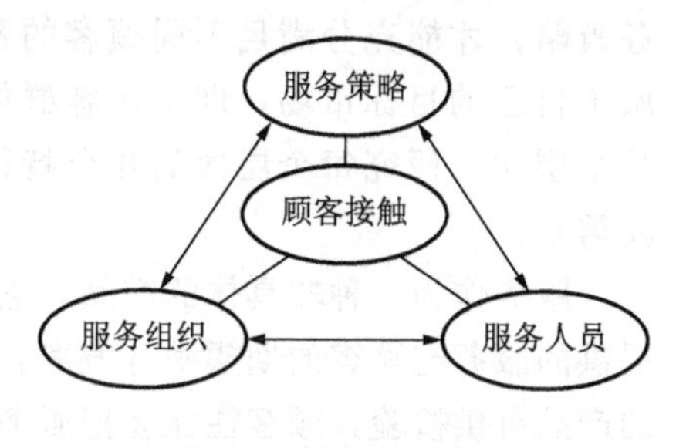

图 4-5　服务金三角

图 4-5 描述了服务接触中的三角组合，反映了三个要素间的两两关系，并提出服务传递过程与顾客冲突的可能来源。

2. 顾客

顾客是“服务金三角”的核心，这说明服务建立在以最大限度满足顾客需求的基础之上。作为服务企业必须从顾客的立场出发，时时关心顾客，处处为顾客着想，才能充分满足顾客的需要，也才能获得最大的经济效益。

顾客是（或应该是）服务企业所有决策和行动的着眼点。顾客是服务策略、服务组织、服务人员三角组合的中心。从这个角度来说，服务策略是为了服务顾客而存在的，服务组织和服务人员则是为了实现服务流程而存在的。因此，充分满足顾客的需求，是服务企业一切工作的出发点，也是一切工作的归宿。因为服务企业只有把这种认识贯彻到服务质量管理的各个环节及服务组织的各个方面，并使之成为每个人努力的方向和动力，才能最终达到质量目标。

3. 服务金三角的关键要素

服务策略、服务人员、服务组织是服务金三角的三大关键要素。

（1）服务策略。要使服务企业提供成功的服务，第一个关键要素在于企业必须制定一套明确的服务策略。制定服务策略必须要根据顾客的期望并加以细分化，使顾客的期望与企业提供服务的能力相配合，这样就可以给为顾客提供满意的服务质量奠定一个良好的基础。

美国哈佛大学商学院教授海斯凯特指出：“一项服务不可能使所有人得到所有的满足。”服务组织与制造厂商不同，无法在同一时间提供超过一种形式或水准的服务。对于经营者，必须选择或细分出某一群顾客，再给予特定的服务，只有按照顾客的需要，制定一套服务策略并提供服务者，才能在顾客的心目中拥有竞争优势。

实施细分化服务策略最重要的作用在于可以针对不同顾客群的需求，根根企业的能力来提供恰如其分的服务。因为对于顾客来讲，如果企业提供的服务不能满足顾客的需求，顾客必然会离你而去。但是如果你提供顾客的服务远远超过了顾客的需求，大大增加了服务成本，那么，即使服务的目标是正确的，也会因为成本太高而使企业破产。服务这种"产品"是无形的，具有非储存性。它不能像制造业那样可以用库存的手段来调节淡季和旺季的需求之差。对于服务业来讲，解决服务能力供需相平衡的最有效的方法就是把顾客的服务需求细分化，这样使许多顾客的服务需求可以变得比较容易预测，从而可以掌握其变化规律，减少因服务需求的大幅度起伏，造成服务供需之间的不平衡。实施细分化的服务策略，才能充分满足不同顾客的不同需求。任何一家企业都可以通过市场细分化，找到属于自己的目标市场，即某顾客群体。然后对这一顾客群体再作某些程度的细分，划分出几个层次，研究每个层次的几个特征，并制定一套相应的服务策略，以满足不同顾客的不同需求。

服务作为一种非具体的产品，它具有无形性。不同的顾客群有不同的期望，而只要企业提供的服务与顾客的期望稍有偏离，就会对顾客的满意程度造成冲击。尤其是服务没有具体的产品可供检验，顾客往往会把服务和提供服务的系统联系在一起，即不同的服务提供系统，就会使顾客感觉服务产品的差异。如顾客对提供理发的员工，不仅要看服务人员是否能理好头发，而且服务人员的衣着和谈吐也影响到顾客对服务的感受。

因此，要把了解顾客期望的重点放在最重要的顾客身上。因为顾客的期望会五花八门，但是只有属于"关键少数"的顾客期望才具有代表性；找出企业所能提供的服务与顾客期望之间的差异，来确定顾客的真正期望；要按顾客的期望加以细分，尽可能对各种期望的顾客提供良好的服务；企业还必须利用广告、承诺、价格等手段来约束顾客的期望。

（2）服务人员。要使服务企业能提供成功的服务，第二个关键要素是服务人员。因为对顾客来讲，与企业之间的接触是通过企业第一线的服务人员来实现的，服务人员既是企业的代表，又是服务的化身，因此，服务人员素质的高低对服务企业来讲极为重要。尤其是员工配备是服务性企业的一项重要管理工作。管理人员应根据优质服务的要求，配备足够的前台服务人员和后台辅助人员。其员工在质量保证中的角色认知与目标设定如表 4-1 所示。

表 4-1 员工在质量保证中的角色认知与目标设定

角色	目标
提供服务者	提供超越顾客期望的服务，使顾客满意
智慧的服务专家	预计顾客需求，解决顾客问题
平衡者	兼顾顾客和饭店双方利益
团队一分子	靠群体力量，达成顾客满意的目标
亲善大使	使顾客和同事感觉亲切、友善
专业的操作者	讲求品质
公关第一人	营建顾客的忠诚感
愉快的合作者	人际关系和谐、成功
乐于奉献者	培养服务精神，修炼个人品行

前台服务人员直接为顾客服务，他们能够了解顾客的需要和愿望，最能直接控制服务质量，最能及时地发现服务过程中存在的问题，最能尽快采取补救性措施，纠正服务差错。服务人员与顾客的每次接触，都是服务关键时刻（真实瞬间）。顾客感觉中的整体服务质量，是由服务人员和顾客之间相互交往的结果决定的。管理人员应根据本企业的服务理念，加强企业文化建设工作，使优质服务成为全体员工的共同价值观念、信念和行为，并激励全体员工自觉地为顾客提供优质服务。

行业的性质决定了他们必须与顾客保持密切的接触。尤其是在这种接触中充满了不确定性，因为顾客的需求和期望是五花八门的。在提供服务的过程中，很多情况下需要服务人员自行判断如何解决顾客的问题，有针对性地提供服务。因此，要使企业能够提供令顾客满意的服务质量，训练一支具有良好素质的服务员工队伍是必不可少的。

(3) 服务组织。每一个服务企业都必须建立相应的服务组织，其目的是保证服务企业在确定细分化的服务策略以后，通过服务提供系统的建立和对提供服务过程的有效控制，使服务企业能及时准确地提供服务以达到预定的目标市场中顾客的需求。

在服务企业内部建立相应的组织机构，除了可以起到把最高管理层所规定的质量目标，有效地贯彻到基层工作人员的作用以外，对于服务企业来讲，还有其独特的作用。

首先，服务企业员工本身的行为就构成了服务这一产品的一部分，服务企业员工的服务行为对顾客所感受到的服务起到了重要的作用，而且越是提供无形服务比重高的服务，顾客的心理感受的分量就越重；其次，由于服务产品具有无形性，不能储存，所以很难依靠库存来解决供求之间不平衡的矛盾。最好的解决办法，只能靠有效的服务组织的管理者合理配置各种资源，以及时消除各种“瓶颈”现象，提高服务企业的工作效率；再次，由于服务具有生产和消费同时进行的特征，因此，服务企业的管理者有必要建立强有力的统一服务的标准要求，建立健全各级管理部门，以对高度分散性的服务企业进行有效的控制；最后，由于服务质量难以进行事后把关，所以必须有赖于服务企业有效组织机构的力量来进行事前控制。如果实现不了这一点，仅靠“事后把关”是无法做到提供令顾客满意的服务质量的。

(4) 关键要素的质量职能。服务金三角的质量职能主要反映顾客在服务策略、服务人员和服务组织三大关键要素中的地位和作用。

对于服务策略，必须制定企业明确的目标，包括选定最适合的市场、该服务组织希望树立的形象，以及应该采用的服务标准等。这些策略内容必须充分体现“顾客至上”的理念，以确保企业在市场竞争中获胜。

对于服务人员，企业管理者必须建立一支精心为顾客服务的员工队伍，因此必须担负起对这些服务人员的培养、教育和沟通的责任。首先，要善于调动员工的积极性和工作的主动性，这一点对于服务人员来讲是绝对重要的。其次，要加强培训，除了要向员工灌输顾客第一的思想外，还要对他们进行服务技能的培训，以提高服务人员的业务素质和服务水平。此外，还要提供必要的沟通手段，一方面是企业内部的沟通；另一方面是服务人员与顾客的沟通。这些沟通应该成为企业内部调动员工积极因素的有效手段。

对于服务组织，如果要使服务企业能提供成功的服务，仅靠服务人员的微笑和良好的态度还是不够的。因此，还需要服务组织内各种资源的有效配合及运用。这就必然涉及服务组织中的各种工作流程、服务规范、考核手段、管理体系等各方面的工作。因此，在整个服务组织中，十分重要的一环就是从服务设计过程的一开始，就应该考虑到顾客的需要，如果不是从这点出发，服务组织则无法向顾客提供满意的服务。

4. 关键要素间的相互作用与联系

(1) 服务策略和服务人员之间的关系。服务策略和服务人员之间的关系连线表达了这样两种观点：一是成功的服务策略必须要得到服务人员的理解、掌握和支持，这是保证服务策略能得以正确实施的基础；二是表达了位于第一线的服务人员，需要有一套让他们在工作中得以遵循而明确的服务指导思想。也就是说，企业的服务人员必须从企业服务策略出发，来规范自己的行为，否则要使服务人员提供成功的服务将是十分困难的。

(2) 服务策略和服务组织之间的关系。服务策略和服务组织之间的关系连线说明这样一个观点：企业整个组织系统的设计、部署都应该随着服务策略的内容制定和展开。否则必然会造成企业机构设置混乱，规章制度不合理，员工职责不清，工作效率低下。

(3) 服务人员和服务组织之间的关系。任何一个服务组织得不到服务人员的支持，是难以正常运转的。而服务组织的机构设置，规章制度的建立及岗位安排不妥当，也就不能充分调动每个员工的工作积极性，期望一个企业能为顾客提供顾客满意的服务也是不可能的。

总之，以上三大关键因素，即服务策略、服务人员和服务组织三者之间只有互相协调，才能保证企业获得令顾客满意的服务质量。

5. 三大关键要素与顾客之间的关系

由于服务过程和消费过程的不可分离性，使得顾客并不是服务的消极消费者，而是服务的积极参与者。在服务过程中，他们必须为服务人员提供必要的信息，配合服务人员的工作，才能获得优质的服务。有时，他们还必须亲自动手，为自己服务。因此，顾客是服务性企业的“兼职服务人员”。在不同的服务过程中，顾客的参与程度会有些不同。如与货运公司的顾客相比较，自选商场的顾客需更积极地参与服务工作，然而，无论是哪一些情况，顾客都是前台服务中必需的人力资源。

(1) 服务策略与顾客之间的关系。服务策略与顾客之间的关系连线，表示企业的管理者与顾客之间应保持一种沟通，即表示企业应从顾客的需要出发制定一套服务策略。服务策略是服务企业根据市场需求制定的经营方针和经营方式。它必须既能准确地反映顾客的需求，又能充分满足顾客的需要。

(2) 服务人员与顾客之间的关系。服务人员与顾客之间的关系连线代表一种重要接触，这种接触反映了服务企业的本质特征，还反映了服务人员只有与顾客保持良好的接触，才能使顾客真正感受到服务人员所提供的满意服务。为此，服务人员既要树立牢固的顾客第一的思想，同时还要学会掌握与顾客进行接触的各种技巧，这也是保证使顾客满意的关键所在。做到了这一点，企业就既有了经济效益，又有了社会效益。

(3) 服务组织与顾客之间的关系。服务组织与顾客之间的关系连线，表示企业的服务组织要针对顾客的利益和需求进行服务设计，否则必将造成许多顾客不满意的事件发生。对大多数企业来讲，大部分服务事故的发生都是由于服务组织不健全、不完善造成的。如管理的程序混乱、服务标准不规范及服务设施不完备等。

由于服务金三角以它清晰的构图反映了服务业管理中必须以顾客为中心的最本质的特点，同时又指出了加强服务企业服务质量管理的三大关键要素，因此，为世界各国服务业管理界所承认，并把它誉为服务企业管理的“基石”。

4.2.4 服务利润链

在优秀的服务企业里，管理人员高度重视服务利润链中各个影响企业利润的因素，以顾客和服务的一线员工为中心，进行经营管理活动。它们增加人力资源投资，采用新技术支持服务一线员工做对各项工作，根据优质服务的需要，做好员工选聘、培训、考核和奖励工作。它们会采取一系列新方法，衡量员工满意感、忠诚感和劳动生产率对产品和服务消费价值的影响，以及顾客满意和忠诚对企业利润和发展的影响。

1. 服务利润链的概念

美国哈佛大学商学院教授海斯凯特、琼斯等总结许多成功企业的经验后，指出管理人员应根据服务利润链（见图4-6）中各个环节之间的相互关系，采取有效的经营管理措施，提高服务水平和顾客满意程度，增强企业的竞争实力。

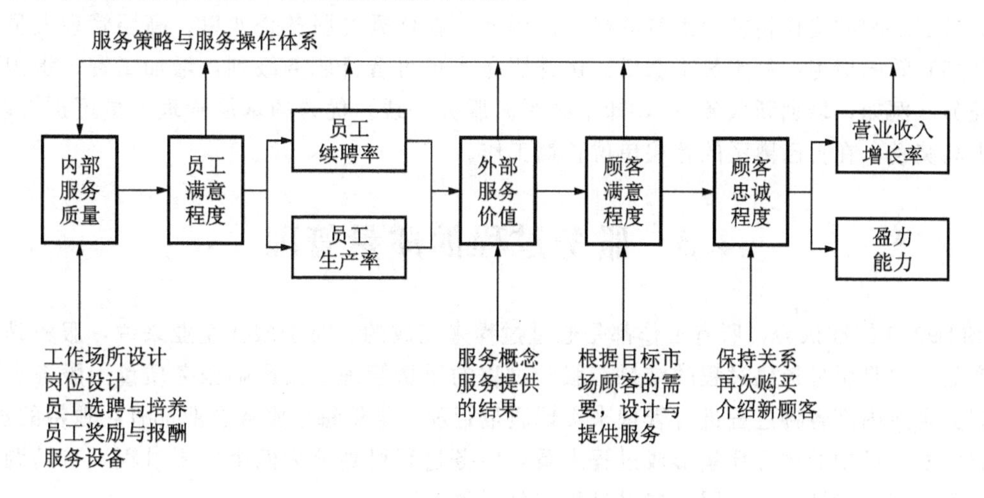

图4-6 服务利润链中的环节

2. 员工满意与顾客满意的意义

(1) 顾客忠诚决定企业的利润和发展。顾客忠诚度会对企业的利润产生极大的影响。美国学者雷奇汉研究表明：忠诚的常客增加5%，企业的利润可提高25%～85%。他们认为服务性企业管理人员不仅应考虑市场份额，更应重视顾客忠诚度。因此，服务企业在吸引新顾客的同时，留住老顾客，更能提高经济收益。如信用卡公司需花费大量营销费用，遭受大量呆账损失，才能与新客户建立关系。信用卡公司为新客户服务，往往需要六年以上时间，才能保本。可见，管理人员应认真分析本企业应分别花费多少时间和精力，用于吸引新客户，留住老客户。

(2) 顾客满意度取决于企业的服务价值，并决定顾客忠诚度。顾客越来越重视服务价值。服务价值指顾客获得的利益与顾客支付的总费用（包括顾客支付的价格与顾客为了消费服务而发生的其他费用）之比。管理人员应采用各种方法，包括投诉信件、监督电话、销售人员和服务人员的书面反映等，收集顾客反馈，并根据顾客的意见，采取赔偿客户损失、方便客户等措施，提高产品和服务的质量来满足客户。

企业应授予员工必要的权力，以便员工迅速地解决服务工作中出现的问题。此外，管理人员应鼓励顾客和员工反映意见，还应让员工及时了解从顾客满意程度调查中获得的信息，以便员工解决顾客反映的问题，改进服务工作。

(3) 企业的服务价值取决于员工满意度，并决定顾客满意度。美国财产-灾害保险公司在1991年的一次专业调查显示，30%不满的员工表示他们会跳槽。不满的员工比满意的员工跳槽的可能性高三倍。这次研究还发现：员工跳槽率低，顾客满意度就高。许多服务组织的经验表明：员工越满意，续聘率就越高，顾客满意度也越高。

(4) 内部服务质量决定员工满意度。企业内部工作环境质量对员工满意感的影响最大。员工是否有足够的能力和权力提供顾客需要的服务，是影响员工满意度的一个重要因素。管理人员应提高员工的服务能力，授予员工必要的服务工作决策权力。服务企业应绘制服务流程图，通过内部沟通活动，使员工了解服务流程的特点，以及它们的内部顾客。管理人员还应定期组织内部服务者和内部顾客参加的会议，让双方交换意见，并奖励优质内部服务。

员工的工作满意度会受工作任务、培训、报酬、晋升公正性、管理人员尊重、关心员工程度、员工之间的协作精神等因素的影响。因此，在优秀的服务企业里，高层管理人员会采取一系列有效的措施，稳定员工队伍。优秀服务人员可晋升职务级别，增加工资，承担更多工作任务（例如，培训新服务员），却不必脱离服务一线。优秀的基层管理人员可扩大职权，获得更高奖励，在自己熟悉的基层单位长期工作。

4.3 服务过程的质量管理

ISO 9000 标准认为，所有工作都是通过过程来完成的。对于服务企业来说，服务是一种无形产品，它是服务提供过程的结果，服务过程的质量管理直接影响服务质量。服务企业通过对服务企业内部各种过程进行管理来实现质量管理。虽然每个服务企业都有它独特的过程，但由服务质量环中的服务质量形成过程来看，服务过程可划分为四个主要过程：市场调研和开发过程、服务设计过程、服务提供过程和分析改进过程。

市场调研和开发过程是指服务企业通过市场调研和开发来确定与提升对服务的需求和要求的过程；服务设计过程是指把市场调研和开发得到的结果转化为服务规范、服务提供规范和服务质量控制规范，来规范服务提供过程中的活动，同时体现出服务企业的目标、政策和成本等方面的选择方案；服务提供过程是指将服务从企业提供给消费者的过程，服务企业要对服务提供过程中的服务质量进行控制，在服务质量出现问题时，及时进行补救。基于服务评价的分析改进过程的主要内容除了要评价企业内部质量工作目标的完成情况外，更需要顾客对企业的服务质量进行监督和测评。

4.3.1 服务质量形成规律

服务质量环是对服务质量形成的流程和规律的抽象描述、理论提炼和系统概括。服务质量环是从识别顾客的服务需要直到评定这些需要是否得到满足的服务过程各阶段中，影响服务质量相互作用活动的概念模式。该模式也是服务企业实施全面质量管理的原理和基础，它涵盖了服务质量体系的全部基本过程和辅助过程，其基本过程包括市场开发过程、服务设计过程、服务提供过程和服务业绩分析与改进过程（见图 4-7）。

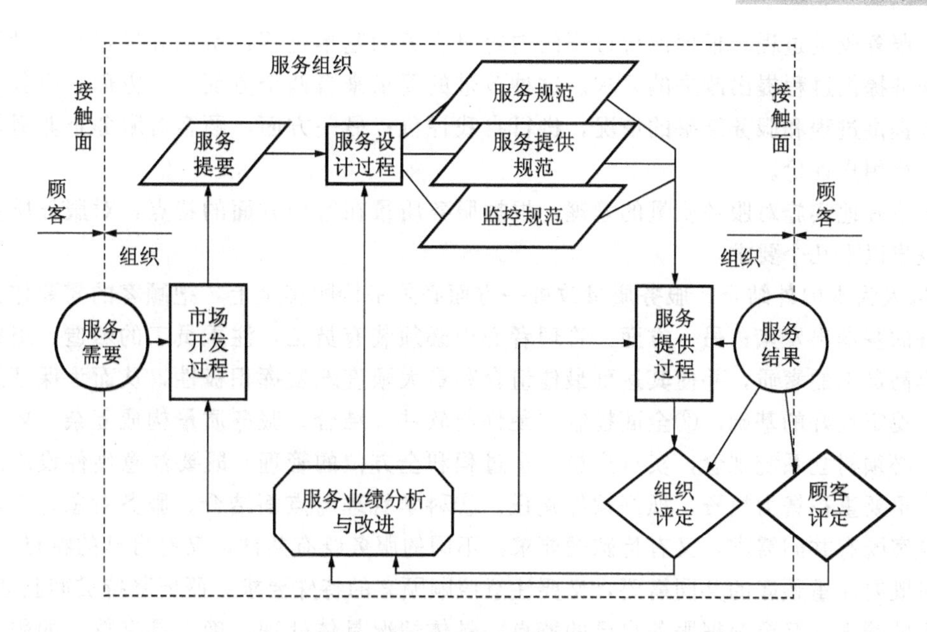

图 4-7 服务质量环

(1) 市场开发过程。服务组织运用收集顾客意见、召开顾客座谈会等方式了解顾客的服务需要，特别是要针对市场供需，经常地研究分析现在的、潜在的市场变化和客户需求，以及服务需要层次。获取并研究下列信息：顾客期望的服务质量特征、竞争对手的服务特点及可以得到的财力和物力等资源情况，注意新技术、新设备的出现，并研究广告宣传的策略。征询顾客还需要哪些额外服务，他们希望得到哪些目前还没有提供的服务，确定哪方面的服务对顾客最为重要，要求顾客的条件是否明确并为顾客所知道。

(2) 服务设计过程。这是服务质量环的核心，它有三个方面的工作：一是根据市场调研过程中获得的信息——顾客期望的服务质量的特征，制定具体的服务标准（或规范）；二是设计服务程序，以便达到已制定的服务标准；三是制定服务过程的质量控制规范、保证服务程序的完整实施和服务标准的严格执行。

(3) 服务提供过程。服务提供过程具有人与人、面对面，随时随地提供服务的特点以及服务质量特殊的构成，使其有着极大的差异性。

① 服务提供过程质量构成复杂，除从提供给顾客的角度分为设施设备质量、环境质量、用品质量、实物产品质量和劳务活动质量外，也可以从质量的形成过程来看服务提供过程质量，包括设计阶段的设计质量、开业准备阶段的准备质量和营业阶段的服务质量等。②提供过程质量呈现的一次性。就提供过程而言，是由一次一次的具体服务来完成的。每一次劳动所提供的使用价值，如微笑问好、介绍产品的特点等，就是一次具体的服务质量。③质量评价的主观性。服务质量的最终检验者是接受服务的顾客，因此尽管服务质量有一定的客观标准，但顾客对服务的评价往往是主观的。所以，要提高服务质量，就必须注意顾客的需要、掌握顾客的心理、理解顾客的心态，以便提供让顾客动心的服务。④对服务人员素质的依赖性。服务质量的高低，既取决于设施设备、环境、用品、产品等物质因素，也取决于服务提供过程中服务人员的服务态度、服务技巧、服务方式、服务效率等精神因素，而这两种因素均离不开人的因素。

(4) 服务改进过程。根据评价过程的内容对服务的基本过程：市场开发过程、设计服务过程和服务提供过程提出改进的要求。这种改进的要求来自两个方面。一方面，服务企业要对其服务提供过程和服务结果的情况，进行自我评价；另一方面，顾客对服务企业提供的服务质量进行用户评价。

为了更好地实施对服务质量的管理，根据服务质量在管理方面的特点，对服务质量改进的管理提出以下几个要求。

① 以人为本内外结合。服务质量改进一方面必须坚持顾客至上，把顾客的需要作为服务质量改进的基本出发点；另一方面，管理者心中必须装有员工，注重员工的塑造、组织和激励，以提高员工的素质，并使其达到最佳组合和最大限度地发挥积极性，从而为保证质量的稳定提高奠定良好的基础。②全面控制“硬件与软件”结合。服务质量构成复杂，要改进服务质量，必须树立系统观念，实行全员、全过程和全方位的管理。既要注意硬件设施的建设和完善，更要重视智力投资，抓好软件建设。③科学管理与点面结合。服务对象是人，消费服务的顾客既有共同需求，又有特殊的要求。不同的服务既有共性，又有自己的特点。所以，服务质量既要注重顾客的共同需要，又要注意照顾顾客的特殊要求；既要坚持贯彻服务标准，抓好面上的管理，又要根据服务自己的特点，具体情况具体处理，确立具有特色的服务规范和管理办法。④预防为主与防管结合。服务具有生产和消费同一性的特点。所以，要改进服务质量，就必须树立预防为主，事前控制的思想，防患于未然，抓好事前的预测和控制。同时各级管理者要坚持走动式管理，强化服务现场管理，力求把各种不合格的服务消灭在萌芽状态。

4.3.2 市场调研与开发过程的质量管理

准确地识别市场与顾客对服务质量的需求是组织提供合格服务的基础。服务市场调研与开发的职责是识别和确定顾客对服务的需求和要求，即市场调研质量；形成服务提要，即服务设计建议书，作为服务设计过程的基础（见图 4-8)。

战略定位 → 市场动态 → 顾客需求定位 → 服务提要 → 服务设计 → 服务标准化

图 4-8 市场调研与开发的相关环节

与一般有形产品的市场调研相比，服务市场调研的范围有所不同，服务市场调研是倾听消费者的声音。其职能被界定为提供解决服务问题的环境信息、消费者信息等。通过服务企业市场调研与开发，可以确定和提升顾客对服务的需求和要求，服务企业管理人员必须通过市场调研，深入了解顾客的需要，才能开发和确定服务策略。

1. 市场分析与研究的市场调研质量

随着科学技术的深入发展，服务市场存在千差万别的变化。只有通过各种渠道，经常地大量地掌握服务市场的信息，才能知己知彼，长盛不衰。

(1) 服务市场动态信息的收集。服务市场动态信息包括：服务市场顾客需求动向信息。收集顾客对服务市场的意见、要求和期望；同行业服务市场变化信息。包括服务项目，服务等级、水平、价格和服务特点及趋向的变化，服务市场竞争信息。掌握竞争对手的竞争范围、影响大小、竞争焦点和手段等；服务市场环境变化信息。国家政治、经济、技术政策和法令的变化、调整等信息，国际服务市场变化信息。对国际服务市场的竞争焦点、竞争价格和竞争发展动向信息的及时把握。

(2) 顾客需求的识别。顾客需求是指顾客对服务适用性的要求、愿望和期望的总和。确定顾客对所提供服务的需求和期望是保证市场调研和分析质量的中心环节。它贯穿于市场开发过程的始终，是管理者思路的着眼点和工作的重点。管理者首先要对主要顾客群体进行调查和分析，了解他们的特点，进而了解他们的需要和期望，如消费者的喜好，需要提供的服务的档次、等级，顾客所期望的可靠性、可用性，以及顾客没有明确表示出来的期望或倾向等。

了解顾客的需要和途径是多方面的，一般有：进行顾客需求的专题调查，对服务企业的基本顾客要开展专题调查活动。征求对老服务项目的需求意见，对新开发项目的愿望和期望；调查随机顾客的需求和期望。随机调查，包括与顾客接触过程中进行观察、询问等办法；专题调查，包括发放调查表进行普查、派专人进行典型调查等；以及其他各种方法。对各种市场进行特征分析，包括顾客对各种服务的需求，各种服务的功能分析，理想的服务特征，顾客找寻服务的方法，顾客的态度与活动，竞争状况、市场占有率，市场装备及竞争趋势等内容；个体服务市场的特征，包括确定顾客对提供的服务的需要和期望，各种辅助性服务，已经搜集到的顾客的要求、服务的数据及合同信息的分析和评审，服务企业职能部门相互协商，以确认它们为满足服务质量要求的承诺、服务质量控制的应用等。

2. 服务提要的确定

服务市场调研之后，通过顾客需求、市场动态信息和数据的分析、处理，预测服务市场的发展趋势，形成服务提要和服务设计建议书。在服务提要中要准确地传达顾客的要求，并将顾客的要求和期望转换成初步规范，作为服务设计的基础。把市场调研和分析的结果及服务企业对顾客的义务都纳入服务提要中。服务提要中规定了顾客的需要和服务企业的相关能力，作为一组要求和细则以构成服务设计工作的基础，在提要中还要有组织的责任和义务，其中包括组织的质量保证文件和能力等。服务提要中应明确包含安全方面的措施、潜在的责任及使人员、顾客和环境的风险最小的适当方法。优秀的服务提要应能够在满足法规要求的前提下，最大限度地满足顾客要求，同时综合平衡各方的需求。

对服务市场调研与开发进行质量控制，首先要求做到识别市场调研与开发过程中对服务质量和顾客满意有重要影响的关键活动，然后对这些确定的关键活动进行分析，明确其质量特性，对所选出的特征规定评价的方法，建立影响和控制特征的必要手段，通过对其测量和控制以保证服务质量。

4.3.3 服务设计过程的质量管理

服务设计是服务质量体系中的重要因素，是预防质量问题的重要保证。服务设计是在服务市场开发的基础上解决如何进行服务的问题，服务设计的职责应由企业管理者确定，并保证所有影响到服务设计的人员都意识到他们对达到服务质量的职责。

1. 服务设计的职责和内容

服务设计的职责是为使服务满足顾客的需要而进行的作业确定和解除，根据某一目的要求，预先制订方案的过程，包括把服务提要的内容转化成服务规范、服务提供规范和服务质量控制规范，同时体现出服务企业对目标、政策和成本等方面的选择方案（见图 4-9）。

企业管理者应确定服务部门的职责，并保证所有影响到服务设计的人员都意识到他们对达到服务质量的职责。

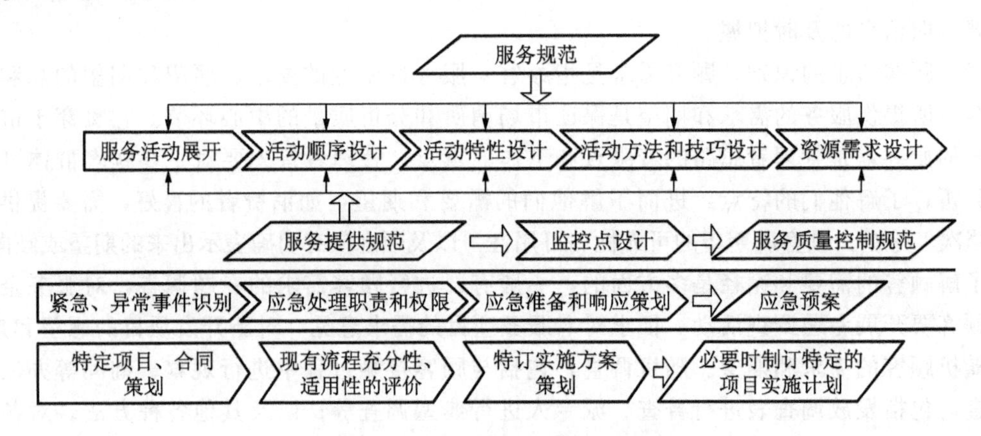

图 4-9　服务设计的职责与内容

服务设计过程质量管理的主要职责有：策划、准备、编制、批准、保持和控制服务规范、服务质量控制规范和服务提供规范的设计；为服务提供过程规定所需采购的产品和服务的服务准备设计；对服务设计的每个阶段进行设计评审；当服务提供过程完成时，确认是否满足服务提要的要求；根据反馈或其他外部意见，对服务规范、服务提供规范、服务质量控制规范进行修正；在设计服务规范、服务提供规范以及质量控制规范时，重点是设计对服务需求变化因素的计划；预先采取措施防止可能的系统性和偶然性事故，以及超过供方控制范围的服务事故的影响，并制订服务中意外事件的应急计划。

(1) 服务规范。服务规范规定了服务应达到的水准和要求，也就是服务质量标准。服务规范是服务体系和服务过程的起点，是对所提供服务的完整阐述。服务规范的主要内容包括：对直接影响服务业绩的服务提供特性的阐述，即明确规定将顾客评价与服务质量特性联系在一起的服务要求。如饭馆的食品类型、饮料等级、座位舒适性等；对每一项服务提供特性的验收标准，即明确规定内部评价保证活动的有关要求；设备、设施的类型和数量的资源要求必须满足服务规范，要求人员的数量和技能等的服务准备要求；对提供的产品和服务供方的内外部的可依赖程度等。

服务规范中要规定核心服务和辅助服务，核心服务是满足顾客首要的需求，另外附加的支持服务是满足顾客次要的需要，高质量的服务都包括相关的一系列的合适质量的支持服务。服务企业服务质量优劣的差别主要在于支持服务的范围、程度和质量。顾客把一些支持服务认为是理所当然的、服务企业必须要提供的，因而在设计服务规范时，定义和理解次要服务的潜在需求是必要的。

服务规范对提供的服务的阐述包括根据顾客评价服务特性的描述及每一项服务特性的验收标准，这些服务特性包括等待时间、提供时间和服务过程时间、安全性、卫生、可靠性、保密性、设施、服务容量和服务人员的数量等。例如，我国 EMS 快递设计的“次晨达”：保证次日 9：00 前，将包裹和信件送抵目的地的服务。

(2) 服务提供规范。服务提供规范规定了在服务提供过程中应达到的水准和要求（工作标准或操作标准）。相当于制造业的工艺标准，它是指导服务提供过程的标准和考核服务质量的依据。依据服务规范来制定服务提供规范，服务提供规范应明确每一项服务活动怎样做，才能保证服务规范的实现，也就是要实现服务过程的程序化和服务方法的规范化。

服务企业在服务提供过程设计时，应考虑服务企业的目标、政策和能力以及其他，如安全、卫生、法律、环境等方面的要求。在服务提供规范中，应描述服务提供过程所用方法。对服务提供过程的设计，是通过把过程划分为若干个以程序为标准的工作阶段来实现的。

（3）服务质量控制规范。服务质量控制规范是服务过程中实现有效质量控制必不可少的组成部分，目的在于确保服务质量既达到服务规范的要求，又满足顾客需要。服务质量控制规范规定了怎样去控制服务的全过程，即怎样去控制服务质量环的各个阶段的质量，特别是服务提供过程的质量。包括市场开发设计过程和服务提供过程。

质量控制的原理是：对影响服务质量的关键质量特性值，运用已度量到的数据或事实，预测和分析该质量特性值可能出现的趋势，以便对异常现象采取预防措施，使得该质量特性值保持在服务规范之内，实现质量维持和控制。有必要时，也可以根据预测的结果，采取相应的质量改进措施，使服务质量达到更满意的效果。

质量控制规范应对每一服务过程进行有效的控制。质量控制规范设计的主要内容包括：识别每个过程中对规定的服务有重要影响的关键活动；对关键活动进行分析，明确其质量特性，对其测量和控制以保证服务质量；对所选出的特性规定评价的方法；建立在规定界限内影响和控制特性的手段。

（4）设计评审。设计评审是指对服务质量设计进行有组织的、全面的评价和审核，并将评审结果写成文件。评审的目的是评价和审核设计结果是否达到了服务提要中规定的设计要求，从而发现问题，并提出解决的办法。

在设计的每个阶段结束时，都对组织进行设计评审。评审的主要目的是：不仅要站在服务企业和服务者的立场上，更要站在顾客的立场上来评价和审核所提供服务的质量特性。

一般要满足服务规范中，有关顾客需要和满意的事项；服务提供的规范中，保证有关服务要求的事项；有关服务提供过程中，有关质量控制的事项。

2. 服务准备

服务准备主要是指影响和促成服务发生和传递的各项准备，服务准备是保证服务质量的基础，主要包括服务人员的准备、服务资源的准备和服务情景的准备，其中，服务人员的准备主要是指内部服务营销活动，主要包括服务人员的服务意识、服务能力、服务意愿的准备；服务资源的准备主要是指对服务活动进行辅助或支持的各种资源和力量，包括供应系统、配套措施、产生服务的程序等；服务情景的准备主要是指服务企业及其服务人员对服务活动发生现场的场所、氛围等的营造或努力。根据迈克尔·波特的价值链理论和服务价值利润链模型，服务准备的评价指标更多地应从辅助支持活动中提取，意在实现对基本服务活动的价值贡献，对服务准备指标的评价更多地可以结合客户对服务感知来进行，同时，进行内部服务满意度调查也是测评和提升服务准备质量的便捷方法。

3. 服务蓝图

服务蓝图是一种有效描述服务传递过程的可视技术，它是一个示意图，涵盖了服务传递过程的全部处理过程的服务传递系统。它精确地描述整个服务流程、顾客和服务人员的作用、服务过程中的有形成分。按照顾客的消费过程，列明服务工作步骤、方法、关键点和有形证据来直观地展示服务的所有活动过程。可以使你更好地理解人、财、物与服务组织和其他部门之间的相互依赖。这种服务蓝图独具的特点是能够区分服务中与顾客接触的活动和那些不为顾客所见的活动，更为重要的是顾客与服务人员的接触点在服务蓝图中被清晰地识别，在设计阶段通过服务蓝图有助于确定服务潜在的缺陷，从而达到通过这些接触点来控制和改进服务质量的目的。

(1) 服务蓝图的结构。服务蓝图的绘制方法、符号的含义、直线数量、各个组成部分的名称没有统一的规定。一般情况下，服务蓝图的主要结构包括顾客的消费活动区、服务人员的前台服务活动区、后台服务活动区和企业的辅助性服务活动区。图 4-10 是旅客入住酒店一夜的服务蓝图。

第一区域，旅客入住酒店的所有活动行为，从到达酒店、登记入住酒店直至结账离开酒店，旅客所有的一系列消费活动（接收行李、洗澡、睡觉、吃早餐等）。即这一部分紧紧围绕着顾客在采购、消费和评价服务过程中所采取的一系列步骤、所做的一系列选择、所表现的一系列行为及与前台服务人员之间的相互作用来展开。

第二区域，与旅客入住酒店的所有活动相对应的，酒店服务人员的两类服务活动。一是旅客可以看到的和接触面上完成的前台服务人员活动。图 4-10 表明旅客与行李员、总服务台服务员、食品登记员、送警员等旅馆服务人员接触，二是旅客在各个消费活动阶段直接接触的有形证据。即接触员工行为的前台员工行为。接触人员的行为和步骤中，顾客看得见视野分界线部分的前台员工活动的区域。

第三区域，旅客无法看到服务活动的一系列后台服务活动。在图 4-10 中，酒店的食品登记员接听旅客电话，记录旅客要求供应的食品。行李员需将旅客的行李送到客房。即为顾客看不见的支持前台活动的，与前台员工有接触行为的后台员工活动的区域。

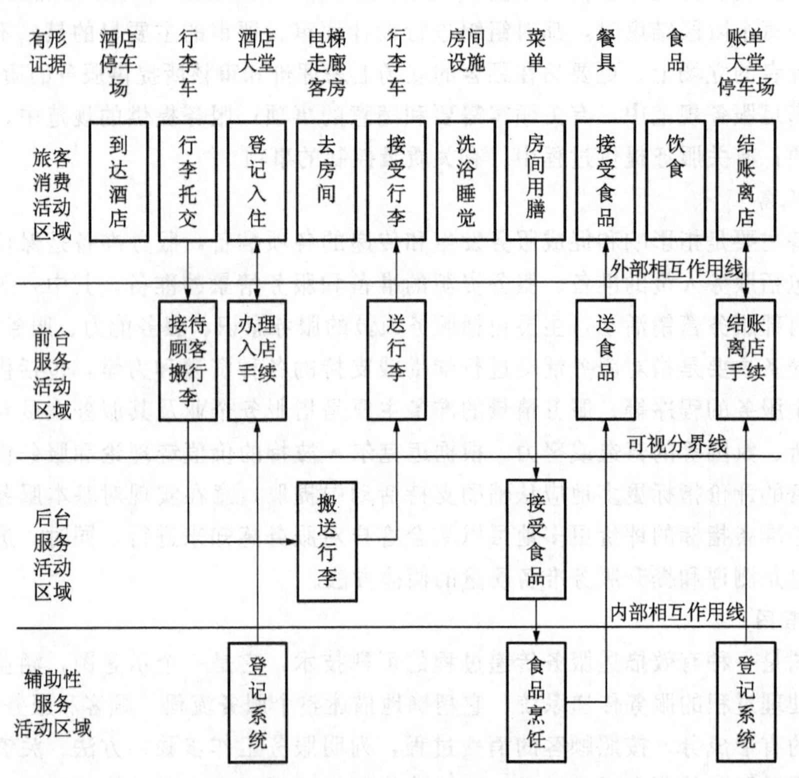

图 4-10　酒店一次性入住服务蓝图

第四区域，辅助性服务活动部分包括内部服务步骤、后台员工与前台服务人员之间的交往。这个部分的显性活动是后台员工的各种辅助性服务活动。例如，酒店财务部员工编制旅客账单，厨师烹饪食品等。即服务的辅助支持过程，这一部分覆盖了在传递服务过程中所发生的支持接触员工的各种内部服务及其步骤和它们之间的相互作用。

图 4-10 中，分隔 4 个关键活动区域的 3 条水平线，最上面的一条线是“外部相互作用线”，它代表了顾客和服务企业之间的直接的相互作用，一旦有垂直线和它相交叉，服务真实瞬间（顾客和企业之间的直接接触）就发生了；中间的一条水平线是“可视分界线”，它把所有顾客看得见的服务活动与看不见的服务活动分割开来，通过分析有多少服务发生在“可视分界线”以上及以下，一眼就可明了为顾客提供服务活动的情况，并区分哪些活动是前台接触员工的行为，哪些活动是后台接触员工的行为。第三条线是“内部相互作用线”，它把接触员工的活动与它的服务支持活动分隔开来，是“内部用户”和“内部服务人员”之间的相互作用线，如有垂直线和它相交叉则意味着发生了内部服务真实瞬间。

（2）服务蓝图的作用。

① 有利于增强部门、团队和员工个人的整体观念。

② 服务改进。便于服务机构从中发现有问题的服务环节和服务联系，从而便于对这些薄弱环节和联系进行改进。

③ 顾客关系管理。对服务机构管理顾客关系和开展关系营销有重要意义。

④ 服务有形化。可以根据能见度线确定哪些人员和环境是必须能见的，怎样重点加强和管理这些有形化部分的形象。

⑤ 后勤支持。便于服务机构考察后勤服务的质量。

⑥ 战略制定。便于服务机构找到成本不合理的服务环节或服务联系，从而有利于制定成本领先的竞争战略；便于服务机构找到自己特殊的具有核心优势的环节、联系或程序安排，从而有利于制定差异化竞争战略。

⑦ 财务分析。为服务机构的财务分析提供了一种有效的途径，并且有利于将财务领导与服务领导密切地结合起来。

⑧ 服务沟通。便于服务机构的内外沟通。

4.3.4　服务提供过程的质量管理

服务提供过程的要素主要包括服务人员对服务内容和服务标准的履行情况、服务补救机制的建立和运行情况、辅助支持部门对服务活动的响应和支持情况等；其中，服务补救机制主要指服务投诉处理、服务失败后的主动服务营销活动；服务支持部门对服务活动的响应和支持主要指各管理职能部门对后台和前台部门的支持。服务提供过程是顾客参与的主要过程，是将服务从服务供方提供给服务消费者的过程。服务提供者与服务消费者之间的关系十分密切，服务生产过程和消费过程的同时性是服务提供过程的两大基本特征。服务提供过程是将服务从服务企业提供到服务消费者的流程。

服务提供过程的质量管理主要包括以下方面。

1. 企业服务质量职能履行

服务企业作为服务的供方，要保证服务提供过程的质量，就要对服务提供规范，对是否符合服务规范进行监督，在出现偏差时对服务提供过程进行调查。

服务企业要测量、验证关键的过程活动，避免出现不符合顾客需要的倾向和顾客不满意，并将企业员工的自查作为过程测量的一部分。

服务企业进行过程质量测量的一个方法是绘制服务流程图，显示工作步骤和工作任务，确定关键时刻，找出服务流程中的管理人员不易控制的部分、不同部门之间的衔接等薄弱环节，分析各种影响服务质量的因素，确定预防性措施和补救性措施。

由于服务的无形，因此考核难以计量，结果由顾客主观判断，不易精确量化。服务过程质量控制关系到服务业中每一个人和每一个过程，包括顾客及顾客看得见和看不见的人员。服务的提供过程依据顾客的参与现象被可视分界线划分为两个部分，一部分是顾客可见的或接触到的相互接触部分。对于顾客而言，与企业接触的过程是顾客可以看见的，外部顾客通过相互接触部分接受服务。涉及企业前台员工的服务、环境、设备和有形产品。另一部分是顾客看不见的，由服务企业辅助部门提供的，但又是企业提供顾客服务所必需的、不可缺少的后勤部分。在后勤不可见部分，一方面是直接为顾客提供服务的一线员工接受企业后勤人员的服务，另一方面是企业后勤人员作为服务供方向一线员工等内部顾客提供后勤支持服务（见图 4-11）。

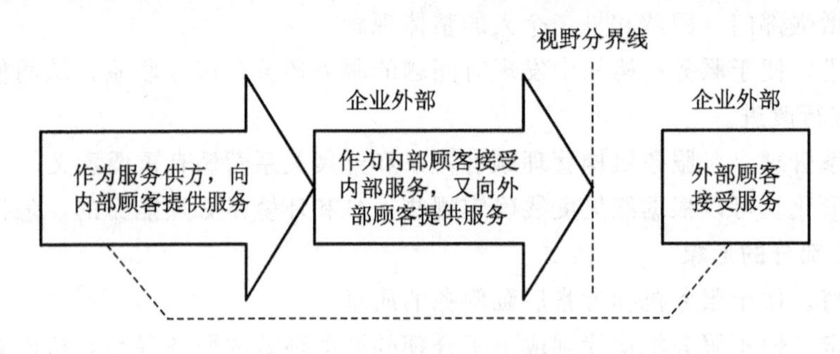

图 4-11　服务提供过程模型

辅助部门在服务提供过程中起后勤支持作用，这种支持作用表现在管理支持、有形支持和系统支持三个方面。服务是服务提供过程的结果，服务提供过程对服务有着直接的影响。所以，在质量管理中，应该把工作的重点放在对服务提供的全过程进行有效控制上。各种质量控制制度应能发掘各个过程中的质量缺陷及奖励质量成果，并协助改善工作。以机器代替人力，尤其是取代那些例行性服务，应有助于质量控制。另外，企业也可以通过提高生产率的方法来改善质量，如采用机器设备，研究时间与动作，具体业务实行标准化、专门化、流水线操作等措施。

2. 不合格服务的补救

所谓服务补救，是指组织为重新赢得因服务失败而已经失去的顾客好感所做的努力。服务补救包括 5 个步骤：道歉、紧急复原、移情、象征性赎罪和跟踪服务承诺，是企业向顾客公开表述要达到的服务质量。没有任何服务质量体系能绝对保证所有的服务都是可靠的、无缺陷的。不合格服务在服务企业仍是不可避免的。对不合格服务的识别和报告是服务企业内每个员工的义务和责任。服务质量体系中应规定对不合格服务的纠正措施的职责和权限，尽早识别潜在的不合格服务。

（1）识别不合格服务。不合格服务的识别和报告是服务组织内每个人的义务和责任。每个人应努力在顾客受影响之前去识别潜在的不合格服务。对顾客进行检测、研究，对服务过程进行监测。

（2）处理不合格服务。发现不合格服务时，应采取措施记录、分析和纠正不合格服务。纠正措施通常分两步进行：首先，立即采取积极的措施以满足顾客的需要；其次是对不合格的根本原因进行评价，以确定采取必要的、长期的纠正措施，防止问题的再发生。长期的纠正措施应适应问题的大小和影响。应监控纠正措施的实施，以确保其有效性。采取授权、奖惩、培训办法。

不合格服务的重复出现可能意味着服务可靠性发生了严重问题。由于可靠性是优质服务的基础的核心，当一个企业的服务缺陷连续不断地出现时，其他任何事情对顾客来说，都变得不重要了。再好的服务补救措施也不能有效地弥补持续的服务不可靠对顾客的不良影响。因此，组织应尽力提高本企业服务可靠性，要求员工一次性做好服务工作。在面对面服务工作中，员工有时难免会发生差错。在优秀的服务性企业里，管理人员会授予员工必要的权力，鼓励员工为顾客提供补救性服务，纠正服务差错，尽力满足顾客的要求。

3. 顾客评定

顾客感觉中的服务质量是由服务人员和顾客之间相互交往的结果决定的。服务人员的服务知识、服务技能、服务意识、服务行为对顾客感觉中的服务质量有极大的影响。顾客的消费行为同样会影响服务质量、其他顾客的满意程度和服务人员的服务态度。因此，企业应高度重视顾客对服务提供过程的评价。

顾客评定是对服务质量的基本测量，顾客的反映可能是及时的，也可能是滞后的或回顾性的。很少有顾客愿意主动提供自己对服务的评定，不满的顾客总是在不预先给出允许采取纠正措施的信息前就停止使用或消费服务。因此企业不能太依赖顾客评定对服务质量的测量，不然会导致企业决策失误。

对顾客满意方面的评定和测量，应集中在服务提要、服务规范、服务提供满足顾客需要的范围内。可采取顾客评定与服务企业的自我评定相结合的方法，避免发生企业以为提供的是优质服务，两者评定的相互结合，可以为改进服务质量，采取改进措施提供有效的信息。

顾客对服务的感知主要指站在顾客的角度，对服务准备和服务传递的评价，是顾客对服务质量的主观感知与服务期望比较权衡之后产生满意度的倾向；顾客对服务的感知受到服务提供方服务承诺等服务提供过程的影响。对服务感知的发现会受到感知调查内容的影响，因此，执行客户满意度调查的主体和内容设计就非常关键，借助第三方的力量设计系统的反映服务准备和服务传递的调查问卷进行客户满意度评定是保证服务评价质量的前提和基础。

4.4 顾客满意及满意度测评

顾客满意是顾客对商品和服务的感受及评价。顾客满意度测量就是对顾客满意程度做出的定量的描述。顾客满意度测量的结果是对产品和服务质量最真实的反映，利用这些信息可以找到质量改进的目标与方向，了解企业产品或服务在市场竞争中所处的位置，对于生产同类产品或提供同类服务的企业，通过分析自己和竞争对手的顾客满意度变化，可以预示企业的市场地位变化趋势。目前，越来越多的企业认识到市场竞争的核心是顾客满意，只有赢得顾客，才能赢得市场，获得利润。美国有位经济学家在大量调查的基础上，科学地归纳出一个公式，称为1/25/8/1，即一个满意的顾客，可以影响25个消费者，并诱发其中8个人产生购买欲望，而当中至少有1个人采取购买行为。某世界著名公司的顾客满意研究表明：顾客满意度高能导致顾客忠诚度提高；顾客忠诚度提高5%，利润的上升幅度将达到25%～85%；一个非常满意的顾客的购买意愿将是一个满意顾客的6倍。2/3的顾客离开其供应商是因为顾客关怀不够；93%的CEO认为顾客管理是企业成功和更富竞争力的最重要的因素。可见，服务竞争较之技术的竞争越来越显现出其重要性。实时倾听顾客的抱怨，了解顾客的不满，积极采取行动，使失望的顾客获得满意，正是顾客满意度研究的宗旨所在。

4.4.1 顾客满意的相关概念

20世纪90年代初，美国、瑞典和日本等国家的一些先进企业实施顾客满意（customer satisfaction，CS）的过程中，取得了显著成效的实践表明，CS是一种行之有效的现代企业经营战略，它可以为企业造就宝贵的无形资产，可以极大地增强企业的凝聚力和竞争力。

1. 顾客的含义

通常，顾客有狭义和广义的概念。狭义的顾客是指产品和服务的最终使用者或接受者。广义的顾客，按照过程模型的观点，一个过程输出的接受者即为顾客。企业可以看作是由许多过程构成的过程网络，其中某个过程是它前面过程的顾客，又是它向后过程的供方。

企业作为一个系统而言，有内部顾客和外部顾客。戴明曾说过生产线上最重要的顾客是工人，这里的工人就是内部顾客。而企业产品的购买者及零配件经销商就是该企业的外部顾客。我们常说，下道工序是上道工序的顾客，指的是广义顾客的概念。企业的顾客可以是一个人、一个目标群体、一个组织。

因此，广义的顾客不再是通常意义上的消费者了，其范围包括内部顾客、供应商顾客、中间顾客、决定购买者、实际使用者、既有顾客、潜在顾客和公众顾客与政府顾客等。

2. 顾客满意的含义

菲利普·科特勒认为，顾客满意是指一个人通过对一个产品的可感知效果与他的期望值相比较后，所形成的愉悦或失望的感觉状态。亨利·阿塞尔也认为，当商品的实际消费效果达到消费者的预期时，就导致了满意；否则，就会导致顾客不满意。因而，顾客满意的定义如下：顾客满意是指顾客接受有形产品或者无形产品后，感到需求满足的状态。

从上述定义可以看出，顾客满意是一种期望与可感知效果比较的结果，它是一种心理反应，而不是行为。也就是说，顾客满意水平是顾客的可感知效果和顾客的期望值之间的差异的函数（见图4-12）。

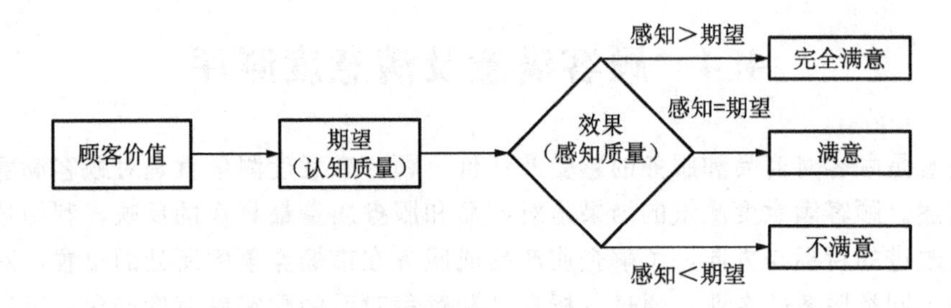

图4-12 顾客满意三种函数关系

当感知低于期望时，期望得不到满足，则顾客不满意；当感知与期望相近时，期望基本感到满足，顾客就满意；当感知远远超过期望时，顾客高度满意，就有可能成为忠诚客户。如果顾客不满意，就会产生抱怨。一旦顾客的抱怨产生，就应该采取积极措施，消除顾客的不满，进而赢得顾客的满意，直到顾客产生忠诚。

3. 顾客满意度指数

顾客满意度指数（customer satisfaction index，CSI）是运用计量经济学理论来处理多变量的复杂总体，是全面、综合地测评顾客满意程度的一种指标。是从顾客角度来评价经济运行质量的一种新型的经济指标。

1989 年，瑞典首先提出并建立了国家用户满意度指数测评体系，量化地评价客户重购率和品牌忠诚度等指标，获取相关的信息为企业策划提供支持，使企业优化流程，做出最佳的决策。美国质量学会（ASQ）从 20 世纪 90 年代开始研究如何评价用户满意，1994 年开始建立一个全国范围的、跨行业的总体指数 ACSI，每季度在《幸福》杂志上公布一次用户满意度指数。

顾客满意度指数理论是建立在消费者心理学、消费者行为学及计量经济学基础上的质量评价科学指标。它将产品性能、可靠性、价格、所提供的相应服务等因素作为考察对象，与顾客期望相比较，由顾客做出评判。由于顾客满意度将质量的技术性、符合性标准，转变为以顾客对产品和服务的感受和体验来评价质量，所以，反映了市场经济的本质特征。

4. *顾客满意管理*

顾客满意管理（customer satisfaction management，CSM）是以顾客满意为核心的管理和经营方式，是 20 世纪 80 年代中期至 90 年代兴起的新型的管理方式。

顾客满意管理是现代市场竞争和信息时代的管理理念、管理战略和管理方式的综合，是现代市场经济体制下组织管理的基本模式。它以顾客满意为关注焦点，统筹组织资源和运作，依靠信息技术，借助顾客满意度测量分析与评价工具，不断改进和创新，提高顾客满意度，增强竞争能力，是一种寻求组织长期成功的、集成化的管理模式。

4.4.2 顾客满意度测评

1. *顾客满意理论的缘起*

顾客满意度概念最早由美国密歇根大学工商学院（University of Michigan's Business School）的经济学家、CFI 国际集团（Claes Fornell International）董事长 C. Fornel 教授于 1990 年提出。C. Fornel 教授主持创立"美国顾客满意度指数（American customer satisfaction index，ACSI）体系"，为美国政府提供了一个衡量宏观社会经济发展总体趋势和微观企业整体经营状况、并能够支持企业决策的强有力工具。

C. Fornel 教授认为：如今企业管理的中心已逐步从以产值、销售额、利润等为中心转向以顾客或 CS 为中心，作为一种质量型经济指标，CSI 可以较好地弥补数量型经济指标的不足，从而科学地评价企业的经营业绩，以 CSI 为指向，对企业的经营管理进行改进，达到企业和顾客双赢的目的。

对 CS 的含义的理解主要有两种观点。

（1）预期理论。预期理论认为顾客的满意程度与其对将获得的产品或服务售后表现与售前预期相比较的结果相关，并且，顾客的满意程度将会导致三个基本结果：顾客流失、顾客抱怨和顾客忠诚。

$$CS = f\text{（售前预期，售后表现）}$$

$$\text{顾客忠诚} = f\text{（顾客满意度，转移障碍，顾客口碑）}$$

该理论在概念上比较容易理解，但未考虑到愿望对 CS 所起的作用。

（2）预期愿望理论。预期愿望理论由美国密执安大学的两位教授于 1996 年 7 月在一篇文章中提出。它认为顾客的满意程度与他获得的产品或服务的品质与预期和愿望的综合比较相关，期望与愿望的区别在于：预期是顾客对产品的服务属性、利益或产出所持信念的一种可能性，而愿望是产品或服务的属性、利益或产出导致一个人对价值层次的评价。预期是未来导向性的，相对易变；而愿望是现在导向性的，比较稳定。它把愿望和信息满意等概念引入顾客满意模型，丰富了顾客满意的内涵，提出了导致顾客全面满意的七个因素的关系模型，如图 4-13 所示。

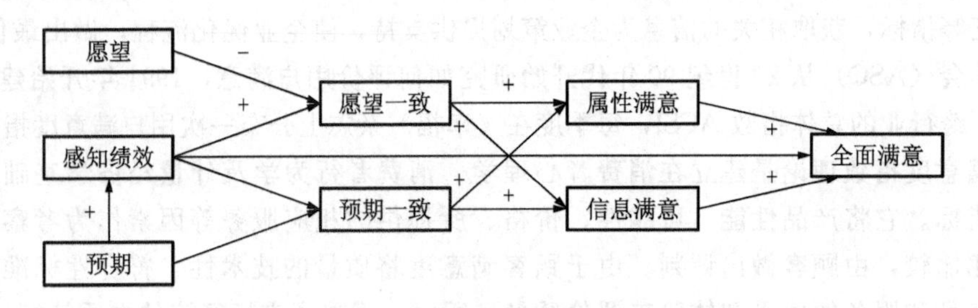

图 4-13　预期愿望理论顾客满意关系模型

如图 4-13 所示箭线及正负号的意义，其中“感知绩效”对“全面满意”的作用是通过“愿望一致”“预期一致”“属性满意”“信息满意”来传递的，并呈现正相关。而“愿望”对“全面满意”的作用是通过“愿望一致”及“属性满意”和“信息满意”来传递的，“愿望”与“愿望一致”呈现负相关，“愿望”越高越难达成“愿望一致”。“预期”对“全面满意”的作用是通过“预期一致”及“属性满意”和“信息满意”来传递的，“预期”与“预期一致”呈现负相关，“预期”越高越难达成“预期一致”。

2. 美国顾客满意度指数模型

美国顾客满意度指数（the American customer satisfaction index，ACSI）模型是一种衡量经济产出质量的宏观指标，是以产品和服务消费的过程为基础，对顾客满意度水平的综合评价指数，由国家整体满意度指数、部门满意度指数、行业满意度指数和企业满意度指数 4 个层次构成，是目前体系最完整、应用效果最好的一个国家顾客满意度理论模型。

ACSI 使用的是一种由多重指标（问题）支持的 6 种潜在变量或结构变量组成的模型，如图 4-14 所示。该模型认为，顾客的满意程度是由顾客对服务质量的期望、对质量的感知及价值感知共同决定的；顾客满意度的高低将会导致两种基本结果：顾客抱怨和顾客忠诚。顾客的忠诚取决于顾客的满意度和抱怨的处理结果。

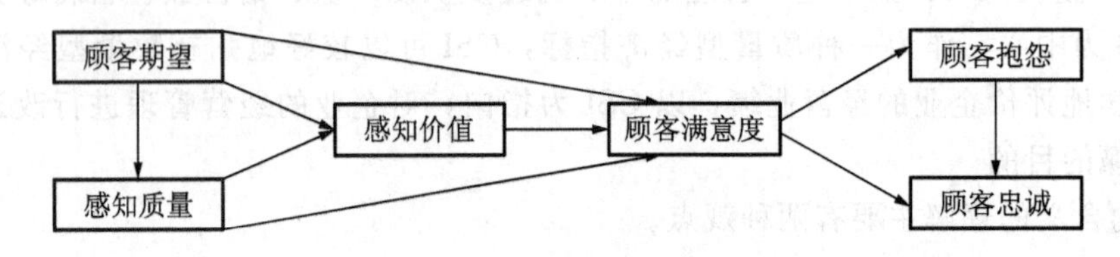

图 4-14　ACSI 模型

ACSI 模型是由多个结构变量构成的因果关系模型。其科学地利用了顾客的消费认知过程，将总体满意度置于一个相互影响、相互关联的因果互动系统中。该模型可解释消费经过与整体满意度之间的关系，并能指示出满意度高低带来的后果，从而赋予了整体满意度前向预期的特性。其数量关系通过多个方程的计算经济学模型进行估计。

该模型共有 6 个结构变量，顾客满意度是最终所求的目标变量，预期质量、感知质量和感知价值是顾客满意度的原因变量，顾客抱怨和顾客忠诚则是顾客满意度的结果变量。

（1）顾客期望是指顾客在购买其所需的产品或服务前对其寄予的期待和希望，它是影响顾客满意度指数的第一个因素。当顾客对某一产品或服务有了需求后产生期望，即期望来自需求又高于需求，期望形成后就成为顾客在购买过程中，实际感受的比较评判标准。

(2) 感知质量是指顾客在购买产品或服务过程中，对质量的实际感受，对顾客满意度指数有直接的影响和作用。顾客感知到的质量越好，顾客满意程度越高。顾客对质量的感知又分为对产品质量的感知和对服务质量的感知。

(3) 感知价值是指顾客在购买产品或服务过程中，对所支付价格的相关的产品或服务质量水平的感受，包括顾客总成本的感知、总价值的感知、价格与质量之比的感知、质量与价格之比的感知。

(4) 顾客满意度是指顾客对所购买的产品或服务的满意程度，是 ACSI 计算一个中间的结果变量，是由顾客期望、感知质量、感知价值三个因素决定的。而顾客抱怨和顾客忠诚两个变量则是其结果变量。

(5) 顾客抱怨是指当顾客对其要求不被满足的程度感受很强时，顾客满意度很低，导致产生抱怨，甚至投诉。顾客抱怨将给企业带来巨大的负面影响。

(6) 顾客忠诚是指顾客从特定的产品或服务供应商那里重复购买及向他人推荐该产品或服务的现象。顾客忠诚会给企业带来良好的发展前景。

以上六个变量中，顾客期望与感知质量、感知价值相比较而得到的感受决定了顾客满意度，而顾客满意度的高低又决定了顾客抱怨还是顾客忠诚。

对于这六个结构变量，不能进行直接测评，要测评顾客满意度指数，需将这六个结构变量逐次展开，形成一系列可以直接测评的指标，组成顾客满意度指数测评指标体系。即每个结构变量又包含一个或多个观测变量，而观测变量则通过实际调查收集数据得到。

3. 顾客满意度指数测评指标体系

顾客满意度指数测评指标体系由四个层次构成（见表 4-2)，上一层次的测评指数通过下一层次的测评指数的测评结果来反映，而下一层次的测评指数是由上一层次测评展开的。

表 4-2 ACSI 顾客满意度指数测评指标体系

<table>
<tr><th>一级指标</th><th>二级指标</th><th>三级指标</th><th>四级指标</th></tr>
<tr><td rowspan="12">顾客满意度指数</td><td rowspan="3">顾客期望</td><td>1. 对产品或服务的质量的总体预期</td><td rowspan="3">对应问卷中的问题</td></tr>
<tr><td>2. 对产品或服务满足需求的预期</td></tr>
<tr><td>3. 对产品或服务可靠性的预期</td></tr>
<tr><td rowspan="3">感知质量</td><td>4. 对产品或服务质量的总体评价</td><td rowspan="3">对应问卷中的问题</td></tr>
<tr><td>5. 对产品或服务满足需求的评价</td></tr>
<tr><td>6. 对产品或服务可靠性的评价</td></tr>
<tr><td rowspan="3">感知价值</td><td>7. 给定价格条件下对质量级别的评价</td><td rowspan="3">对应问卷中的问题</td></tr>
<tr><td>8. 给定质量条件下顾客对价格级别的评价</td></tr>
<tr><td>9. 顾客对总价值的感知</td></tr>
<tr><td rowspan="3">顾客满意度</td><td>10. 总体满意度</td><td rowspan="3">对应问卷中的问题</td></tr>
<tr><td>11. 感知与预期的比较</td></tr>
<tr><td>12. 感知与同类理想产品或服务的比较</td></tr>
</table>

续表

一级指标	二级指标	三级指标	四级指标
顾客满意度指数	顾客抱怨	13. 顾客抱怨次数	对应问卷中的问题
		14. 顾客抱怨的效果	
	顾客忠诚	15. 重复购买的可能性	对应问卷中的问题
		16. 重复购买所能接受的心理价格	
		17. 重复购买所能抵制的竞争对手降价幅度	

ACSI 顾客满意度指数测评指标体系中，第一层次为“顾客满意度指数”，即总的测评目标，称为一级指标；第二层次为“指数模型”中的六个结构变量，即二级指标；第三层次为根据不同的产品或服务及企业的特点将要素展开的具体化，即子级指标；第四层次是将三级指标展开成为问卷上的问题，即四级指标。其中一级、二级指标基本上适用于所有的产品和服务。

本章小结

服务是一类产品，也是“过程”的结果，通常是无形的，并且是在提供方和顾客接触面上至少需要完成一项活动的结果。而服务质量是指顾客对服务生产过程、服务的效用感知认同度的大小及对其需求的满足程度的综合表现。由此，决定了服务质量管理与制造业质量管理的差别。本章从介绍服务的定义、特性和服务业的分类入手，阐述了服务质量管理的基本理论、服务质量的要素、服务质量形成模式及服务质量差距模型等基础知识；从服务策略、服务组织和服务员工三个关键要素方面，阐述了以顾客为导向的服务金三角，由此产生了服务员工的满意和顾客满意对服务企业发展的影响；基于服务质量环中的市场调研与开发、服务设计和服务提供三个基本服务过程，介绍了服务过程的质量管理；最后，从顾客满意的相关概念入手，介绍了顾客满意度测评和顾客满意管理。

阅读资料

丽兹-卡尔顿饭店

丽兹-卡尔顿饭店（Ritz-Carlton）位于阿特兰大的公司管理着 60 家豪华饭店，主要以公司高层管理者、会议和公司旅游企划人员及富裕的商务旅游人员为顾客群。丽兹-卡尔顿饭店的成功取决于将全面的服务质量计划整合进营销和业务目标中，树立了服务业中程序最复杂的饭店管理的成功典范。

该服务质量计划的特点是参与管理的领导层、完善的信息收集、计划的协调与执行，以及向顾客提供满意服务的培训良好的员工。服务质量计划的第一步是成立公司推进委员会，其成员包括总裁、CEO 和 13 位公司高层管理者。推进委员会每周会面，进行评审产品和服务质量、满意度、市场增长与发展、组织目标、利润和竞争力等活动。且公司高层管理者每年投入 1/4 的时间处理与质量有关的问题。

公司经营企划将高质量的产品和服务作为中心目标，将满足顾客需求作为质量目标，通过对旅游业、公司顾客反馈信息和调查问卷等的深入研究，了解顾客需求。并以管理系统为基础，各层次的程序均精心策划，并记录在案。

针对旅游顾客的主要产品与服务需求，公司设定“黄金级标准”，包括 1 个信条、3 个服务步骤和 20 条“丽兹-卡尔顿基本守则”。公司期望每位员工了解并遵守制定的程序标准，以解决顾客问题、精心装扮、保持饭店整洁、符合安全和效率标准等。公司研究表明，这种要求正中目标，不仅造福顾客，而且最终造福丽兹-卡尔顿饭店。

公司的格言是：“让淑女和绅士为淑女和绅士服务。”为了提供优良的服务，丽兹-卡尔顿拥有一套完整的培训方案，包括在职培训和工作资格认证。每日的“员工服务质量排序”，对杰出成就的注目，以及根据在工作前、培训中和认证阶段的表现对员工绩效评价，不断重复强调丽兹-卡尔顿的价值观。

为确保问题迅速解决，不管面临何种问题或顾客抱怨，不管员工的日常职责是什么，公司总是要求员工立刻采取措施，向顾客提供“即时安慰”。所以员工必须相互合作来处理顾客的抱怨或要求。

饭店的员工身兼确保高质量的顾客服务和房间舒适的责任。公司每年进行调查，以了解其顾客满意度水平和质量标准，员工也敏锐地感觉到提供最好的顾客服务是饭店和个人最重要的任务。在公司的每一层级，都要求所有的小组设定目标和行动计划，并送交公司推进委员会评审。此外，每个饭店都有一名“质量领导”，以协助小组和员工制定和执行其质量计划。

小组和其他机制均有利于培养员工承诺。例如。每个工作单位包括 3 个小组，分别负责制定每一职位的质量认证标准、问题解决方案和规划战略。

（资料来源：福斯特. 质量管理：整合供应链 [M]. 何桢，译. 4 版. 北京：中国人民大学出版社，2013.）

案例分析

东京迪士尼乐园成功秘密

东京迪士尼乐园 1983 年 4 月 15 日开业，年平均接待游客近 1 550 万人次。东京迪士尼乐园的顾客保留率已超过 90%。作为单体主题游乐园，东京迪士尼乐园的接待游客人数已远超过美国本土的迪士尼乐园，位居世界第一。

东京迪士尼遵守“先雇用态度，再训练技巧”的原则。即使是清洁人员的职位，东京迪士尼也很重视，先寻找适合的人，然后再训练他们。东京迪士尼负责训练课程的一名主管表示，清洁人员与顾客的接触次数，在员工中几乎是最多的，他们是顾客满意度的重要推手。所以东京迪士尼对清洁员工非常重视，将更多的训练和教育集中在他们的身上。

1. 从员工扫地培训起

东京迪士尼扫地的员工，有些是暑假工作的学生，虽然他们只在此工作两个月时间，但是培训他们扫地要花 3 天时间。

• 学扫地。第一天上午要培训他们如何扫地。扫地有 3 种扫把：一种是用来扒树叶的，一种是用来刮纸屑的，一种是用来掸灰尘的。这三种扫把的形状都不一样。怎样扫树叶，才不会让树叶飞起来？怎样刮纸屑，才能把纸屑刮得很好？怎样掸灰尘，才不会让灰尘飘起来？这些看似简单的动作却都应严格培训。而且扫地时还另有规定：开门时、关门时、中午吃饭时、距离客人15m以内等情况下都不能扫。这些规范都要认真培训，严格遵守。

• 学照相。第一天下午学照相。十几台世界最先进的数码相机摆在一起，各种不同的品牌，每台都要学，因为客人会叫员工帮忙照相，可能会带世界上最新的照相机，来这里度蜜月、旅行。如果员工不会照相，不知道这是什么东西，就不能照顾好顾客，所以学照相要学一个下午。

• 学包尿布。第二天上午学怎么给小孩子包尿布。孩子的妈妈可能会叫员工帮忙抱一下小孩，但如果员工不会抱小孩，动作不规范，不但不能给顾客帮忙，反而会给顾客增添麻烦。抱小孩的正确动作是：右手要扶住臀部，左手要托住背，左手食指要顶住颈椎，以防闪了小孩的腰，或弄伤颈椎。不但要会抱小孩，还要会替小孩换尿布。给小孩换尿布时要注意方向和姿势，应该把手摆在底下，尿布折成十字形，最后在尿布上面别上别针，这些都要认真培训，严格规范。

• 学辨识方向。第二天下午学辨识方向。有人要上洗手间，回答："右前方，约50m，第三号景点东，那个红色的房子。"有人要喝可乐："左前方，约150m，第七号景点东，那个灰色的房子。"有人要买邮票："前面约20m，第十一号景点，那个蓝条相间的房子。"……顾客会问各种各样的问题，所以东京迪士尼要求每一名员工要把整个迪士尼的地图都熟记在脑子里，对迪士尼的每一个方向和位置都要非常地明确。

在东京迪士尼乐园诸多工种中，与游客接触最多的是园内清洁工。他们对园内设施了如指掌、礼貌亲切、精神抖擞、仪表干净整洁、工作勤恳认真且工作方式富有表现力。顾客因此对东京迪士尼优质服务质量产生深刻的印象，顾客高度的满意度引来回头客，形成顾客忠诚度。

2. 东京迪士尼运营管理的策略

东京迪士尼十分重视业务流程的设计，把握顾客与服务人员接触的每一个真实瞬间，让其获得东京迪士尼优质服务质量的真实体现。

东京迪士尼乐园的全体员工有一条共同的工作基准，即"S·C·S·E"基本行动准则，它包含了游乐园营运工作中最重要的内容，是东京迪士尼乐园营运工作中最基本的价值基准。S代表安全（security），C代表礼仪（courtesy），S代表迪士尼的核心产品主题秀（show），E代表工作效率（efficiency）。看似平淡无奇的四个单词，实际上却包含着极其丰富的内涵与价值。因其简明扼要，从而最大限度地保证了这一基本行动准则在全体员工中的有效落实。同时，这四个单词的排列也代表着其中的价值顺序。首先是保证安全，其次是注重礼仪，再次是贯穿主题秀的表演性，最后在满足以上三项基本行动准则的前提下提高工作效率。

• 保证安全是第一要务。每逢节假日出现拥挤混乱时，园内工作人员的首要任务是确保游客的安全，为了安全，他们会毫不犹豫地限制游客的活动途径乃至入园人数。

清晨五六点钟举家出发，或自驾汽车，或乘电车，耗时两三个小时满心欢喜地来到游乐园时却被告知由于园内拥挤暂时停止入园，而不得不在园外等候一两个小时不难想象游客心中的不满。然而，为保证游客享受到应有的服务水准，更为安全考虑，牺牲礼仪在所不惜。在这种情况下，东京迪士尼会在园外安排一些临时性的表演，以缓和被挡在园外的游客满腹抱怨的急躁情绪。

• 怎样送货。迪士尼乐园里面有喝不完的可乐，吃不完的汉堡，享用不完的三明治，买不完的糖果，但从来看不到送货的。因为迪士尼规定在客人游玩的地区是不准送货的，送货统统在围墙外面进行。东京迪士尼乐园的地下像一个隧道网一样，一切食物、饮料统统在围墙的外面下地道，在地道中搬运，然后再从地道里面用电梯送上来，所以客人永远有吃不完的东西。这样可以看出，东京迪士尼多么重视客户，所以客人就不断去东京迪士尼乐园。

顾客站在最上面，员工去面对客户，经理人站在员工的底下来支持员工，员工比经理重要，顾客比员工更重要，这个观念构成了东京迪士尼文化价值观的重要部分。

• 管理层深入一线。东京迪士尼要求主管放下身段身体力行。当假日人潮拥挤，第一线员工忙得不可开交时，主管也要加入挥汗工作的行列，例如卖爆米花、把货品摆上货架等。东京迪士尼认为这么做有几个好处：一是主管分担了员工的工作量；二是让第一线员工知道，公司重视他们的工作；三是提供主管与顾客面对面互动的重要机会。

3. 东京迪士尼的服务承诺

“让园内所有的人都能感到幸福”这是东京迪士尼乐园的基本经营目标。这不仅针对游客，也包括游乐园内的工作人员。东京迪士尼乐园得以持之以恒地为数以亿万计的游客提供令人感动、难忘、乐于传颂的高质量服务，依靠的是对全体员工存在价值的认同。在这一基础上，他们注重企业内情感经营，努力营造“享受工作、快乐工作”的企业文化氛围。

东京迪士尼的成功不仅仅是其带有浓厚神秘色彩的主题文化环境，即梦幻般的园内设计、家喻户晓的卡通人物、惊险纷呈的游乐内容、推陈出新的游乐设施等硬环境效果，更重要的是其充满亲情的、细致入微的人性化服务，最终使游客得以在东京迪士尼乐园尽享非日常性体验所带来的兴奋感受，获得质量惊喜，并使这种质量惊喜成为传说，在赢得游客对其钟爱的同时，产生良好、广泛的口碑相传效果。

案例思考

1. 通过本案例的学习，你认为顾客是如何感知东京迪士尼的服务质量的？
2. 本案例中，东京迪士尼是如何体现其服务蓝图的？
3. 通过本案例的学习，描述东京迪士尼的服务金三角的主要内容。
4. 本案例中，东京迪士尼是如何实现服务利润链的？是如何提升顾客满意度的？
5. 运用服务质量环，描述东京迪士尼的服务过程的质量管理。

案例分析

从服务质量差距模型看烟草服务品牌建设标准

从服务质量的角度得知，烟草公司的服务品牌的打造实际上就是以提升服务质量和客户满意度和忠诚度为目标。根据美国营销学家 Parasuraman 等三人在顾客评估服务质量问题上提出的“期望—感受”差异理论，客户对服务的满意度取决于服务过程中客户对服务质量的感知与客户对服务期望的差异程度。当客户实际感受到的服务质量符合甚至超过他们预期的时候，客户对服务质量的评估就高；反之，客户对服务质量的评估就低。在“期望—感受”差异理论基础上，PZB 在 1985 年提出了服务质量差距模型，它指出了服务质量问题产生的五个差距和根源，为提升服务质量和客户满意度指明了方向。

服务质量差距模型可以系统地分析出服务品牌打造可能遇到的问题，通过服务质量差距的弥补和解决可以实现服务品牌的系统而科学的打造。基于服务质量差距模型，从服务品牌打造的内容和服务质量评价的内容角度出发，从解决影响客户满意度和服务质量的五个差距入手，我们尝试性地提出服务品牌建设的标准框架，以指导烟草公司开展服务品牌打造工作。

差距1：烟草客户期望与烟草公司对烟草客户的期望了解之间的差距。

在对客户服务之前，烟草公司会对客户的需要和期望进行"理性"或"客观"的判断。

管理者与客户进行经常性的沟通和了解客户的真实需求是弥补差距1的关键。长期的专卖体制导致烟草公司的市场导向和客户导向意识薄弱，烟草公司对客户期望的了解往往受到各方面的制约，客户满意度调查既受到调查的调查人员和调查过程的影响，更受到客户对满意度调查表达真实想法和意见的担忧的影响，因而往往难以保证对客户期望了解的真实性和完整性，而通过独立的第三方机构进行客户服务期望与服务现状的调研是弥补差距1的前提和必然选择。

针对服务质量差距1，服务品牌建设标准的内容应包括：是否经常性地调研服务现状；是否采取第三方的形式进行服务现状调研；服务现状调研是否系统、科学、全面等；能否分析发现服务现状与服务需求之间的差距；是否针对服务现状与服务需求的差距提出问题解决方向、建议或方案；是否明确相关责任人制订落实解决建议或方案。

差距2：烟草公司对烟草客户期望与服务质量标准（规范）的差距。

烟草公司将对客户期望和需要产生判断进行分析，形成一定的思路，组织相关人员制定具体的服务内容、服务标准和服务规范等。

首先，烟草公司理解和把握客户真实期望，以客户为导向，从理念的高度为服务定位，主要明确服务宗旨、服务特性等。其次，确立服务战略实施规划，明确服务文化与服务实践相结合的思路。再次，通过服务组织结构设置，实现对服务战略实施规划的支撑和保障。最后，在服务组织机构的领导下，以服务文化落地为目标，按照服务战略实施规划的要求，明确服务内容；然后依据客户感知的服务质量属性，将服务内容分解、细化为可执行性和挑战性的服务标准和服务规范。

针对差距2，服务品牌建设标准的内容应包括：有无服务定位、服务宗旨及服务品牌长远规划；服务定位和品牌长远规划等是否告知行业内员工；服务定位和品牌长远规划等是否融入行业工作计划；是否成立长效的服务品牌管理组织机构；服务品牌管理组织机构的职能是否嵌入了现有的组织机构；有无针对主要服务对象的服务标准和服务规范；服务标准和规范是否具有指导性、可执行性等；服务标准和服务规范是否告知员工，并敦促其践行；服务标准和服务规范对服务工作的影响；服务标准和服务规范是否做到及时更新。

差距3：服务标准和服务规范到烟草员工的服务传递之间的差距。

文本型的服务标准和服务规范出台后，还需要服务人员进行理解、操作、实践，最终传递给服务对象；这一过程中既可能受到服务人员不愿意执行服务标准和规范的影响，也有可能受到服务人员能力的影响，而烟草公司通过优化服务渠道和服务流程等可以实现对服务接触点上的服务人员的有效的支持或约束，从而提升服务绩效。

①实施服务培训，提升服务意识和服务能力。②优化服务渠道和服务流程。③根据"价值链理论"，通过内部服务质量提升，确保支持性活动部门对基本活动部门的服务支持。④通

过服务成本控制实现服务的长效、标准运行。⑤通过服务评价激励机制推动服务内容、标准、规范的践行和服务过程的提升。

针对差距3，服务品牌建设标准的内容应包括：是否制订服务标准和服务规范与现有工作结合的方案；是否建立服务标准运行指标体系；现有的服务渠道和服务流程能否很好地满足客户需求；最近一年是否对服务渠道和服务流程进行优化；是否建立服务成本控制机制或办法；是否定期对服务人员的服务素质进行评价；是否基于客户对服务人员的素质反映建立培训机制；是否对服务人员的服务行为进行评估和资源支持。

差距4：服务传递与烟草客户沟通之间的差距。

烟草员工的服务绩效与烟草客户对服务绩效的完全感知之间还会受到烟草公司与烟草客户的沟通的影响。正确的沟通有助于烟草客户正确理解服务绩效，有助于提升客户服务感知的质量，而不适当的沟通则可能削弱或降低烟草客户对烟草员工的服务绩效的评价。

通过服务品牌形象识别、服务品牌传播和服务承诺加强与客户的沟通和互动。需要注意的是，在影响客户服务期望的过程中，既要避免过度承诺，也要避免故意降低客户期望的做法，满足客户的需要、提升服务的口碑才是弥补服务质量差距的出发点和归宿。

针对差距4，服务品牌建设标准的内容应包括：服务品牌名称及宣传语是否经过全员征集和评选；服务品牌名称及宣传语是否具有该烟草公司的特色；是否对服务品牌的推广和应用情况进行培训；有无服务品牌传播方案；服务品牌传播方案是否科学、系统、具有可操作性；服务品牌传播是否具有实际效果；服务承诺的形成流程是否合理；服务承诺是否具有挑战性、紧迫性、明确性、可执行性、可达到性等；服务承诺对客户是否具有价值或意义。

差距5：烟草客户对服务期望与服务感知之间的差距。

烟草客户对服务期望与对服务感知之间的差距是影响客户满意度的核心。提升客户满意度要缩小或弥补客户服务期望与服务感知之间的差距。差距5会受到前四项差距的影响，其中，影响烟草客户感知的首要因素是服务人员传递的服务绩效和烟草公司针对客户的服务承诺和沟通之间的差距。

针对差距5，服务品牌建设标准的内容应包括：是否采取独立的第三方机构进行客户满意度评价；满意度调查是否是长效行为；是否进行内部客户满意度调查；客户满意度调查是否基于客户导向；客户满意度调查是否有信息公开机制；客户满意度调查是否有反馈提升机制。

尽管服务质量差距是客观存在的事实，但是通过践行服务品牌建设标准、系统而有针对性地解决或弥补造成服务质量差距的因素，可以有效地提升服务质量，影响烟草客户对服务的期望和对服务的感知质量，提升烟草客户的满意度和忠诚度，打造全新的烟草服务模式。

（资料来源：http：//c. ebusinessreview. cn/blogArticle-blogId-5861-userId-152284. html）

案例思考

1. 通过本案例的学习，说明服务质量差距模型的作用与意义。
2. 试述本案例中的服务质量差距模型的具体内容。
3. 本案例中是如何提升服务质量的？

习 题

一、单项选择题

1. 顾客满意是顾客对其要求已被满足的程度的感受。如果可感知效果与顾客期望相匹配，顾客就会（　　）。

A. 满意　B. 高度满意　C. 抱怨　D. 忠诚

2. 服务的内容是发生在组织和（　　）上的一系列活动。

A. 满足顾客的需要　B. 无形产品的交付　C. 顾客参与性　D. 顾客接触面

3. 服务的（　　）是服务产生的基础，是服务业的基本职能。

A. 功能质量　B. 技术质量　C. 形象质量　D. 感知质量

4. 服务的（　　）是一切服务企业的重要职责，是服务业在交易过程中提供的无形的劳务质量。

A. 功能质量　B. 技术质量　C. 形象质量　D. 感知质量

5. 服务的（　　）完全取决于顾客的主观感受，难以进行客观的评价。

A. 功能质量　B. 技术质量　C. 形象质量　D. 感知质量

6. 服务的（　　）都是服务满足消费者购买产品和服务所能给予他们的利益和消费价值的体现。

A. 功能质量　B. 技术质量　C. 形象质量　D. 感知质量

7.（　　）是指服务企业在社会公众心目中形成的总体印象。

A. 功能质量　B. 技术质量　C. 形象质量　D. 感知质量

二、多项选择题

1. 服务蓝图将服务提供过程、员工、顾客的角色和服务的有形证据直观地展示出来，一般服务蓝图包括（　　）。

A. 顾客行为　B. 前台员工行为　C. 后台员工行为　D. 支持过程
E. 顾客接触面

2. 与硬件和流程性材料等有形产品相比，服务具有（　　）等的特征。

A. 无形性　B. 不可分离性　C. 响应性　D. 移情性
E. 差异性　F. 无所有权性

3. 服务质量要求可从（　　）方面衡量顾客的实际消费经历与顾客期望之差。

A. 无形性　B. 有形证据　C. 响应性　D. 移情性
E. 差异性　F. 可靠性

4. 服务质量是服务本身的特性与特征的总和，因而，服务质量是由服务的（　　）构成的。

A. 技术质量　B. 质量　C. 形象质量　D. 感知质量
E. 真实瞬间　F. 预期质量

5. 服务质量也是消费者感知的反映，因而，服务质量是（　　）与（　　）的差距的体现。

A. 技术质量　B. 质量　C. 形象质量　D. 感知质量

E. 真实瞬间　　　F. 预期质量

6. 服务质量环是对服务质量形成的流程和规律的抽象描述、理论提炼和系统概括。其基本过程包括（　　）过程。

A. 市场开发　　　B. 服务设计　　　C. 服务提供　　　D. 业绩分析与改进

E. 服务评价

7. 美国顾客满意度指数使用的是6种潜变量组成的模型，6种潜变量为（　　）。

A. 顾客满意　　　B. 顾客期望　　　C. 顾客感知价值　D. 顾客抱怨

E. 顾客忠诚　　　F. 品牌形象

三、名词解释

1. 服务；
2. 简述服务质量；
3. 服务的技术质量；
4. 服务的功能质量；
5. 顾客满意；
6. 顾客满意度指数；
7. 顾客满意管理。

四、简答题

1. 什么是服务？服务有哪些特征？
2. 简述服务质量要素。
3. 简述服务质量差距模型。
4. 基于服务质量环简述服务质量形成的过程及其主要内容。
5. 试述顾客满意的内涵，以某企业为例做出顾客满意度调查的指标体系。

五、论述题

1. 为什么说顾客满意是企业效益的源泉？
2. 试述提高服务质量的意义。

第5章　统计过程质量控制

学完本章，应该理解和掌握：

统计过程质量控制的概念和分布特征；

过程（工序）能力指数的概念及计算方法；

控制图的基本概念和判异规则；

计量、计件与计点控制图的类型和设计过程。

统计过程控制（statistical process control，SPC）是为了贯彻预防为主的原则，应用统计技术对过程中的各个阶段进行评估和监控，从而满足产品和服务要求的均匀性（质量的一致性）。统计过程控制是过程控制的一部分，从内容上来说有两个方面：一是利用控制图分析过程的稳定性，对过程存在的异常因素进行预警；二是通过计算过程能力指数分析稳定的过程能力满足技术要求的程度，并对过程质量进行评价。

5.1 统计过程质量控制的概念

质量管理的一项主要工作是通过收集数据、整理数据，找出波动的规律，把正常波动控制在最低限度，消除系统性原因造成的异常波动。把实际测得的质量特性与相关标准进行比较，并对出现的差异或异常现象采取相应措施进行纠正，从而使工序处于控制状态，这一过程就叫作过程质量控制。

5.1.1 过程质量控制的特点

1. 统计过程质量控制的基本概念

所谓控制是要以某个标准为基准，一旦偏离了这个基准，就要尽快加以纠正，使之保持这个基准。SPC（统计过程控制）就是以统计控制状态（稳态）作为基准的，这是一个非常重要的基本概念。

统计控制状态也称稳态，即过程中只有正常因素（随机因素）而无异常因素（系统因素）产生的变异的状态。

影响质量变异的原因包含正常因素（随机因素）和异常因素（系统因素）两大类。

正常因素的特点表现为：对质量变异的影响是微小的；在过程中是始终存在的；对质量变异的影响方向是不确定的。由正常因素所造成的质量变异称为正常质量波动，鉴于正常质量波动的原因难以查明、难以消除，所以常采取持续改进的方法。

异常因素的特点表现为：对质量变异的影响很大；在过程中时有时无；对质量变异的影响方向是确定的；异常因素是可以控制的（可以查明、可以消除）。

由于异常因素所造成的质量变异、质量波动，其原因可以查明、可以消除，所以采取的态度应该是“严加控制”。

正常质量波动表现为质量数据形成典型分布（在确定的生产条件下，质量数据的分布中心 μ 和标准偏差 σ 表现为确定的值）。异常质量波动表现为质量数据的典型分布遭到破坏，即质量数据的分布中心 μ 和标准差 σ 发生显著的变化。

统计过程控制就是要保持过程中只有正常因素起作用，控制异常因素的作用，使过程处于稳定受控状态。为了实现过程控制，必须采用科学的质量控制方法，如统计技术中分布状态、控制图，来捕捉过程中的异常先兆，并结合专业技术消除异常的质量波动。也就是说，统计过程控制是通过应用统计技术识别异常、消除异常，把不合格原因消灭于过程之中，达到预防不合格品产生的目的。

2. 统计过程质量控制的步骤

质量控制大致可以分为 7 个步骤。

（1）选择控制对象。

（2）选择需要监测的质量特征值。

（3）确定规格标准，详细说明质量特性。

（4）选定能准确测量该特征值的监测仪表，或自制测试手段。

（5）进行实际测试并做好数据记录。

（6）分析实际与规格之间存在差异的原因。

（7）采取相应的纠正措施。

当采取相应的纠正措施后，仍然要对过程进行监测，将过程保持在新的控制水准上。一旦出现新的影响因子，还需要测量数据，分析原因，进行纠正，因此这 7 个步骤形成了一个封闭式流程，称为“反馈环”。这点和六西格玛质量突破模式的 DMAIC 有共通之处。

质量控制技术包括两大类：抽样检验和过程质量控制。

抽样检验通常是指生产前对原材料的检验或生产后对成品的检验，根据随机样本的质量检验结果决定是否接受该批原材料或产品。过程质量控制是指对生产过程中的产品随机样本进行检验，以判断该过程是否在预定标准内生产。抽样检验用于检验与评价，而过程质量控制应用于各种形式的生产过程。

因此，所谓统计过程质量控制，是利用数理统计的方法，对生产过程的各个阶段进行控制。从而达到改进与保证产品质量的目的。SPC 强调全过程预防为主的思想。SPC 不仅可用于制造过程，而且还可以用于服务过程，以改进和保证服务质量。SPC 强调全员参加，人人有责，强调采用科学的方法来达到目的。

3. SPC 的特点

许多质量管理技术是对已生产出来的产品进行分析、检验或评估，以找出提高产品质量的途径和方法，这是事后补救的方法。而统计过程控制与其他方法不同，它是在生产过程的各个阶段对产品质量进行适时的监控与评估，因而是一种预防性的方法，强调全员参与和整个过程的控制。因而其特点可总结为以下几点。

（1）产品质量的统计观点。应用数理统计方法分析和总结产品质量规律的观点是现代质量管理的基本观点之一。产品质量的统计观点包括以下两方面内容。

① 产品质量或过程质量特征值是波动的。在生产过程中，产品的质量特征值的波动是不可避免的。它是由设备（machine）、材料（material）、操作人（man）、工艺（method）、环境（environment），即 4M1E 五个方面等基本因素的波动综合影响所致。由于产品在生产过程中不断受 4M1E 等质量因素的影响，而这些质量因素是在不断变化的，即使同一个工人，用同一批原材料在同一台机器设备上所生产出来的同一种零件，其质量特征值也不会完全一样，它们或多或少存在差异。这是质量变异的固有本性——波动性。产品公差制度的建立已表明产品质量是波动的。

② 产品质量的变异具有统计规律。即产品质量特征值的波动具有统计规律性。产品质量特征值的波动幅值及出现不同波动幅值的可能性大小，服从统计学的某些分布规律。在质量管理中，常用的分布主要有正态分布、二项分布、泊松分布等，而寿命特征值很多服从指数分布。知道了质量特征值服从什么分布，就可以利用这一点来保证与提高产品的质量。

因此，可以用统计理论来保证与改进产品质量。统计过程质量控制就是在这种思想指导下产生的。

（2）发现及纠正异常因素。从对质量的影响大小来看，质量因素的波动分为两种：正常波动和异常波动，或称为偶然误差（偶然因素）和系统误差（异常因素）。产生质量波动的因素分为随机因素和异常因素两大类。随机因素对产品质量和过程的影响可用质量改进的技术与方法进行识别、减小和降低；异常因素对产品质量的影响很大，在生产过程中应利用 SPC 控制技术及时分析，并纠正和消除。因此，在正常生产过程中一旦发现异常因素，则应尽快地把它找出来，并采取措施将其消除。这就是抓主要矛盾。SPC 技术是发现及纠正异常因素的科学工具。

（3）稳定状态是过程质量控制追求的目标。在生产过程中，只有随机因素而没有异常因素的状态称为稳定状态，也叫统计控制状态。在统计控制状态下，对产品质量的控制不仅可靠而且经济，所产生的不合格品最少。因此，稳态生产是过程控制所追求的目标。

（4）预防为主是统计过程控制的重要原则。质量是制造出来的，不是检验出来的。统计过程控制的目的是在生产过程中实施一种避免浪费，不生产废品的预防策略，发挥质量管理人员、技术人员、现场操作工人的共同作用，从上、下工序过程的相互联系中进行分析，实现“预防为主”的原则，在生产过程中保证产品质量。

现代质量管理强调以预防为主，要求在质量形成的整个生产过程中，尽量少出或不出不合格品，这就需要研究两个问题：一是如何使生产过程具有保证不出不合格品的能力；二是如何把这种保证不出不合格品的能力保持下去，一旦这种保证质量的能力不能维持下去，应能尽早发现，及时得到情报，查明原因，采取措施，使这种保证质量的能力继续稳定下来，保持下去，真正做到防患于未然。前一个问题一般称为生产过程的工序能力分析，后一个问题一般称为生产过程的控制。

5.1.2 质量数据与分布规律

1. *质量数据的基本概念*

定量分析是现代质量管理中的基本特征之一。为了进行定量分析，就必须有数据。因此，在质量管理中要特别重视对数据的搜集、整理和分析工作。

质量数据是指某质量指标的质量特征值，在质量控制过程中，将检测和分析得到的质量特征值用数字记录下来，简称质量数据。由于质量一词含义丰富，既包括狭义的产品质量，也包括广义的工作质量，因而质量指标在企业中就多种多样，质量数据在企业中几乎无处不在。在质量数据统计分析中，从样本到总体的问题，即统计推断问题。所谓统计推断（statistical inference），就是根据抽样分布律和概率理论，由样本结果（统计数）来推论总体特征（参数）。因此，特别关注三项指标，一是数据的集中位置，二是数据的分散程度，三是数据的分布规律。

质量数据是指由个体产品质量特征值组成的样本（总体）的质量数据集，在统计上称为变量；个体产品质量特征值称变量值。根据质量数据的特点，可以将其分为计量值数据和计数值数据。

（1）计量值数据。计量值数据是指可以连续取值的数据，属于连续型变量。其特点是在任意两个数值之间都可以取精度较高一级的数值。它通常是可以用仪器测量的连续性数据，如长度、重量、强度、时间、标高、位移等。

（2）计数值数据。计数值数据是指不能连续取值的，只能用自然数表示的数据，属于离散型变量。如合格品件数、废品数、错字数、质量缺陷点数等。计数值数据还可进一步划分为计件值数据和计点值数据。计件值数据是指按产品个数计数的数据，如合格品件数、废品件数等；计点值数据是指按点计数的数据，如缺陷、棉布上的疵点数、铸件上的砂眼数等。计数值是指具有离散分布性的数据。

2. 质量数据的统计特征值

应用统计过程质量控制，其基本的做法就是用有限的样本去分析推断总体的特征。

过程的质量特征值是不断波动的。当搜集到的数据足够多时，就会发现一个现象，即所有数据都在一定范围内分散在一个中心值周围，越靠近中心值，数据越多；越偏离中心值，数据越少。这意味着数据的分散是有规律的，表现为数据的集中性。数据的分散性和集中性统称为数据的“统计规律性”。质量数据的集中趋势和离散程度反映了总体质量变化的内在规律性。

(1) 质量数据的位置特征值。在分析质量数据的分布状态时，描述数据分布集中趋势主要有算术平均值、中位数等。

① 算术平均值。如果从总体中抽取一个样本，得到一批质量数据 x_1，x_2，…，x_n，则样本的平均值计算公式为

$$\overline{x}=\frac{1}{n}\sum_{i=1}^{n}x_i \tag{5-1}$$

② 中位数。有时，为减少计算，将质量数据 x_1，x_2，…，x_n按大小次序排列，用中位数可以表示数据的总体平均水平。其计算公式为

$$\begin{cases}\tilde{x}=\frac{1}{2}\left(x_{(\frac{n}{2})}+x_{(\frac{n}{2}+1)}\right)，n\text{ 为偶数}\\ \tilde{x}=x_{\frac{1}{2}(n+1)}，n\text{ 为奇数}\end{cases} \tag{5-2}$$

(2) 数据的离散特征值。数据的分散程度在质量管理中就是质量特征值的波动性，反映过程能力。在分析数据的分布状态时，常被用于表示数据分布的离散程度的特征值，主要有极差、标准偏差等。

① 极差 R。测定质量数据值中的最大值与最小值之差称为极差，它是用数据变动的幅度来反映其分散状况的特征值，仅用于小样本。其计算公式为

$$R=x_{\max}-x_{\min} \tag{5-3}$$

② 标准偏差 S。标准偏差简称标准差，标准偏差是个体数据与均值离差平方和的算术平均数的平方根。标准差值小说明分布集中程度高，离散程度小，均值对总体的代表性好。标准偏差是最常用的反映数据变异程度的特征值。其计算公式为

$$S=\sqrt{\frac{1}{n-1}\sum_{i=1}^{n}(x_i-\overline{x})^2} \tag{5-4}$$

3. 质量数据的分布规律

质量数据具有个体数值的波动性和总体分布的规律性。在统计过程质量控制中，各种统计技术的应用都是以质量数据的分布规律为依据进行的，其中最常用的有正态分布、二项式分布和泊松分布。

(1) 正态分布函数。正态分布是一种最常见的连续性随机变量的概率分布。其特征是“钟”形曲线（见图 5-1）。

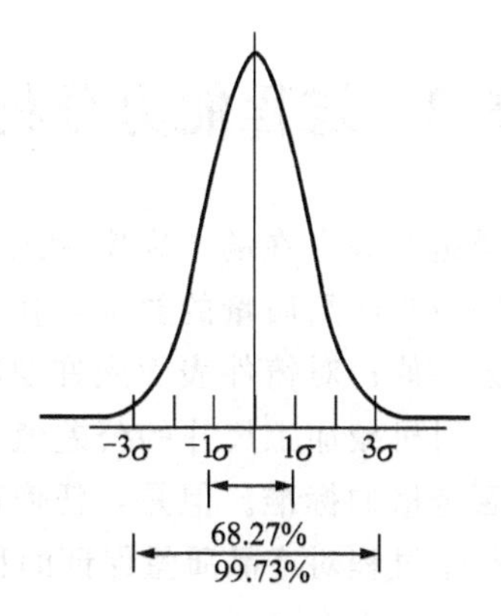

图 5-1 正态分布

正态分布的概率密度函数为

$$f(x)=\frac{1}{\sqrt{2\pi}\sigma}\mathrm{e}^{(x-\mu)^2/2\sigma^2} \tag{5-5}$$

式中：μ ——质量数据的均值；

σ ——质量数据的标准差。

实际工作中，正态曲线下横轴上一定区间的面积反映该区间的例数占总例数的百分比，或变量值落在该区间的概率（概率分布）。不同范围内正态曲线下的面积可用公式计算

$$\Phi(x)=P(\mu-\sigma<x<\mu+\sigma) \tag{5-6}$$

轴与正态曲线之间的面积恒等于1。正态曲线下，横轴区间（$\mu-3\sigma$，$\mu+3\sigma$）内的面积为99.73%。若质量特征值服从正态分布函数 N（μ，σ^2），那么，在$\pm 3\sigma$范围内包含了0.997 3的质量特征值，这就是统计过程质量控制中的“3σ”原则。

（2）二项分布函数。二项分布是一种典型的离散性分布。假设产品每一次检验只有两个可能的结果：合格或者不合格，不合格品率为 p，合格品率为 $1-p$。其中产品质量体系中的合格品率和不合格品率是服从二项分布函数 B（n，p）的随机变量。

二项分布的概率密度函数为

$$p_i=\mathrm{C}_n^i p^i\ (1-p)^{n-i}\ (i=0,\ 1,\ 2,\ \cdots,\ n),\ 0<p<1 \tag{5-7}$$

式中：n，p——参数。

二项分布函数B（n，p）的数学期望为 np，方差为 np（$1-p$）。当 p 固定，n 充分大时，二项分布函数 B（n，p）近似于正态分布，当 p 很小而 n 较大时，二项分布也可以用泊松分布来近似。

（3）泊松分布函数。若随机变量 x 只取非负整数值，取 k 值的概率为$\frac{\mathrm{e}^{-\lambda}\lambda^k}{k!}$，记作p($k$；$\lambda$)，其中 k 等于0，1，2，则随机变量 x 的分布称为泊松分布，记作 P（λ）。且有：

$$p(k;\lambda)=\frac{\lambda^k}{k!}\mathrm{e}^{-\lambda}(k=0,1,2,\cdots;p(k;\lambda)>0) \tag{5-8}$$

泊松分布 P（λ）中只有一个参数 λ，它既是泊松分布的均值，也是泊松分布的方差。在实际事例中，当一个随机事件，例如，某电话交换台收到的呼叫来到某公共汽车站的乘客、某放射性物质发射出的粒子、显微镜下某区域中的白细胞等，以固定的平均瞬时速率 λ（或称密度）随机且独立地出现时，那么这个事件在单位时间（面积或体积）内出现的次数或个数就近似地服从泊松分布。

5.2 过程能力分析

产品及其生产过程的质量变异是客观存在的。在实际工作中，既要承认这种变异，又要对其进行限制，这种限制是按照用户对产品质量的要求，在设计过程中给定其质量特征值的公差范围，例如，对材料成分的公差值；对铸件表面允许缺陷的公差值；对锻件屈服强度的公差值；对热处理硬度的公差值；对机械加工尺寸的公差值和对表面处理镀层厚度的公差值等，并以此作为评定产品质量是否合格的标准。但是，任何产品的设计质量是靠生产过程中每个过程的质量予以保证的，而每个过程对产品质量保证的程度，即过程能力。

5.2.1 过程能力

1. 过程能力概述

过程能力（process capability，PC）是指过程（或工序）处于稳定状态下的实际加工能力，它是衡量工序质量的一种标志，又叫工序能力，在机械加工业中又叫加工精度。

SPC 的基准就是统计控制状态或称稳态。过程能力反映了稳态下该过程本身所表现的最佳性能（分布宽度最小）。因此，在稳态下，过程的性能是可预测的，过程能力也是可评价的。离开稳态这个基准，对过程就无法预测，也就无法评价。

过程能力决定于由偶然因素造成的标准差 σ。当过程处于稳态时，产品的计量质量特征值有 99.73%落在 $\mu\pm3\sigma$ 的范围内，其中 μ 和 σ 为质量特征值的总体参数，也即 99.73%的产品落在上述六西格玛范围内，这几乎包括了全部产品。故通常用 6 倍标准差（六西格玛）表示过程能力，即

$$B = \mathrm{PC} = 6\sigma \tag{5-9}$$

它的数值越小越好。

2. 过程能力指数

过程能力指数（process capability index）简称 C_p 或 C_{pk}，以往称为工序能力指数，现在则统一称为过程能力指数。C_p 是用于反映过程处于正常状态时，即人员、机器、原材料、工艺方法、测量和环境（5M1E）充分标准化并处于稳定状态时，所表现出的保证产品质量的能力。

过程能力是表示生产过程客观存在分散的一个参数。但是这个参数能否满足产品的技术规格要求，仅从它本身还难以看出。因此，还需要另一个参数来反映工序能力满足产品技术要求（公差、规格等质量标准）的程度。这个参数就叫作过程能力指数，也称为工序能力指数或工艺能力指数。它是技术规格要求和工序能力的比值，通常用 C_p 来表示。如果质量标准用公差 T 表示，过程能力用六西格玛来描述，则过程能力指数的一般表达式为

$$C_p = \frac{T}{6\sigma} \tag{5-10}$$

故在过程能力指数 C_p 中将六西格玛与 T 比较，反映了过程加工质量满足产品技术要求的程度，也即产品的控制范围满足客户要求的程度。工序能力指数 C_p 与工序能力六西格玛是不同的。工序能力在一定工序条件下是一个相对稳定的数值，而工序能力指数则是一个相对的概念。工序能力相同的两个工序，若工序质量要求范围不同，则会有不同的工序能力指数。能力指数越大，质量特征值落在质量标准范围内的可能性越大。

根据质量标准公差 T 与六西格玛的相对大小可以得出如图 5-2 所示三种典型情况。

C_p值越大，表明过程质量越高，但这时对设备和操作人员的要求也高，加工成本也越大，所以对于 C_p值的选择应根据技术与经济的综合分析来决定。当 $T=6\sigma$，$C_p=1$，从表面上看，似乎这是既满足技术要求又很经济的情况。但由于过程总是波动的，分布中心一有偏移，不合格品率就会增加，因此，通常取 C_p大于 1。

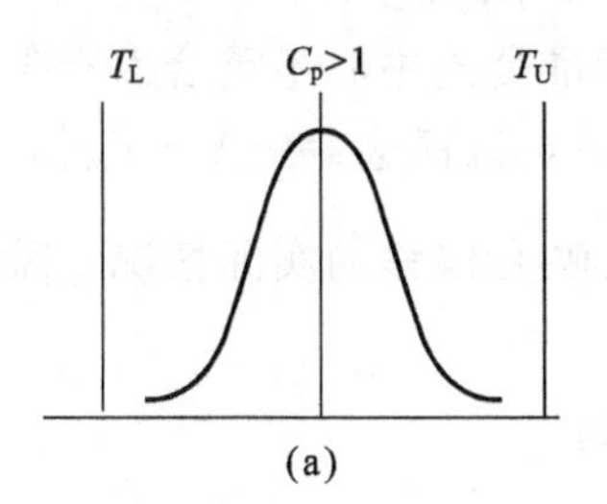

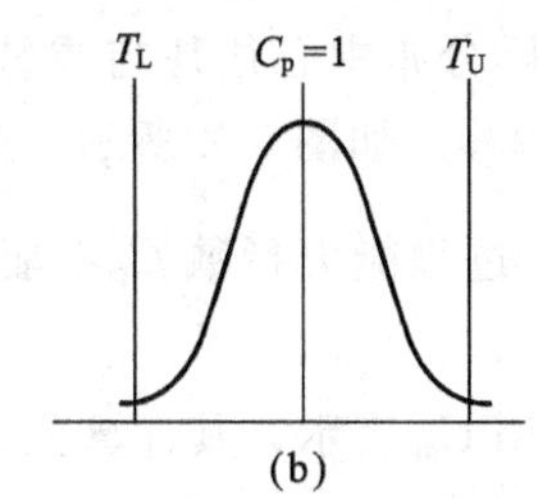

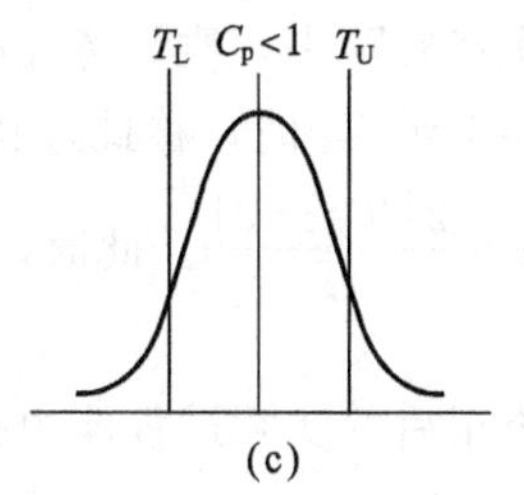

图 5-2　过程能力与质量标准公差间的三种关系

5.2.2　过程能力的计算

当生产过程处于稳定状态时，一定的工序能力指数与一定的不合格品率相对应。根据所采用数据类型的不同和技术要求的不同，工序能力指数和不合格概率的计算又可以分为以下四种情况。

1. 过程分布中心 μ（样本均值 $\overline{X}$）与质量标准公差中心 T_M重合

设样本的质量特征值服从正态分布 N（μ，σ^2）。样本足够大时，常利用所有样本数据的标准偏差 S 来估计标准差 σ。当过程分布中心 μ（样本均值 $\overline{X}$）与质量标准公差中心（$T_M=\dfrac{T_U+T_L}{2}$）重合时，$\overline{X}=T_M$，如图 5-3 所示，这时的过程能力指数 C_p计算公式为

$$C_p=\frac{T}{6S}=\frac{T_U-T_L}{6S} \tag{5-11}$$

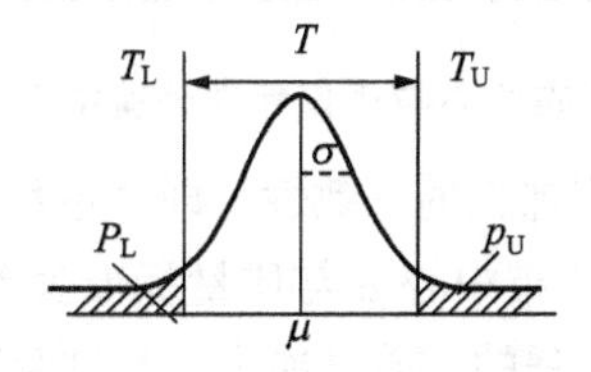

图 5-3　过程分布中心与质量标准公差中心重合的情况

此时，过程不合格品率估计为

$$p=2\Phi(\frac{T_L-\mu}{\sigma})=2[1-\Phi(3C_p)]=2Q(-3C_p) \tag{5-12}$$

式中：$\Phi(x)$ ——标准正态分布函数，其值可根据正态分布函数表查出相关函数值。

【例 5-1】　某企业的螺栓产品直径的设计要求是 7.9～7.95 mm，从生产现场随机抽出 100 个样本，测得 $\overline{X}=7.925$ mm，$S=0.005\ 19$ mm，求过程能力指数与不合格品率。

解：

抽出 100 个样本，n 足够大，可以用 S 来代替 σ，

因为 $T_M=\frac{T_U+T_L}{2}=\frac{7.95+7.9}{2}=7.925=\bar{x}$

所以 $C_p=\frac{T}{6S}=\frac{T_U-T_L}{6S}=\frac{7.95-7.9}{6\times0.00519}=1.61$

不合格品率：$p=2\Phi(-3C_p)=2\Phi(-3\times1.61)=2\Phi(-4.83)=0.00013654\%$

2. 过程分布中心 μ（样本均值 $\overline{X}$）与质量标准公差中心 T_M 不重合

在生产实际中，质量特性的实际分布中心往往与质量标准公差中心不重合而产生一定的偏移，即 $\overline{X}\neq T_M$ 时，称此过程有偏移。如图 5-4 所示。此时，偏移量 $\varepsilon=|\overline{X}-T_M|$，偏移系数 $k=\frac{\varepsilon}{\frac{T}{2}}=\frac{2|T_M-\bar{x}|}{T}$。此时，潜在过程能力指数 C_p 不能反映有偏移的实际情况，需要加以修正，修正后的实际过程能力指数用 C_{pk} 表示，其计算公式为

$$C_{pk}=(1-k)C_p=\frac{T-2\varepsilon}{6S} \tag{5-13}$$

此时，过程不合格品率为：

$$\begin{aligned}p&=2-\Phi[3C_p(1-k)]-\Phi[3C_p(1+k)]\\&=\Phi[-3(1+k)C_p]+\Phi[-3(1-k)C_p]\end{aligned} \tag{5-14}$$

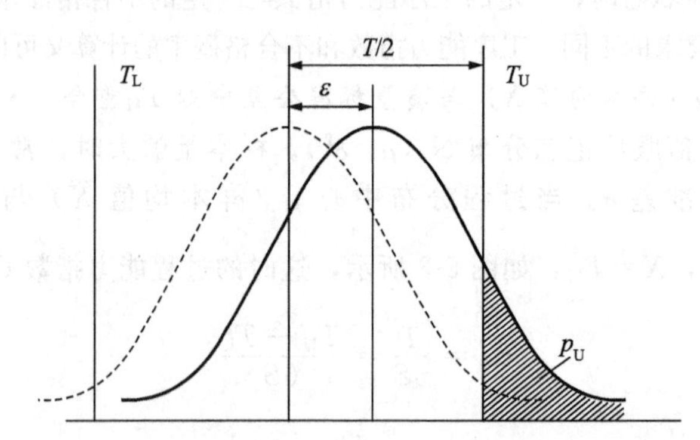

图 5-4 过程分布中心与质量标准公差中心不重合的情况

显然，无偏移情况的 C_p 表示过程加工的一致性，即“过程质量能力”，C_p 越大，过程质量能力越强；而有偏移情况的 C_{pk} 表示过程分布中心 μ 与质量标准公差中心 T_M 偏移情况下的过程能力指数，C_{pk} 越大，则二者偏离越小，是过程的“质量能力”与“管理能力”二者综合的结果。

【例 5-2】 已知某零件尺寸为 $50^{+0.3}_{-0.1}$ mm，取样 100 件，实测后求得 $\overline{X}=50.05$ mm，$S=0.061$，求工序能力指数、不合格品率。

解：

抽出 100 个样本，n 足够大，可以用 S 来代替 σ。

$T=T_U-T_L=50.3-49.9=0.4$，$T_M=\frac{T_U+T_L}{2}=\frac{50.3+49.9}{2}=50.1$，

因为：$\overline{X}\neq T_M$

所以：$\varepsilon=|\overline{X}-M|=|50.05-50.1|=0.05$，$k=\frac{\varepsilon}{\frac{T}{2}}=\frac{0.05}{\frac{0.4}{2}}=0.25$

无偏移时：$C_p=\frac{T}{6S}=\frac{0.4}{6\times 0.061}=1.092$，

实际工序能力指数：

$C_{pk}=(1-k)C_p=(1-0.25)\times 1.092=0.819$，或 $C_{pk}=\frac{T-2\varepsilon}{6S}=\frac{0.4-2\times 0.05}{6\times 0.061}=0.82$

此时，过程不合格品率为

$$
\begin{aligned}
p &=\Phi[-3(1+k)C_p]+\Phi[-3(1-k)C_p] \\
&=\Phi[-4.09]+\Phi[-2.45] \\
&=0.0071=0.71\%
\end{aligned}
$$

3. 质量标准公差只有单侧要求

在生产实际中，存在这样的情况，产品的质量特性质量标准公差只有上限或下限即单侧标准，如电视机的寿命因希望其越长越好而只规定标准下限 T_L，摩擦片的磨损越少越好而只规定标准上限值 T_U。当技术标准为单侧时，过程能力修正为 $B=PC=3\sigma$。过程能力指数的计算有两种形式。

（1）只有质量标准公差上限值 T_U。只有质量标准公差单侧规则上限值为 T_U时，这时工序能力指数计算公式为：$\overline{X}<T_U$值的产品合格情形，修正后的过程能力指数用 C_{pU}表示，其计算公式为

$$C_{pU}=\frac{T_U-\mu}{3\sigma}\approx\frac{T_U-\overline{X}}{3S} \tag{5-15}$$

此时，过程不合格品率估计为

$$p=1-\Phi(3C_{pU})=\Phi(-3C_{pU}) \tag{5-16}$$

（2）只有质量标准公差下限值 T_L。只有质量标准公差单侧规则下限值为 T_L时，$\overline{X}>T_L$值的产品合格情形，修正后的过程能力指数用 C_{pL}表示，其计算公式为

$$C_{pL}=\frac{\mu-T_L}{3\sigma}\approx\frac{\overline{X}-T_L}{3S} \tag{5-17}$$

此时，过程不合格品率估计为

$$p=1-\Phi(3C_{pL})=\Phi(-3C_{pL}) \tag{5-18}$$

【例 5-3】 某机械厂要求零件滚柱的同轴度小于 1.0mm，现随机抽取样本 50 件，实测后得其同轴度均值 $\mu=0.7823$mm，$S=0.0635$mm，求工序能力指数、不合格品率。

解：$C_{pU}\approx\frac{T_U-\overline{X}}{3S}=\frac{1-0.7}{3\times 0.0635}\approx 1.14$

此时，过程不合格品率估计为

$p=\Phi(-3C_{pU})=\Phi(-3\times 1.14)=\Phi(-3.42)=1-0.99969=0.031\%$

5.2.3 过程能力评价

过程能力指数客观且定量地反映了过程能力满足质量标准的程度。它与生产过程中的加工能力和管理水平有关。过程能力指数越大，产品的加工质量就越高。因此，在实际生产中，根据过程能力指数的大小对过程的加工能力进行分析和评价，以便于采取必要的措施，既要保证过程质量，又要使成本适宜。

1. 无偏状态下过程能力评价

一般情况下，无偏状态是指过程中心与质量标准公差中心重合，过程能力评价及处置，可以参照表 5-1 所示的标准。但需要指出的是，表中所列的标准并不是绝对的，应视具体情况而定。

表 5-1　过程能力的评价与处置

等级	C_p	不合格品率 P	评　价	处　置
特等	$C_p>1.67$	$p<0.000\,06\%$	工序能力过于充裕	提高产品精度；放宽质量波动；设备配置可降低
1 等	$1.33<C_p\leqslant1.67$	$0.000\,06\%\leqslant p<0.006\%$	工序能力充裕	允许小的外来波动；检验可相对简化
2 等	$1.00<C_p\leqslant1.33$	$0.006\%\leqslant p<0.27\%$	工序能力尚可	防止外来波动；执行各种规范；检验规程
3 等	$0.67<C_p\leqslant1.00$	$0.27\%\leqslant p<4.45\%$	工序能力不足	找出改进的因素；修正质量指标；加强质量检验
4 等	$C_p\leqslant0.67$	$4.45\%\leqslant p$	工序能力严重不足	停产；根本性的改进

(1) 特等——过程能力过于充裕。在过程或工序允许的情况下，可考虑放宽管理或降低成本，可放宽检查，如人和设备的配备可相对降低一些，这样可以带来降低成本、提高效率的效果；提高产品的原设计精度，改进产品性能；加大抽样间隔，减少抽验件数，降低检验的各种消耗。

(2) 1 等——过程能力充裕。按过程进行管理，正常运转；非重要过程或工序可允许小的外来波动；对不重要的过程或工序可放宽检查，工序控制抽样间隔可放宽。

(3) 2 等——过程能力尚可。必须加强对生产过程的监控，防止外来波动；调查 4M1E 因素，做必要改进；严格执行各种规范、标准、制度；坚持合理的抽样方案和检验规程。

(4) 3 等——过程能力不足。必须采取措施提高过程或工序能力，通过因果图、排列图找出需要改进的因素；分析质量标准是否脱离实际，应实事求是地修正质量指标过严的情况；加强质量检验工作。

(5) 4 等——过程能力严重不足。立即追查原因，采取紧急措施，提高工序能力，对 4M1E 必须进行根本性的改革，要从根本上消除影响质量的关键因素。

2. 有偏状态下过程能力评价

一般情况下，有偏状态是指过程分布中心与质量标准公差中心不重合，出现了偏移。从统计的角度看有偏状态，中心偏移使得过程分布中心值不在目标值上，偏移量的出现使得过程能力指数 C_p降低，过程输出的不合格品率增加。表 5-2 列出了不同偏移系数 k 与 C_p间的关系及对过程合格品率的影响。

从表 5-2 中可以看出，当 C_p与 k 都较小而且差别不大时，过程不合格品率的变化不大，说明过程的主要问题是 σ 太大，改进过程着眼于降低过程的波动；当 C_p较大，而 k 很小时，过程不合格品率的差别较大，说明过程的主要问题是过程中心偏离质量标准公差中心太多，改进过程着眼于改善过程的均值；当 C_p较小，k 较大时，二者差别较大，说明过程的均值和离散程度都有问题，改善过程应先改变集中，再降低过程的波动。此时过程能力评价及处理可以参照表 5-3 的标准。

表 5-2　C_p值、k 值与不合格品率 p 的关系

C_p	k									
	0.00	0.08	0.16	0.24	0.28	0.32	0.36	0.40	0.44	0.52
0.50	13.36	13.64	14.48	15.86	16.75	17.77	13.92	20.19	21.58	24.7
0.60	7.19	7.48	8.37	9.85	10.81	11.92	13.18	14.59	16.51	19.9
0.70	3.57	3.83	4.63	5.99	6.89	7.94	9.16	10.55	12.10	15.74
0.80	1.64	1.89	2.46	3.55	4.31	5.21	6.28	4.53	8.88	12.48
0.90	0.69	0.83	1.25	2.05	2.62	3.34	4.21	5.27	6.53	9.76
1.00	0.27	0.35	0.61	1.14	1.55	2.07	2.75	3.59	4.65	7.49
1.10	0.10	0.14	0.29	0.61	0.88	1.24	1.74	2.39	3.23	9.66
1.20	0.03	0.05	0.13	0.31	0.48	0.72	4.06	1.54	2.19	4.20
1.30	0.01	0.02	0.05	0.15	0.25	0.42	0.63	0.96	1.45	3.06
1.40	0.00	0.01	0.02	0.07	0.18	0.22	0.36	0.59	0.98	2.19
1.50		0.00	0.01	0.03	0.06	0.11	0.20	0.35	0.59	1.54
1.60			0.00	0.01	0.03	0.06	0.11	0.20	0.36	1.07
1.70				0.01	0.01	0.03	0.06	0.11	0.22	0.72
1.80				0.00	0.01	0.01	0.03	0.06	0.13	0.48
1.90					0.00	0.01	0.01	0.03	0.07	0.31
2.00						0.00	0.01	0.02	0.04	0.20
2.10							0.00	0.01	0.02	0.13

续表

C_p	k									
	0.00	0.08	0.16	0.24	0.28	0.32	0.36	0.40	0.44	0.52
2.20								0.00	0.01	0.08
2.30									0.01	0.05
2.40									0.00	0.03
2.50										0.02
2.60										0.01
2.70										0.01
2.80										0.00

表 5-3 过程偏移时的过程能力的评价与措施

C_p	偏离系数评价标准	评价与措施
$C_p>1.33$	$0<k<0.25$	保持和控制过程
$C_p>1.33$	$0<k<0.5$	应引起注意
$1.00<C_p\leqslant1.33$	$0<k<0.25$	控制与密切注意
$1.00<C_p\leqslant1.33$	$0<k<0.5$	采取必要的措施

5.3 质量控制图

控制图（contrl chart）又叫管理图。控制图在1924年由美国的休哈特首创，控制图主要用于分析判断生产过程的稳定性，是及时发现和预报生产过程中质量状况是否发生异常波动的有效方法。人们对控制图的评价是："质量管理始于控制图，亦终于控制图。"控制图为评定产品质量提供依据。国际标准化组织和各国基本上制定了有关控制图的标准。

5.3.1 控制图的基本原理

数据或质量特征值处理的方法中，不论是频数分布表、直方图、分布的计量值、分布规律及过程能力指数等，所表示的都是数据在某一段时间内的静止状态。但是，生产过程中，用静态的方法不能随时发现问题以调整生产或工作。因此，生产过程或工作现场不仅需要处理数据的静态方法，也需要能了解数据随时间变化的动态方法，并以此为依据来控制产品生产过程或工作的质量。

1. 控制图的基本概念

控制图是对测定、记录、评估和监察过程是否处于统计控制状态的一种统计方法设计图（见图 5-5）。图上有用实线绘制的中心线（central line，CL）、用虚线绘制的上控制限（upper control limit，UCL）和下控制限（lower control limit，LCL），图中并有按时间顺序抽取的样本统计量数值的描点序列，各点之间用直线段相连，以便看出点子的变化趋势。UCL、CL 与 LCL 统称为控制线（control lines），它们是互相平行的。若控制图中的描点落在 UCL 与 LCL 之外或描点在 UCL 与 LCL 之间的排列不随机，则表明过程异常。世界上第一张控制图是美国休哈特在 1924 年 5 月 16 日提出的不合格品率（p）控制图。

（1）控制图的设计原理。

① 正态性假设。质量特征值在生产过程中的波动服从正态分布 $x \sim N(\mu, \sigma^2)$。

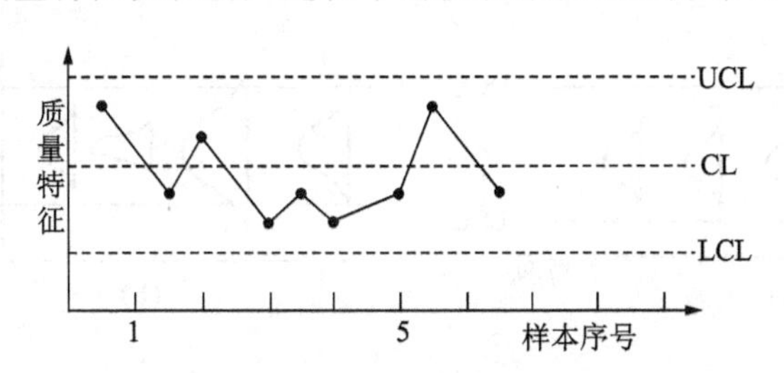

图 5-5 控制图结构

② 3σ 准则。在控制图绘制上，上控制限 UCL 与下控制限 LCL 之间的距离应该是多少才最合适呢？休哈特提出它们与中心线的距离为 3σ 时是较好的。因为若质量特征值服从正态分布 $x \sim N(\mu, \sigma^2)$，根据正态分布概率性质，有

$$P(\mu-3\sigma<x<\mu+3\sigma)=99.73\%$$

实际经验证明，在不少情况下，上述 3σ 原则是接近最优的。根据 3σ 原则，上、下控制限 x 的实际取值范围为：$(\mu-3\sigma, \mu+3\sigma)$。据此原理，若对 x 设计控制图，则中心线、上下控制界限公式为：$CL=\mu$，$UCL=\mu+3\sigma$，$LCL=\mu-3\sigma$。

现在把带有 $\mu \pm 3\sigma$ 的正态分布曲线向右旋转 90°，再翻转 180°，即得到控制图的基本图形，如图 5-6 所示。

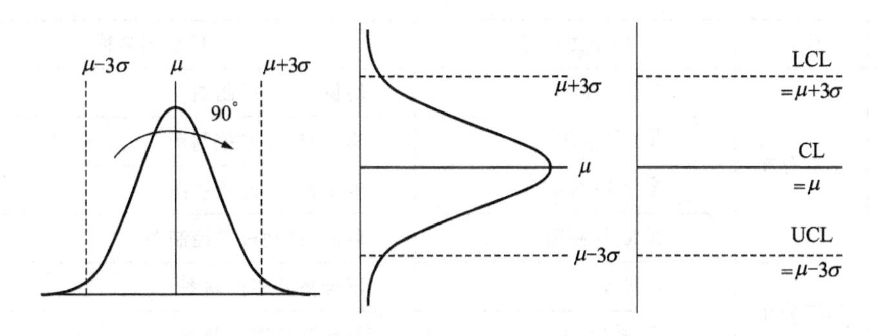

图 5-6 控制图的设计原理

③ 小概率事件原理。小概率事件原理是指小概率的事件一般不会发生。由 3σ 准则可知，数据点落在控制界限以外的概率只有 0.135%。因此，生产过程正常的情况下，质量特征值

是不会超出控制界限的，如果超出，则认为生产过程发生异常变化。

（2）控制图应用经验与理论分析表明，当生产过程中只存在正常波动时，产品或过程质量将形成典型分布（见图 5-7（a）），若过程正常，分布不变，则出现点子超过 UCL 或 LCL 的概率只有 0.135％左右。若过程异常，分布曲线上移或下移，产品或过程质量的分布必将偏离原来的典型分布，即 μ，σ 发生变化（见图 5-7（b）、（c）、（d））。发生这种情况的可能性很大，其概率可能为 0.135％的几十至几百倍。小概率事件在一次试验中几乎不可能发生，若发生即判断异常。因此，根据典型分布是否偏离就能判断异常波动是否发生，而典型分布的偏离可由控制图检出，所以，控制图上的控制界限就是区分正常波动和异常波动的科学界限，亦可分析偶然因素与异常因素对过程的影响。

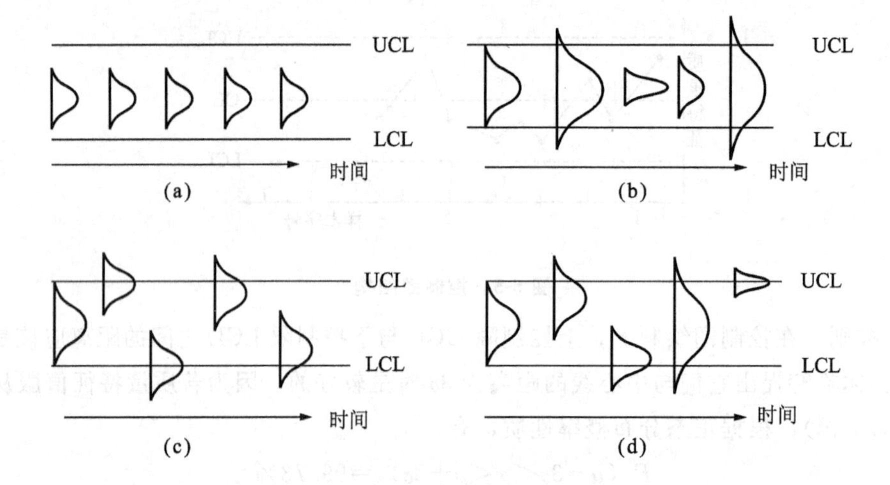

图 5-7　典型分布与偏离的典型分布

2. 控制图的基本种类

（1）常规控制图的分类。常规控制图是按产品质量的特征及其分布规律所作的分类。休哈特的常规控制图的分类如表 5-4 所示。

表 5-4　常规控制图的分类

数据	分布	控制图代号	控制图名称
计量值	正态分布	$\overline{X}$-R 控制图	均值-极差控制图
		$\overline{X}$-s 控制图	均值-标准差控制图
		$\widetilde{X}$-R 控制图	中位数-极差控制图
		X-R_s 控制图	单值-移动极差控制图
计件值	二项分布	P 控制图	不合格品率控制图
		P_n 控制图	不合格品数控制图
计点值	泊松分布	u 控制图	单位缺陷数控制图
		c 控制图	缺陷数控制图

① 均值-极差控制图。对于计量值数据而言，$\overline{X}$-R 控制图是最常用、最重要的控制图。$\overline{X}$ 图的统计量为均值，反映在 $\overline{X}$ 上的异常波动往往是在同一个方向的，它不会通过均值的平均作用抵消。因此，正图检出异常的能力高。至于 R 图的灵敏度则不如 $\overline{X}$ 图高。在确定 $\overline{X}$-R 图的样本大小时，多倾向于采用小样本、短间隔而不是大样本、长间隔。$\overline{X}$ 图和 R 图检出过程质量偏移的能力可由其操作特性曲线（简称 OC 曲线）来描述。

② 均值-标准差控制图。$\overline{X}$-s 控制图与 $\overline{X}$-R 图相似，只是用标准偏差图（s 图）代替极差图（R 图）而已。若样本大小 n 较大，例如 $n>10$ 或 12，这时用极差法估计过程标准差的效率较低。当样本大小 $n>10$ 时，应用 $\overline{X}$-s 控制图。

③ 中位数-极差控制图。$\widetilde{X}$-R 控制图，只是用中位数图（Xmed 图）代替均值图（$\overline{X}$ 图）。由于中位数的计算比均值简单，所以多用于现场需要把测定数据直接计入控制图进行控制的场合，这时为了简便，当然规定为奇数个数据。

④ 单值-移动极差控制图。X-R_s控制图适用的场合，一是对每一个产品都进行检验，采用自动化检查和测量的场合；二是取样费时、昂贵的场合；三是化工等过程，样品均匀，多抽样也无太大意义的场合。由于它不像前三种控制图那样能取得较多的信息，所以它判断过程变化的灵敏度要差一些。

⑤ 不合格品率控制图。P 图用来测量在一批检验项目中不合格品（不符合或所谓的缺陷）项目的百分数。属于计数类控制图。不合格品率图是由每一组数据不合格品率组成的连线图。常见的不良率有不合格品率、废品率、交货延迟率、缺勤率，邮电、铁道部门的各种差错率，等等。

⑥ 不合格品数控制图。P_n 用来度量一个检验中不合格品的数量。与 P 图不同，P_n 图表示不合格品的实际数量而不是与样本的比例，适用于检验数相同的分组，通常作为 P 图的一个补充。P_n 是由每一组数据不合格品数组成的连线图。在样本大小相同的情况下，用 P_n 控制图比较方便。

⑦ 缺陷数控制图。c 控制图用来测量一个检验批内缺陷的数量。缺陷数控制图是对单位缺陷数控制图的一种补充。缺陷数控制图是用来控制相对缺陷数的变化状况，有利于不同条件下的部门考核，有利于公司品质方针与政策的执行，如布匹上的疵点数，铸件上的砂眼数，机器设备的缺陷数或故障次数，传票的误记数，每页印刷错误数，办公室的差错次数，等等。

⑧ 单位缺陷数控制图。u 控制图用来测量具有容量不同的样本的子组内每检验单位产品内的缺陷数量。u 图也是对不良率控制图的一个补充。在实际品质管理中，对各个部门进行品质考核时，由于各个部门的产量不同，使用不良率进行考核就不一定合理，而单位缺陷数可以更好地满足部门考核需要。通常缺陷数会大于不良数，因为一个不良品可能有几个缺陷。例如，在制造厚度为 2 mm 的钢板的生产过程中，一批样品是 2 m^2 的，下一批样品是 3 m^2 的。这时就都应换算为平均每平方米的缺陷数，然后再对它进行控制。

（2）按控制图的用途划分。按控制图的用途来划分，可以分为分析用控制图和控制用控制图。

实施 SPC 分为两个阶段，一是分析阶段，二是监控阶段。在这两个阶段所使用的控制图分别被称为分析用控制图和控制用控制图。两者间的关系（见图 5-8）适应日本质量管理的名言："始于控制图，终于控制图。"所谓"始于控制图"是指对过程的分析从应用控制图对过程进行分析开始，所谓"终于控制图"是指对过程的分析结束，最终建立了控制用控制图。

故根据使用的目的和用途的不同，控制图可分为分析用控制图与控制用控制图。

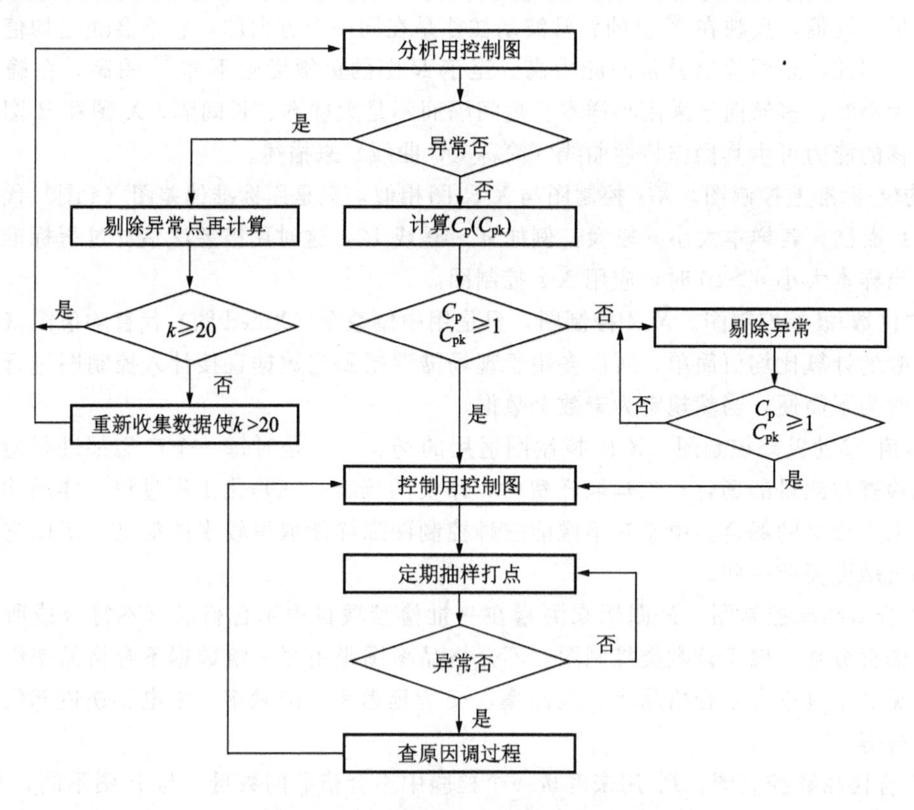

图 5-8　分析用控制图与控制用控制图之关系

① 分析用控制图。分析用控制图是根据过去数据，主要用于分析现状，涉及分析两个方面的内容，一是所分析的过程是否处于统计控制状态，二是该过程的过程能力指数是否满足要求，若经过分析后，生产过程处于非统计控制状态，则应查找原因并加以消除。

② 控制用控制图。控制用控制图由分析控制图转化而来，当过程达到了确认的状态后，才能将分析用控制图的控制线延长作为控制用控制图。由于后者相当于生产中的立法，故由前者转为后者时应有正式交接手续。这里要用到判断稳态的准则（简称判断准则），在稳定之前还要用到判断异常的准则。

进入日常管理后，关键是保持所确定的状态。经过一个阶段的使用后，可能又会出现异常，这时应查出原因，采取必要措施，加以消除，以恢复统计控制状态。

3. 控制图的界限公式

（1）常规计量控制图的界限公式如表 5-5 所示。

表 5-5　常规计量控制图的界限公式

控制图名称与代号		CL	UCL	LCL
均值-极差控制图 $\bar{X}$-R 图	$\bar{X}$	$\bar{\bar{X}}$	$\bar{\bar{X}}+A_2\bar{R}$	$\bar{\bar{X}}-A_2\bar{R}$
	R	$\bar{R}$	$D_4\bar{R}$	$D_3\bar{R}$

续表

控制图名称与代号		CL	UCL	LCL
均值-标准差控制图 $\overline{X}$-s 图	$\overline{X}$	$\overline{\overline{X}}$	$\overline{\overline{X}}+A_3\overline{R}$	$\overline{\overline{X}}-A_3\overline{R}$
	s	$\overline{X}$	$B_4\bar{s}$	$B_3\bar{s}$
中位数-极差控制图 M_e-R 图	M_e	$\overline{M}_e$	$\overline{M}_e+A_4\overline{R}$	$\overline{M}_e-A_4\overline{R}$
	R	$\overline{R}$	$D_4\overline{R}$	$D_3\overline{R}$
单值-移动极差控制图 X-R_s图	X	$\overline{X}$	$\overline{X}+E_2\overline{R}_s$	$\overline{X}-E_2\overline{R}_s$
	MR	$\overline{R}_s$	$D_4\overline{R}_s$	$D_3\overline{R}_s$

表中 A_2、A_3、A_4、B_3、B_4、D_3、D_4 等是由样本个数 n 确定的系数，其值可通过计算得到，也可从表 5-6 中直接查出。

表 5-6　计量控制图界限系数表

样本 n	E_2	A_2	A_3	A_4	B_3	B_4	D_3	D_4
2	2.660	1.880	2.659	1.88	0.000	3.267	0.000	3.267
3	1.772	1.023	1.954	1.19	0.000	2.568	0.000	2.574
4	1.457	0.729	1.628	0.80	0.000	2.266	0.000	2.282
5	1.290	0.577	1.427	0.69	0.000	2.089	0.000	2.114
6	1.184	0.483	1.287	0.55	0.030	1.970	0.000	2.004
7	1.109	0.419	1.182	0.51	0.118	1.882	0.076	1.924
8	1.054	0.373	1.099	0.43	0.185	1.815	0.136	1.864
9	1.010	0.337	1.032	0.41	0.239	1.761	0.184	1.816
10	0.975	0.308	0.975	0.36	0.284	1.716	0.223	1.777

（2）常规计数控制图的界限公式。计数控制图是通过记录所考察的样本中每个个体是否具有某种特性（或特征），如合格与不合格；合格率与不合格率；缺陷与单位缺陷等某种事件所发生的次数对过程进行监控的控制图。常规计数控制图的界限公式如表 5-7 所示。

表 5-7　常规计数控制图的界限公式

控制图名称	统计量	中心线	3σ 控制线
不合格品率控制图	p	$\bar{p}$	$\bar{p}\pm3\sqrt{\frac{\bar{p}(1-\bar{p})}{n}}$
不合格品数控制图	np	$n\bar{p}$	$n\bar{p}\pm3\sqrt{n\bar{p}(1-\bar{p})}$
缺陷数控制图	c	$\bar{c}$	$\bar{c}\pm3\sqrt{\bar{c}}$
单位缺陷数控制图	u	$\bar{u}$	$\bar{u}\pm3\sqrt{\frac{\bar{u}}{n}}$

5.3.2 控制图的观察与分析

在生产过程中，通过分析控制图来判定生产过程是否处于稳定状态。控制图的设计思想是先确定第Ⅰ类错误的概率 $\alpha=0.27\%$，再根据第Ⅱ类错误的概率 β 的大小来考虑是否需要采取必要的措施。为了减少第Ⅱ类错误，对于控制图中的界限内点增添了第Ⅱ类判异准则，即“界限内点排列不随机判异”。

1. 控制图的判断稳态准则

在生产过程中只存在偶然因素而不存在异常因素对过程的影响状态，这种状态称为统计控制过程状态或稳定状态，简称稳态。稳态是生产过程追求的目标。

在统计量为正态分布的情况下，只要有一个点子在界限外就可以判断有异常。但由于两类错误的存在，只根据一个点子在界限内外远不能判断生产过程处于稳态。如果连续在控制界限内的点子更多，即使有个别点子出界，过程仍看作是稳态的，这就是判稳规则（见表 5-8）。

表 5-8 判断稳态和异常的规则

规则	具体描述
规则 1：每一个数据点均落在控制界限内，排列无缺陷，为随机排列	1. 连续 25 点中没有一点在控制界限外
	2. 连续 35 点中最多只有一点在控制界限外
	3. 连续 100 点中最多只有两点在控制界限外
规则 2：数据点排列无右边的 1～8 种异常现象	1. 一个点落在 A 区以外
	2. 连续 9 点落在中心线同一侧
	3. 连续 6 点递增或递减
	4. 连续 14 点中相邻点交替上下
	5. 连续 3 点中有 2 点落在中心线同一侧的 B 区以外
	6. 连续 5 点中有 4 点落在中心线同一侧的 C 区以外
	7. 连续 15 点落在中心线两侧的 C 区内
	8. 连续 8 点落在中心线两侧且无一在 C 区内

在做控制图判别时，首先应该判断过程是否稳定。生产过程或工序是否处于受控状态，其基本判断条件有以下两条。

（1）在控制界限内的点子排列无缺陷，为随机排列。点子排列无缺陷意味着应满足以下三个条件：①样本点分布均匀，位于中心线两侧的样本点各占 50%；②靠近中心线的样本点约占 2/3；③靠近控制界限的样本点极少。

（2）所有点子基本上都落在控制界限内。这一条件意味着：①连续 25 个点子中，无一个点子超出控制界限线。因为用少量数据作控制图容易产生错误的判断，所以至少有 25 个点子才能做出相对正确的判断；②连续 35 个点子中，最多有一个点子超出控制界限线。从概率理论可以知道，连续 35 个点子中，至少有一点落在界外的概率为 0.004 1，是个小概率事件；③连续 100 个点子中，最多有两个点子超出控制界限线。在连续 100 个点子中，至少有两点子落在控制界限外的概率为 0.002 6，也不超过 1%，也是个小概率事件。由概率论理论可知，小概率事件可以认为不会发生。

如果在控制图中点子未出界限，同时界限内点子的排列也是随机的，则认为生产过程处于稳定状态或控制状态。如果控制图点子出界或界限内点排列非随机，则认为生产过程不稳定或失控。对于生产过程或工序而言，控制图的判断稳态准则起着告警铃的作用，控制图点子出界就好比告警铃响，告诉现在是应该进行查找原因、采取措施、防止再犯错的时刻了。

2. 控制图的判异准则

控制图上的点子依样本时间序列而出现在控制图上，通常是很随机地散布在管制界内。有时点子虽未超出管制界限，但一连串好几点都在管制图的中心线以上或点子呈现周期性变化时，也可判为异常。

判异准则有两类：①点子出界就判异，这一点是针对界外点的；②点子排列不随机判异，这一点则是针对界内点的。

常规控制图有 8 种判异准则（见图 5-9）。将控制图等分为 6 个区，每个区宽 1σ。这 6 个区的标号分别为 A、B、C、C、B、A。其中两个 A 区、B 区及 C 区都是关于中心线 CL 对称的。

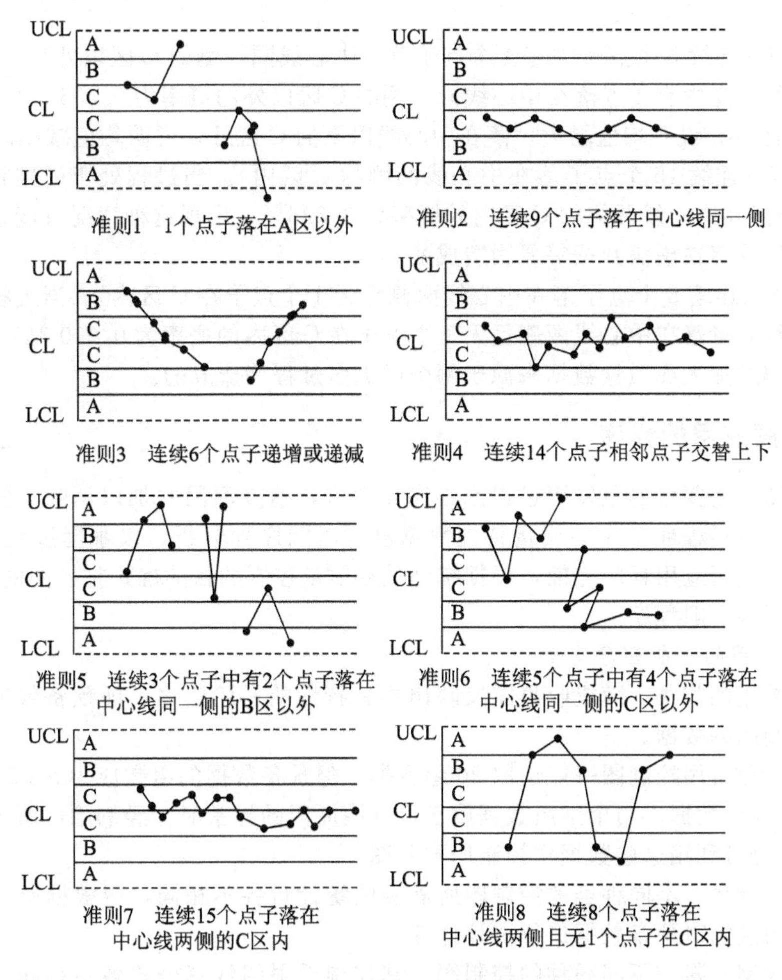

图 5-9 常规控制图的判异准则

（1）准则 1（1 个点子落在 A 区以外）。点子超出控制界限的概率为 0.27%。发生点子出界的情况，则可以认为生产过程中出现了异常变化，即处于失控状态。点子超出上界说明均值增大，点子超出下界说明均值减小。

（2）准则2（连续9个点子落在中心线同一侧）。当过程处于受控状态时，连续9个点子落在中心线同一侧的概率为0.390 6%，出现这种情况可能是过程发生漂移。落在中心线上侧说明均值增大，在中心线下侧说明均值减小。

（3）准则3（连续6个点子递增或递减的趋势）。当过程处于受控状态时，发生6点趋势的概率为0.273 3%，出现这种情况可能是设备、工具磨损或操作者疲劳等原因造成的。递增，说明均值逐渐增大；递减，说明均值逐渐减小。

（4）准则4（连续14个点子相邻点子交替上下）。当过程处于受控状态时，连续14个点子相邻点子交替上下的概率为0.4%，出现这种情况可能是存在两个总体造成的。

（5）准则5（连续3个点子中有2个点子落在中心线同一侧的B区以外）。当过程处于受控状态时，连续3个点子中有2个点子落在中心线同一侧的B区以外的概率，一是2个点子落在中心线同一侧的B区与A区的界限上的概率为2.14%，二是2个点子落在中心线同一侧的A区的界限内的概率为0.268%。落在中心线以上的B区外，说明均值增大；落在中心线以下的B区外，说明均值减小。

（6）准则6（连续5个点子中有4个点子落在中心线同一侧的C区以外）。当过程处于受控状态时，连续5点中有4点落在中心线同一侧的C区以外的概率为0.533 1%，如果落在中心线以上的C区外，说明均值增大；落在中心线以下的C区外，说明均值减小。

（7）准则7（连续15个点子落在中心线两侧的C区内）。当过程处于受控状态时，发生连续15个点子落在中心线两侧的C区内的概率为0.326%，出现这种情况可能是数据分层不够，控制线过宽或存在虚假数据等原因造成的。

（8）准则8（连续8个点子落在中心线两侧且无1个点子在C区内）。当过程处于受控状态时，发生连续8点落在中心线两侧且无1个点子在C区内的概率为0.010 3%，出现这种情况可能是标准偏差加大或质量数据来源于两个或更多过程等造成的。

5.3.3 控制图应用的程序

应用控制图的主要目的是发现过程或工序异常点，追查原因并加以消除，使过程或工序保持受控状态；对过程或工序的质量特性数据进行时间序列分析，以掌握过程或工序状态。因此，在进入控制图应用程序之前，根据统计过程质量控制的目的确定控制图的类型，然后，进入控制图应用的一般程序。

1. 控制图应用的一般程序

（1）预备数据的收集。随机收集能反映出质量特性的一组数据，即预备数据。预备数据是用来绘制控制图的数据。

理论上讲，分析用控制图一般选取20组数据。但预备数据的组数应为$k \geqslant 20$组，在实际应用中最好取25组数据，当个别组数据属于可查明原因的异常时，经剔除后所余数据组数依然大于20组，仍可利用这些数据作控制用控制图。

（2）计算统计量。不同种类的控制图所需要的统计量各不相同，应根据所选取的控制图种类的统计量的规定对预备数据进行统计计算。

（3）计算控制界限。不同图种的控制图，其控制界限的计算公式各不相同。但都需要计算CL、UCL、LCL，计算公式根据统计量的分布特征值及相互关系推导而得。

常用控制图控制界限的计算公式见表5-6和表5-7。

（4）绘制分析用控制图。根据计算的控制界限数值，在控制图纵坐标轴上刻度，并画出CL、UCL、LCL三条界限。控制图横坐标轴的刻度为样本号。按数据表中各组数据的统计量值在控制图中打点并用直线线段连接为折线，即为分析用控制图。

分析用控制图是在对过程的稳定性或受控状态没有明确结论时绘制的控制图，主要目的是判断过程是否处于稳定状态或受控状态。

（5）过程稳定与否和异常与否的判断。作为分析用控制图的完结，依据判断规则的各项准则，对分析用控制图中点子分布状况进行判断。若分析用控制图中点子的分布没有任何违背判断准则的情况，即可判断出取样过程处于稳定受控状态，无异常原因发生。

（6）计算过程能力是否达到基本要求。只有过程处于稳定或受控状态下，过程能力的计算才能有效。计算过程能力是否达到基本要求，即 C_p 或 $C_{pk} \geqslant 1$，也可以用分析用控制图中的数据作直方图判断。

（7）确定控制标准。

① 确定控制标准是对控制用控制图的要求。利用分析用控制图的判断，如若过程稳定，无异常发生，且过程能力指数满足技术要求，可将分析用控制图的控制界限延长，作为标准，此时分析用控制图转化为控制用控制图，以对日常过程或工序控制进行监管。

如若过程不稳定，有异常发生，或过程能力指数不能满足技术要求，要对分析用控制图进行修正。修正时，如若组数能满足要求，可剔除不合理数据，重新得到控制界限。如若组数不能满足要求，要重新搜集数据。

② 进行日常工序质量控制。在日常生产活动中，随机间隔取样，进行测量和计算，在图上描点、观察分析、判断工序状态。如果无异常现象，则维持现状进行生产；如果出现质量降低的信息，应采取措施消除异常；如果出现质量提高的信息，应总结经验，进行标准化或制度化。

2. 计量值控制图：均值-极差控制图的绘制

均值-极差控制图是 $\overline{X}$ 图（均值控制图）和 R 图（极差控制图）联合使用的一种控制图，前者用于判断生产过程是否处于或保持在所要求的受控状态，后者用于判断生产过程的标准差是否处于或保持在所要求的受控状态。

【例 5-4】 某汽车制造厂在生产过程中，需要对轴零件的制造过程建立 $\overline{X}$-R 控制图，对其直径进行日常生产质量控制管理。直径要求为 6.48±0.02（mm），生产过程质量要求为过程能力指数不小于 1。

解：

（1）搜集数据并加以分组。每隔半个小时取 5 个样本，形成一组大小为 5 的样本，一共收集 25 组样本。如表 5-9 所示。

表 5-9 轴直径的数据表 单位：mm

组号	测得数据					计算统计量	
	X_1	X_2	X_3	X_4	X_5	$\overline{X}$	R
1	6.480	6.478	6.480	6.480	6.478	6.479	0.002
2	6.488	6.474	6.474	6.480	6.481	6.479	0.014
3	6.490	6.482	6.479	6.479	6.485	6.483	0.011
4	6.483	6.485	6.485	6.484	6.482	6.484	0.003
5	6.474	6.475	6.475	6.477	6.480	6.476	0.006
6	6.480	6.479	6.483	6.485	6.482	6.482	0.006
7	6.479	6.483	6.480	6.479	6.480	6.480	0.004

续表

组号	测得数据					计算统计量	
	X_1	X_2	X_3	X_4	X_5	$\overline{X}$	R
8	6.474	6.476	6.480	6.484	6.484	6.480	0.010
9	6.485	6.481	6.480	6.482	6.482	6.482	0.005
10	6.488	6.472	6.475	6.477	6.490	6.480	0.018
11	6.483	6.470	6.477	6.476	6.475	6.476	0.013
12	6.490	6.478	6.473	6.480	6.484	6.481	0.017
13	6.484	6.486	6.472	6.478	6.480	6.480	0.014
14	6.474	6.476	6.472	6.478	6.480	6.476	0.008
15	6.485	6.476	6.478	6.475	6.485	6.480	0.010
16	6.472	6.495	6.481	6.483	6.489	6.484	0.023
17	6.487	6.475	6.474	6.486	6.485	6.481	0.013
18	6.479	6.480	6.485	6.488	6.475	6.481	0.013
19	6.481	6.480	6.484	6.487	6.485	6.483	0.007
20	6.475	6.478	6.481	6.485	6.489	6.482	0.014
21	6.483	6.470	6.480	6.480	6.478	6.478	0.013
22	6.490	6.478	6.474	6.480	6.481	6.481	0.016
23	6.485	6.493	6.475	6.473	6.475	6.480	0.020
24	6.474	6.466	6.465	6.484	6.482	6.474	0.019
25	6.485	6.476	6.475	6.477	6.480	6.479	0.010
双向公差			C_{pk}：1.28		平均	6.480	0.012

(2) 计算每组的样本均值 $\overline{X}$ 和极差 R。

计算每一组的平均值 $\overline{X} = \frac{1}{n}\sum_{i}^{n} x_i$，计算结果记入表 5-9 中。

计算每一组的极差值 $R = X_{\max} - X_{\min}$，计算结果记入表 5-9 中。

(3) 计算 25 组总均值和平均极差：$\overline{\overline{X}} = \frac{1}{25}\sum_{i=1}^{25}\overline{X}_i = 6.480$，$\overline{R} = \frac{1}{25}\sum_{i=1}^{25} R_i = 0.012$，计算结果记入表 5-9 中。

(4) 计算控制界限。$\overline{X}$ 图的计算结果见表 5-10。

表 5-10 $\overline{X}$ 图的计算结果

取样数 n	5	分组数	25	总样本数	125
x（=）	6.480 1	中心线	6.480 1	CL=x（=）	
$\overline{R}$	0.011 6	管理上限	6.486 8	UCL=x（=）$+A_2\times\overline{R}$	
A_2	0.577 0	管理下限	6.473 4	LCL=x（=）$-A_2\times\overline{R}$	

R 图的计算结果见表 5-11。

表 5-11 R 图的计算结果

取样数 n	5	分组数	25	总样本数	125
$\overline{R}$	0.011 6	中心线	0.011 6	$CL=\overline{R}$	
D_4	2.115 0	管理上限	0.024 4	$UCL=D_4\times\overline{R}$	
D_3	0.000 0	管理下限	0.000 0	$LCL=D_3\times\overline{R}$	

(5) 做分析用控制图。根据所计算 $\overline{X}$ 图和 R 图的控制界限数值，分别建立两个图的坐标系，并对坐标轴进行刻度。分别以各组数据的统计量、样本号相对应的一组数据，在均值和极差控制图上描点连线，即得到分析用控制图。如图 5-10 所示。

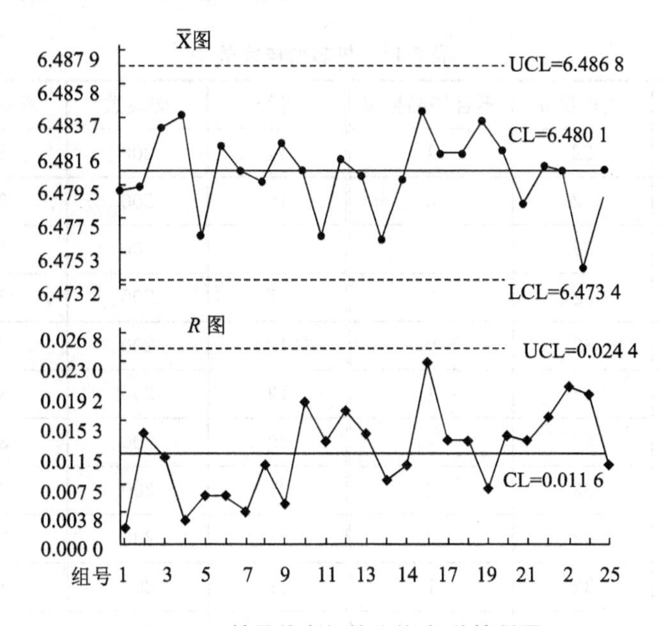

图 5-10 轴零件直径的均值-极差控制图

(6) 分析生产过程是否处于控制状态（稳态）。观察图 5-10 的 $\overline{X}$ 图和 R 图的控制图，根据判断准则数据点子在控制线内且随机排列，且无异常现象，显示结果表明此过程稳态可控。因此，此 $\overline{X}$-R 控制图可作控制用控制图。

(7) 计算过程能力指数。在本例中，零件直径规格限为双侧且样本总均值不等于规格中心值，应该根据有偏情形计算过程能力指数。σ 根据极差法估计得出：$\sigma=\dfrac{\overline{R}}{d_2(n)}$，式中 $d_2(n)$ 根据相关控制图系数表查出，$n=5$ 时 $d_2(n)=2.326$。则

$$C_p=\frac{T}{6\sigma}=\frac{T}{6\overline{R}/d_2(n)}=\frac{0.04}{6\times 0.011\,6/2.326}=1.29$$

修正系数
$$k=\frac{|\mu-T_M|}{\frac{T}{2}}=\frac{|6.480\,1-6.48|}{0.04/2}=0.005$$

$$C_{pk}=(1-k)C_p=(1-0.005)\times 1.29=1.28$$

根据题意，$C_{pk}>1$，过程能力能够满足要求。因此，可以将分析用控制图的控制线延长

转化为控制用控制图。

(8) 计算此过程的平均不合格品率 p。

$$p = \Phi[-3(1+k)C_p] + \Phi[-3(1-k)C_p]$$
$$= \Phi[-3.89] + \Phi[-3.85]$$
$$= 0.000\,11 = 0.011\%$$

3. 计件控制图的制作与应用

计件控制图是以“件”为单位统计不合格品数的。计件控制图又可分为不合格品率控制图和不合格品数控制图。

【例 5-5】 为了控制不合格品的发生，某工厂采用不合格品数控制图（P_n 控制图）对流水线组装机芯加以控制，采取等数抽样的方法分别计算出不合格品数的控制界线（见表 5-12 所示抽样数据表）。

表 5-12 机芯抽样数据

组号	交验数	样本数 n	不合格品数 d	组号	交验数	样本数 n	不合格品数 d
1	200	32	1	14	200	32	3
2	300	32	0	15	200	32	1
3	200	32	1	16	200	32	0
4	200	32	2	17	200	32	2
5	200	32	0	18	200	32	1
6	200	32	1	19	200	32	0
7	200	32	1	20	200	32	1
8	200	32	2	21	200	32	1
9	200	32	0	22	200	32	2
10	200	32	1	23	200	32	1
11	200	32	0	24	200	32	2
12	200	32	1	25	200	32	0
13	200	32	2	合计	5 000	800	26

解：

(1) 计算统计量（不合格品率）。有

$$\bar{p} = \frac{d}{n} = \frac{26}{800} = 0.032\,5$$

式中：d——不合格品数；

n——抽样总数。

计算 25 组样本的平均不合格品数 $n\bar{p}$：

$$n\bar{p} = \frac{\sum \bar{p}n}{k} = \frac{26}{25} = 1.04$$

(2) 计算控制界限。

中心线为：$CL=n\bar{p}=32\times0.0325=1.04$

上控制限：$UCL=n\bar{p}+3\sqrt{n\bar{p}(1-\bar{p})}=1.04+3\times\sqrt{1.04(1-0.0325)}=4.049$

下控制限：$LCL=n\bar{p}-3\sqrt{n\bar{p}(1-\bar{p})}=1.04-3\times\sqrt{1.04(1-0.0325)}=-1.969$（可不考虑）

（3）作分析用 n_p 控制图。根据以上数据，作 np 控制图，如图 5-11 所示。

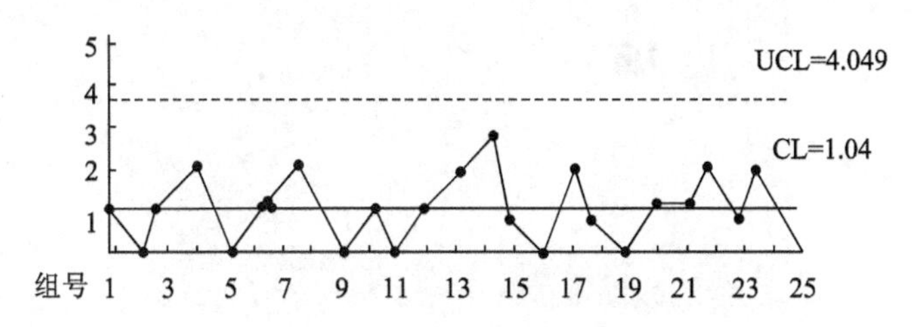

图 5-11 样本不合格数控制图

（4）分析。从图 5-11 中可以明显看出，点子落在上控制限以内，且排列波动不大，该零件的生产过程处于稳定状态，若过程能力指数达到规定要求，则可将图的控制限延长，作为控制用控制图。

本章小结

本章涉及质量管理统计方法的主要内容，是质量控制的重点内容，理解和掌握这些内容对于在质量管理实际中分析和解决问题具有十分重要的意义。现代质量管理强调过程控制，也就是要使过程处于稳定受控状态。为了实现过程控制，必须采用科学的统计方法，捕捉过程中的异常先兆，并结合专业技术消除异常的质量波动。也就是说，统计过程控制是通过应用统计技术识别异常、消除异常，把不合格消灭于过程之中，达到预防不合格品产生的目的。实现预防性控制，消除过程中的异常因素，长期、稳定地保持过程能力，即具备保持不出不合格品的能力。统计技术是实施过程控制的常备工具，是异常的警报装置。因此，在关键过程和关键工序必须有统计技术的应用，以预防不合格品的产生，确保过程能力在稳定中有所提高；控制图技术与方法用于监视和控制所有类型的产品（硬件、软件、流程性材料和服务）的生产和测量过程。

阅读资料

移动数据采集：让质量管控“动”起来

如今，消费电子产品的发展日新月异。从台式电脑、手机到 iPad……先进、易用的电子设备比比皆是。然而，这些设备之所以与众不同，还要得益于移动通信网络及因特网的发展。在科技的作用下，几十年前科学家们幻想的全球信息互联早已成为现实。

为什么不把这么好的技术应用于制造业呢？交流、协作和可视化是实现从一个地点到另一个地点、从供应商到制造业企业，打通全流程质量管理的关键要素。使用移动设备采集系统、分享以前无法收集的数据使大幅提高产品质量成为可能。无论生产在哪里进行，移动数据采集系统都能把产品数据即时纳入质量系统中（如图 5-12 所示）。

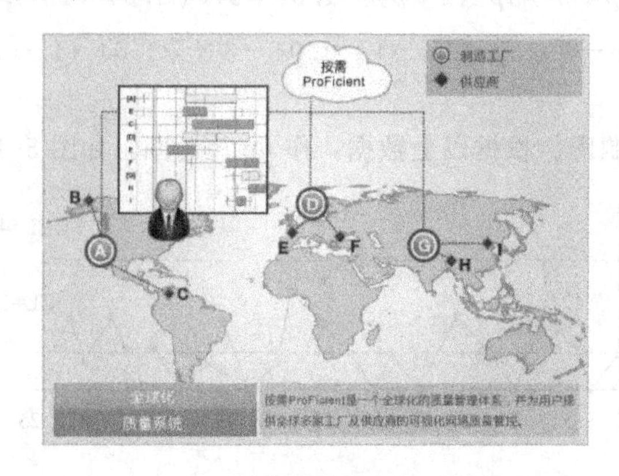

图 5-12　全球化的质量数据管理系统

1. 移动数据采集：大胆尝试，全新体验

其实，一些领先的制造业企业已经停止使用基于文档的数据管理系统，转而采用电子的甚至基于网络的质量解决方案。事实上，大多数企业已具备移动数据采集的基本条件，包括接入：有线或无线网络、因特网、移动通信网络、便携式手持电子设备、软件即服务（SaaS）等。

如果不熟悉软件即服务（SaaS），那么可以设想一下你的银行账户余额是如何进行在线查询的。用户根本不需要在电脑上安装任何软件，只需登录网站，进入查询系统就可以了。所以当用户查询余额时，得到的都是最新的，而且是第一手的实时数据。

现在想象一下，如果生产车间的移动数据采集系统取代了传统的纸笔记录，企业会出现怎样的变化？摆脱传统的纸笔操作，操作员可使用连接到传统电脑的量具定期检查产品、输出测量结果；检验员可怀抱一台平板电脑从一条生产线到下一条生产线录入缺陷代码；工艺工程师可使用他的手机进行确认检查……当然，无论使用什么硬件，数据都可以输入到单一、共享、集中的数据库中。数据库的位置在哪儿不重要，它可能像某家银行的数据库那样在网络空间的某处，但重要的是数据库是安全的，用户可以随时访问自己的数据库。

在数据输入的同时，该工厂的质量经理正在前往访问供应商的路上。他的飞机刚刚降落在中国，他掏出手机，登录无线网络，点击一个链接，就得到了自己工厂最近 24 小时质量数据的汇总报告。

由于工厂质量数据是实时输入的，所以这位经理不用等待文员去车间现场收集纸质报告，也不用等待行政助理辨认手写数据并把它们录入到电子表格中，就总能看到最新的数据。

再请想象一下，如果上海供应商把质量数据也输入到同一数据库中。那这位质量经理在出租车上仅需登录当地手机网络，在手机上点击另外一个链接，便可轻松调取上海工厂过去一周的质量信息汇总报告了。由于所有数据都是在线的，所以当缺陷率上升或报警触发时，这位经理也能收到来自中国的报警邮件。从而第一时间掌握企业的质量现状。

2. 实时管控：优势技术成就品质

其实上文的情景在制造业企业中并不少见。毕竟这些技术都已存在，而且价格并不昂贵。很多世界领先的制造业企业现在已经通过应用这些技术来节约时间、改善交流和提升质量控制水平。

移动数据采集技术使数据采集、交流和制作全球工厂的质量报告变得容易。更重要的是，在质量系统中使用这些技术可以帮助降低劣质或不安全产品流入消费者手中的可能性，同时降低整个产业链的成本。

3. 移动数据采集系统的优势

（1）提升企业整体协作性。要解决遇到的质量问题，就必须以真实数据为基础。没有数据，改正行动就无从谈起。想象一下：当过程事件发生时，专业人员能够即时获得有关数据。当中国供应商的不合格产品触发报警时，芝加哥的质量工程师会立刻收到一封描述该事件的电子邮件。两国的责任部门一起讨论，根据讨论结果制定必要的过程控制行动，从而确保劣质产品不会进入供应链。这样，通过共同利益方的努力，企业可以在降低总费用的同时提高自己的质量水平。

（2）增强数据可追溯性。企业通常倾向于把追溯性信息，如：班组、批次等，同质量数据关联在一起。这样可以根据最重要的事情来“切割”数据。假设每个供应商对每个工厂的每个生产步骤关联一种类似于批次代码之类的追踪信息，并将原材料、半成品及成品组装的数据录入到共享的数据库中，这样，整个产品生命周期的可追溯性就成为现实。不需要使用更多的纸张，不需要邮寄分析报告，客户只需登录数据库，输入批次代码就能得到所需信息。

（3）生成可追溯性数据报告。如果可追溯性信息的使用从一个生产环节（或工厂）推进到下一个环节，并逐步扩展的话，那么企业从原材料到成品所有质量数据的可追溯性都可连接起来，并生成质量信息的可追溯性数据报告。若某一批成品出现了问题，那么它所有的零部件和原材料信息都可以通过数据报告追溯到。这种可追溯性报告在提高企业追查问题原因的能力的同时，也极大降低了企业的召回成本。同样，借助原材料的可追溯性数据报告，企业也可以追踪到最终的成品信息，制造商可以通过这种打包的“谱系树”追踪全球原材料的消耗信息，哪怕是在最终的成品包装工厂，都可实现信息的有效追溯。

事实上，移动数据采集系统及其相关技术通过大幅提升信息交流从而优化供应链的整体效率。在数据采集和报告形成方面，企业可体验到前所未有的灵活性。通过使用这套系统及技术，制造业企业不仅能最大限度地突破数据的时空访问限制，降低数据采集和形成报告的费用，而且还可以进一步降低全球工厂（及供应链体系）的质量成本、确保终端消费者得到高品质的产品。

当终端消费者通过阅读去感受20世纪六七十年代科幻小说及制造业杂志中描绘的网络互连为制造业企业所带来的便利时，大多数制造业企业却没有成为践行此类技术的先行者。尽管这些技术已经存在，企业可以选择、使用，但却鲜有企业乐于尝试。所以乃至现在，我们还未能充分发挥移动数据采集系统在输入关键质量数据、存储可追溯性数据信息及提供全球范围数据访问等诸多方面的便捷作用。

其实，用易于获得的、经济的移动消费电子技术升级现有的IT系统是很容易的。这样做，企业能够进一步降低总的供应链成本，使产品召回的可能性降到最低，并且可以在全球范围内预防质量问题的产生，提升产品品质。

（资料来源：http：//www.ceconlinebbs.com/FORUM_POST_900001_900002_1027158_0.HTM）

案例分析

用 Excel 绘制产品质量的过程控制图

某种零件的质量特征值是零件的外径，为了控制产品质量，从连续生产工序中每隔半小时抽检制品一次，每次抽检 5 件，共抽 25 次，测得数据如表 5-13 所示，试制作$\overline{X}$-s 控制图。

表 5-13　实验测定值　　单位：mm

组号	测定值					$\overline{X_i}$	S
	X_{i1}	X_{i2}	X_{i3}	X_{i4}	X_{i5}		
1	76.42	76.54	76.45	76.57	76.3		
2	76.41	76.35	76.44	76.29	76.47		
3	76.21	76.54	76.29	76.21	76.26		
4	76.48	76.39	76.39	76.52	76.69		
5	76.39	76.22	76.56	76.36	76.47		
6	76.46	76.21	76.47	76.42	76.49		
7	76.23	76.42	76.36	76.26	76.41		
8	76.2	76.48	76.46	76.54	76.42		
9	76.47	76.38	76.46	76.37	76.31		
10	76.41	76.35	76.36	76.56	76.48		
11	76.55	76.39	76.51	76.42	76.29		
12	76.43	76.42	76.35	76.36	76.42		
13	76.48	76.29	76.23	76.25	76.58		
14	76.49	76.23	76.43	76.47	76.41		
15	76.2	76.51	76.34	76.51	76.36		
16	76.19	76.43	76.34	76.3	76.43		
17	76.48	76.39	76.31	76.53	76.51		
18	76.23	76.46	76.59	76.3	76.39		
19	76.46	76.31	76.4	76.36	76.58		
20	76.42	76.23	76.39	76.48	76.51		
21	76.52	76.63	76.62	76.36	76.35		
22	76.31	76.39	76.26	76.92	76.31		

续表

组号	测定值					$\overline{X_i}$	S
	X_{i1}	X_{i2}	X_{i3}	X_{i4}	X_{i5}		
23	76.58	76.39	76.52	76.43	76.32		
24	76.32	76.43	76.65	76.39	76.38		
25	76.45	76.53	76.26	76.39	76.33		
平均值							

操作步骤如下。

(1) 计算各组的$\overline{X}_i$、S。在Excel工作表中输入如表5-13所示的样本数据，单击主菜单中的“工具”菜单，在弹出的子菜单中单击“数据分析”，出现数据分析对话框，如图5-13所示。

(2) 在“数据分析”对话框中选择“描述统计”，单击“确定”按钮，弹出“描述统计”对话框，在“输入区域”选项的文本框中，拖动鼠标选取B3：F27，分组方式选择“逐行”，并根据需要选择其他参数，如图5-14所示。

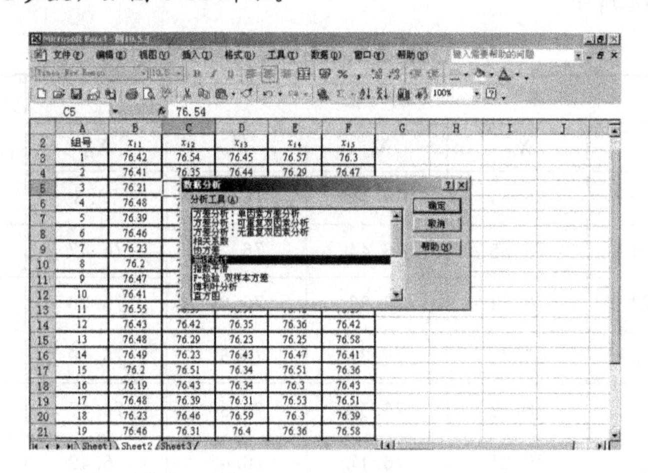

图 5-13　由 Excel 求平均值$\overline{X}$与标准差S

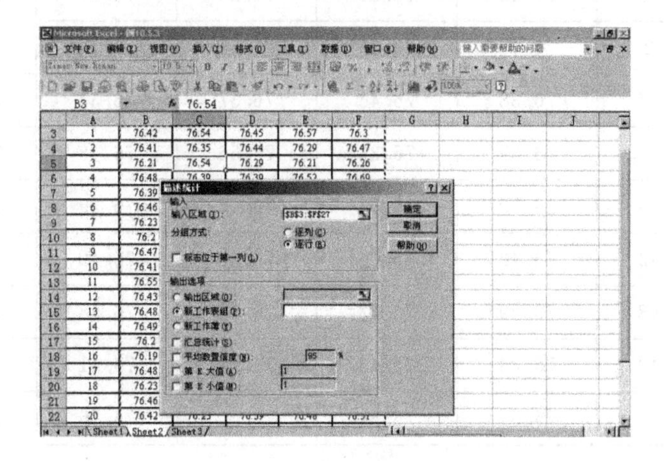

图 5-14　由 Excel 求平均值$\overline{X}$与标准差S

（3）单击“确定”按钮，弹出的输出结果窗口如图 5-15 所示。

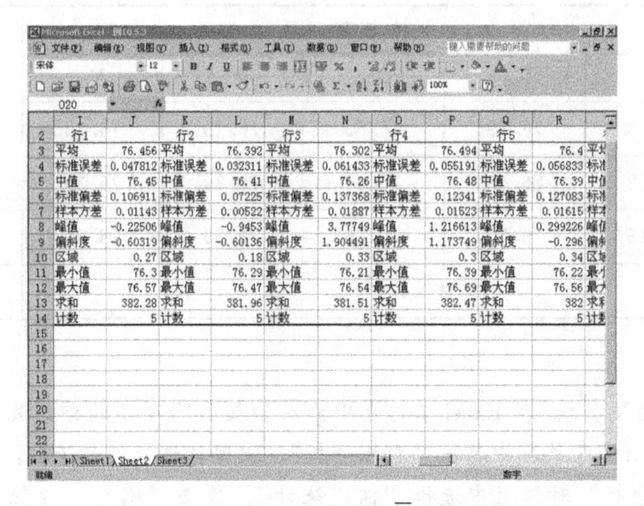

	I	J	K	L	M	N	O	P	Q	R
2	行1		行2		行3		行4		行5	
3	平均	76.456	平均	76.392	平均	76.302	平均	76.494	平均	76.4
4	标准误差	0.047812	标准误差	0.032311	标准误差	0.061433	标准误差	0.055191	标准误差	0.056833
5	中值	76.45	中值	76.41	中值	76.26	中值	76.48	中值	76.39
6	标准偏差	0.106911	标准偏差	0.07225	标准偏差	0.137368	标准偏差	0.12341	标准偏差	0.127083
7	样本方差	0.01143	样本方差	0.00522	样本方差	0.01887	样本方差	0.01523	样本方差	0.01615
8	峰值	-0.22506	峰值	-0.9453	峰值	3.77749	峰值	1.216613	峰值	0.299226
9	偏斜度	-0.60319	偏斜度	-0.60136	偏斜度	1.904491	偏斜度	1.173749	偏斜度	-0.296
10	区域	0.27	区域	0.18	区域	0.33	区域	0.3	区域	0.34
11	最小值	76.3	最小值	76.29	最小值	76.21	最小值	76.39	最小值	76.22
12	最大值	76.57	最大值	76.47	最大值	76.54	最大值	76.69	最大值	76.56
13	求和	382.28	求和	381.96	求和	381.51	求和	382.47	求和	382
14	计数	5	计数	5	计数	5	计数	5	计数	5

图 5-15　由 Excel 求平均值 $\overline{X}$ 与标准差 S

（4）选择所需要的参数值，如平均值、标准差，通过复制和粘贴，生成的 $\overline{X}$-s 控制图数据统计表，如表 5-14 所示。

表 5-14　$\overline{X}$-s 控制图数据统计表

组号	测定值					$\overline{X}_i$	S_i
	X_{i1}	X_{i2}	X_{i3}	X_{i4}	X_{i5}		
1	76.42	76.54	76.45	76.57	76.3	76.46	0.106 9
2	76.41	76.35	76.44	76.29	76.47	76.39	0.072 2
3	76.21	76.54	76.29	76.21	76.26	76.30	0.137 4
4	76.48	76.39	76.39	76.52	76.69	76.49	0.123 4
5	76.39	76.22	76.56	76.36	76.47	76.40	0.127 1
6	76.46	76.21	76.47	76.42	76.49	76.41	0.114 7
7	76.23	76.42	76.36	76.26	76.41	76.34	0.086 8
8	76.2	76.48	76.46	76.54	76.42	76.42	0.130 4
9	76.47	76.38	76.46	76.37	76.31	76.40	0.066 9
10	76.41	76.35	76.36	76.56	76.48	76.43	0.088 1
11	76.55	76.39	76.51	76.42	76.29	76.43	0.102 6
12	76.43	76.42	76.35	76.36	76.42	76.40	0.037 8
13	76.48	76.29	76.23	76.25	76.58	76.37	0.155 3
14	76.49	76.23	76.43	76.47	76.41	76.41	0.103 3
15	76.2	76.51	76.34	76.51	76.36	76.38	0.130 5

续表

组号	测定值					$\overline{X}_i$	S_i
	X_{i1}	X_{i2}	X_{i3}	X_{i4}	X_{i5}		
16	76.19	76.43	76.34	76.3	76.43	76.34	0.100 3
17	76.48	76.39	76.31	76.53	76.51	76.44	0.092 1
18	76.23	76.46	76.59	76.3	76.39	76.39	0.140 1
19	76.46	76.31	76.4	76.36	76.58	76.42	0.104 0
20	76.42	76.23	76.39	76.48	76.51	76.41	0.109 2
21	76.52	76.63	76.62	76.36	76.35	76.50	0.135 8
22	76.31	76.39	76.26	76.92	76.31	76.44	0.273 4
23	76.58	76.39	76.52	76.43	76.32	76.45	0.103 3
24	76.32	76.43	76.65	76.39	76.38	76.43	0.127 0
25	76.45	76.53	76.26	76.39	76.33	76.39	0.104 5
平均值						76.41	0.114 9

① 计算$\overline{\overline{X}}$、S。由表5-14得

$$\begin{cases}\overline{\overline{X}}=\frac{1}{25}\sum_{i=1}^{25}\overline{X}_i=76.41\\ \overline{S}=\frac{1}{25}\sum_{i=1}^{25}S_i=0.114\ 9\end{cases}$$

② 计算控制界限。查表，当$n=5$时，$B_3=0$，$B_4=2.089$，$A_3=1.427$，得

均值控制图$\overline{X}$：
$$\begin{cases}CL=\overline{\overline{x}}=76.41\\ UCL=\overline{\overline{x}}+A_3\overline{S}=76.41+1.427\times0.114\ 9=76.57\\ LCL=\overline{\overline{x}}-A_3\overline{S}=76.41-1.427\times0.114\ 9=76.25\end{cases}$$

s标准差控制图：
$$\begin{cases}CL=\overline{S}=0.114\ 9\\ UCL=B_4\overline{S}=2.089\times0.114\ 9=0.24\\ LCL=0\end{cases}$$

③ 制作图。根据均值控制图$\overline{X}$和s标准差控制图的控制限，借助Excel的图表功能（单击“插入”|“图表”|折线图）绘制的$\overline{X}$控制图和s标准差控制图分别如图5-16和图5-17所示。

$\overline{X}$-s控制图中的$\overline{X}$图与$\overline{X}$-s控制图中的s标准差控制图均显示，抽取的样本中有一组数据发生异常。需要研究所用的原材料、生产工艺、机器或其他因素有无发生变化，从中找出该点失去控制的原因，同时重新抽取样本制作质量控制图。

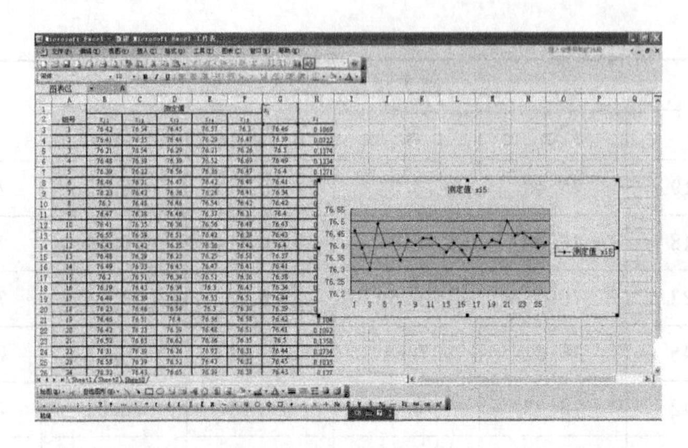

图 5-16　$\overline{X}$控制图

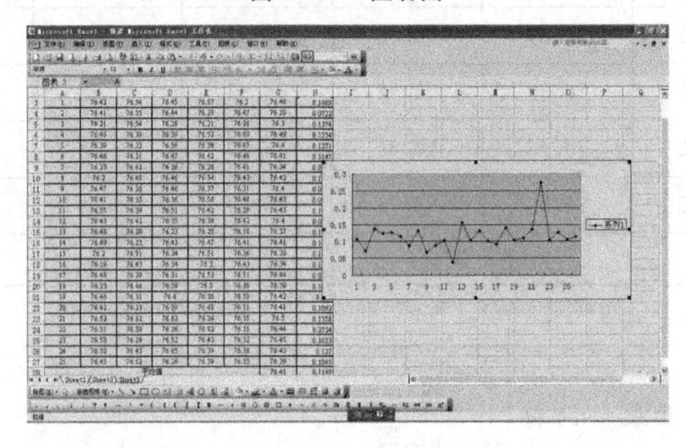

图 5-17　*s* 控制图

习　题

一、单项选择题

1. 控制图在生产工序中的主要作用是（　　）。

A. 发现异常情况　　B. 发现不合格产品

C. 分析质量原因　　D. 找出影响质量的主要原因

2. 工序处于稳定状态的直方图是（　　）直方图。

A. 正常型　　B. 双峰型　　C. 平顶型　　D. 锯齿型

3. 当过程能力指数大于 1 且小于 1.33 时，认为过程能力（　　）。

A. 过高　　B. 充分　　C. 尚可　　D. 不充分

4. 在控制图中，中心线的定位是（　　）。

A. $\mu+3\sigma$　　B. μ　　C. $\mu-3\sigma$　　D. $\mu-\sigma$

5. 当出现（　　）时，可以判定工序的生产过程异常。

A. 连续 5 点不断上升　　B. 7 点链

C. 无点子出界，正常排列　　D. 点子呈随机变化

6. 为了保持产品质量持续稳定，应建立控制用控制图的过程是（　　）。

A. 所有生产过程　　B. 过程能力很强 $C_{pk} \geqslant 2$

C. 过程能力很差 $C_{pk} \leqslant 0.5$　　D. 偶发质量问题的关键过程

7. 计量型测量数据适用的控制图是（　　）。

A. p 图　　B. np 图　　C. c 图　　D. $\overline{X}$-R 图

8. 在计量值控制图中，计算简便，但效果较差的是（　　）。

A 平均值-极差控制图　　B. 中位数-极差控制图

C. 单值-移动极差控制图　　D. 连续值-极差控制图

9. 在计数值控制图中，P 表示（　　）。

A 不合格品数控制图　　B. 不合格品率控制图

C. 缺陷控制图　　D. 单位缺陷数控制图

10. 在计数值控制图中，计算量大、控制线凸凹不平、样本数量不等的控制图是（　　）。

A. 不合格品数控制图　　B. 不合格品率控制图

C. 缺陷数控制图　　D. 单位缺陷数控制图

二、多项选择题

1. 常见的计量值控制图有（　　）。

A. 平均值-极差控制图　　B. 中位数-极差控制图

C. 单值-移动极差控制图　　D. 连续性-极值控制图

E. 瞬时值-极差控制图　　F. 单位缺陷数控制图

2. 计数值控制图的类别有（　　）。

A. 不合格品数控制图　　B. 不合格品率控制图

C. 缺陷数控制图　　D. 单位缺陷数控制数

E. 合格率控制图

3. 数据的统计特征值有（　　）。

A. 平均值　　B. 方差　　C. 中位数　　D. 级差　　E. 标准偏差

4. 属于计量值的数据有（　　）。

A. 长度　　B. 废品数　　C. 电压　　D. 产品台数　　E. 温度

5. 影响工序能力的变量是（　　）。

A. 产品质量特性　　B. 公差范围　　C. 中心偏移量　　D. 标准差

三、名词解释

1. 过程能力；

2. 过程能力指数。

四、简答题

1. 简述质量波动的原因。

2. 简述控制图的原理。

3. 简述如何理解过程能力与过程能力指数。

4. 简述控制图的作用。

5. 判异的思路是什么?

五、计算题

1. 某工序加工某零件，其外圆直径的加工要求为（50±0.15）mm，现从该工序加工的零件中抽取100件，测量并计算出其直径的均值为50.06 mm，标准偏差为0.04 mm。试计算此时的工序能力指数，指出等级并做出判断。

2. 已知某零件尺寸为$50^{+0.3}_{-0.1}$ mm，取样实测后求得$\overline{X}=50.05$ mm，$S=0.061$ mm，求工序能力指数、不合格率、指出等级并做出判断，已知：$\Phi(4.09)=1$；$\Phi(2.45)=0.9929$。

3. 天线公司生产0.6M（13G）天线的弯波导，成形后长度要求为263 mm±0.40 mm，生产过程质量要求为$C_p \geqslant 1.00$，为对该过程实行连续监控，设计$\overline{X}$-R控制图，分析控制状态（见表5-15）。

表5-15　0.6M天线弯波导数据表　　单位：mm

序号	X_{i1}	X_{i2}	X_{i3}	X_{i4}	X_{i5}
1	263.0	262.9	263.2	263.2	263.2
2	262.9	263.1	262.8	263.0	263.1
3	263.1	262.9	263.1	263.0	263.2
4	263.3	263.2	263.2	263.0	263.1
5	263.0	262.9	263.1	263.2	263.2
6	262.9	263.0	262.8	263.0	263.1
7	263.0	263.2	263.1	263.0	263.2
8	263.1	263.1	263.1	263.0	263.2
9	263.0	263.3	263.1	263.2	263.0
10	263.2	263.1	262.9	262.9	263.1
11	262.8	263.0	263.1	263.0	262.8
12	263.1	263.0	263.0	263.2	263.1
13	263.0	263.2	263.3	263.2	262.8
14	263.1	263.0	263.0	263.1	263.1

续表

序号	X_{i1}	X_{i2}	X_{i3}	X_{i4}	X_{i5}
15	263.1	263.0	262.9	263.0	262.8
16	263.2	263.2	263.0	263.2	263.1
17	263.2	263.1	263.2	263.1	263.1
18	263.1	263.1	263.1	263.1	263.3
19	263.2	263.2	263.2	263.2	263.0
20	263.2	263.0	263.2	263.1	263.0
21	262.9	263.0	263.0	263.0	262.9
22	263.0	263.1	263.2	263.2	263.2
23	263.2	263.2	263.2	263.0	262.9
24	263.0	263.0	263.0	263.2	263.0
25	263.1	263.0	263.0	263.1	263.1

4. 某一企业生产的标准件的尺寸公差为24.967～24.988。试用Excel绘制产品质量过程控制的 $\overline{X}$-s 图，分析控制状态，并做出控制用控制图（见表5-16）。

表5-16　标准件的数据表　　单位：mm

组号	测得数据					计算统计量	
	X_1	X_2	X_3	X_4	X_5	$\overline{X}$	S_i
1	24.987	24.985	24.980	24.970	24.980		
2	24.980	24.970	24.980	24.970	24.985		
3	24.980	24.980	24.980	24.985	24.985		
4	24.985	24.970	24.980	24.980	24.975		
5	24.985	24.970	24.980	24.980	24.988		
6	24.980	24.980	24.985	24.980	24.985		
7	24.988	24.980	24.975	24.988	24.975		
8	24.980	24.980	24.970	24.980	24.980		
9	24.987	24.980	24.980	24.980	24.980		
10	24.980	24.985	24.970	24.970	24.988		
11	24.980	24.980	24.980	24.970	24.980		
12	24.970	24.980	24.980	24.980	24.980		
13	24.970	24.980	24.985	24.970	24.980		
14	24.980	24.985	24.985	24.970	24.980		
15	24.980	24.975	24.980	24.980	24.985		

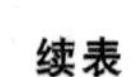

组号	测得数据					计算统计量	
	X_1	X_2	X_3	X_4	X_5	$\overline{X}$	S_i
16	24.980	24.970	24.988	24.980	24.975		
17	24.980	24.980	24.980	24.980	24.970		
18	24.985	24.970	24.980	24.980	24.980		
19	24.980	24.970	24.985	24.980	24.970		
20	24.980	24.985	24.985	24.980	24.980		
21	24.980	24.980	24.975	24.985	24.970		
22	24.980	24.980	24.988	24.980	24.980		
23	24.985	24.980	24.985	24.980	24.980		
24	24.975	24.988	24.975	24.980	24.985		
25	24.970	24.980	24.980	24.985	24.985		

第6章　质量检验理论与方法

学习目标

学完本章，应该理解和掌握：

质量检验的概念与基本职能；

质量检验的组织与管理；

抽样检验原理；

计数调整型抽样方案转移规则。

质量检验是质量管理工作中一个不可缺少的组成部分。从质量管理发展史来看，质量检验曾经是保证产品质量的主要手段。质量管理理论就是在质量检验的基础上发展起来的。检验是生产过程中的一个有机组成部分。通过检验可以分离并剔除不合格品，对生产过程及时做出分析，评鉴工序质量状况，并且获得信息回馈，采取矫正及改善措施。通过检验，及时预测不合格品的产生，保证做到“不合格的原料不投产，不合格的半成品不转序，不适用的成品不出厂”，以保证满足顾客需求，并建立与维护企业的信誉。因此，必须进一步加强质量检验的基本职能，有组织、有目的地完成这项工作，更有效地发挥质量检验的作用。

6.1 质量检验的基本概念

6.1.1 质量检验的含义

1. 质量检验定义

朱兰认为：“所谓检验，就是这样的业务活动，决定产品是否在下一道工序使用时适合要求，或是在出厂检验场合，决定能否向消费者提供。”

英国标准（BS）将“检验”定义为：“按使用要求来测量、检查、试验、计量或比较一个项目的一种或多种特性的过程。”

国家标准《质量管理体系　基础和术语》（GB/T 9000—2016）中，将检验定义为“通过观察和判断，适当时结合测量、试验所进行的符合性评价”。

（1）检验就是通过观察和判断，适当时结合测量、试验所进行的符合性评价。对产品而言，是指根据产品标准或检验规程对原材料、中间产品、成品进行观察，适当时进行测量或试验，并把所得到的特征值和规定值做比较，判定出各个物品或成批产品合格与不合格的技术性检查活动。

（2）质量检验就是对产品的一个或多个质量特性进行观察、测量、试验，并将结果和规定的质量要求进行比较，以确定每项质量特性合格情况的技术性检查活动。

质量检验是要对产品的一个或多个质量特性，通过物理的、化学的和其他科学技术手段和方法进行观察、试验、测量，取得证实产品质量的客观证据。因此，需要有适用的检测手段，包括各种计量检测器具、仪器仪表、试验设备，等等，并且对其实施有效控制，保持所需的准确度和精密度。质量检验的结果，要依据产品技术标准和相关的产品图样、过程（工艺）文件或检验规程的规定进行对比，确定每项质量特性是否合格，从而对单件产品、成批产品质量或过程质量状态进行判定。

2. 质量检验过程

从质量检验的定义可以看出，质量检验的整个过程如下。

（1）检验的准备。熟悉规定要求，选择检验方法，制定检验规范。首先要熟悉检验标准和技术文件规定的质量特性和具体内容，确定测量的项目和量值。为此，有时需要将质量特性转化为可直接测量的物理量；有时则要采取间接测量方法，经换算后才能得到检验需要的量值。有时则需要有标准实物样品（样板）作为比较测量的依据。要确定检验方法，选择精密度、准确度适合检验要求的计量器具和测试、试验及理化分析用的仪器设备。确定测量、试验的条件，确定检验实物的数量，对批量产品还需要确定批的抽样方案。将确定的检验方法和方案用技术文件形式做出书面规定，制定规范化的检验规程（细则）、检验指导书，或绘成图表形式的检验流程卡、工序检验卡等。在检验的准备阶段，必要时要对检验人员进行相关知识和技能的培训和考核，确认能否适应检验工作的需要。

（2）测量或试验。按已确定的检验方法和方案，对产品质量特性进行定量或定性的观察、测量、试验，得到需要的量值和结果。测量和试验前后，检验人员要确认检验仪器设备和被检物品试样状态正常，保证测量和试验数据的正确、有效。

（3）记录。对测量的条件、测量得到的量值和观察得到的技术状态用规范化的格式和要求予以记载或描述，作为客观的质量证据保存下来。质量检验记录是证实产品质量的证据，因此数据要客观、真实，字迹要清晰、整齐，不能随意涂改，需要更改的要按规定程序和要求办理。质量检验记录不仅要记录检验数据，还要记录检验日期、班次，由检验人员签名，便于质量追溯，明确质量责任。

（4）比较和判定。由专职人员将检验的结果与规定要求进行对照比较，确定每一项质量特性是否符合规定要求，从而判定被检验的产品是否合格。

（5）确认和处置。检验有关人员对检验的记录和判定的结果进行签字确认。对产品（单件或批）是否可以“接收”“放行”做出处置。

① 对合格品准予放行，并及时转入下一作业过程（工序）或准予入库、交付（销售、使用）。对不合格品，按其程度分别情况做出返修、返工、让步接收或报废处置。

② 对批量产品，根据产品批质量情况和检验判定结果分别做出接收、拒收、复检处置。

各个过程中把测量或试验的数据做好记录、整理、统计、计算和分析，按一定的程序和方法，向领导和部门反馈质量信息，作为今后改进质量，提高质量制定措施的依据。

3. 质量检验比较与判断的依据

产品质量检验的依据是产品图样，制造工艺、技术标准及有关技术文件。外购、外协件及有特殊要求的产品需根据订货合同中的规定及技术要求进行检验验收。质量标准是质量检验比较与判断的依据。不同水平的质量标准对同一批产品，可能做出不同的判断。实际上，质量检验的过程就是质量标准执行的过程。质量检验主要依据有以下几类标准。

（1）技术标准。

① 产品标准。产品标准是指为保证产品的适用性，对产品必须达到的某些或全部要求所制定的标准。通常，包括对产品结构、规格、质量和检验方法所做的技术规定，是在一定时期和一定范围内具有约束力的技术准则，包括对产品结构、性能等质量方面的要求，以及对生产过程有关检验、试验、包装、储存和运输等方面的要求。所以，在一定意义上说，产品标准也是生产、检验、验收、使用中维护、合作贸易和质量仲裁的技术依据。

② 基础标准。基础标准是指在一定范围内作为其他标准的基础，具有通用性和广泛指导意义的标准。例如，在技术标准中，基础标准包括通用技术语言标准，即技术文件、图纸等所用的术语和符号等。也包括精度和互换性标准，例如，公差配合，还包括计量标准、环境条件标准和技术通则标准等。

③ 安全、卫生与环境标准。包括环境条件、卫生安全和环境保护等方面的要求。

（2）检验标准。检验标准主要包括检验指导书、检验卡、验收抽样标准等。例如，检验指导书的格式可以根据企业的产品类型和生产过程的复杂程度来制定。

（3）管理标准。管理标准就是指企业为了保证和提高产品质量和工作质量，完成质量计划和达到质量目标，企业员工共同遵守的准则。

管理标准主要包括：质量手册和检验人员工作守则；检验工作流程中的规则和制度；检验设备和工具的使用、维护制度；有关工序控制的管理制度和管理标准；有关不合格品的管理制度；有关质量检验的信息管理制度，等等。

6.1.2 质量检验的目的

1. 质量检验目的

(1) 判断产品质量是否合格。

(2) 确定产品质量等级或产品缺陷的严重性程度，为质量改进提供依据。

(3) 了解生产工人贯彻标准和工艺的情况，督促和检查工艺纪律，监督工序质量。

(4) 收集质量数据，并对数据进行统计、分析和计算，提供产品质量统计考核指标完成的情况，为质量改进和质量管理活动提供依据。

(5) 当供需双方因产品质量问题发生纠纷时，实行仲裁检验，以判定质量责任。

2. 质量检验的重要意义

(1) 通过进货质量检验，企业可以获得合格的原材料、外购件及外协件，这对保证企业产品质量特别重要。此外，通过进货质量检验还可以为企业的索赔提供依据。

(2) 通过过程检验不仅可以使工艺过程处于受控状态，而且还可以确保生产出合格的零部件。

(3) 通过成品质量检验可以确保向用户提供合格的产品，不仅可以减少用户的索赔、换货等损失，而且可以得到用户的信赖，不断扩大自己的市场份额。

3. 质量检验的主要职责

(1) 按质量策划的结果（如质量计划、进货质量检验指导书、国家或行业标准等）实施检验；

(2) 做好记录并保存好检验结果；

(3) 做好产品状态的标识；

(4) 进行不合格品统计和控制；

(5) 异常信息反馈。

总之，加强质量检验可以确保不合格原材料不投产，不合格半成品不转序，不合格零部件不装配，不合格产品不出厂，避免由于不合格品的使用给用户、企业和社会带来损失。另外，在质量成本中，检验成本往往占很大的份额，通过合理确定检验工作量，对降低质量成本具有很重要的意义。

6.1.3 质量检验的分类

质量检验可按其不同的检验方式进行分类，也可按基本检验类型划分。综合起来主要有以下几种划分。

1. 按检验的数量特征划分

质量检验按检验的数量特征，可划分为全数检验和抽样检验两种。

(1) 全数检验。全数检验就是对待检产品100%地逐一进行检验。全数检验适用于精度要求较高的产品和零部件；对后续工序影响较大的质量项目；质量不太稳定的工序；以及对不合格交验品进行100%重检及筛选的场合。

(2) 抽样检验。抽样检验是按照数理统计原理预先设计的抽样方案，从待检总体（一批产品、一个生产过程等）取得一个随机样本，对样本中每一个体逐一进行检验，获得质量特征值的样本统计值，并和相应标准比较，从而对总体质量作出判断（接收或拒受、受控或失控等)。适用于全数检验不必要、不经济和无法实施的场合。

2. 按检验的质量特征值特征划分

质量检验按检验的质量特征值特征，可划分为计数检验和计量检验。

(1) 计数检验适用于质量特征值为计点值或计件值的产品或过程的检验。

(2) 计量检验适用于质量特征值为计量值的产品或过程的检验。

3. 按检验方法的特征划分

质量检验按其方法本身的特征，可划分为理化检验和感官检验。

(1) 理化检验。理化检验是应用物理或化学的方法，依靠量具、仪器及设备装置等对受检物进行检验。

(2) 感官检验。感官检验就是依靠人的感觉器官对质量特性或特征做出评价判断。如对产品的形状、颜色、气味、伤痕、污损、锈蚀和老化程度等，往往需要人的感觉器官来进行检查和评价。

4. 按检验后状态划分

质量检验按检验后状态，可划分为破坏性检验和非破坏性检验。

(1) 破坏性检验。破坏性检验是指经检验后，受检物不再具有原来的质量特性和使用功能。如炮弹等军工产品、某些产品的寿命试验、布匹或材料的强度试验，等等，都是属于破坏性检验。破坏性检验只能采用抽检方式。

(2) 非破坏性检验。非破坏性检验就是检验对象被检查以后仍然完整无缺，不影响其使用性能。随着科学技术的发展，无损检查的研究和应用，使非破坏性检验的范围不断扩大。

5. 按检验实施的位置划分

质量检验按检验实施的位置，可划分为固定检验和流动检验。

(1) 固定检验。固定检验也叫集中检验，是指在生产单位内设立固定的检验站，各工作地的产品加工以后送到检验站集中检验。

(2) 流动检验。流动检验就是由检验人员直接去工作地检验。流动检验的应用场合有其局限性，不受固定检验站的限制。

6. 按检验目的的特征划分

质量检验按检验目的的特征，可划分为验收检验和监控检验。

(1) 验收检验。验收检验目的是判断被检验的产品是否合格，从而决定是否接收该件或该批产品。验收检验是广泛存在的方式，如原材料、外购件、外协件的进厂检验，半成品入库前的检验，成品的出厂检验，都是属于验收检查。

(2) 监控检验。监控检验直接目的不是判定被检验的产品是否合格，从而决定是接收或拒收一批产品。而是为了控制生产过程的状态，也就是要检定生产过程是否处于稳定的状态。所以这种检查也叫作过程检查，其目的是预防大批不合格品的产生。如生产过程中的巡回抽检、使用控制图时的定时抽检，都属于这类检验。其抽查的结果只是作为一个监控和反映生产过程状态的信号，以便决定是继续生产还是要对生产过程采取纠正调节的措施。

7. 按质量检验的基本类型

按质量检验的基本类型可以分成三种类型，即进货/进料质量检验（IQC）、生产过程质量检验（IPQC）和成品检验（OQC）。

（1）进货/进料质量检验。进货与进料质量检验是对外购物料的质量验证，即对采购的原材料、辅料、外购件及配套件等入库前的接收检验。

（2）生产过程质量检验。也称为工序检验和阶段检验，工序检验的目的是防止连续出现大批不合格品，避免不合格品流入下道工序继续进行加工。

（3）成品质量检验。成品质量检验是对完工后的产品进行全面的检查与试验。其目的是预防不合格品进入流通领域，对顾客和社会造成危害。

实际上，一种检验活动往往具有多种特征，因此，可以同时属于多种检验方式。

6.2 质量检验的组织与管理

一个企业内要成功地进行质量管理，首先，要得到企业最高主管的重视；其次，要有专业的质量管理技术人员；再次，要有全员的质量管理意识及教育；最后，要有健全的质量管理组织。

6.2.1 质量检验的组织

1. 质量检验机构的职责

由于各行业特点，生产组织的规模、产品结构及生产经营方式的不同，其质量检验机构的设置也不相同，有集中管理型质量检验机构的设置、分散管理型质量检验机构的设置和集中与分散相结合型质量检验机构的设置，不管是哪种检验机构的设置，检验机构的基本职责大致是相同的，主要包括以下内容。

（1）贯彻和执行质量方针和质量目标，严格执行技术要求和质量标准。

（2）充分发挥把关、预防和监督等质量职能，确保产品和服务符合质量标准，保护顾客的利益。

（3）负责制订质量检验计划，并监督实施和总结、评估。

（4）参与制定和完善有关质量检验工作制度和各级检验人员的岗位责任制。

（5）参与产品开发、研制、设计过程中的审查和鉴定工作，并参与工艺文件会签。

（6）参与质量审核，负责审核中具体的测试工作，提供审核资料和质量审核报告。

（7）负责正确制定各种检验记录表，编制检验技术文件。

（8）负责确定关键工序和质量控制点，并负责跟踪改进。

（9）负责收集、管理、分析和报告有关质量检验的信息资料。

（10）负责质量检验的培训教育，制订科学、适用的培训计划和措施，并确保有效实施。

2. 质量检验的基本职能

在产品质量的形成过程中，检验是一项重要的质量职能。概括起来，检验的质量职能就是在正确鉴别的基础上，通过判定把住产品质量关，通过质量信息的报告和反馈，采取纠正和预防措施，从而达到防止质量问题重复发生的目的。

（1）鉴别职能。根据技术标准、产品图样、作业（工艺）规程或订货合同的规定，采用相应的检测方法观察、试验、测量产品的质量特性，判定产品质量是否符合规定的要求，这是质量检验的鉴别功能。鉴别是“把关”的前提，通过鉴别才能判断产品质量是否合格。不进行鉴别就不能确定产品的质量状况，也就难以实现质量“把关”。鉴别主要由专职检验人员完成。

（2）把关职能。质量“把关”是质量检验最重要、最基本的功能。产品实现的过程往往是一个复杂过程，影响质量的各种因素（人、机、料、法、环）都会在这过程中发生变化和波动，各过程（工序）不可能始终处于等同的技术状态，质量波动是客观存在的。因此，必须通过严格的质量检验，剔除不合格品并予以“隔离”，实现不合格的原材料不投产，不合格的产品组成部分及中间产品不转序、不放行，不合格的成品不交付（销售、使用），严把质量关，实现“把关”功能。

（3）预防职能。现代质量检验不单纯是事后“把关”，同时还起到预防的作用。检验的预防作用体现在以下几个方面。

① 通过过程（工序）能力的测定和控制图的使用起预防作用。无论是测定过程（工序）能力或使用控制图，都需要通过产品检验取得批数据或一组数据，但这种检验的目的，不是为了判定这一批或一组产品是否合格，而是为了计算过程（工序）能力的大小和反映过程的状态是否受控。如发现能力不足，或通过控制图表明出现了异常因素，需及时调整或采取有效的技术、组织措施，提高过程（工序）能力或消除异常因素，恢复过程（工序）的稳定状态，以预防不合格品的产生。

② 通过过程（工序）作业的首检与巡检起预防作用。当一个班次或一批产品开始作业（加工）时，一般应进行首件检验，只有当首件检验合格并得到认可时，才能正式投产。此外，当设备进行了调整又开始作业（加工）时，也应进行首件检验，其目的都是预防出现成批不合格品。而正式投产后，为了及时发现作业过程是否发生了变化，还要定时或不定时到作业现场进行巡回抽查，一旦发现问题，可以及时采取措施予以纠正。

③ 广义的预防作用。实际上对原材料和外购件的进货质量检验，对中间产品转序或入库前的质量检验，既起把关作用，又起预防作用。对前过程（工序）把关，对后过程（工序）预防，特别是应用现代数理统计方法对检验数据进行分析，就能找到或发现质量变异的特征和规律。利用这些特征和规律就能改善质量状况，预防不稳定生产状态的出现。

（4）报告职能。报告的职能也就是信息反馈的职能。这是为了使高层管理者和有关质量管理部门及时掌握生产过程中的质量状态，评价和分析质量体系的有效性。为了能做出正确的质量决策，了解产品质量的变化情况及存在的问题，必须把检验结果，用报告的形式，特别是计算所得的指标，反馈给管理决策部门和有关管理部门，以便做出正确的判断和采取有效的决策措施。

（5）监督职能。监督职能是新形势下对质量检验工作提出的新要求，它包括：参与企业对产品质量实施的经济责任制考核；为考核提供数据和建议；对不合格产品的原材料、半成品、成品和包装实施跟踪监督；对产品包装的标志及出入库等情况进行监督管理；对不合格品的返工处理及产品降级后更改产品包装等级标志进行监督；配合工艺部门对生产过程中违反工艺纪律的现象进行监督等。

6.2.2 质量检验制度

企业在长期的生产经营活动中，积累总结了一些有效的质量检验管理原则和制度，使各项质量检验活动标准化、规范化、程序化和科学化，同时，也提高了质量检验的工作质量和工作效率。以下介绍几项主要的常用质量检验制度。

（1）三检制，就是实行操作者的自检、操作者之间的互检和专职检验人员的专检相结合的一种检验制度。

①自检。就是生产者对自己所生产的产品，按照图纸、工艺或合同中规定的技术标准进行检验，并做出是否合格的判断。

②互检。就是操作者相互之间进行检验。互检主要有：下道工序对上道工序流转过来的产品进行抽检；同一机床、同一工序轮班交接时进行的相互检验；小组质量员或班组长对本小组成员加工出来的产品进行抽检等。

③专检。就是由专业检验人员进行的检验。专业检验是现代化大生产劳动分工的客观要求，它是互检和自检不能取代的。三检制必须以专业检验为主导，这是由于现代生产中，检验已成为专门的工种和技术，专职检验人员无论对产品的技术要求、工艺知识和检验技能，都比操作者精通，所用检测量仪也比较精密，检验结果通常更可靠，检验效率也相对较高；另外，由于有时操作者有严格的生产定额，所以容易产生错检和漏检。

（2）重点工序双岗制。重点工序是指关键零部件或关键部位的工序，也可能是服务顾客的关键环节。对这些工序实行双岗制，是指操作者在进行重点工序加工时，还同时应有检验人员在场，必要时应有技术负责人或用户的验收代表在场，监视工序必须按规定的程序和要求进行。例如，使用正确的工夹量具、正确的安装定位、正确的操作顺序和加工用量。工序完成后，操作者、检验员或技术负责人和用户验收代表，应立即在工艺文件上签名，并尽可能将情况记录存档，以示负责和以后查询。

（3）留名制与追溯制。留名制是一种重要的技术责任制，是指在生产过程中，从原材料进厂到成品入库和出厂，每完成一道工序，改变产品的一种状态，包括进行检验和交接、存放和运输，责任者都应该在工艺文件上签名，以示负责。特别是在成品出厂检验单上，检验员必须签名或加盖印章。操作者签名表示按规定要求完成了这套工序；检验者签名，表示该工序达到了规定的质量标准。签名后的记录文件应妥善保存，以便以后参考。

在生产过程中，每完成一道工序或一项工作，都要记录其检验结果及存在的问题，记录操作者及检验者的姓名、时间、地点和情况分析，在适当的产品部位做出相应的质量状态标志。这些记录与带标志的产品同步流转。产品标志和留名制都是可追溯性的依据，在必要时，都能查清责任者的姓名、时间和地点。职责分明，查处有据，可以大大加强员工的责任感。产品出厂时还同时附有跟踪卡，随产品一起流通，以便用户把产品在使用时所出现的问题，及时反馈给生产厂商，这是企业进行质量改进的重要依据。

（4）管理点检验制。在质量检验中，将比较重要的质量特性值设置为管理点。在管理点上，必须准备管理点检验明细表，这个明细表要详细标明管理点的工序号、技术要求、检测方式、检测工具、检测频次、质量特性分级等内容，作为自检与专检的依据。

6.2.3 质量检验的计划与实施

1. 质量检验计划

质量检验计划就是对检验涉及的活动、过程和资源及相互关系做出的规范化的书面（文件）规定，用以指导检验活动正确、有序、协调地进行。

检验计划是产品生产者对整个检验和试验工作进行的系统策划和总体安排的结果，确定检验工作何时、何地、何人（部门）做什么，如何做的技术和管理活动，一般以文字或图表形式明确地规定检验站（组）的设置，资源的配备（包括人员、设备、仪器、量具和检具），选择检验和试验方式、方法和确定工作量，它是指导各检验站（组）和检验人员工作的依据，是产品生产者质量管理体系中质量计划的一个重要组成部分，为检验工作的技术管理和作业指导提供依据。

检验计划通过对检验活动的统筹安排，可使检验工作逐步条理化、科学化和标准化；对检验资源的配置分清主次，把握重点，进行统筹安排，并防止出现漏检和重复检验等现象的发生，可以节省鉴定费用，降低生产成本；对检验作业提供具体指导，有利于充分发挥质量检验的“把关”“预防”“鉴别”“报告”“监督”等职能。

(1) 检验计划的基本内容。质量检验计划一般应包括下列内容：制定检验流程图，即用流程图的方式说明检验程序、检验站的设置，采用的检验方式等。制定质量缺陷严重程度分级表，制定检验指导书，确定资源配置计划，确定人员培训和资格认证计划等。上述内容最终形成质量检验文件。

(2) 检验流程图。检验流程图的基础和依据是作业（工艺）流程图。检验流程图是用图形符号，简洁明了地表示检验计划中确定的特定产品的检验流程（过程、路线）、检验站（组）设置和选定的检验方式、方法，相互的顺序和程序的图纸。它是检验人员进行检验活动的依据。检验流程图和其他检验指导书等一起，构成完整的检验文件。

较为简单的产品可以直接采用作业流程（工艺路线）图，并在需要质量控制和检验的部位、处所，连接表示检验的图形和文字，必要时标明检验的具体内容、方法，同样起到检验流程图的作用和效果，如图 6-1 所示。

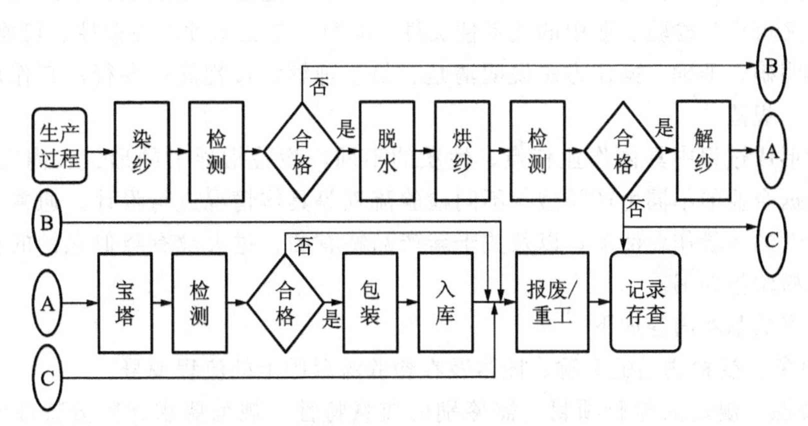

图 6-1 某企业的生产过程质量检验流程图

在图 6-1 中，生产过程质量检验流程图描述了产品形成的全过程，从原材料投入后生产的各个加工过程中，关键节点上质量检验环节的设置，以及包装和存储等一系列过程。

对于比较复杂的产品，单靠工艺流程（路线）图往往还不够，还需要在工艺流程（路线）图基础上编制检验流程图，以明确检验的要求和内容及其与各工序之间的清晰、准确的衔接关系。

检验流程图对于不同的行业、不同的生产者、不同的产品会有不同的形式和表示方法，不能千篇一律。但是一个生产组织内部的流程图表达方式、图形符号要规范、统一，便于准确理解和执行。

(3) 检验站的设置。检验站是检验人员进行检验活动的场所，合理设置检验站可以更好地保证检验工作质量，提高检验效率。检验站是根据生产作业分布（工艺布置）及检验流程设计确定的作业过程中最小的检验实体。其作用是通过对产品的检测，履行产品检验和监督的职能，防止所辖区域不合格品流入下一作业过程或交付（销售、使用）。

按产品类别设置的方式就是同类产品在同一检验站检验，不同类别产品分别设置不同的检验站。其优点是检验人员对产品的组成、结构和性能容易熟悉和掌握，有利于提高检验的效率和质量，便于交流经验和安排工作。它适合于产品的作业（工艺）流程简单，但每种产品的生产批量又很大的情况。

按生产作业组织设置的方式。如一车间检验站；二车间检验站；三车间检验站；热处理车间检验站；铸锻车间检验站；装配车间检验站；大件工段检验站、小件工段检验站、精磨检验站等。

按工艺流程顺序设置的方式。如进货质量检验站（组），负责对外购原材料、辅助材料、产品组成部分及其他物料等的进厂检验和试验；生产过程质量检验站（组），在作业组织各生产过程（工序）设置；完工检验站（组），在作业组织对各作业（工序）已全部完成的产品组成部分进行检验，其中包括零件库检验站；成品质量检验站（组），专门负责成品落成质量和防护包装质量的检验工作。

(4) 检验指导书。检验指导书是具体规定检验操作要求的技术文件，又称检验规程或检验卡片。它是产品形成过程中，用以指导检验人员规范、正确地实施产品和过程完成的检查、测量、试验的技术文件。它是产品检验计划的一个重要部分，其目的是为重要产品及组成部分和关键作业过程的检验活动提供具体操作指导。它是质量管理体系文件中的一种技术作业指导性文件，又可作为检验手册中的技术性文件。其特点是技术性、专业性、可操作性很强，要求文字表述明确、准确，操作方法说明清楚、易于理解，过程简便易行；其作用是使检验操作达到统一、规范。

由于产品形成过程中具体作业特点、性质的不同，检验指导书的形式、内容也不相同。其格式通常根据企业的不同生产类型、不同检验流程等具体情况进行设计。通常对于质量控制点的质量特性的检验作业活动，以及关于新产品特有的、过去没有类似先例的检验作业活动都必须编制检验指导书。

检验指导书的基本内容如下。

① 检验对象。受检物品的名称、图号及在检验流程图上的流程编号。

② 质量特性。规定的检验项目、需鉴别的质量特性、规范要求、质量特性的重要性级别、所涉及的质量缺陷严重性级别。

③ 检验方法。检验基准、检测程序与方法、检验中所用到的有关计算方法、检验频次、抽样检验的有关规定及数据等。

④ 检测手段。检验使用的工具、设备及计量器具，它们的精度及使用中的注意事项等。

⑤ 检验判断。明确指出对判断标准的理解、判断比较的方法、判定的原则与注意事项、不合格的处理程序及权限。

⑥ 记录和报告。指明需要记录的事项、记录的方法和记录表的格式，规定要求报告的内容与方式、报告的程序和时间要求等。

对于复杂的检验项目还应给出必要的示意图表，并提供有关的说明资料。

(5) 不合格的严重性分级。ISO 9000 族质量标准对不合格的定义为："未满足要求。"不合格包括产品、过程和体系没有满足要求，所以不合格包括不合格品和不合格项。其中，凡成品、半成品、原材料、外购件和协作件对照产品图样、工艺文件、技术标准进行检验和试验，被判定为一个或多个质量特性不符合（未满足）规定要求，统称为不合格品。

不合格是质量偏离规定要求的表现，而这种偏离因其质量特性的重要程度不同和偏离规定的程度不同，对产品适用性的影响也就不同。不合格的严重性分级，就是将产品质量可能出现的不合格，按其对产品适用性影响的不同进行分级，列出具体的分级表，据此实施管理。

我国某些行业将不合格分为三级，其代号分别为 A、B、C，某些行业则分为四级。

① A 类不合格。单位产品的极重要的质量特性不符合规定，或单位产品的质量特性极严重不符合规定，称为 A 类不合格。

② B 类不合格。单位产品的重要质量特性不符合规定，或单位产品的质量特性严重不符合规定，称为 B 类不合格。

③ C 类不合格。单位产品的一般质量特性不符合规定，或单位产品的质量特性轻微不符合规定，称为 C 类不合格。

由美国贝尔电话公司提出的质量缺陷的严重性分级，是根据缺陷后果的严重性予以分级。

① 致命缺陷（A 类缺陷）。对使用、维护产品或与此有关的人员可能造成危害或不安全状况的缺陷；或可能损坏重要产品功能的缺陷叫作致命缺陷。

② 重缺陷（B 类缺陷）。不同于致命缺陷，但能引起失效或显著降低产品预期性能的缺陷叫作重缺陷。

③ 轻缺陷（C 类缺陷）。不会显著降低产品预期性能的缺陷，或偏离标准差但只轻微影响产品的有效使用或操作的缺陷。

2. 质量检验的实施

生产过程质量检验主要包括进货/进料质量检验（IQC）、生产过程质量检验（IPQC）、成品质量检验（OQC）、不合格品的处理与标识。

(1) 进货/进料质量检验的实施。进货/进料质量检验（incoming quality control）是工厂制止不合格物料进入生产环节的首要控制点。进货/进料质量检验又称验收检验，是指企业购进的原材料、外购配套件和外协件入厂时的检验，这是保证生产正常进行和确保产品质量的重要措施，进货/进料质量检验程序流程图如图 6-2 所示。

进货/进料质量检验通常有两种形式，一是在产品实现的本组织检验，这是较普遍的形式。物料进厂后由进货检验站根据规定进行接收检验，合格品接收入库，不合格品退回供货单位或另作处理。二是在供货单位进行检验，这对某些产品是非常合适的，像重型产品，运输比较困难，一旦检查发现不合格，生产者可以就地返工返修，采购方可以就地和供货方协商处理。

所进的物料，又因供料厂商的品质信赖度及物料的数量、单价、体积等，加以策划为全检、抽检、免检。进货/进料质量检验依据的是本企业的《原材料、外购件技术标准》《进货检验和试验控制程序》的标准。结果由检验人员填入检验记录。进货/进料质量检验的严格程度应根据外购、外协件的重要程度、复杂性、供方的质量控制情况和有关质量信息等制订详细的进货/进料质量检验计划。一般采用全检，只能使用抽样检验的，应根据外购物资的质量要求、检验费用和评判风险等，选择合适的合格质量水平、检验水平和批量，使用恰当的抽样方案。检验结果依据接收、拒收（即退货）、让步接收、全检（挑出不合格品退货）和返工后重检等方式处理。

(2) 生产过程质量检验的实施。生产过程质量检验（inprocess quality control，IPQC）一般是指零部件或产品在加工过程中的检验，其目的是防止产生批量的不合格品，防止不合格品流入下一道工序，检验流程图如图 6-3 所示。

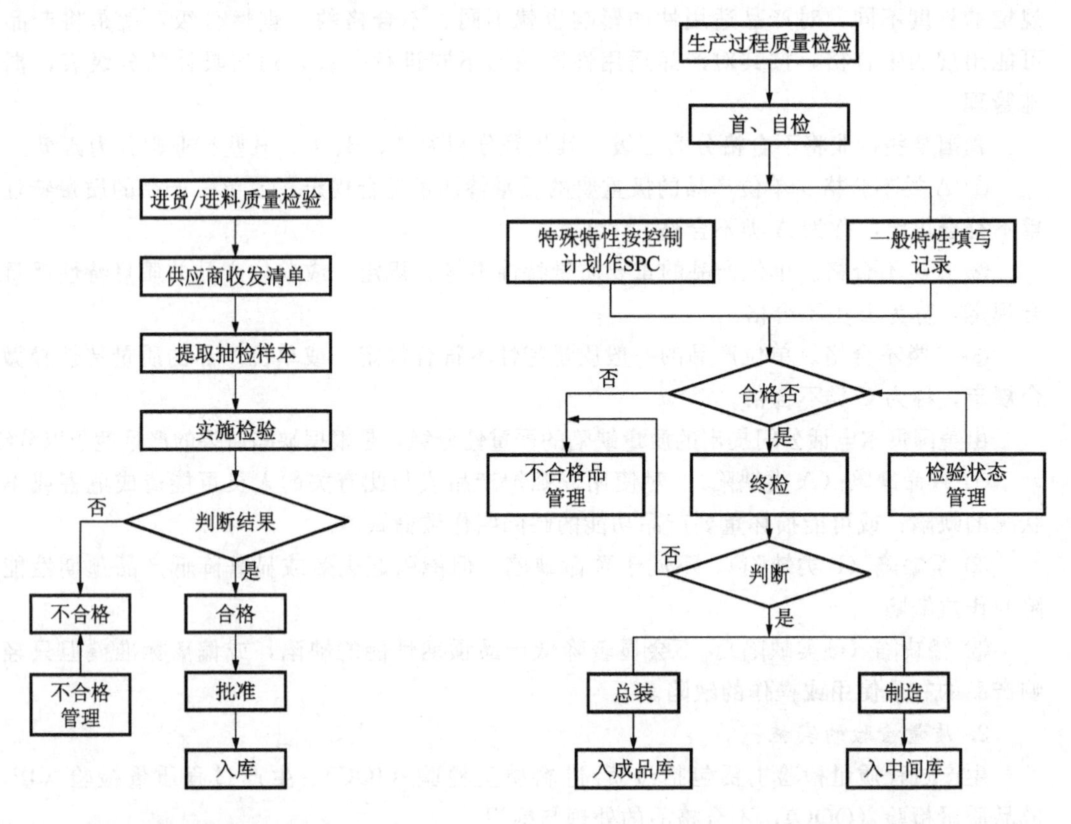

图 6-2　进货/进料质量检验程序流程图

图 6-3　生产过程质量检验流程图

① 首件检验。首件检验也称为“首检制”，长期实践经验证明，首检制是一项尽早发现问题、防止产品成批报废的有效措施。通过首件检验，可以发现诸如工夹具严重磨损或安装定位错误、测量仪器精度变差、看错图纸、投料或配方错误等系统性原因存在，从而采取纠正或改进措施，以防止批次性不合格品发生。首件检验采取自检、互检、专检相结合的方式。

对大批大量生产的产品而言，“首件”并不限于一件，而是要检验一定数量的样品。特别是以工装为主导影响因素（如冲压）的工序，首件检验更为重要，模具的定位精度必须反复校正。美国开展无缺陷运动也是采用了这种方法。步步高公司对 IPQC 的首件检查非常重视，新品生产和转位时的首件检查，能够避免物料、工艺等方面的许多质量问题，做到预防与控制结合。

② 巡回检验。巡回检验就是检验工人按一定的时间间隔和路线，依次到工作地或生产现场，用抽查的形式，检查刚加工出来的产品是否符合图纸、工艺或检验指导书中所规定的要求。在大批大量生产时，巡回检验一般与使用工序控制图相结合，是对生产过程发生异常状态实行报警，防止成批出现废品的重要措施。当巡回检验发现工序有问题时，应进行两项工作。一是寻找工序不正常的原因，并采取有效的纠正措施，以恢复其正常状态；二是对上次巡检后到本次巡检前所生产的产品，全部进行重检和筛选，以防不合格品流入下道工序（或用户）。

③ 末件检验。依靠生产程序、依靠模具或装置来保证质量的生产加工工序，建立“末件检验制度”是很重要的。即一批产品加工完毕后，全面检查最后一个加工产品，如果发现有缺陷，可在下批投产前把模具或装置修理好，以免成批投产后发现不合格品。

生产过程质量检验依据《作业指导书》《工序检验标准》等标准，结果由检验人员填入检验记录，进行首件检验、抽检和巡回检验。生产过程质量检验不仅要检验产品，还要检定影响产品质量的主要工序要素（如4M1E）。实际上，在正常生产成熟产品的过程中，任何质量问题都可以归结为4M1E中的一个或多个要素出现变异所致，因此，生产过程质量检验可起到两种作用：一是根据检测结果对产品做出判定，即产品质量是否符合规范和标准的要求；二是根据检测结果对工序做出判定，即过程中各个要素是否处于正常的稳定状态，从而决定工序是否应该继续进行生产。为了达到这一目的，生产过程质量检验中常常与使用控制图相结合。

因此，生产过程质量检验是保证产品质量的重要环节。生产过程质量检验的作用不是单纯的把关，而是要同工序控制密切地结合起来，判定生产过程是否正常。通常要把首检、巡检同控制图的使用有效地结合起来。把检验结果变成改进质量的信息，从而采取质量改进的行动。必须指出，在任何情况下，生产过程质量检验都不是单纯地剔除不合格品，而是要同工序控制和质量改进紧密结合起来。对于确定为工序管理点的工序，应作为生产过程质量检验的重点，检验人员除了应检查监督操作工人严格执行工艺操作规程及工序管理点的规定外，还应通过巡回检查，检定质量管理点的质量特性的变化及其影响的主导性因素，核对操作工人的检查和记录及打点是否正确，协助操作工人进行分析和采取改正的措施。

(3) 成品质量检验的实施。成品质量检验也称最终检验控制即成品出货质量检验。成品质量检验是对完工后的产品进行全面的检查与试验，其目的是预防不合格品进入流通领域，对顾客和社会造成危害，是企业发现不合格品，保护用户权益，避免损失、维护信誉的重要屏障。对于制成成品后立即出厂的产品，成品质量检验也就是出厂检验；对于制成成品后不立即出厂，而需要入库储存的产品，在出库发货以前，尚需再进行“出厂检查”。成品质量检验的内容包括：产品性能、精度、安全性和外观。只有成品检验合格后，才允许对产品进行包装。

3. 不合格品的管理

不合格品管理是质量检验乃至整个质量管理过程中的重要环节。不合格品不同于废品，不合格品（或不良品）包括废品、返修品和回用品三类。

在不合格品管理的实践中，企业积累总结了以下主要经验。

（1）“三不放过”的原则。一旦出现不合格品，则应：① 不查清不合格的原因不放过；② 不查清责任不放过；③ 不落实改进的措施不放过。

（2）两种“判别”职能。

① 符合性判别。符合性判别是指判别生产出来的产品是否符合技术标准，即是否合格，这种判别的职能由检验员或检验部门来承担。

② 适用性判别。适用性和符合性有密切联系，但不能等同。符合性是相对于质量技术标准来说的，具有比较的性质；而适用性是指适合顾客要求。不合格品不等同于废品，它可以判定为返修后再用，或者直接回用。这类判别称为适用性判别。

（3）不合格品的分类处理。对于不合格品通常有以下处理方法，如图 6-4 所示。

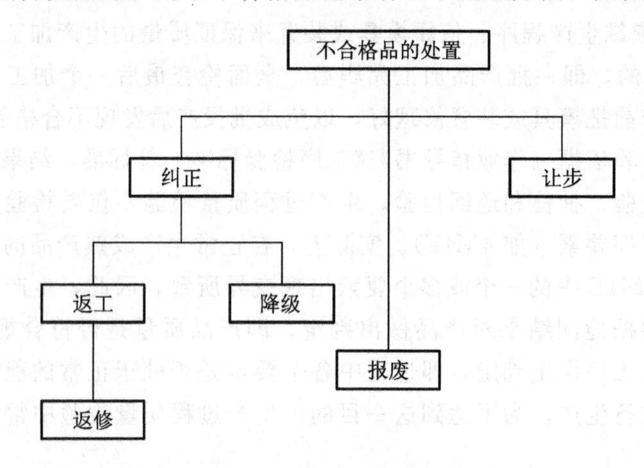

图 6-4 不合格品的处置

图 6-4 显示的是《质量管理体系 基础和术语》（GB/T 9000—2016）中不合格品的处置方式与内容。

① 纠正。纠正是为消除已发现的不合格品所采取的措施。纠正是指对不合格品的一种处置方式。纠正的对象是“不合格品”，返工或降级可作为纠正的示例。在质量管理工作中，为了防止再发生，纠正可连同纠正措施一起实施。纠正措施是为消除已发现的不合格或其他不期望情况的原因所采取的措施。

② 返工。返工是为使不合格产品符合要求而对其所采取的措施。返工是一个程序，它可以完全消除不合格品，并使质量特性完全符合要求。通常，检验人员有权做出返工的决定，而不必提交“不合格品审理委员会”审查。

③ 返修。返修是为使不合格产品满足预期用途而对其采取的措施。返修包括对以前是合格的产品，为重新使用所采取的修复措施，如作为维修的一部分。返修与返工的区别在于返修可影响或改变不合格产品的某些部分。

④ 降级。降级是为使不合格产品符合不同于原有的要求而对其等级的改变。降级处置针对的是有等级划分的产品（功能用途相同但质量要求不同）；按上一等级判定不符合要求的为不合格品，但按另一等级判定符合要求的为合格品；降级处置一般涉及产品等级变更，可能影响产品价格，需要授权人员认定。

⑤ 让步。让步是对使用或放行不符合规定要求的产品的许可。让步使用也称为直接回用，就是不加以返工和返修，直接交给顾客。这种情况必须有严格的申请和审批制度，特别

是要将实际情况如实告诉顾客，得到顾客的认可。让步使用的前提条件是其不符合的项目和指标对产品的性能、寿命、安全性、可靠性、互换性及产品正常使用均无实质性的影响，也不会引起顾客提出申诉、索赔而准予放行的不合格品。

⑥ 报废。报废是为避免不合格产品原有的预期用途而对其采取的措施。对于不能使用和返工与返修不经济的不合格产品，如影响人身财产安全或给经济带来严重损失的不合格品，应予报废处理。

(4) 不合格品的现场管理。不合格品的现场管理主要包括以下几个方面。

① 不合格品的标记。凡是经检验判断为不合格品的产品、半成品或零部件，应当根据不合格品的类别，分别涂以不同的颜色或做出特殊的标志。例如，在废品的致废部位涂上红漆。在返修品上涂上黄漆，在回用品上打上“回用”的印章等办法，以示区别。

② 不合格品的隔离。对各种不合格品在涂上（或打上）标记后应立即分区进行隔离存放，避免在生产中发生混乱。在填写废品单后，应及时将其放入废品箱或废品库中，严加保管和监视。隔离区的废品应由专人负责保管，定期处理销毁。

6.3 抽样检验

抽样检验的研究起始于20世纪20年代，那时就开始了利用数理统计方法制定抽样检查表的研究。1944年，道奇和罗米格发表了合著《一次和二次抽样检查表》，这套抽样检查表目前在国际上仍被广泛地应用。1974年，ISO发布了“计数抽样检查程序及表”(ISO 2859：1974)。我国在等同和等效采用ISO标准的基础上，也开始制定和适时修订计数抽样检验方面的国家标准。无论是在企业内部还是在企业的供求双方进行交易，对交付的产品（如原材料、半成品、外协件等）验收时，经常要进行抽样检查，以保证和确认产品的质量。抽样检验是相对于全数检验而言的，它以“批”为处理对象。

6.3.1 抽样检验的基本术语

1. 抽样检验的概念

所谓抽样检验是指从批量为 N 的一批产品中随机抽取其中的一部分单位产品组成样本，然后对样本中的所有单位产品按产品质量特性逐个进行检验，根据样本的检验结果判断产品批合格与否的过程。如果样本中所含不合格品数不大于抽样方案预先最低规定数，则判定该批产品合格，即为合格批，予以接收；反之，则判定该批产品不合格，予以拒收。

简而言之，按规定的抽样方案随机地从一批或一个过程中抽取少量个体进行检验称为抽样检验。计数抽样检验方案是以数理统计原理为基础，适当兼顾了生产者和消费者双方风险损失的抽样方案，具有科学的依据，并提供一定的可靠保证。

抽样检验适用范围：检验项目较多时；希望检验费用较少时；生产批量大、产品质量比较稳定的情况；不易划分单位产品的连续产品，例如，钢水、粉状产品等；带有破坏性检验项目的产品；生产效率高、检验时间长的产品；有少数产品不合格不会造成重大损失的情况。

由于抽样检验的检验量少，因而检验费用低，较为经济，而且该方法所需人员较少，管理也不复杂，有利于集中精力，抓好关键质量。由于是逐批判定，对供货方提供的产品可能是成批拒收，这样能够起到刺激供货方加强管理的作用。但抽样检验也存在如下的缺点：经抽验合格的产品批量中，可能混杂一定数量的不合格品；抽验存在错判的风险，不过风险大小可根据需要加以控制；另外，抽样检验前要设计方案，增加计划工作或文件编制工作量；抽样检验所得的检测数据比全检少。

2. 基本术语

无论是企业内部的质量检验还是交易双方对交付的产品（如原材料、半成品、外协件等）验收时的检验，为保证和确认产品的质量，经常要遇到以“批”为处理对象的抽样检查。因此，抽样检验中术语和定义的一致性认同，事关紧要。

(1) 单位产品。单位产品是指可单独描述和考虑的一个事物。例如一个有形的实体（1台电视机）；一定量的材料（1立方米的铁水）；一项服务、一次活动或一个过程；一个组织或个人；或是上述项目的任何组合。

(2) 与样本有关的术语。与样本有关的术语包括批、批量、样本、样本量。

批是检验批的简称，是指汇集在一起的一定数量的某种产品、材料或服务。抽样检验中的“批”特指提交检验的批，它由几个生产批或生产批的一部分组成。

批量是指批中包含的单位产品的个数。常用 N 表示。

样本是指从批中随机抽取的并且提供有关该批的信息的一个或一组单位产品。

样本量是指样本中所包含的单位产品的数量。常用 n 表示。

(3) 批质量水平。批质量水平是指批中的不合格品的百分数。包括样本不合格品百分数、总体或批不合格品百分数。

（样本）不合格品百分数是指样本中的不合格品数除以样本量再乘上100，即：

$\frac{d}{n}\times 100$ 式中：d 为样本中的不合格品数；n 为样本量。

（总体或批）不合格品百分数是指总体或批中的不合格品数除以总体量或批量再乘上100，即：

$$100p=\frac{D}{N}\times 100$$

式中：p——不合格品率；

D——总体或批量中的不合格品数；

N——总体量或批量。

(4) 接收数（Ac）和拒收数（Re）。接收数是指接收批的样本中允许的不合格品的最大数。通常记作 Ac 或 C。拒收数是指抽样方案中，预先规定判定的批产品不合格的样本中最小允许不合格数，通常记为 Re。

(5) 合格质量水平（CQL）与接收质量限（AQL）。合格质量水平是指批中允许的不合格品百分数的上限值；接收质量限是指当一个连续系列批被提交验收抽样时，可容忍的最差过程平均质量水平。接收质量限的术语仅限于 GB/T 2828.1—2012 和 GB/T 6378.1—2008 中的转移规则时使用。

(6) 抽样方案。抽样方案是指样本量和批接收准则的组合。一次抽样方案是样本量、接收数和拒收数的组合（n，Ac，Re），中国封套出厂检验抽样方案如表 6-1 所示。二次抽样方案是两个样本量、第一样本的接收数和拒收数及联合样本的接收数和拒收数的组合。

表 6-1　封套出厂检验样本量、检验项目及抽样方案表

<table>
<tr><th rowspan="3">批量</th><th colspan="5">正常检验一次抽样方案　检验水平 S-4</th></tr>
<tr><th rowspan="2">样本量</th><th colspan="2">AQL=4.0</th><th colspan="2">AQL=6.5</th></tr>
<tr><th>Ac　Re</th><th>检验项目</th><th>Ac　Re</th><th>检验项目</th></tr>
<tr><td>1 201～3 200</td><td rowspan="2">32</td><td rowspan="2">3　4</td><td rowspan="5">印刷
黏合
封舌</td><td rowspan="2">5　6</td><td rowspan="5">规格尺寸
式样
外观</td></tr>
<tr><td>3 201～10 000</td></tr>
<tr><td>10 001～35 000</td><td>50</td><td>5　6</td><td>7　8</td></tr>
<tr><td>35 001～150 000</td><td rowspan="2">80</td><td rowspan="2">7　8</td><td rowspan="2">10　11</td></tr>
<tr><td>150 001～500 000</td></tr>
</table>

注：AQL：接收质量限；Ac：接收数；Re：拒收数。

（7）生产方风险 α 与使用方风险 β。生产方风险是指对于给定的抽样方案，当批质量水平刚好为合格质量水平时，判定批不接收的概率。GB/T 13262—2008 中生产方风险规定为5%；使用方风险是指对于给定的抽样方案，当批质量水平为某一指定的不合格品百分数时的接收概率。GB/T 13262—2008 中使用方风险规定为10%。

（8）抽样计划及相关术语。抽样计划是指抽样方案和从一个抽样方案改变到另一个抽样方案的规则的组合。从一个抽样方案改变到另一个抽样方案涉及正常检验、加严检验和放宽检验。

正常检验是指当过程平均优于接收质量限时，所使用的一种能保证批以高概率接收的抽样方案；加严检验是使用比正常检验抽样方案接收准则更严厉的接收准则的一种抽样方案检验。一般情况下，保持样本量不变，通过减少接收数来生成加严检验的抽样方案。当正常检验抽样方案的接收数为 0 和部分接收数为 1 时，要通过增加样本量来生成加严检验的抽样方案；放宽检验是指使用样本量比相应正常检验抽样方案的样本量小，接收准则和正常检验抽样方案的接收准则相差不大的一种抽样方案。通过样本量的改变和通过接收数与拒收数的改变到另一个抽样方案的规则的组合如表 6-2 所示。

表 6-2　抽样方案示例

	正常检验	加严检验	放宽检验
样本量	315	315	125
接收数	10	8	6
拒收数	11	9	7

3. 抽样方案的分类

（1）按照质量特征值的性质分类。按照质量特征值的性质，抽样方案可分为计数抽样方案和计量抽样方案两类。

① 计数抽样方案是指根据规定的要求，用计数方法衡量产品质量特性，把样品中的单位产品仅区分为合格品或不合格品（计件），或计算单位产品的缺陷数（计点），根据测定结果与判定标准比较，最后对其制订接收或拒收的抽样方案。由于计数抽样仅仅把产品区分为合

格与否，它具有手续简便、费用节省、且无须预定分布规律等优点。

② 计量抽样方案是指对样本中的单位产品质量特性进行直接定量计测，并用计量值作为批判定标准的抽样方案。这类方案具有信息多，判定明确等特点。一般更适用于质量特性较关键的产品检验。

对成批成品抽样，常采用计数抽样方法；对于那些需做破坏性检验及检验费用极大的项目，一般采用计量抽样方法。

（2）按抽样方案分类。抽样方案可分为标准型抽样方案、挑选型抽样方案和调整型抽样方案。

① 标准型抽样方案是指能同时满足生产方和使用方双方要求，适用于孤立批的检验。

② 挑选型抽样方案是指对被判为不合格的批进行全数检验，将其中的不合格品换成合格品后再出厂。这种抽样方案适用于不能选择供货单位时的收货检验、工序间的半成品检验和产品出厂检验。如果不合格批可以废弃、退货或降价接收，不宜应用这种抽样方案。此外，破坏性检验也不能应用该方案。

③ 调整型抽样方案是指根据产品质量的好坏来随时调整检验的宽严程度。在产品质量正常时，采用正常抽样方案；当产品质量变坏或生产不稳定时，采用加严抽样方案，以保证产品质量；当产品质量有所提高时，则换用放宽抽样方案，以鼓励供货者提高产品质量，降低检验费用。在连续购进同一供货者的产品时，如果选用这种抽样方案，可以得到较好的结果。

（3）计数抽样方案。根据只有在检验批中最大限度地进行抽样做出批合格与否的判定这一准则，抽样方案可分成一次、二次与多次抽样等类型。

一次抽样是一种最基本和最简单的抽样检查方法，它从总体 N 中抽取 n 个样品进行检验，根据 n 中的不合格品数 d 和预先规定的允许不合格品数 Ac 对比，从而判断该批产品是否合格。其操作原理示意图如图 6-5 所示。

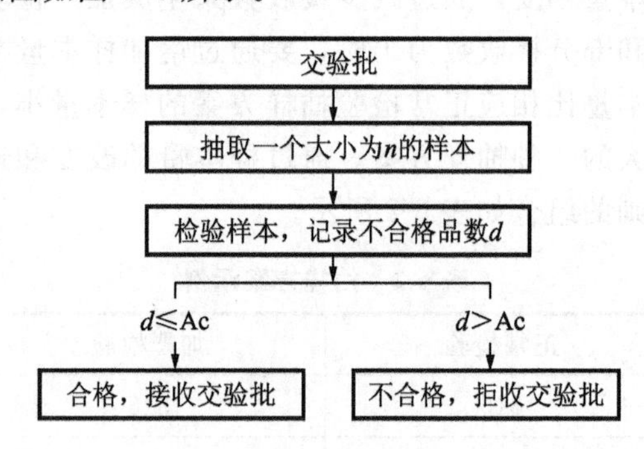

图 6-5　一次抽样方案（n，Ac）

二次抽样是指最多从批中抽取两个样本，最终对批做出接收与否判定的一种抽样方式。此类型须根据第一个样本提供的信息，对第一个样本检验后，可能有三种结果：接收、拒收及继续抽样。若得出“继续抽样”的结论，抽取第二个样本进行检验，最终做出接收还是拒收的判断。其示意图如图 6-6 所示。二次抽样中，一般设定 $n_1 = n_2$。

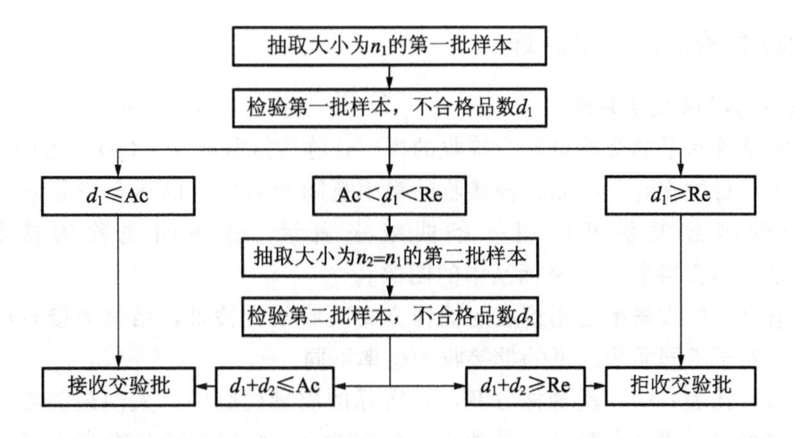

图 6-6 二次抽样方案（n_1，n_2，Ac，Re）

【例 6-1】 当 $N=1\ 000$，$n_1=36$，$n_2=59$，Ac=0，Re=3 时，则这个方案可表示为（1 000,36，59，0，3），其含义是指从批量为 1 000 件的交验产品中，随机抽取第一个样本 $n_1=36$ 件进行检验，若发现 n_1 中的不合格品数为 d_1，则

若 $d_1 \leqslant 0$（实际为零），则判定该批产品合格，予以接收；

若 $d_1>3$，则判定该批产品不合格，予以拒收；

若 $0<d_1 \leqslant 3$ 即在第一个样本 n_1 中发现的不合格数为 1 件、2 件或 3 件，则不对该产品合格与否作出判断，需要继续抽取第二个样本 n_2，即从同批产品中随机抽取 $n_2=59$ 件再进行检验，记录 n_2 中的不合格数 d_2：

若 $d_1+d_2 \leqslant 3$，则判定该批产品合格，予以接收；

若 $d_1+d_2>3$，则判定该批产品不合格，予以拒收。

多次抽样是一种允许抽取两个以上具有同等大小样本，最终才能进行批产品作业接收与否判定的一种抽样方式。因此它可以取多达 k（$k \geqslant 3$）个样本，是否需抽取第 i（$i<k$）个样本，须由前一个样本所提供的信息而定。如五次抽样方案则是指由第一样本大小 n_1，第二样本大小 n_2，…，第五样本大小 n_5 和判定数组（A_1，A_2，A_3，A_4，A_5；R_1，R_2，R_3，R_4，R_5）结合在一起组成的抽样方案。ISO 2859 的多次抽样多达七次，GB/T 2828.1—2012 的多次抽样达五次。

因此，通常采用一次或二次抽样方案。

4. 抽样检验的特点

无论哪种抽样方法，它们都具有以下三个共同的特点。

（1）批合格不等于批中每个产品都合格，批不合格也不等于批中每个产品都不合格。

（2）抽样检验只是保证产品整体的质量，而不是保证每个产品的质量。

（3）在抽样检验中，可能出现两类风险 α 和 β。

一种是把合格批误判为不合格批，这对生产方是不利的，称为第Ⅰ类风险或生产方风险，以 α 表示，一般 α 值控制在 1%、5%或 10%。

另一种是把不合格批误判为合格批，对使用方产生不利，称为第Ⅱ类风险或消费者风险，以 β 表示，一般 β 值控制在 5%或 10%。

6.3.2 计数抽样检验的基本原理

1. 接收概率与接收概率曲线

把具有给定质量水平的交检批判为接收的概率，称为接收概率$L(p)$，当用一个确定的抽检方案对产品批进行检查时，产品批被接收的概率是随产品批的批不合格品率p变化而变化的，它们之间的函数关系可以用一条曲线来表示，这条曲线称为接收概率曲线[接收概念$L(p)$与不合格率p在坐标系中的图像]。

(1) 接收概率。接收概率是用给定的抽样方案验收某交检批，结果为接收的概率。当抽样方案不变时，对于不同质量水平的批接收的概率不同。

(N，n，Ac) 代表一个一次抽样方案，在实际的质量检验中，人们最关心的问题是，采用这样的抽样方案时，假设交验批产品的不合格率为p，则该批产品有多大可能被判为合格批而予以接收，或者说被接收的概率有多大。即一个方案的接收概率是批的不合格品率的函数，记为$L(p)$。根据数理统计原理，可以计算$L(p)$的值，由概率的基本性质可知：$0 \leqslant L(p) \leqslant 1$在一次抽检方案中，当$n$中的不合格品数$d \leqslant A_c$时，该批产品被判定为合格，予以接收，其接收概率为：$L(p) = p\ (d \leqslant \mathrm{Ac})$。

设产品批的不合格品率为p，从批量为N的一批产品中随机抽取n件，设其中的不合格品数为X，X为随机变量，接收概率为

$$L(p) = p\ (X \leqslant \mathrm{Ac}) = p\ (X=0) + p\ (X=1) + \cdots + p\ (X=\mathrm{Ac}) \tag{6-1}$$

一次抽样方案[N，n，Ac]若以$p\ (d)$表示样本n中恰好有d件不合格品的概率，接收概率的计算方法如下。

二项分布近似计算

$$L(p) = \sum_{d=0}^{\mathrm{Ac}} \mathrm{C}_n^d p^d (1-p)^{n-d} \tag{6-2a}$$

超几何分布近似计算

$$L(p) = \sum_{d=0}^{\mathrm{Ac}} \frac{\binom{pN}{d}\binom{N-pN}{n-d}}{\binom{N}{n}} \tag{6-2b}$$

泊松分布近似计算

$$L(p) = \sum_{d=0}^{\mathrm{Ac}} \frac{(np)^d}{d\,!} \mathrm{e}^{-np} \tag{6-2c}$$

【例 6-2】 设有一批产品，批量$N=1\,000$，批不合格品率$p=4\%$；采用抽样方案(30，1)进行验收，则其接收的概率是多少？

解：根据式 (6-2)，批$L(p)$的计算如下：

利用超几何分布近似计算：$L(p) = \dfrac{\binom{40}{0}\binom{960}{30}}{\binom{1\,000}{30}} + \dfrac{\binom{40}{1}\binom{960}{29}}{\binom{1\,000}{30}} = 0.660\,3$

利用二项分布近似计算：$L(p) = 0.96^{30} + \dfrac{30!}{29!} \times 0.04 \times 0.96^{29} = 0.662\,5$

利用泊松分布近似计算：$L(p)=\sum_{d=0}^{1}\frac{(30\times 0.04)^{d}\mathrm{e}^{-30\times 0.04}}{d!}=0.6626$

即当 $L(p)=L(4\%)=0.663$ 时，采用抽样方案式（30，1）进行验收时，在每 1 000 批具有这种质量的产品中，约有 66 批会被判定为合格品。

（2）接收概率与抽样特性曲线。在实际工作中，每一个交验批的不合格品率不仅是未知的，而且是变化的。对于一定的抽样方案（N，n，Ac）来说，每一个不同的 p 值都对应着唯一的接收概率 $L(p)$。当 p 值连续变化时，特定抽样方案的接收概率随 p 值的变化规律称为抽样特性。如果建立一个直角坐标系，横坐标为不合格品率 p，纵坐标为 $L(p)$，那么 $L(p)$ 在这个坐标系中的图像称为抽样特性曲线（operating characteristic curve），也称为 OC 曲线，亦称为操作特性曲线。如图 6-7 所示。

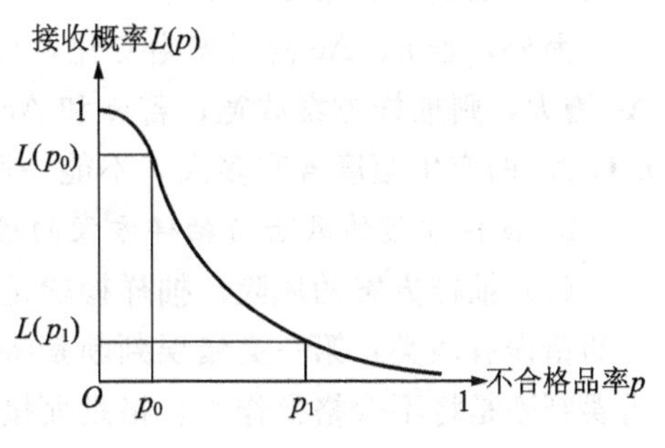

图 6-7　抽样特性曲线

OC 函数具有下列性质。

① $p(0)=1$，即当交验批没有不合格品时，应被百分之百接收。

② $p(1)=0$，即当交验批没有合格品时，应被百分之百拒收。

③ $p(p)$ 为 p 的减函数。即当交验批不合格品率变大时，被接收的概率应相应减小。

影响 OC 曲线形状的因素主要有批量 N、样本大小 n 和接收数 Ac，故改变方案中的参数必将导致 OC 曲线发生变化。其影响规律如图 6-8 所示。

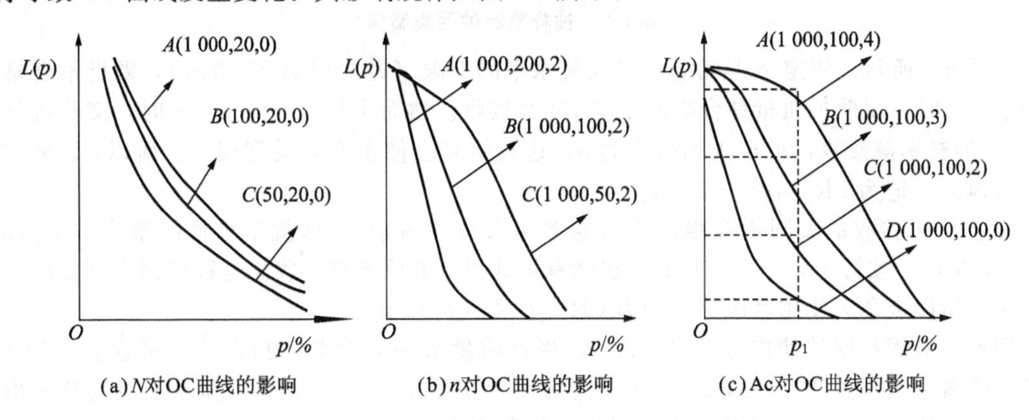

图 6-8　参数变化对 OC 曲线的影响

①（n，Ac）一定，N 变化对 OC 曲线的影响如图 6-8（a）所示。样本大小 $n=20$、合格判定数 $C=0$ 时，N 分别等于 1 000、100、50 时的 OC 曲线，可以看出，批量值对 OC 曲线的影响较小，可忽略。

②（N，Ac）一定，而 n 变化对 OC 曲线如图 6-8（b）所示。批量值 $N=1\ 000$、合格判定数 Ac=2 时，样本大小 n 分别等于 200、100、50 时的 OC 曲线，可以看出，如果 n 增大，则 OC 曲线向左移动，且曲线形状变陡，表明鉴别能力提高，即抽样方案变严格了；反之 n 减小，则 OC 曲线向右移动，方案抽样方案变宽松了。

③（N，n）一定，而 Ac 变化对 OC 曲线的影响如图 6-8（c）所示。批量值 $N=1\ 000$、

样本大小 $n=100$ 时，合格判定数 Ac 分别等于 0、2、3、4 时的 OC 曲线，可以看出，随着 Ac 增大，则 OC 曲线向右移动，表明鉴别能力减少，即抽样方案变宽松了；反之 Ac 减小，则 OC 曲线向左移动且曲线形状变陡，抽样方案就变严格了。且接收概率在同一 P 水平时 Ac 增大，说明抽样方案变宽松了。

另外，若 n、Ac 同时发生变化，如果 n 增大而 Ac 减小，则抽样方案加严；若 n 减小而 Ac 增大，则抽样方案放宽；若 n 和 Ac 同时增大或减小，对 OC 曲线的影响比较复杂，要看 n 和 Ac 的变化幅度各有多大，不能一概而论。

2. 抽样方案的风险与抽样方案的确定

（1）抽样方案的风险。抽样检验是通过样本去推断总体，这样就难免出现判断错误。常见的错误有两类：第一类错误判断是将合格批作为不合格批而拒收，对生产商不利；第二类错误判断是将不合格批作为合格批而接收，对使用者不利。

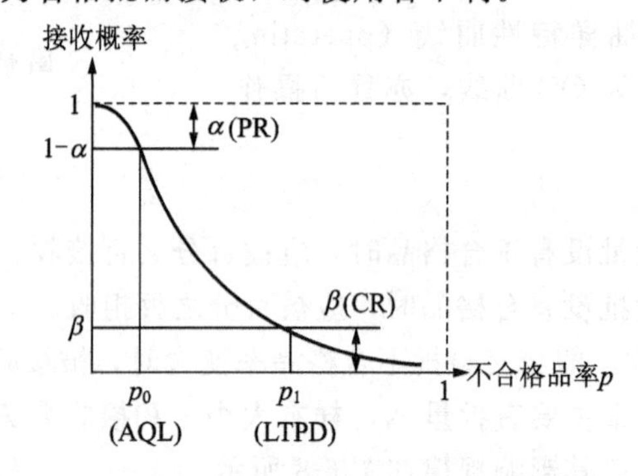

图 6-9 抽样检验的两类错误

如图 6-9 所示，假定 p_0 是可接收的质量水平的上限（通常用 AQL 表示），即批不合格品率当 $p\leqslant p_0$ 时，说明批质量是合格的，应 100％接收。然而实际上，当 $p=p_0$ 时，交验批只能以 $1-\alpha$ 的概率被接收，被拒收的概率为 α。这种错判会使生产者受到损失。所以，α 被称为生产者风险，记为 PR。$\alpha=1-L(p_0)$。

设 p_1 为可接收的极限不合格品率（通常用 LTPD 表示），即批不合格品率当 $p\geqslant p_1$ 时，应 100％拒收。实际上，当 $p=p_1$ 时，仍然有可能以 β 的概率被接收。这种错判会使使用者蒙受损失。所以被称为使用者风险，记为 CR。$\beta=L(p_1)$。

因此，对于给定的抽样方案（n/Ac），当批质量水平 p 为某一指定的可接收值（如 p_0）时的拒收概率叫作生产方风险 α；对于给定的抽样方案（n/Ac），当批质量水平 p 为某一指定的不可接收值（如 p_1）时的接收概率叫作使用方风险 β。

显然，对于生产者而言，希望 α 小些；对于使用者来说，则希望 β 越小越好。在选择抽样方案时，应选择一条合理的 OC 曲线，使两种风险尽量控制在合理的范围内，以保护双方的经济利益。

（2）抽样方案的确定。为了使抽样方案既能满足对产品质量的要求，又能经济合理地降低成本，就必须使生产者的风险 α 和使用者的风险 β 都尽可能小。为此，首先由供需双方共同协商确定 p_0、p_1、α、β 四个参数，然后求解下列联立方程就可求得样本含量 n 和合格品判定数 Ac。

$$\begin{cases}\alpha = 1-L(p_0)\\ \beta = L(p_1)\end{cases} \tag{6-3}$$

3. 计数标准型一次抽样检验程序与抽样方案

计数标准型一次抽样检验程序是针对孤立的一批产品进行的抽样检验，标准型抽样检验是一种对生产者和使用者都提供一定保护的检查，这种检查的特点是完全根据对产品批抽样检验结果对产品质量做判断，而不需要利用产品批以往的质量资料，同时对两类错判率进行控制。因此标准型抽样检验适用于对孤立的产品批或对产品批质量不了解的情况。

(1) 抽样检验的程序。不合格品百分数的计数标准型一次抽样检验程序执行 GB/T 13262—2008 标准。

① 规定单位产品的质量特性；

② 规定质量特性不合格的分类与不合格品的分类；

③ 生产方风险质量与使用方风险质量；

④ 组成检验批；

⑤ 检索抽样方案；

⑥ 抽取样本；

⑦ 检验样本；

⑧ 依判定准则，做出是否接收该批的决定；

⑨ 检验批的处置。

(2) 抽样方案的检索。在 GB/T 13262—2008 的表 1（表 6-3 显示其表中的部分内容）中由 p_0、p_1 相交栏读取抽样方案，栏中左侧的数值为样本量 n，右侧的数值为接收数 Ac。

表 6-3 部分计数标准型一次抽样方案（GB/T 13262—2008） $\alpha=5\%$，$\beta=10\%$

p_1/% p_0/%	7.11～8.00	8.01～9.00	9.01～10.00	10.1～11.2	11.3～12.5	12.6～14.0	14.1～16.0
0.711～0.800	49，1	46，1	42，1	38，1	34，1	31，1	27，1
0.801～0.900	47，1	44，1	40，1	38，1	34，1	31，1	27，1
0.901～1.00	74，2	42，1	39，1	36，1	34，1	30，1	27，1
1.01～1.12	72，2	64，2	37，1	35，1	32，1	30，1	27，1

【例 6-3】 某批单位产品汇集组成检验批，供需双方规定 $p_0=1\%$，$p_1=10\%$，$\alpha=5\%$，$\beta=10\%$，求检验该批产品的标准型一次抽样方案。

从表 6-3 中查出 0.901%～1.00%一行，9.01%～10.00%一列，在它们的相交栏中查到（39，1）。即采用样本量为 39，接收数为 1 的抽样方案。

4. 计数调整型抽样计划与抽样系统

在计数抽样检验中，最为广泛应用的是调整型抽样检验。调整型抽样计划主要适用于连续系列批。连续系列批的系列的长度足以允许使用转移规则。当产品质量正常时，采用正常抽样方案进行检验；一旦发现质量变劣，为给使用者提供保护，应转移到加严检验或暂停抽样检验；如果质量一直比较好，为减少检验费用，经负责部门同意，根据转移规则，可转移到放宽检验。

计数调整型抽样计划不是一个单一的抽样方案，而是由一组严格程度不同的抽样方案和一套转移规则组成的抽样系统。抽样系统是抽样方案或抽样计划及抽样程序的集合。其中抽样计划带有改变抽样方案的规则，而抽样程序则包括适当的抽样方案或抽样计划的准则。

（1）按接收质量限（AQL）检索的抽样程序。按接收质量限（AQL）检索的抽样程序执行的是 GB/T 2828.1—2012 标准。GB/T 2828.1—2012 标准是一个按批量、检索水平和 AQL 检索的抽样系统。其检验程序如下：

① 规定单位产品的待检验质量特征值。

② 规定 AQL 和检查水平。

③ 组成交验批，确定批量 N；规定抽样的次数。

④ 根据批量和检查水平通过 GB 2828.1 检索样本大小。

⑤ 根据字码和 AQL 通过 GB 2828.1 正常抽检方案表检索出正常方案。

⑥ 检索出加严方案和放宽方案；查取放宽界限数 LR。

⑦ 制订调整型抽样方案组（包括正常方案、加严方案、放宽方案）。

⑧ 从正常方案开始抽取样本。

⑨ 交验批判断；交验批处置。

⑩ 按照转移规则确定下一次抽样方案的宽严。

（2）检查水平与样本大小字码。检查水平对应着检验量。GB 2828.1—2012 表 1（如表 6-4 所示）中给出了 3 个一般检验水平Ⅰ、Ⅱ、Ⅲ。除非另行有规定，应使用水平Ⅱ。当要求鉴别能力较低时可使用水平Ⅰ，当要求鉴别能力较强时可使用水平Ⅲ。GB 2828.1—2012 表 1 还给出了四个特殊检查水平 S-1、S-2、S-3、S-4，它们可用于必须使用相对小的样本量而且能容许较大抽样风险的情形。

样本量通过样本量字码确定。对给定的批量和规定的检验水平使用 GB 2828.1—2012 表 1（如表 6-4 所示）检索适用的字码。

表 6-4　样本大小字码表

批量 N	特殊检验水平				一般检验水平		
	S-1	S-2	S-3	S-4	Ⅰ	Ⅱ	Ⅲ
2～8	A	A	A	A	A	A	B
9～15	A	A	A	A	A	B	C
16～25	A	A	B	B	B	C	D
26～50	A	B	B	C	C	D	E
51～90	B	B	C	C	C	E	F
91～150	B	B	C	D	D	F	G
151～280	B	C	D	E	E	G	H
281～500	B	C	D	E	F	H	J
501～1 200	C	C	E	F	G	J	K
1 201～3 200	C	D	E	G	H	K	L
3 201～10 000	C	D	F	G	J	L	M
10 001～35 000	C	D	F	H	K	M	N
35 001～150 000	D	E	G	J	L	N	P
150 001～500 000	D	E	G	J	M	P	Q
500 001 以上	D	E	H	K	N	Q	R

(3) 抽样方案的检索和抽样方案的类型。GB/T 2828.1—2012 使用 AQL 和样本量字码从抽样方案表（GB/T 2828.1—2012 的表 2、表 3、表 4 或表 11）中检索抽样方案。对于一个规定的 AQL 和一个给定的批量，应使用 AQL 和样本量字码的同一组合从正常、加严和放宽检验表检索抽样方案。检索方法是得到样本量字码后，在抽样方案表中由该字码所在行向右，在样本量栏读出样本量 n，再以样本量字码所在行和指定的接收质量限所在列相交处，读出接收数 Ac 和拒收数 Re。若在相交处是箭头，则沿箭头方向读出箭头所指的第一个接收数 Ac 和拒收数 Re，然后，由此接收数和拒收数所在行向左，在样本量栏内读出相应的样本量 n。

同样，GB/T 2828.1—2012 的表 2、表 3、表 4 分别给出一次、二次和多次三种类型的抽样方案。如果有一次、二次和多次抽样方案可采用，通常应通过比较这些抽样方案的平均样本量与管理上的难易程度来决定使用哪一种类型的抽样方案。

(4) 转移规则。转移规则是指从一种检验状态转移到另一种检验状态的规定。调整型抽样方案是根据连续交验批的产品质量及时调整抽样方案的宽严，以控制质量波动，并刺激生产方主动、积极地不断改进质量。开始检验时，一般先从“正常检验”开始，再按一定的规则选择转移方向。中华人民共和国国家标准 GB/T 2828.1—2012 给出了 4 种检验状态及 6 个转移规则，如图 6-10 所示。

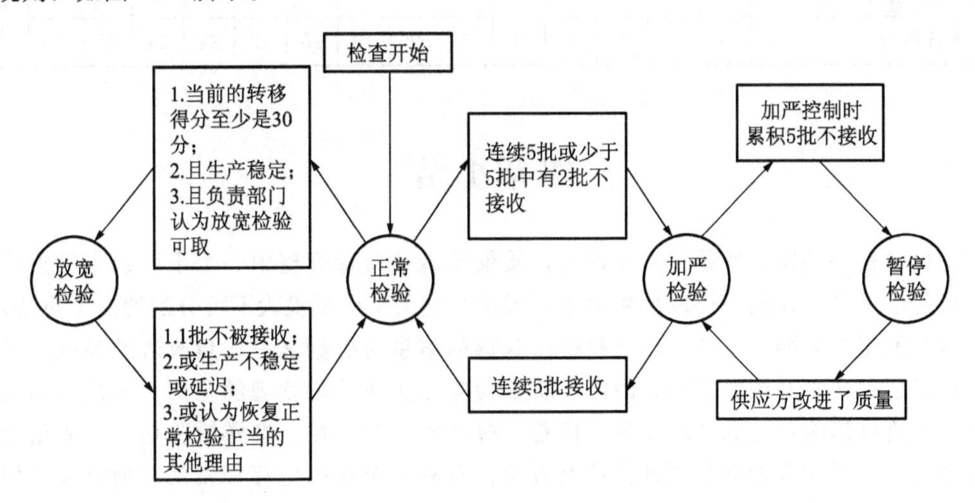

图 6-10　调整方案的转移规则

① 正常转为加严。正常检验开始以后，一旦发现有一批被拒收，则从被拒收的这一批开始计算，如果连续 5 批或者不到 5 批，又有一批被拒收，则应立即从下批开始加严检验。

② 加严转换为正常。当采用加严方案时，如果连续 5 批抽检合格，则转为正常抽检。如果连续 5 批或不到 5 批中又有一批被拒收，则从被拒收的下一批开始计算，如果连续 5 批被接收，就应立即转入正常检验。

③ 加严转换为暂停。当采用加严方案时，如果加严检验拒收的批数已累积到 5 批，就应立即停止进行的检验。

④ 暂停转换为加严。当采用暂停检验时，只有实施了改进，提高了质量，才能将暂停转换为加严。

⑤ 正常转为放宽。在进行正常检验时，如果被接收批的质量水平和生产过程能同时满足放宽检验的 3 个条件，就可以实施放宽检验。

· 当前的转移得分至少是 30 分。

· 生产稳定。

· 负责部门认为放宽检验可取。

⑥ 放宽转为正常。在进行放宽检验时，当生产不稳定或者延迟，或者有一批初检被拒收，即使不出现上述情况，放宽检验的每一批初次检验都被接收了，但所有被接收的批的过程平均等于或者劣于 AQL 规定的水平，或者在生产过程中已经出现了某些不稳定的因素或其他原因时，就应立即转入正常检验。

【例 6-4】 对某产品进行连续验收，AQL＝1.0，检验水平＝Ⅱ，N＝1 000，共 16 批，查一次正常表得（n＝80，Ac＝2），加严一级的 AQL＝0.65，再查一次正常表得到（n＝80，Ac＝1），每一批的产品不合格品率如表 6-5 所示。当接收数为 0 或 1 时，如果该批被接收，则给转移得分加 2 分；否则将转移得分重新设定为 0。

表 6-5 批次得分与转移选择

批 次	1	2	3	4	5	6	7	8	9	10	11	12	13	14	15	16
每批抽样的不合格品数	1	2	1	1	2	1	1	1	0	1	1	0	1	0	1	放宽检验
转移得分	3	0	3	6	0	3	6	9	12	15	18	21	24	27	30	

本章小结

质量检验是一种符合性的检查与评价，质量检验是质量管理中一个不可缺少的重要组成部分。现代质量管理强调一切以预防为主，预防和把关是质量检验不可分割的两个重要职能，而质量检验的报告职能，以及由质量检验而获得的信息与数据又是质量改进的前提条件，每一个生产过程都离不开质量检验。因此，质量检验是企业质量管理的基础。质量检验的组织与管理，会直接影响企业的产品质量、信誉、收益和社会效益。抽样检验是产品质量检验的一个重要方法，科学合理地利用抽样检验方法，有利于企业的生存和发展。理解和掌握这些内容对于在质量管理实际中分析和解决问题具有十分重要的意义。

阅读资料

多家知名“快时尚”服装品牌被曝：甲醛、pH 超标

2013 年 11 月，中国消费者协会公布的“快时尚”服装比较试验结果引发市场关注：70 款抽样产品中，有 25 款质量不符合国家标准，不乏 WE、ZARA、hotwind、马莎、GUESS、Paul Frank 等知名品牌。这已不是“快时尚”服装品牌第一次被曝光有质量瑕疵，可购买“快时尚”服装的消费者依旧数量不少。

此次比较试验中，中消协主要对产品标识、成分含量、甲醛含量、pH、色牢度、异味、

可分解芳香胺染料、起球、撕破强力等项目进行专业检测。不达标产品主要存在纤维成分含量名实不符，甲醛含量、pH值超标和色牢度不达标等问题。

在纤维含量方面，问题最严重的属URBAN RENEWAL品牌。该品牌一款女装长裤明示面料为85%棉、10%锦纶、5%氨纶，实测结果没有任何棉的成分。WE、GB、Promod、b+ab、Mango等品牌则被发现纤维成分的实际比例与标注比例有差距；在甲醛含量和pH值方面，MARKS&SPENCER品牌的裤子被检出甲醛含量超标；ZARA及hotwind品牌的裤子被发现pH超标；在色牢度项目上落马的品牌更多，包括GUESS、Semir、ZARA、GB、FOREVER21、Paul Frank等。

以上三个问题反映出面料依旧是"快时尚"的"硬伤"，因为在前几年曝光的数据中，"快时尚"的问题也集中于此。以上问题与它们采取的全球采购、全球生产模式不无关系，这些品牌在中国市场销售的产品来自世界各地。由于产品生产周期短，部分面料质量检测不严，导致问题产品上市。此外，不够本土化也产生了不达标产品，例如，有的面料指标在国外市场可能符合当地标准，但在中国就属于不合格范畴。

时尚业观察员王林今指出，"快时尚"的产品特点是更新换代速度快，消费者今年买的衣服可能穿一年，明年就不要了，所以不会在乎它的质量究竟好不好；更何况类似纤维成分的问题，消费者靠眼看手摸根本发现不了，也就使得这些面料问题得以蒙混过关。至于"致命问题"，王林今解释，这是因为"快时尚"被发现的面料问题还没有引发严重的"穿着危机"："曝光的三个指标中，纤维含量主要影响穿着舒适感、色牢度不达标引发产品容易褪色，最严重的当数甲醛和pH超标，但也只会引发少数人皮肤不适等病症。"与此形成对比的是之前上海的"校服事件"，当时被曝光的可分解芳香胺染料有致癌可能，所以消费者会十分关注。

王林今认为，消费者目前的"宽容"并不代表"快时尚"就能高枕无忧："小洞不补，大洞吃苦。"连续查出的面料品质问题其实反映出"快时尚"的质管体系不够完善，全球采购、全球生产的模式在符合中国标准上仍有漏洞；尤其在面料采购上，改进空间不小。一旦在面料上出现"致命问题"，此前积累的品牌忠实度就会一夜倒塌。

中消协也建议，"快时尚"必须从产业链源头控制纺织商品质量，并将速度一分为二看待：在设计上"越快越好"，前瞻性的潮流设计可以为品牌留出更多的生产和物流配送时间；但在质量监控上，应当严格遵守检测流程。

（资料来源：http：//www.caq.org.cn/html/news_pp/2013－11/27/114440.shtml）

案例分析

某企业质量检验工作流程

某企业为确保经过检验和试验合格的原材料/零部件、过程和最终产品才能投产、转序和交付，对采购产品、过程产品和最终产品特性进行监视和测量，规定了产品检验职责、内容和方法（见表6-6）。

表 6-6　某企业工作流程

责任单位	工作内容	记录
	1. 原材料/零部件进货检验	
质量部外协检验班	(1) 接收供应商出具的“收发清单”，并按《原材料、外协件检验规程》和规定抽取样件，在规定的期限，检验卡片实施以下检验，相关的试验要求由实验室按《实验室管理程序》进行	
检验员	① 验证供应商的自检报告及原材料的质量证明等资料是否齐全；② 几何尺寸的结果；③ 实验中心提交的金相、理化等报告单的结果。 (2) 按照检验和试验结果，合格的在“收发清单”上盖章。 (3) 对于公司未能实施的理化项目，则按检验文件或质量技术协议规定的年度外委及顾客同意的其他方法要求执行	
质量部	(4) 每年度对 A、B 级供应商实施质量管理体系和产品现场审核，审核细则具体参见《供应商质量能力评定准则》。 (5) 一旦出现因生产急需来不及检验和试验而放行使用的原材料外购外协件，按以下程序处理：① 填写紧急（例外）放行申请单；② 部长批准，必要时由副总经理批准；③ 紧急（例外）放行申请单“一式三联：分厂、质量部、物资管理部”各一联，凭此单办理领料、发料手续	
使用部门	④ 接到紧急放行的产品，用紧急例外标签/标记做好标识	放行申请单
检验员	⑤ 做好记录，标识应留到产品质量得到确认为止，以便一旦发现不能满足规定要求时，能立即追回和更换；⑥ 对紧急放行的产品跟踪，一旦发现不合格，按《不合格品控制程序》，经检验合格，方可办理入库手续	
	2. 生产过程质量检验和试验	
操作工	(1) 按操作指导书实施首检、自检，将检验情况记录于“自控记录”，做好相应状态标识	自控记录
检验员	(2) 对首检产品进行确认，并填写“检查员三检记录”，合格并在首检件上打好绿色标记后操作工方可生产。 (3) 按照检验规程规定要求，对生产过程进行巡回检验，并填写“检查员三检记录”	检查员三检记录
操作工	(4) 当操作指导书中有特殊特性控制要求时，操作工按照初始能力确定的控制界限实施控制图	
检验员	(5) 巡检控制图的趋势，对出现不稳定现象应及时指出并指导操作工调整，必要时重新作过程能力分析	
操作工	(6) 在过程中一旦发现不合格，应及时通知检验员或车间班组长	
检验员	(7) 对发现的不合格品及时进行隔离标识和记录，进行分析、判定，具体见《不合格品控制程序》和《检验和试验状态控制程序》	

续表

责任单位	工作内容	记录
	3. 成品质量检验和试验	
质量部	（1）所有的检验和试验项目包括：① 进货/进料质量检验和试验；② 生产过程质量检验和试验；③ 紧急/例外放行的项目检验和试验。以上检验项目均已完成，且满足规定的要求后，才能进行成品质量检验和试验	产品检验记录单
检验员	（2）按照检验指导书，对产品实施成品质量检验试验，填写“产品检验记录单”。 （3）经过了规定的检验和试验，对符合规定要求的产品，签发合格证予以放行，并填写“入库通知单”，总装产品入成品库、制造产品入中间库。 （4）未经验证的产品一律不准放行	
质量部	（5）按照《产品审核程序》执行产品审核。 （6）当合同要求时，顾客或第三方代表将与质量部一起进行现场认可，则该产品需在认可合格或认可中发现的质量问题已得到解决后才能交付	

案例思考

1. 该企业的检验工作流程适用于哪些过程的检验？
2. 检验员在原材料/零部件进货质量检验和成品质量检验中的职责有哪些？
3. 什么时候才能进行成品质量检验和试验？
4. 因生产急需而使用的原材料、外购和外协件不合格时，如何处理？
5. 生产过程质量检验中操作工和检验员的职责有哪些？

习　题

一、单项选择题

1. 准确的“检验”定义是（　　）。
A. 通过测量和试验判断结果的符合性
B. 记录检查、测量、试验的结果，经分析后进行判断和评价
C. 通过检查、测量进行符合性判断和评价
D. 通过观察和判断，适当时结合测量、试验进行符合性评价

2. 产品验证中所指的“客观证据”是（　　）。
A. 产品说明　　B. 产品质量检验记录
C. 技术标准　　D. 产品供方的发货单

3. 在质量检验过程中，在“比较”过程进行后，应进行以下（　　）过程。
A. 处理　　B. 测量　　C. 判定　　D. 记录

4. 检验的重要作用不包括（　　）。
A. 把关　　B. 预防　　C. 鉴定　　D. 反馈

5. 如何对待不合格品返工返修后检验的问题，正确的做法是（　　）。
A. 不合格品返工后仍不合格，所以不需重新进行检验
B. 不合格品返工后成了合格品，所以不需要再进行检验

C. 返修后还是不合格品，所以不需要重新进行检验

D. 返工后不管是否合格都需要重新进行检验

6. 标准型抽样检验对（　　）提供保护。

A. 生产者　　B. 生产者和使用者

C. 生产者或使用者　　D. 使用者

7. GB/T 2828.1—2012 计数抽样检验程序国家标准中规定了（　　）转移规则。

A. 4 种　　B. 5 种　　C. 6 种　　D. 7 种

8. 对使用或放行不符合规定要求的产品的许可指的是以下不合格品处置方式（　　）。

A. 返工　　B. 让步　　C. 返修　　D. 降级

9. 抽样检验又称抽样检查，是从一批产品中（　　）少量产品样本进行检验，据以判断该批产品是否合格的统计方法和理论。

A. 随意抽取　　B. 随机抽取

C. 抽取　　D. 顺序抽取

10. 抽样检验是按预先确定的（　　），从交验批中抽取规定数量的样品构成一个样本，通过对样本的检验推断批合格或批不合格。

A. 抽样方案　　B. 抽样数量

C. 抽样频率　　D. 抽样问题

二、多项选择题

1. 质量检验定义中所涉及的活动有（　　）。

A. 培训　　B. 测量　　C. 设计研究开发

D. 观察　　E. 试验　　F. 比较

2. 质量检验依据的主要文件有（　　）。

A. 产品图样　　B. 顾客反馈意见的记录

C. 技术标准　　D. 工艺文件

E. 合同文本

3. 产品验证需要提供“客观证据”，这里的“客观证据”可以是（　　）。

A. 产品合格证　　B. 质量证明书

C. 供货合同单　　D. 检测报告

4. 按检验方式的不同特点和作用，按工作过程的顺序可分为（　　）。

A. 进货质量检验　　B. 生产过程质量检验

C. 定点检验　　D. 成品质量检验

5. 质量检验的目的包括（　　）。

A. 判定产品质量合格与否　　B. 确定产品缺陷的严重程度

C. 监督工序质量，获取质量信息　　D. 仲裁质量纠纷

6. 采取物资紧急放行的条件是（　　）。

A. 生产急用而来不及检验或检验后来不及出具检验报告的

B. 质量较稳定，历史业绩较好的

C. 在生产过程中能及时追溯的

D. 领导要求

7. 以下属于抽样检验适用范围的是（　　）。

A. 破坏性检验，如产品的可靠性、寿命、疲劳、耐久性等质量特性的试验

B. 产品数量大、检验项目多、周期长的产品

C. 希望节省检验费用，督促生产改进质量为目的的

D. 被检验、测量的对象是连续的

8. 检验按职能划分的话，分为（　　）。

A. 自检　　B. 互检　　C. 免检　　D. 专检

9. 在抽样检验中存在的两种风险是不可避免的，科学的抽样方案应满足（　　）。

A. 当生产方提供质量好的批应以高概率拒收

B. 当生产方提供质量好的批应以高概率接收

C. 当生产方提供质量差的批应以高概率接收

D. 当生产方提供质量差的批应以高概率拒收

10. 按检验特性值的属性，抽样检验可以分为（　　）抽样检验。

A. 标准型　　B. 计数　　C. 调整型　　D. 计量

三、名词解释

1. 质量检验；
2. 进货质量检验；
3. 生产过程质量检验；
4. 成品质量检验；
5. 接收数（Ac）；
6. 接收质量限（AQL）。

四、简答题

1. 为什么说质量检验是质量控制活动的一项重要内容？
2. 质量检验工作有哪几项职能？
3. 质量检验有哪几种分类方法？
4. 质量检验的作用是什么？
5. 不合格品的管理包括哪些内容？
6. 抽样检验有哪几种分类方法？各有何特点？
7. 简述接收概率与抽样特性曲线的含义。
8. （N，n，Ac）对抽样曲线有何影响？
9. 抽样检验中会发生哪两种错误？为什么？

五、综合分析题

1. 某集团公司在新技术开发区投资兴建一家企业，在即将竣工的同时，公司领导决定筹建企业的各级组织机构，请筹建组组织专业人员考虑企业的质量检验机构，经过一个阶段的学习讨论后，进一步明确了质量检验的性质、作用和任务，为进一步开展工作打下基础。

（1）明确了质量检验部门的性质，统一了认识，请指出他们一致认为质量检验机构的性质是（　　）。

A. 质量管理的职能部门　　B. 负责质量体系又负责质量检验的职能部门

C. 负责生产又负责检验的职能部门　　D. 独立行使质量检验的技术部门

(2) 经过讨论，他们确定了质量检验部门的主要工作范围，请指出他们确定的主要工作任务是（　）。

A. 编制需要采购的产品原材料目录和技术要求

B. 组织编制和控制质量检验的程序文件

C. 开展不合格品的回收利用

D. 配置和管理检测设备

E. 按规定要求开展产品质量检验

(3) 他们还提出了质量检验机构的集中管理式组织模式请领导决定和批准。在此方案中设计了两种方案供领导选择，这两种方案是（　）。

A. 按检验职能划分　　B. 按规模划分

C. 按所处生产组织位置划分　　D. 按产品结构划分

2. 设有一批汽车零部件，批量为 1 000 件，公司内控标准确定抽样检验的 AQL＝0.25％，检验水平为Ⅱ，试求其计数调整型一次抽样检验方案，并结合 GB/T 2828.1—2012 中提供的转移规则，按此调整抽样检验方案模拟使用抽样检验结果和转移规则。要求模拟顺序为：

(1) 由正常检验开始实施；

(2) 由 20 批正常检验后转为放宽检验；

(3) 由放宽检验转为正常检验；

(4) 由正常检验转为加严检验；

(5) 由加严检验转为暂停检验，待供应商实施质量改进后，再由加严检验开始实施；

(6) 由加严检验转为正常检验。

第7章　质量改进

学完本章，应该理解和掌握：

质量改进的意义；

质量改进的工作原理；

质量改进的步骤；

质量改进常用方法与工具。

企业提供的产品或服务质量的好坏，决定了顾客的满意程度；要提高顾客的满意程度，就必须不断地进行质量改进。质量改进是质量管理的一个十分重要的环节。

传统的质量改进是一种应急和补救措施。目的是减少或消除现场中操作人员出现的差错。如产品合格率下降时，通过生产班组和技术人员分析问题，找出问题所在，实施改进的措施，使产品合格率上升。直到20世纪50年代，现代质量管理理论在日本应用和发展，质量改进的内涵才得到了新的诠释和实践。展望质量管理理论和质量文化建设的不断传承与创新，质量工具与技术的应用已从制造业、服务业，逐步向教育、政府等各个领域拓展。质量管理的精髓也演变成长期的持续改进、推动组织绩效螺旋式上升，不断追求卓越。

7.1 质量改进概述

1974年，朱兰博士在其《质量手册》中的“改进”一词是指产品性能超越了过去任何一个时期，而达到了新的水平。ISO 9000:2005标准关于质量改进的定义为：质量管理的一部分，致力于增强满足质量要求的能力。质量改进并不满足于现状，它提供一种“与时俱进”的进取精神，核心理念是探索增强满足程度的新途径。因此它要发扬创新精神，追求新的质量水平，实现质量水平的新提升、新突破。

7.1.1 质量改进的内涵

1. 朱兰质量管理三部曲

朱兰在阐述质量管理的过程时，提出了著名的“质量策划”“质量控制”“质量改进”三部曲。当人们在讨论质量改进之时，把它置于“三部曲”的其中一个部曲的地位予以考察和审视，说明质量改进是建立在一些基本过程之上的，要想持续地进行质量改进，了解质量改进与质量策划、质量控制之间的关系（见图7-1），将加深和拓展对其的认识和理解。

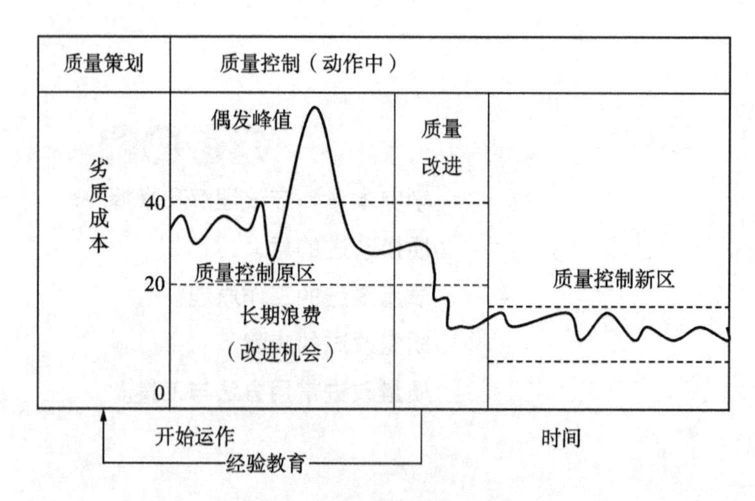

图7-1 朱兰的质量管理三部曲

（1）质量策划。质量策划是以实现质量目标为其根本目的的，因此，其主要内容是致力于质量目标的制定，并且规定为实现这一目标必需的运行过程和相关资源。质量策划是质量管理最初始的一个部曲，在策划中，确定顾客是谁、顾客的需求是什么，由此才能开发产品，进而开发产品生产的过程。策划的输出即是把策划制订的整个方案输入运作部门来运行。质量策划对于新产品的设计是不可或缺的一个环节，正是有质量策划，才能确保产品以顾客适用的特性提供给顾客。质量策划也可用于对过程的修改与完善，这时质量策划应广泛地吸收质量管理实际运行过程中发现的问题及必须修改的方面作为策划的输入，从而提出使质量管理进一步完善的目标得以实现的计划。

(2) 质量控制。质量控制针对这样一个事实，尽管进行了质量策划，但在实际的运作中，生产带有缺陷的产品总不能避免，由于质量低劣而需返工的产品总是不断产生，从而造成浪费。诚然，这种情况的发生，质量策划尚未做到尽善尽美是一个重要原因，但在运作过程中由于缺乏有效的控制也是一个重要原因。因此，质量控制是必需的重要的质量管理的一个部曲。有时在运行过程中，由于突发性的非策划因素造成的产品质量异常波动的情况很可能发生，这将造成更严重的损失和浪费，这时质量控制的运作机制更应积极反应，采取预案措施，以确保运行过程回到正常状态，这是质量控制的又一个重要的内容。由此可见，质量控制确实是以“致力于满足质量要求”为目的的。

(3) 质量改进。质量改进是朱兰三部曲中最为关键的一个部曲，只有实施质量改进，才能有组织地促成有益的改变得以实施，并达到前所未有的业绩水平，即质量突破得以成为现实。

2. 质量改进的意义

质量改进强调的是突破和发展，不断提高质量水平，所追求的是卓越、零缺陷和一次成功。坚持不懈地进行质量改进，必然给企业带来巨额经济效益，所以质量改进是企业的一种创造性变革。

组织内的每一项活动或每一项工作都包含着一个或若干个过程，质量改进就是通过改进过程质量来实现这些过程，它实际上是一种以追求更高的过程效果和效率为目标的持续的质量活动。主动寻找改进机会的质量改进活动，质量改进应该而且必须成为企业经营管理的核心，推动企业的进一步发展。

(1) 杜绝长期浪费，促进企业成本的降低。质量管理活动的一个根本性的目标在于降低成本以取得良好的经济效益。质量成本的降低一直是质量改进的一个重要的目标。在质量改进中，人们的目标除了显而易见地降低成本之外，还有降低长期浪费。长期浪费是指在产品生产的运作过程中，一定含有不合格事项而需要返工的工作。据统计，在20世纪80年代初，美国企业工作量的1/3是耗费在由产品缺陷而造成的返工上，并且这种浪费如果不采用改进措施加以制止，会不断地延续下去，形成长期浪费。降低长期浪费成为企业必须开展的一项长期工作，这一任务自然地落在质量改进上，并且消除与降低劣质成本是质量改进的持续活动，其空间之大往往使质量改进活动的每一次努力都有收益，犹如一座挖掘不尽的金矿。

(2) 不断突破，提高产品质量和推动新产品的开发与推广。在质量管理活动中，有一对矛盾，即“维持”和“突破（或改进)”。维持呈现的特性是按照质量管理的预定计划和运行方案监督、保持运作的平稳、有序，努力排除各子系统空间的摩擦或碰撞，努力克服外界对系统的干扰和冲击，“稳定”和防止“混乱”是“维持”的基本目的。人们不能消极地低估“维持”的重要性，从“维持稳定”“防止和消除”“混乱”的角度来看，“维持”是质量管理系统的生命所在，没有“维持”就没有“质量管理”乃至企业整个经营管理的“生命”。然而一个系统仅仅有“维持”是不够的，从系统内部而言，随着时间的推移，必定有某些单元因长期运作而老化、死亡；从系统外部而言，随着时间的推移，对系统必定会提出新的要求、新的标准、新的规则，系统不适应环境也必定导致死亡。这就要求系统调整、修正、改进、突破、创新，以给自身增添新的活力，以针对环境适应其新需求。因此，“维持”和“突破”各有其自身存在的依据和价值。“维持”是相对的，“突破”是绝对的。整个质量管理活动则是沿着“维持—突破—再维持—再突破”螺旋上升，每一个循环不是回到原地，而是提升到一个新的层面，实现质的飞跃。从这种意义而言，质量改进是质量管理中一种最具生命、最富活力的突破因素。

因此，质量改进必将推动新产品的开发和推广。由此，把顾客需求合理地转化为对产品的质量特性的设计，构建产品生产的新的运作程序，以提升产品对顾客而言的质量信誉程度，这必将要求对企业原有的质量管理模式进行改进或创新。一个新的产品投入市场是否能取得成功，除了新产品的质量是否能完全满足顾客的需求或引导顾客产生新的需求之外，还必须有一整套高质量运行的企业经营管理活动予以保证。要求企业制定高效的促销策略，构建高质量运行的销售渠道，建立快速应对顾客反馈信息的服务机制，这些活动都必须高质、高效地进行，它必须在质量改进的层面上予以保证，离开了质量改进，离开了创新，企业是难以前进一步的。

（3）改进过程，不断提高企业运作的效率。提高产品质量、降低长期浪费离不开过程的改进，产品质量是质量策划所设计的“过程”的产物，而长期浪费则伴随产品质量同时产生，因此，要提高产品质量、降低长期浪费，离开过程的改进就不能前进一步。所以，质量改进应在所有的生产过程及业务过程中进行，应设计新过程以替代原有过程，或对原过程进行突破性的修改。用系统论的观点来考察过程，过程实际上是一个转换系统，具有输入和输出，转换过程的实现离不开人力资源和设施、技术、服务、管理等其他资源，并且输出并不是输入的等价物，而应具有系统的增强效应。据此改进过程应建立相应的评价体系，以此对改进过程进行监控和测评，衡量其绩效。人们在强调对过程进行重新设计的时候，并不能忽视或放弃对过程的某一局部、某一阶段小过程的改进，要注意量的积聚可以导致质的飞跃，全过程的改进往往是各个小过程改进的总和与提升。在论及过程改进时，还应重视过程与周边环境的协同关系。输入、输出端实际是与外部环境的接口，接口往往是最需关注的节点，要保证其连接的有效和有序。在质量改进中，从过程着眼重视资源配置、注重效率、协调内部及内外关系，这些应成为质量改进对企业运作效率方面的积极影响。

为了应对多元变化市场的激烈竞争，企业必须通过各项工作过程的改进来促进管理的组织、体系、程序的更新，促进工序、设施、技术、服务的改进，唯此才能提高企业的效率、超越竞争对手。

（4）不断挖掘企业的潜力，推动企业品牌的打造。任何质量问题的产生都是有其原因和根据的，质量改进不应仅仅着眼于“质量问题”这一结果，而应主动出击去寻找原因、采取措施、控制原因、消灭事故，使事故发生率大为降低。预则立、不预则废，企业应该不断适应需求开发新的产品，采用新工艺、新技术、新方法去实现新的产品生产，从而不断挖掘企业的潜力，推动企业品牌的打造，永葆企业品牌之青春。

质量改进活动从时间而言，贯穿企业质量经营活动的始终；从空间而言，可以覆盖企业质量经营活动的每个领域、每个方面、每项活动、每个部门、每位员工。从这种意义而言，质量改进活动对企业潜力的挖掘是永无止境的，应该是永不止步的，质量改进触及企业的每一个细胞，从而成为企业永葆青春的不竭动力。企业要打造品牌，离不开质量改进。质量改进推动产品质量的持续提高成为企业打造品牌的最坚实的基础，质量改进推动的企业经营活动的高质量运行成为企业打造品牌的最根本的动力，质量改进推动企业核心竞争力的提升成为企业打造品牌的最具震撼力的克敌制胜法宝。质量改进成为质量立业的源泉。

7.1.2 质量改进工作的管理

质量改进的目的是通过全员的共同参与，从质量、环境、安全、成本优化和顾客满意度等方面获取改进的潜能，不断改进公司的产品质量和生产率，降低成本，提高顾客满意度、员工满意度，增强市场竞争力。为实现质量改进的目的，质量改进工作的管理包括对质量改进活动的组织、策划、测量和评审。

1. 质量改进的组织

质量改进的组织一般分为两个层次，一是由企业质量管理职能部门组建的质量管理部门或质量管理委员会；二是由员工参与的质量改进小组，就是质量改进的实施组织，即质量改进的执行团队。

(1) 质量管理部门的主要职责。每个组织的质量管理部门应认真负责质量改进的组织工作。其主要职责与任务是：提出质量改进的方针、策略和目标，明确指导思想，支持和协调组织内各单位、部门的质量改进活动；组织跨部门的质量改进活动，确定其目标并配备所需资源以满足质量改进活动的需要；组织质量管理小组（QC 小组，自主管理小组）活动，实现质量改进目标；鼓励组织内每个成员开展与本员工作有关的质量改进活动，并协调这些活动的开展；评审和评估质量改进活动的进展情况等。

(2) 质量改进执行团队的主要职责。识别并策划本单位的质量改进活动，并能持续开展；测量与跟踪质量损失减少情况，开发和保持一个使各工作人员有权力、有能力和有责任持续改进质量的环境。

在跨部门的质量改进过程中，组织质量改进的职责主要是：规定过程目标，在部门之间建立和保持联系，识别过程中内外顾客的需要和期望，并转化为具体的顾客要求，寻找过程质量改进机会，配置质量改进所需资源，并监督质量改进措施的实施。

2. 质量改进的策划

质量改进活动应在策划的基础上付诸实施。质量改进策划是组织的管理者及质量改进管理机构的一个首要职责，应把质量改进目标和计划作为本组织经营计划中的一部分，以提高效率和效益为目标，并围绕减少质量损失来制订质量改进计划及实施方案。质量改进的策划要吸收组织各个部门、各个方面的成员参与，以保证策划符合实际，并且具有可行性，可取得积极绩效。质量改进的策划应注意质量改进计划的点与面的关系，既要注意组织层面跨单位、跨部门的改进活动，又要注意把组织单位、部门层面的质量改进纳入计划之中，并制定有关的指导、监督、控制措施。质量改进策划要特别处理好主攻方向，把质量改进空间较大、可以取得明显绩效的项目作为重点，取得突破，扩大战果，带动全面，以获全胜。

3. 质量改进的测量

每个组织都应建立一个与顾客满意度、过程效率相联系的测量系统。既可识别和诊断质量改进机会，又能测量质量改进活动的结果。一个良好的测量系统应能开展组织内各个部门及各个层次的测量，重点测量下列三个方面的信息。

(1) 与顾客满意度相联系的质量损失方面的信息，如对现有顾客和潜在顾客的调查，对同类竞争性产品和服务的调查，产品或服务特性记录，年收入的变化情况及顾客抱怨和索赔等。

(2) 与过程效率相联系的质量损失方面的信息，包括劳动力、资金和物资的利用，返工和报废等不满意过程输出，过程的调整，等候时间及周期，储运、库存规模、时间，不必要的设计及过程能力，稳定性的统计测量等。

(3) 社会质量损失方面的信息，如雇员满意度，污染和废物处置造成的危害等。

所有测量结果均应进行统计分析，以了解其发展趋势，同时，也应测量与跟踪偏离以往情况“基线”的趋势，并把测量报告作为质量改进管理报表的重要组成部分。

4. 质量改进的评审

质量改进活动要有激励机制，而激励机制的基础在于对项目绩效的合理评审。这种评审不仅在项目终结时发挥积极的促进作用，而且在项目开展的每一阶段，也将推进活动的深入发展。评审主要考察质量改进各级组织发挥作用的有效性、质量改进计划实施的有效性、质量改进成果的顾客满意度及效率提高程度等。

各级管理者均应定期评审质量改进活动的绩效。通过质量改进活动的定期评审，达到或确保：质量改进组织能有效地起到作用；完善和落实质量改进计划；完善质量改进的测量，引导向令人满意的方向发展；把评审结果反映到下一轮质量改进策划中去。当然，通过质量改进活动的评审，也可发现不符合要求的情况，并对其采取适当的措施。

7.2 质量改进的工作原理

质量改进的工作原理包括质量改进的运行方式、步骤与工作方法。质量改进是一个过程，有着不同的方法和步骤，PDCA 循环是全面质量管理的最基本的运行方式与方法，PDCA 循环适用于产品实现的各个过程，质量改进活动也应遵照 PDCA 循环的方法开展活动。

7.2.1 质量改进的 PDCA 循环法

1. PDCA 循环法的基本内容

PDCA 循环作为科学的工作程序，最早是由休哈特博士提出，后来由戴明博士带到日本，在推行全面质量管理工作中推广应用。因此，也称戴明环。PDCA 循环的工作程序最早运用在 QC 小组活动中，事实证明 PDCA 循环法是适用于开展各种工作（活动）的科学工作程序。因此，ISO 9000 质量管理体系标准已将 PDCA 循环纳入标准，作为质量管理体系建立和运行必须遵循的程序，也是质量改进工作应遵循的方法。

PDCA 循环是由四个英文单词的第一个字母缩写组成，反映了质量改进和完成各项工作必须经过的四个阶段。这四个阶段不断循环下去，周而复始使质量不断改进。

P (plan)：计划/策划。计划制订阶段，制定方针、目标、计划书、管理项目等。

D (do)：实施/执行。计划实施阶段，按计划实地去做，去落实具体对策。

C (check)：检查。实施结果检查阶段，对策实施中或实施后，检查对策的效果。

A (action)：处置/总结。处置阶段，总结成功的经验，实施标准化，以后就按标准进行。对于没有解决的问题，转入下一轮 PDCA 循环解决，为制订下一轮改进计划提供依据。

2. PDCA 循环的基本步骤

通常地讲，PDCA 循环具有“四个阶段八个步骤”。如图 7-2 所示。

(1) 现状调查——认识问题的特征。要求从不同的角度、以不同的观点去广泛而深入地调查问题特定的特性。只有深刻认识问题的实质，才有可能制订出正确的决策和策划出切实可行的解决问题的计划。

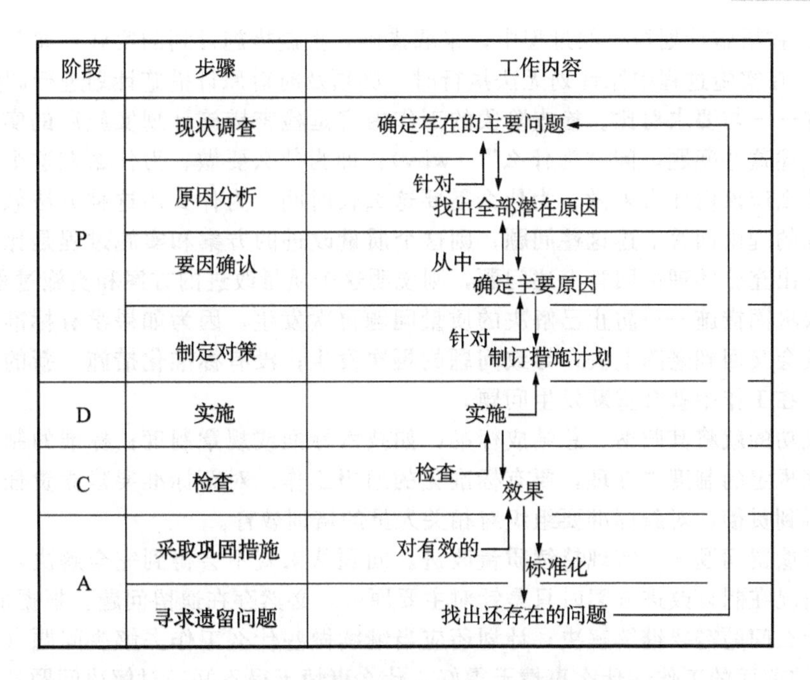

图 7-2　PDCA 循环的四个阶段八个步骤与内容

现状调查的四个要点：时间、地点、类型、症状，以发现问题的特征；从不同的着眼点进行调查，以发现问题变化的状况；要到现场去收集数据及各种必要的信息。通过对问题的历史状况及现状的调查、研究、分析，明确问题主要表现于哪些方面；对调查的主要问题，要用具体的词语把不良的结果表达出来。要展示出不良结果所导致的损失及应改进到什么程度。使大家了解改进的意义，取得共识，去执行改进措施；要确定课题目标，确定目标的依据，不合理的目标是不可能达到的。在制定目标值时应考虑到经济效果和技术上的可能性，应确定一个合理的目标值。既要具有先进性又要可能实现。

(2) 原因分析——解决问题的线索。当从不同角度对问题进行调查时，其不良结果被发现，这就是问题的特点、特性或特征，这就是解决问题的线索。理由很简单，这些结果是受到某些因素的影响才发生变化的，当把这种因果关系确定以后，就会得到解决问题的途径。只有努力做到“对症下药”，才能得到“药到病除”的结果。原因分析可以应用因果图、因素展开型系统图、关联图等工具。

(3) 要因确认——关键的少数。任何组织机构的（单位或部门）人力、物力、财力都是有限的。如果针对所有的原因去采取措施，将造成技术力量分散，其结果是“欲速则不达”。在众多影响因素中主要原因总是少数，最终要确认的主要原因的数量越少越好，但关键是要准确。

(4) 制定对策——消除主要原因。针对确定的主要原因，制定有效的解决措施，形成一个质量改进计划，在改进过程中去实施。在进行一个新的质量改进计划方案时，需要明确回答 5W1H，即要做什么（what）、为什么要做（why）、应该什么时候做（when）、应该由谁做（who）、应该在什么地方做（where）、如何做（how）等。采用对策表、箭线图法（网络计划）或 PDPC 法（过程决策程序图法）等工具制定对策。

(5) 实施——计划转为成果。质量改进计划的实施不是简单地执行，是工作量极大的一个过程。质量改进的措施计划的实施应包括执行、控制和调整三部分内容。

① 执行。措施计划是经过充分调查研究而制订的，原则上应当是切实可行的。

② 控制。在措施计划执行的过程中，采取措施，控制措施计划的实施。如各部协调等。

③ 调整。在实施过程中原计划无法执行时，必须及时对原订措施计划进行调整。

(6) 检查——与要求对比。检查阶段的工作内容是检查措施计划实施后的实际效果。检查必须明确上述这些问题，问“为什么”(why)：即为什么要做、为什么在这个时间和这个地点做、为什么应该由此人来做、为什么需要这么长时间、为什么用这种方法做等，如果有很充分、合理的理由回答上述这些问题，则这个质量改进的方案和实施过程是比较令人满意的；如果找不出充分的理由回答上述问题，则说明这个质量改进的方案和实施过程存在问题。

(7) 采取巩固措施——防止已解决的质量问题再次发生。因为如果没有标准化措施，已解决的问题就会又回到老路上去，导致问题的再次发生；没有标准化措施，新的人员（新雇员、新转岗）在工作中就会重新发生问题。

如果是成功的就将其归纳、总结成标准，如技术标准或规章制度；标准的制定一定要按企业文件管理规定的制度去办理，要有标准化的通报工作。对新标准要建立责任制，以便检查标准是否得到贯彻；对新标准要组织对相关人员的培训教育。

(8) 寻求遗留问题——实现持续质量改进。问题从来就不会得到完全解决，理想状态是不存在的。何况在制订改进方案时只是针对主要原因，必然存在遗留问题。根据取得的效果，预测还存在什么问题需要继续解决；计划还应当继续做些什么工作去解决问题（制订新的措施计划）；总结前面的工作，什么事情干得好，什么事情干得不好，对解决问题的本身进行反省性思考，有助于提高以后改进工作的质量。

3. PDCA 循环的特点

(1) 四个阶段一个也不能少。PDCA 循环一定要按顺序进行，它靠组织的力量来推动，像车轮一样向前滚进，周而复始，不断循环。应当注意 PDCA 循环工作程序的应用不是僵死的，其中四个阶段必不可少，而是否是八个步骤则根据具体工作项目的规模、特点及实现的方法不同而不同。

(2) 大环套小环，小环保大环，推动大循环。PDCA 循环作为质量管理的基本方法，不仅适用于整个组织，也适应于组织内的科室、工段、班组以至个人。各级部门根据组织的方针目标，都有自己的 PDCA 循环，层层循环，形成大环套小环，小环里面又套更小的环。大环是小环的母体和依据，小环是大环的分解和保证。各级部门的小环都围绕着组织的总目标朝着同一方向转动。通过循环把组织内外的各项工作有机地联系起来，彼此协同，互相促进。这里，大环与小环的关系，主要是通过质量计划指标连接起来，上一级的管理循环是下一级管理循环的根据，下一级的管理循环又是上一级管理循环的组成部分和具体保证。通过各个小循环的不断转动，推动上一级循环，以至整个企业循环不停转动。通过各方面的循环，把企业各项工作有机地组织起来，纳入企业质量保证体系，实现总的预定质量目标。因此，PDCA 循环的转动，不是哪一个人的力量，而是组织的力量、集体的力量，是整个企业全体员工推动的结果。

(3) 循环前进，阶梯上升。PDCA 循环就像爬楼梯一样，一个循环运转结束，产品质量、过程质量或工作质量和管理水平均提高一步。然后再制定下一个循环，再运转、再提高，不断前进，不断提高。每通过一次 PDCA 循环，都要进行总结，提出新目标，再进行第二次 PDCA 循环，使质量管理的车轮滚滚向前。

7.2.2 质量改进的一般步骤

PDCA 循环法是从方法论的角度对质量改进进行讨论。在实施时，其具体步骤并不是千篇一律的，许多著名质量管理专家都有各自的见解，如朱兰提出了质量改进七个步骤、美国质量管理专家克劳士比提出质量改进的十项活动等。但不管如何，这些步骤里都有 PDCA 的影子。这里介绍质量改进六步法的一般步骤，如图 7-3 所示。

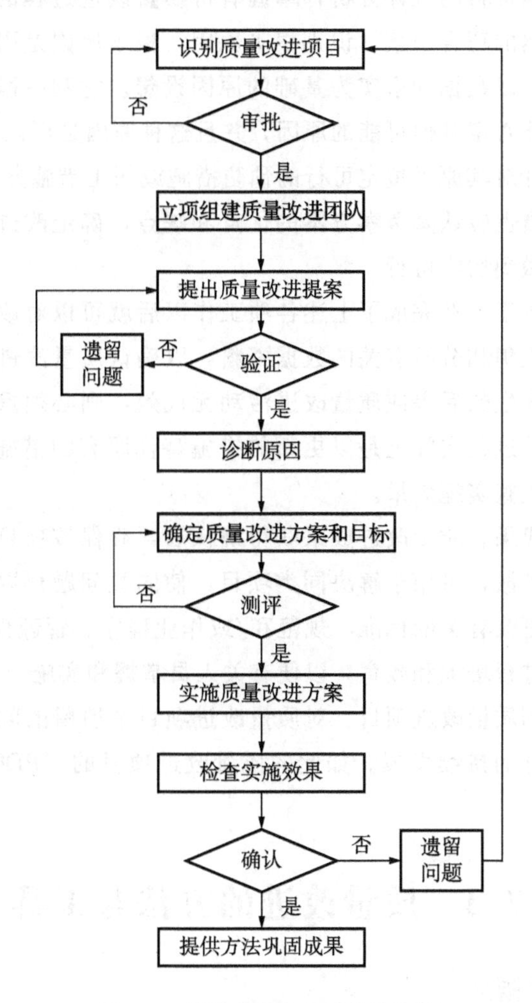

图 7-3　质量改进六步法的流程图

(1) 识别质量改进项目。质量改进项目，通常起始于对质量改进机会的认识，它一般围绕质量损失的测量与质量水平的比较两个方面来识别和确定。如质量的某些缺陷和不足、长期存在的问题、具有重要性的问题、具有规模性的问题、顾客迫切需要解决的问题等，从中选择最关键的项目，作为质量改进项目的对象。

(2) 立项组建质量改进团队。组织内的全体成员都可参与质量改进活动，质量改进项目要有一组人员去共同完成，应以团队的组织形式进行组建。质量改进团队在确定质量改进活动或项目时，应明确地提出该项质量改进的必要性、重要性和内容范围，并策划一个活动时间表及所需的资源，提出质量改进提案。如发现改进提案与改进目标或使命不相符的话，要及时调整方案，重新策划提案，以达到质量改进项目的目标。

(3) 诊断原因。诊断原因是分析问题症状到确定其根本原因的过程，包括：调查原因、分析和确定质量改进项目方案和目标。

揭示的问题症状的原因可能很多，团队应抓住关键的少数，把有限的资源集中于解决主要问题。通过有关质量信息数据资料的收集，确认和分析来增进对有待质量改进的过程状况的认识，通过对有关数据资料的统计分析，掌握有待质量改进过程的实质，建立起可能的因果关系，并剔除一些偶然的巧合因素，识别根本原因，根本原因是引起问题的直接原因，也是对问题真正有影响的、以数据和事实为基础的原因设想。它和一般设想有明显的不同，其判别的要点在于数据应能否定其他可能的原因，并且这种原因是可以用某种方法加以控制的。

确定根本原因后，针对其原因拟定可行的预防措施或纠正措施方案，并对方案进行评估，参与实施质量改进的人员也应认真考察方案的优点和缺点，确定改进方案和目标必须以事实为依据，要进行测评，做到切实可行。

（4）实施质量改进方案。在完成了上述各项工作以后就可以对改进方案进行实际的实施了。在实施过程中，应收集和分析有关的数据资料，以确认质量改进活动是否见效或成效大小。如果产生了不希望发生的后果或质量改进活动无成效，则必须重新认识和确定质量改进项目和活动。质量改进的过程实际上是以更新的措施替代原有的措施。因此为了改进，要确认质量改进的有效性，检查实施效果。

（5）提供方法巩固成果。质量改进成果获得确认后，确保该项目的质量改进成果，包括观念、知识、技术等的扩散，可用于解决同类项目，使同类问题得以有效纠正。应保持和巩固成果，这就要修订、更改有关的标准、规范和/或作业程序、管理程序文件等。同时按新的标准、规范、程序文件进行培训和教育，以便有关人员掌握和实施。

（6）遗留问题和识别质量改进项目。对质量改进项目中遗留的问题转入新的改进项目的识别中，以促使质量改进的持续发展。如此的质量改进项目的“PDCA”循环，使质量改进持续地开展下去。

7.3 质量改进的方法与工具

7.3.1 质量改进工具概述

所谓质量管理常用工具，就是在开展全面质量管理活动中，用于收集和分析质量数据，分析和确定质量问题，控制和改进质量水平的常用方法。这些方法不仅科学，而且实用，应该首先学习和掌握它们，并应用到实际中。有效质量改进活动会使质量成本得以改善。同时，质量改进活动并非企业内一个部门、一个人的工作，特别是企业推行系统的、自上而下的、高层次的质量改进即六西格玛管理，更需要企业最高管理层的策划和各相关方的参与。通过防差错系统的设计将会杜绝人为操作，使得无缺陷过程得以实现。最后，通过顾客满意度的调查，改进顾客关系，达到以顾客满意为核心的现代企业的质量管理目的。

质量改进是一项系统工程，需要有精心的策划、认真的实施和管理。实施质量改进必须以实际情况和数据分析为基础进行决策和策划并付诸实践，才能取得成功。所以，正确、有效地应用各种有关的工具和统计方法是促进质量改进项目和活动取得成功的必要条件。图 7-4展示了在质量改进过程中可应用的统计方法和工具，这些方法集中体现了质量管理的

“以事实和数据为基础进行判断和管理”的特点。这些方法和工具将在本章及其后的章节中加以说明和应用。

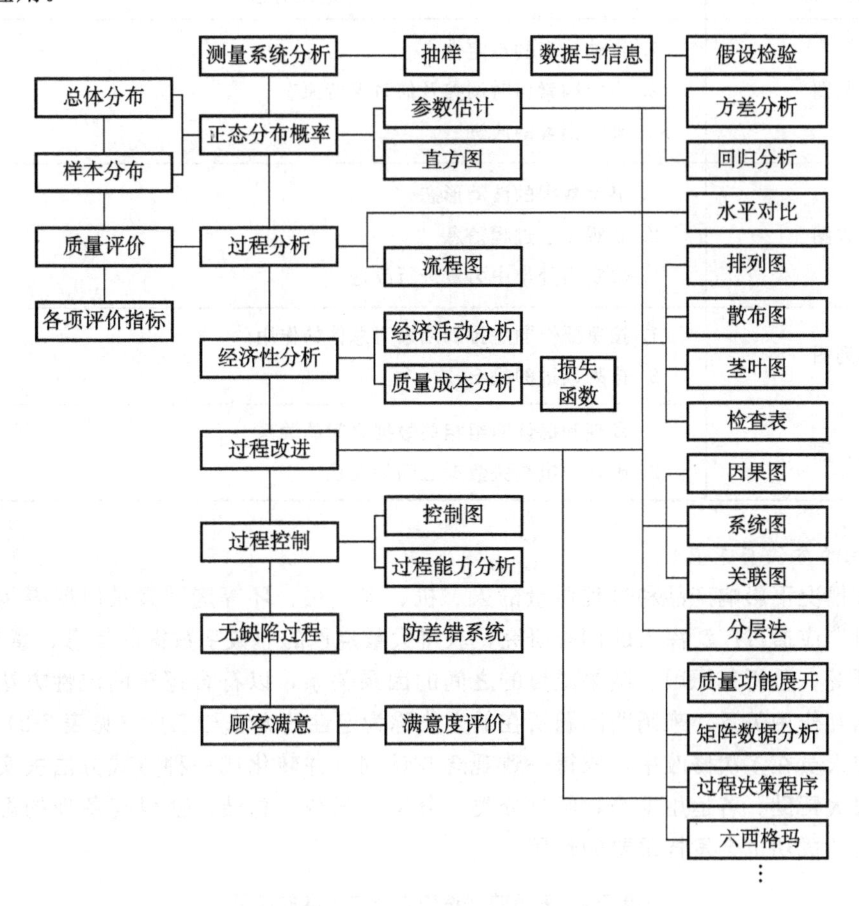

图 7-4　在质量改进过程中可应用的统计方法和工具

1. 定量的方法与工具

以统计的观点看待产品和过程质量则具有以下两方面的观念。①产品和过程质量之所以存在变异性，是因为影响产品和过程质量的人、机、料、法、环等诸因素均在无时无刻地变化着，因而造成产品和过程的变异性。即使完全相同的生产条件下所生产的若干产品，其质量特性也可能不完全一致。②产品和过程质量的变异在一定范围内，具有一定的数学规律，因此，质量改进的工作，应以掌握产品质量变异的规律性为前提。

现代质量管理活动中，需要应用各种数理统计技术方法（见表 7-1）。为此，统计技术成为质量管理及质量改进的一个重要因素。在市场分析、产品设计、可信性规范、寿命和耐用性预测、工序控制和工序能力的研究、确定抽样检验方案的质量水平、数据分析、过程改进及安全性评价等质量活动领域应制定并坚持实施统计技术方法，能查明质量指标与哪些因素相关，其中哪些是主要因素，哪些是次要因素，从而为优质生产获取最佳生产条件或最优参数组合。在质量改进活动过程中，利用数理统计技术与方法提高设计质量，开发优质产品，以及优化生产工艺，降低生产成本。

表 7-1　常用的统计方法与工具的应用

工具名称	应用方法
控制图	1. 评估过程的稳定性 2. 决定因素何时调整及何时保持原态 3. 确认因素的改进
直方图	1. 显示数据的波动形态 2. 直观表达过程信息 3. 决定何处集中力量进行改进
排列图	1. 按重要性顺序排列因素对总体的作用 2. 排列改进的机会
散布图	1. 发现和确认两组相关数据之间的关系 2. 确认两组相关数据之间的关系

2. 定性的方法与工具

在很多情况下影响产品和过程质量的人、机、料、法、环等诸因素难以取得量化的数字数据。此时，应通过广泛深入的调查研究，获得大量定性的非数字数据的信息、意见、反映、设想、议题等，分析其原因、结果或目的之间的因果关系，以符合逻辑的定性方法，找出其彼此间的相互作用关系，来阐明问题所在的方法称为定性的方法与工具（见表 7-2）。

让参与人员在多次修改中，取得一致观念与认同，并转化成一种方式方法去实施，对解决问题有很大帮助。若运用得当，经过分类、分层、归纳、总结，获得有条理的思路，对质量改进活动的成功也会发挥重要的作用。

表 7-2　常用的定性的方法与工具的应用

工具名称	应用方法
分层图	将大量有关某一因素的观点、意见或想法按组归类
水平对比法	将一因素与公认的、占领先地位的因素对比，以识别改进的机会
头脑风暴法	通过集体讨论、互相激发，识别可能的解决问题的办法和潜在的改进机会
因果图	分析表达因果关系；通过识别症状、分析原因、寻找措施，解决问题
流程图	描述现有过程，设计新过程
系统图	显示因果之间的逻辑和顺序关系，系统策划和解决复杂关系问题

3. 质量管理（QC）七大方法与工具

排列图、因果图、直方图、控制图、散布图、调查表和分层法被称为质量管理的 QC 七种工具，重点在整理问题数值资料取得后的管理手法。关联图、亲和图（KJ 法）、系统图、PDPC 法（也称过程决策程序图法）、矩阵图、矩阵分割（矩阵数据解析法）、箭线图被称为质量管理的 QC 新七种工具，将散漫无章的语言资料和不利因素，通过运用系统化的图形，呈现计划的全貌，防止错误或疏漏发生，重点在整理问题数值数据取得前的管理手法（见表7-3）。

表 7-3　新旧七种质量改进方法的应用

区分	应用方法	解决问题													
		1 定义问题	2 检讨问题	3 发掘问题	4 因果确认	5 目标制定	6 分析原因	7 制定对策	8 决策分析	9 实施改善	10 效果确认	11 标准化	12 持续改进	手法区分	使用特点
质量管理七大方法	1. 调查表		●		●		●							行列法	检查项目需周全
	2. 散布图				●									坐标法	纵横坐标的相关性
	3. 分层法		●		●									思考法	不同性质的区别
	4. 直方图										●			图示法	规格或标准值比较
	5. 排列图						●				●			图示法	能显示问题重点
	6. 因果图			●			●							图示法	由大至小显示，制造业常用
	7. 控制图			●										图示法	控制制程变异
质量管理新七大方法	1. 关联图				●									思考法	关系清楚
	2. 亲和图			●		●	●							思考法	归纳适当，服务业常用
	3. 系统图			●			●						●	树图法	因果关系明确
	4. 矩阵图								●				●	行列法	评价须正确
	5. 矩阵数据解析法				●									坐标分析	量化比较须客观
	6. 过程决策程序图									●			●	思考法	过程考虑周全
	7. 箭线图									●				网状图法	注意顺序与预定进度
	脑力激荡法			●										思考法	自由创意

从20世纪60年代开始，日本的企业通过运用质量管理七大方法，收集工作现场的数据并进行分析，提升了日本产品的水平，这是日本产品走向世界的关键因素。20世纪70年代初，日本人大力推行QCC（quality control circle）活动，除了重视现场的数据分析外，对工作现场伙伴的情感表达和语言文字资料进行分析，并逐渐演绎成新的品质管理方法。1972年，日本科技联盟之QC方法开发委员会正式发表了“质量管理新七大方法”。

区别：作为工具与方法是QC，而QCC是品管圈。

经常用的质量改进工具当然不止新旧七种工具，常用的工具还有实验设计、分布图、推移图、水平对比、流程图、头脑风暴法等。

表7-4列出了在PDCA循环工作中的一些质量改进的统计方法和工具，以及在质量改进活动中的应用。

表 7-4　PDCA 循环工作中常用的统计方法和工具

阶段	管理过程与步骤		质量管理方法与工具
	No.	管理内容	
P阶段	1	分析现状，找出问题	排列图法，直方图法，控制图法，工序能力分析，亲和图法，矩阵图法
	2	分析产生问题的原因	因果图法，关联图法，矩阵数据解析法，散布图法
	3	找出问题的主要因素	排列图法，散布图法，关联图法，系统图法，矩阵图法，亲和图法，实验设计法
	4	制订措施计划	目标管理法，关联图法，系统图法，箭线图法，过程决策程序图法

续表

阶段	管理过程与步骤		质量管理方法与工具
	No.	管理内容	
D 阶段	5	执行措施计划	系统图法，箭线图法，矩阵图法，过程决策程序图法
C 阶段	6	调查效果	排列图法，控制图法，系统图法，过程决策程序图法，调查表，抽样检验
A 阶段	7	效果保持	标准化，制度化，亲和图法
	8	提出未解决的问题	排列图法，直方图法，控制图法

7.3.2 常用的质量改进工具

1. 调查表

（1）调查表的含义。调查表是用于收集和记录统计数据的一种表格形式，以便于按统一的方式收集数据并进行统计计算和分析，以获得对事实的明确认识。

调查表又称为检查表、分析表、核对表。调查表既适用于收集数字数据（定量分析），又适用于收集非数字数据（定性分析）。

在质量管理和质量改进的工作过程中普遍应用各种统计方法，以探索事物的规律性。统计的对象是数据，而所收集的数据是否具有代表性，将直接关系到统计方法的应用效果。而且，数据往往具有一定的时效，过时的数据就会失去应有的价值。应用调查表就是为了能采用简便的方法，迅速收集到能反映事物客观规律的数据，这对于各种统计方法的应用都具有非常重要的意义。特别是作为信息源，可为原因分析和质量改进决策提供依据。

（2）制作步骤。调查表具体的制作与操作步骤如下。

① 确定对象。首先要明确调查最终要达到的目的，据此来确定具体的产品或零件作为调查的主要对象。

② 设计表格。根据调查对象和调查目的的特点，设计形式多样的调查表。

③ 记录汇总。确定调查周期，在规定期限对调查对象进行调查、记录，最后进行汇总整理。

④ 分析结果。分析调查记录的结果，找出主要原因，制定改进措施。

【例 7-1】 缺陷位置调查表。

如果要对产品各个部位的缺陷情况进行调查，即产品中都存在“疵点”“外伤”“脏污”这类外观缺陷，可将产品示意图、草图或展开图画在调查表上，当某种缺陷发生时，可采用不同的符号或颜色在发生缺陷的部位上标出。如果在草图上划分缺陷分布情况区域，可进行分层研究。分区域要尽可能等分。缺陷位置调查表的一般格式可参照表 7-5 绘制。

表 7-5 缺陷位置调查表

名　称		检查项目	尘粒	日期	
代　号			流漆	检查者	
工序名称	喷漆		色斑	制表者	

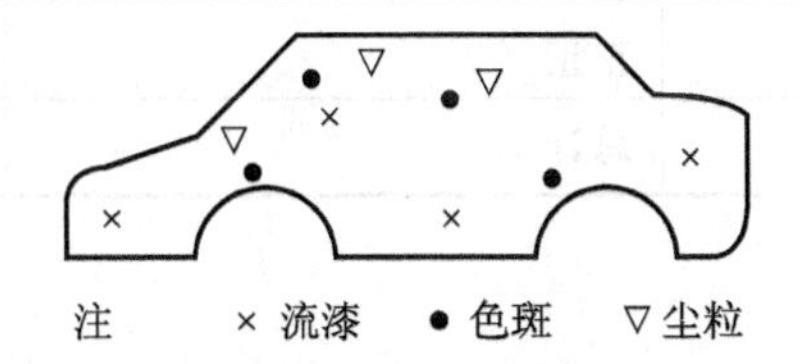

注　× 流漆　● 色斑　▽ 尘粒

【例 7-2】　不合格项目调查表。

不合格品项目调查表，用于调查产品质量和生产过程中发生了哪些不良情况及其各种不良情况的比率大小。其中“不合格类型”一栏的内容，可以根据各行业具体情况填入表中。

以内燃机车修理厂柴油机总装工段一次组装不合格的返修为例，如表 7-6 所示。

表 7-6　不合格项目调查表

名称		柴油机	项目数	7	日　期	
代号			不良件数	208	检查人	
工序名称		总装工序	检查数	310	制表人	
序号	返修项目		频数	小计	占返修比例	
1	汽缸内径椭圆度超差			72	34.6	
2	进水管漏水			46	22.1	
3	凸轮轴颈超差			30	14.5	
4	检爆阀座漏水			24	11.5	
5	出水管漏水			12	5.8	
6	放水开关漏水			10	4.8	
7	其他			14	6.7	
总计				208	100	

【例 7-3】　不合格原因调查表。

要弄清楚各种不合格产品发生的原因，就需要按设备、操作者、时间等标志进行分层调查，填写不合格原因调查表（见表 7-7）。

表 7-7　不良项目原因调查表

工厂名		品　名		日　期	
工　序	成品质量检验	检验员		部门	制造部
不合格种类		检查总数	2 530	检验方式	全数检验
不合格种类		检查结果		小计	

续表

表面缺陷	正正正正正正正一	36
砂眼	正正正正	20
加工不合格	正正正正正正正正正一	46
形状不合格	正	5
其他	正正	10
	总计	117

2. 分层法

(1) 分层法的含义。所谓分层法，就是把收集来的原始质量数据，按照一定的目的和要求加以分类整理，以便分析质量问题及其影响因素的一种方法。分层法又称分类法，是质量管理和质量改进中常用来分析影响质量因素的重要方法。

在实际生产中，影响质量变动的因素很多，这些因素往往交织在一起，如果不把它们区分开来，就很难得出变化的规律。有些分布，从整体看好像不存在相关关系，但如果把其中的各个因素区别开来，则可以看出，其中的某些因素存在相关关系；有些分布，从整体看似乎存在相关关系，但如果把其中的各个因素区分开来，则可以看出，不存在相关关系。可见用分层法，可使数据更真实地反映实施的性质，有利于找出主要问题，分清责任，及时加以解决。

(2) 分层法的依据和方法。根据分层的目的，按照一定的标志加以区分，把性质相同、在同一条件下收集的数据归集在一起。分层时，应使同一层的数据波动幅度尽可能小，而层间的差别尽可能大。

① 按不同的操作者分。如按新、老工人，男、女不同性别，不同工龄，操作技术水平高低进行分层。

② 按机器设备分。如按不同型号、新旧程度进行分层。

③ 按原材料分。如按不同的供料单位、不同的进料时间、不同的生产环境等标志分层。

④ 按操作方法分。如按不同的切屑用量、温度、压力等工作条件进行分层。

⑤ 按不同的时间分。如按不同的班次、不同的日期进行分层。

⑥ 按不同的检验手段分。如按不同的测量仪器、测量者进行分层。

⑦ 按生产废品的缺陷项目分。如按铸件的裂纹、气孔、缩孔、砂眼等缺陷项目分层。

(3) 制作步骤。分层法可以采用统计表形式，也可以用图形的形式。其步骤如下。

① 确定分析研究的目的和对象。

② 收集有关质量方面的数据。对有待于解决的问题，采用分层法分析，收集与此相关的数据，通常用的办法是抽样调查。

③ 根据分析研究的目的不同，选择分层的标志。

④ 按分层标志对数据资料进行分层。分层时注意使同一层内数据在性质上差异尽可能小，而不同层的数据间差异尽可能大，便于分析、找出原因。

⑤ 画出分层归类图（或表）。分析分层结果，找出主要问题产生的原因，并制定改进措施。

【例 7-4】 某装配厂装配的汽缸体与汽缸垫之间经常由于润滑油渗出而影响工作。现场调查发现，可能是由工人在放置汽缸垫时操作手法不同，也可能是由于汽缸垫生产的厂家不同而引起。为此，根据调查所得数据，按不同的生产厂家和不同的操作手法进行分层分析，如表7-8所示。

表7-8 不良项目原因调查表

操作者	漏油	汽缸垫厂家		合计
		A	B	
王	漏油	6	0	6
	不漏油	2	11	13
李	漏油	0	3	3
	不漏油	5	4	9
张	漏油	3	7	10
	不漏油	7	2	9
小计	漏油	9	10	19
	不漏油	14	17	31
合计		23	27	50

3. 排列图

（1）排列图的含义。排列图是为了对从最关键的到较次要的要素或项目依次进行排列而采用的简单的图示技术。

排列图是用来描述项目重要度的工具。在任何工作中要想取得显著效果，必须抓住主要矛盾，解决重点问题，排列图就是用来寻求主要矛盾的工具。在质量改进活动中，针对现场存在的诸多质量问题，可以应用排列图确定哪些是关键的项目；针对影响质量问题的诸多原因，可以应用排列图确定哪些是主要原因。

（2）应用原理。排列图最早是由意大利经济学家帕累托用来分析社会财富分布状况的。他发现，少数人占有着社会上的大量财富，而绝大多数人则处于贫苦的状态，而这少数人却左右着整个社会经济发展动向，即所谓“关键的少数和无关紧要的多数”的关系。后来，美国质量管理学家朱兰博士，把它应用于质量管理，ISO 9000标准也将其作为质量统计常用工具。因此，排列图在质量管理中就成了改善质量活动，寻找影响质量主要因素的一种主要工具。

排列图由两个纵坐标和一个横坐标，若干个直方形和一条折线构成。左侧纵坐标表示不合格品出现的频数（出现次数或金额等），表示影响程度；右侧纵坐标表示不合格品出现的频率（百分比）；横坐标表示影响质量的各种因素，按影响大小顺序排列；直方形高度表示相应的因素的影响程度（即出现频率为多少）；折线表示累计频率（也称帕洛特曲线）。

应该注意，分类方法不同，所制作的排列图不同。应通过不同的角度观察问题，把握住问题的实质，针对不同性质的问题采用不同的分类方法进行分类，以确定“关键的少数”，这也是排列图应用的目的。为了确认“关键的少数”，在排列图上通常按累积百分数分为三个区域：在0～80%间的项目为“A类项目”，即关键的少数；在80%～90%间的项目为“B类项目”，即次要项目；在90%～100%间的项目为“C类项目”，即一般项目。B类项目和C类项目的总和是次要的多数；若所取数据为“质量损失（金额）”，画排列图时应将质量损失在左纵坐标轴上表示出来。排列图分析时采用的是“二八原则”，但并不是绝对的，应根据具体情况确定关键的少数。

（3）制作步骤。

① 确定排列项目，收集数据。存在的诸多质量问题或影响质量问题的诸多原因都可以成为排列项目，以便从中确定哪些项目为“关键的少数”。当排列项目较多时，应将含有最小项内的若干类别合并为“其他”项，以便简化分析过程，这一“其他”项的频数无论多大都应当排列在最后。

② 选择度量单位，做成缺陷数统计表或频数分布表。在排列图中，排列项目的度量单位可以是频数、件数、成本等。但是，所有的排列项目的度量单位必须是相同的、等价的，否则将不具有可比性。

③ 画直方图。按频数大小从左到右用直方图表示，使图形呈逐个下降的趋势。

④ 描线。注明必要事项。

⑤ 分析关键的少数要因，作为解决问题的基础。

【例7-5】 某客运车站某月晚点班次数为98班，经分析晚点原因主要是：驾驶员责任；车况不良；发车员责任；道路阻塞；气候不好，还有一些其他原因。作图步骤如下。

（1）将影响因素从大到小顺序排列，“其他”一栏放在最后，做出排列图的98个晚点班次，按不同的原因分层统计，频数分布表如表7-9所示。

表7-9 晚点班次的频数分布表

序号	原因	频数（班次）	频率/%	累计频率/%
1	驾驶员责任	46	47	47
2	车况不良	30	31	78
3	发车员责任	11	11	89
4	道路阻塞	4	4	93
5	气候不好	3	3	96
6	其他原因	4	4	100
合计		98	100	

（2）画出两个纵坐标和一个横坐标，在左边纵坐标的最高点标上晚点班次数98。在右边纵坐标与左边刻度98齐平的地方标上“100%”，因为分层统计共有6项，所以将横坐标分成6等份，如图7-5所示。

（3）以各项目的频数为高度，依次画出直方图，如第一项驾驶员责任为46次，则以右边横坐标46的高度画出第一个直方，依次类推。

（4）画出曲线，在第一个直方图的右上角点一个点，标出该直方的百分比47%，把第二个直方的右边线延长，在第二项与第一项的累计频率78%的高度打一个点，并标上78%，依次类推，将所有的点连接起来即为关键要素曲线；说明统计总数（用$N=x$表示）、频数单位、各项目频数高度、图题等必要事项，一个排列图就画成了。

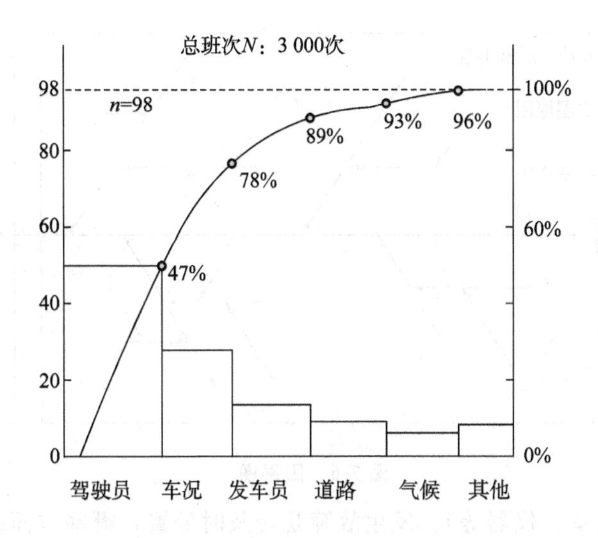

图 7-5 公交晚点（98 班次）的排列图

(5) 分析结果主要因素是驾驶员责任和车况不良，应该针对这两个问题进一步排出产生问题的原因，进而采取措施，予以解决，以后逐步解决次要问题和一般问题。

排列图的画法中大致有三种：朱兰画法；ISO 9000 标准画法；帕累托画法。

4. 因果图

(1) 因果图的含义。因果图又称鱼刺图、石川图，是日本质量管理先驱者石川馨所创，它是整理和分析质量问题与其影响因素之间关系的一种方法，运用因果图有利于找到问题的症结所在，然后对症下药来解决质量问题。

因果图形象地表示了探讨问题的思维过程，利用因果图首先找出影响质量问题的第一层原因，然后寻找到大原因背后的第二层原因，再从中找到第三层原因和第四层原因，最终查明主要的直接原因。这样有条理地逐层分析，可以清楚地看出“原因—结果”“手段—目标”的关系，使问题的脉络完全显示出来，最终找出影响质量问题的根本原因。因此在质量管理活动中，尤其在质量分析和质量改进活动中得到广泛的应用。

(2) 制作步骤。

① 确定要分析的质量问题，画出主干线。

② 找出影响结果的因素。采用“头脑风暴法”等方法，集思广益，尽可能地找出可能影响结果的所有因素。

③ 确定原因的类别，画出分支线。第一层原因数目一般不少于 2 个，不多于 6 个；然后分析寻找影响质量的第二层原因、第三层原因等，直至每个分支都找出了潜在的根本原因。

④ 检查每个因果链的逻辑合理性，画出因果图（见图 7-6）。

⑤ 制定解决的措施。找出主要原因后，应拟定适当的措施，到现场去解决问题。

【例 7-6】 某企业在加工曲轴时，工件经常因曲轴轴径尺寸小而报废，针对这一问题，现要寻找原因。问题提出后，召集有关人员参加讨论，用“头脑风暴法”集思广益，在讨论分析过程中寻求根源，从以下几个方面，搞清楚各方面的问题。

(1) 人（操作者）。作业经验与技能素质是否有欠缺；是否适合从事该项作业；质量意识是否达到一定程度等。

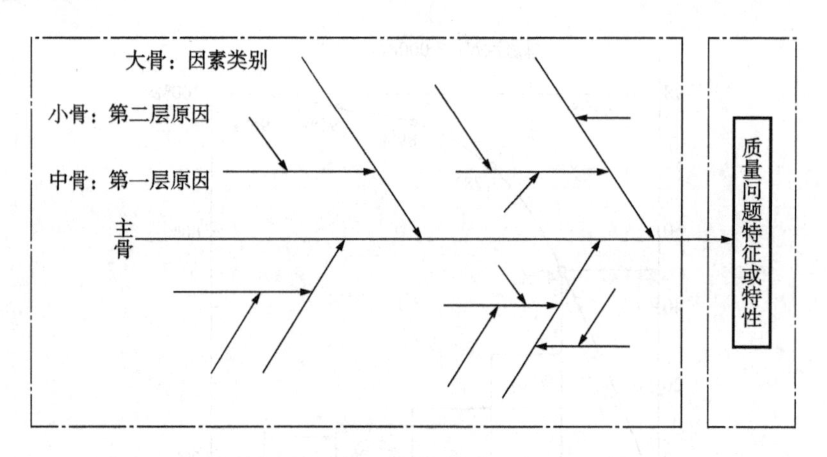

图 7-6 因果图

(2) 机（机器、设备、仪器等）。发生故障是否及时处置，哪些方面还有待改善；对设备的保养是否正常实施；结束作业时是否按规定整理整顿。

(3) 检（检测）。检测装置的测量能力是否符合测量任务的要求；检测装置是否按规定校准和计量，发现问题是否及时检修；检测装置的操作方法是否正确。

(4) 料（原材料、零部件）。出现该类问题使用的原材料有哪些，是否从合格供方采购，材料的哪些特性对问题有影响，所采用的原材料的类别、特性及数量是否符合文件规定，对原材料的使用方法是否正确。

(5) 法（工艺方法）。出现该问题采用哪种工艺方法，作业顺序是否适当，是否严格执行工艺指导文件，是否有齐备的工艺指导文件，工艺方法有没有待改进的方面，对工艺文件更改的处置是否得当，监督者的指示能否贯彻。

(6) 环（作业环境）。作业环境能否保障作业者的安全，环境温度、湿度是否适宜，是否有足够的照明，通风是否良好，噪声和粉尘的污染是否得到控制，作业环境的整理整顿情况如何。

把各种建议记录下来，并把原因按人、机、检、料、法、环六大类进行分类，见表 7-10。

表 7-10 曲轴轴径尺寸小而报废原因表

操作者	机床	材料	测量	方法	环境
砂轮未修正 教育培训	平衡块松动 控制机构的灵敏性	热处理不好 材质不合规格	测量器具配置 测量仪器精度	工件温度高 不符合操作规格	切削液 照明度不够

然后按第二层原因再进行细分，从中找出影响质量的第三层原因，画出因果图（见图 7-7）。

5. 直方图

(1) 直方图的含义。直方图（histogram）法是从总体中随机抽取样本，将从样本中获得的数据进行整理，从而找出数据变化的规律，以便测量工序质量的好坏。

直方图的应用主要显示数据的波动形态，即样本数据的分布。直观地传达有关过程的情况和信息。根据直方图所提供的信息，可以推算出数据分布的特征值、过程能力指数及过程的不合格品率等。这种推算一般要比控制图的推算更加准确，决定在何处集中力量进行改进，即为质量改进提供机会。

(2) 制作步骤。

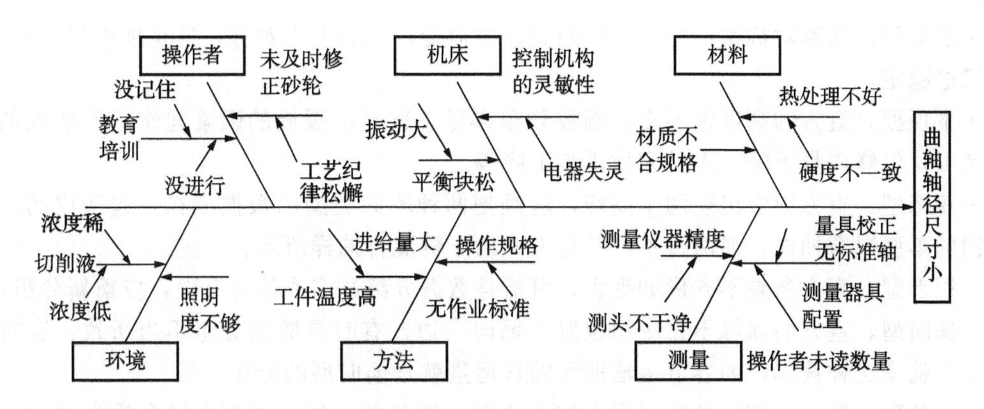

图 7-7 因曲轴轴径尺寸小而报废的因果图

① 收集数据。数据个数一般为 50 个以上，最少不少于 30 个。

② 求极差 R。在原始数据中找出最大值和最小值，计算两者的差就是极差，即

$$R=X_{\max}-X_{\min}$$

③ 确定分组的组数和组距。一批数据究竟分多少组，通常根据数据个数的多少来定。一般经验公式：$K=1+3.322\lg n$，可参考表 7-11。

表 7-11 直方图分组数表

数据个数 n	分组数 K
50～100	6～10
100～250	7～12
250 以上	10～20

④ 确定各组界限。先取测量值单位的 1/2。分组界限应该能够包括最大值和最小值。第一组的上下限值为最小值＋/－（$h/2$）。第一组的上界限值就是第二组的下界限值，第二组的下界限值加上组距就是第二组的上界限值，也就是第三组的下界限值，依次类推，可定出各组的组界。为了计算的需要，往往要决定各组的中心值。每组的上下界限相加除以 2，所得数据即为组中值。组中值为各组数据的代表值。

⑤ 制作频数分布表。将测得的原始数据分别归入相应的组中，统计各组的数据个数，即频数 f_i，各组频数填好以后检查一下总数是否与数据总数相符，避免重复或遗漏。

⑥ 画直方图。以横坐标表示质量特性（如上表中的中心值），纵坐标表示频数，在横轴上标明各组组界，以组距为底，频数为高，画出一系列的直方柱，就成了直方图。

⑦ 在直方图的空白区域，记上有关数据的资料。如样本数、平均值、标准差等。

（3）直方图的观察与分析。直方图可以直观地观察出质量特性的分布形态，便于判断过程是否处于统计控制状态，以决定是否采取相应对策措施。直方图的观察主要是看两个方面，一是观察图形的形状，二是将直方图的位置和规格标准进行比较，从而得出结论。

① 直方图图形形状分析。一般情况下，作直方图的目的是研究工序质量的分布状况，判断工序是否处于正常状态。因此，在画出直方图后要进一步对其图形进行分析。在正常生产条件下，所得到的直方图如果不是标准形状的，就要分析其产生的原因，采取措施。图 7-8 所示为 6 种常见的直方图的形态。

·正常型。又称对称型，特点是中间高、两边低、左右基本对称，这是理想状态的图形，说明工序稳定。

·平顶型。直方的高度差不多，频数分布详尽。这是由缓慢的因素起作用所造成的，如车辆老旧，保修质量下降，人员素质逐步下降等。

·双峰型。直方图中出现两个高峰，这是把两种不同类型的数据混在一起造成的。如两种不同的车型混合抽样，或两种不同营运方式的车辆混合抽样所致。

·锯齿型。直方参差不齐形如锯齿，可能是数据分组过多或计算有误，应重新分组计算。

·偏向型。直方的顶峰不在中间位置，偏向一边，有时是数据分组不当所致，有时质量分布本身就是这种规律，如春节运输期间的日运量就是偏向型的分布。

·孤岛型。在直方群以外又出现小的直方群，像孤岛一样。说明有异常质量波动，如原料发生变化、在短期内由不熟练工人替班、测量有错误等，都会造成孤岛型分布。此时应查明原因，采取措施。

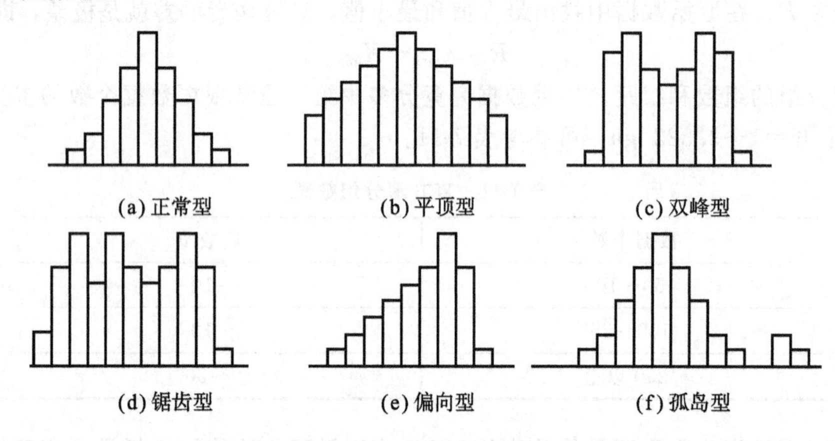

图 7-8　6 种常见的直方图图形形态

②直方图数据分布范围与质量标准间的关系。当工序处于稳定状态后，还需要进一步与质量标准（通常是公差 T）进行比较，以判断工序能力能否满足质量标准的要求。公差通常是尺寸公差的简称，指允许尺寸的变动量，等于最大极限尺寸与最小极限尺寸代数差的绝对值。直方图数据分布范围与质量标准间的关系主要看直方图是否都在公差要求之内，其次还要分析在公差之内的位置如何，这种对比大体上有 6 种典型的情况，如图 7-9 所示（图中 B 为直方图的数据分布范围，T 为公差范围）。

·理想型。$T>B$，且直方图数据平均值也正好与公差中心重合，两边有一定的余地，工序处于受控状态，产品全部合格，这样的工序质量状态比较理想。

·能力富余型。$T\gg B$，它的分布中心基本上无偏移，且工序能力过大，虽然无产生废品之虞，但工艺过程的经济性较差。

·能力不足型。$B>T$，直方图数据分布范围太大，造成很多不合格品，应立即采取措施纠正。

·无富余型。$B=T$，它的分布中心虽然无偏移，但完全没有余地，此时，$C_p=1$，过程不合格品率 p 为 0.27%。应采取措施提高工序能力，必须缩小数据分布范围。

·偏心型。B 虽然在 T 内，但因偏向一边，它的分布中心偏移，达到标准下限，工序极

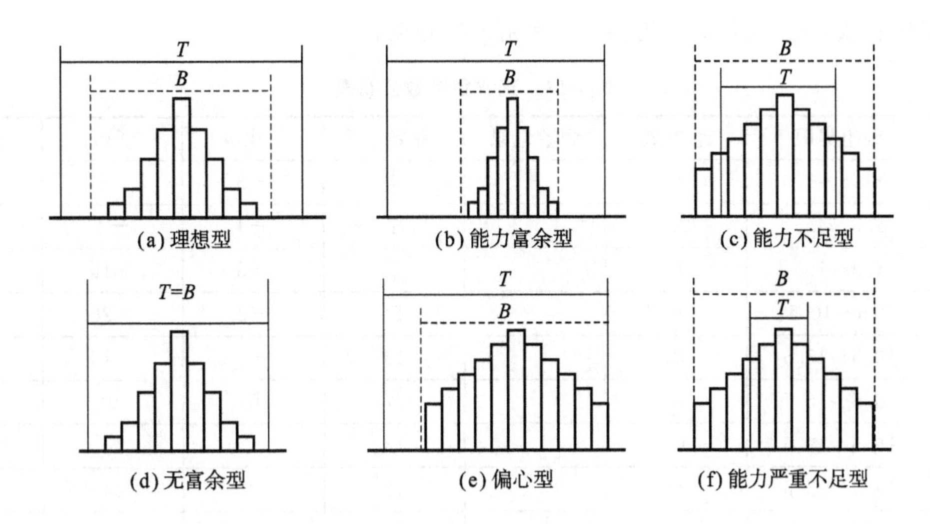

图 7-9 直方图与公差间的关系

易产生不合格品，应立即采取措施消除偏移量。

· 能力严重不足型。$B \gg T$，表明会产生大量的废品，这种工序的工序能力太差，应立即停产检查。

【例 7-7】 已知车削一外圆零件尺寸 $\phi 10^{+0.035}$mm，为调查外圆零件尺寸的分布情况，从加工过程中取出 100 个零件，测得尺寸 $\phi 10^{X}$ 的 X 值如表 7-12 所示。

表 7-12 100 个 X 的原始数据　　单位：0.001mm

23	19	26	11	20	11	17	16	14	15	19	22	20	7	10	15	14	7	9	18
16	17	14	17	17	24	20	16	27	15	14	21	14	20	16	15	9	8	16	14
14	17	9	13	20	21	8	14	17	9	8	0	6	9	10	14	16	13	19	18
20	16	11	19	16	27	16	22	16	17	19	9	11	13	19	13	8	5	14	13
27	17	14	17	16	5	17	13	20	8	27	3	12	20	13	25	16	13	29	10

作图步骤如下。

(1) 收集记录数据。一般为 100 个以上，最少 $n=50$ 个。

(2) 定大致的组数 K。本例取数据 100 个分为 10 组。

(3) 计算极差 R。找到最大值 $X_{max}=29$ 及最小值 $X_{min}=0$，则：$R=X_{max}-X_{min}=29-0=29$

(4) 定组距 h 宽度。R/组数（K）＝组距 $29/10 \approx 3$。

(5) 定组界。最小一组的下组界＝X_{min}－［测量值的最小位数×0.5］或 X_{min}－［h×0.5］，最小一组的上组界＝最小一组的下组界＋组距；依次类推。

本例第 1 组：下组界＝X_{min}－［h×0.5］＝0－［3×0.5］＝－1.5；上组界＝下组界＋组距＝－1.5＋3＝1.5。

本例第 2 组：下组界与第 1 组上界相同（1.5）；上组界＝下组界＋组距＝1.5＋3＝4.5。

本例第 3 组：下组界与第 2 组上界相同（4.5）；上组界＝下组界＋组距＝4.5＋3＝7.5；依次类推。

(6) 制作次数分布表，如表 7-13 所示。

决定中心点：（上组界＋下组界）/2＝组的中心点。

表 7-13　直方图频数分布表

组号	分组界限	组中值	频数记录	频数 f_i	组次 u_i	f_iu_i	$f_iu_i^2$
1	－1.5～1.5	0		1	－5	－5	25
2	1.5～4.5	3		1	－4	－4	16
3	4.5～7.5	6		5	－3	－15	45
4	7.5～10.5	9		14	－2	－28	56
5	10.5～13.5	12		13	－1	－13	13
6	13.5～16.5	15		27	0	0	0
7	16.5～19.5	18		18	1	18	18
8	19.5～22.5	21		12	2	24	48
9	22.5～25.5	24		3	3	9	27
10	25.5～28.5	27		5	4	20	80
11	28.5～31.5	30		1	5	5	25
合计		$x_0=15$		100		11	353

（7）制作直方图。以频数（或频率）为纵坐标，数据观测值为横坐标，以组距为底边，数据观测值落入各组的频率 f_i 为高，画出一系列矩形，这样得到的图形为频数（或频率）直方图，如图 7-10 所示。

（8）计算过程信息。平均值：表示数据的分布中心位置；样本标准偏差：表示数据的分散程度。

样本均值 X：$\overline{X} = X_0 + h\dfrac{\sum f_iu_i}{\sum f} = 15 + 3 \times \dfrac{11}{100} = 15.33$

样本标准差 S：$S = h \times \sqrt{\dfrac{\sum f_iu_i^2}{\sum f} - \left(\dfrac{\sum f_iu_i}{\sum f}\right)^2} = 3 \times \sqrt{\dfrac{353}{100} - \left(\dfrac{11}{100}\right)^2} = 5.65$

（9）过程能力指数 C_p、C_{pk} 与不合格品率的计算。

过程能力指数 C_p、C_{pk} 可利用公式计算。

$$C_{pk} = \frac{T-2\varepsilon}{6\sigma} = \frac{(T_U - T_L) - 2|M-\bar{x}|}{6S} = \frac{35-2(17.5-15.33)}{6\times 5.65} = 0.9$$

$$C_p = \frac{T}{6\sigma} = \frac{T}{6S} = \frac{35}{6\times 5.65} = 1.03$$

此例过程能力不足，应采取措施。

过程不合格品率 p：

$$\begin{aligned} p &= \Phi[-3(1-k)C_p] + \Phi[-3(1+k)C_p] \\ &= \Phi[-3(1-0.124)\times 1.03] + \Phi[-3(1+0.124)\times 1.03] \\ &= \Phi(-2.71) + \Phi(-3.47) \\ &= 0.003\,364 + 0.000\,260\,2 = 0.003\,624\,2 \approx 0.36\% \end{aligned}$$

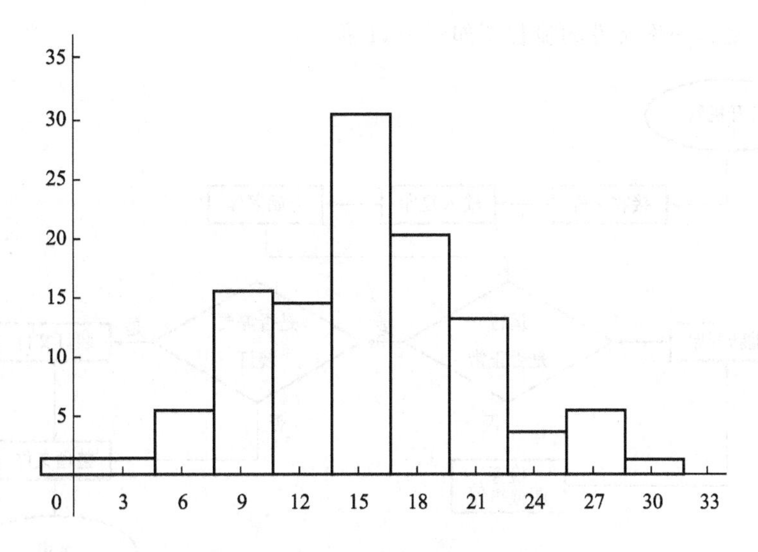

图 7-10 外圆零件尺寸分布直方图

6. 流程图

(1) 流程图的含义。所谓流程图是表示工作步骤所遵循顺序的一种图形。它能使人们对整个工作过程有一个全面的、完整的了解。

流程图使人们对整个过程十分了解，可透彻地理解、分析这个主过程。在全面了解的基础上，通过对流程图的分析，检查工作过程是否符合逻辑，能够充分识别问题、发现问题，从而表明了改进的机会。通过对一个过程中各个步骤之间的关系进行研究，并对实际状况进行详细的调查，再将其结果与所预期的运作进行比较，人们便可以发现并推断造成问题的潜在原因，从而找出需要改进的关键环节。

流程图一般可用来描述现有过程，也可用来设计一个新过程。不论在解决问题的哪一个阶段，流程图都是质量管理和质量改进过程中最为重要的图示技术之一。

(2) 制作步骤。流程图由一系列容易识别的标志构成，用椭圆或圆表示过程开始和结束，用矩形或方形表示活动的说明、用菱形表示决策或选择、用箭头表示流向。一般流程图的具体制作步骤如下。

① 界定过程的开始和结束。用流程图符号表示过程的第一步和最后一步，把第一步放在最上端或最左端，把最后一步结束放在底部或最右边。

② 观察从开始到结束的整个过程。

③ 规定在该过程中的步骤。包括有关的重要输入，导出重要的输出，过程中有哪些活动需要做出判断和决定。

④ 画出表示该过程的流程图草案。

⑤ 与该过程中涉及的相关人员共同评审已完成的流程图，判断是否遗漏任何决策点、是否存在可能引起某些工作按另一个不同的过程运行的特殊情况。

⑥ 根据评审结果改进流程图草图。

⑦ 与实际过程比较，验证改进后的流程图。

⑧ 注明正式流程图形成的日期，以备将来使用和参考，既可用作过程实际运行的记录，也可用来判别质量改进的程度和时机。

【例 7-8】 复印一份文件的流程图如图 7-11 所示。

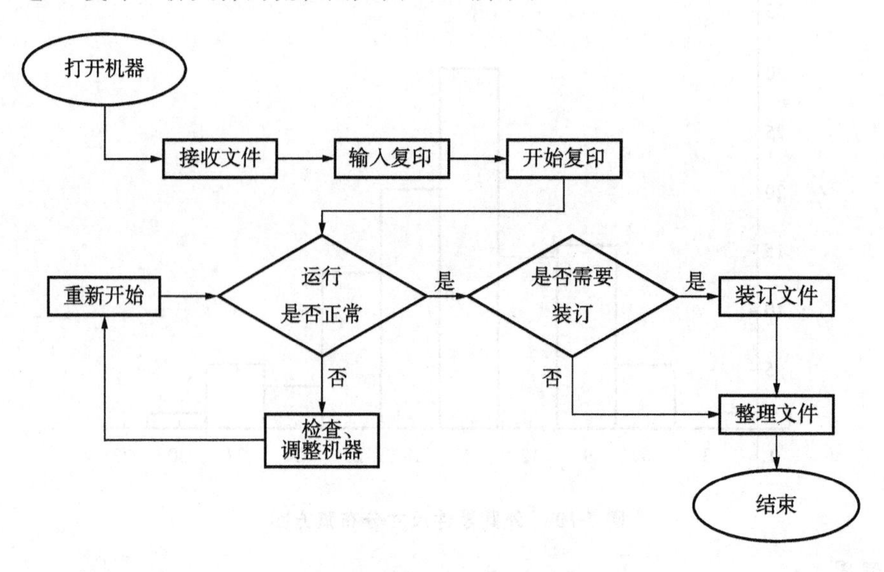

图 7-11 复印一份文件的流程图

流程图有很多模式，首先应学会读懂流程图，根据节点和节点间的相互关系，还原业务流程。在绘制流程图时，注意完整性、简明性和便于计算机操作的原则，学习利用流程图的标准图示，按照层次将流程描绘清晰。在确定最终流程之前，有必要反复试用，根据反馈及时修改和调整流程。

7. 系统图

（1）系统图的含义。系统图就是为了达成目标或解决问题，以“目的—手段”或“结果—原因”层层展开分析，以寻找最恰当的方法和最根本的原因。

系统图在质量管理中主要为针对企业目标、方针、实施措施手段而展开。为新产品开发研制过程中设计质量而展开，为解决企业产品质量、成本和测量标准等问题而展开，也可作为因果图分析质量问题而展开。系统图目前在企业界被广泛应用。

（2）系统图的模式。系统图可根据其使用目的分为对策型系统图和原因型系统图，前者是将目的、决策手段或措施手段展开，后者是将构成系统的原因层次展开，两者绘制手法基本相同。

对策型系统图，以“目的—手段”方式展开，例如，问题是“如何提升品质”，则开始发问“如何达成此目的，手段有哪些?”，经研究发现有推行零缺点运动、推行品质绩效奖励制度等（以上为一次方法）；“推行零缺点运动有哪些方法?”（二次方法）；后续同样就每项二次方法转换成目的，展开成三次方法，最后建立对策系统图。

原因型系统图：以“结果－原因”方式展开，例如，问题是“为何品质下降?”则开始发问“为何形成此结果，原因有哪些?”经研究发现原因是人力不足、新进人员多等（以上为一次原因）；接着以“人力不足、新进人员多”等为结果，分别追问“为何形成此结果，原因有哪些?”，其中“人力不足”的原因有招聘困难，人员素质不够等（二次原因）；后续同样就每项二次原因展开成三次原因等，最后建立原因型系统图。

（3）制作步骤。系统图一般是单一目标的，按自上而下或自左至右展开作图，可以把某个质量问题细分成符合逻辑关系、顺序关系、因果关系的许多要素。诸如可以将因果图、分层法等形成的内容转换成系统图，使之更有条理，逻辑性更强。其制作步骤如下。

① 确定具体的目标或主题。在确定目标时，要考虑为什么要达到此目标、如何达到及应注意的事项。

② 提出手段、措施和方法或确定该目的的主要层次。针对目标提出具体的方法，或针对每个主要层次确定其组成要素和子要素。

③ 进行评价和验证。对找出的措施和手段，评价或验证其技术的可行性和经济的合理性。对找出的原因，应分析是否能有效解决。制作实施方法的评价表，经过全体人员讨论同意后，将最后一次展开的各种方法依其重要性、可行性、急迫性、经济性进行评价，评价结果最好用分数表示。

④ 评审画出的系统图。对制作的系统图进行评审，以确保逻辑顺序上无差错。

【例 7-9】 某企业为进行质量改进活动而采取的目标、方法和手段，如图 7-12 所示。

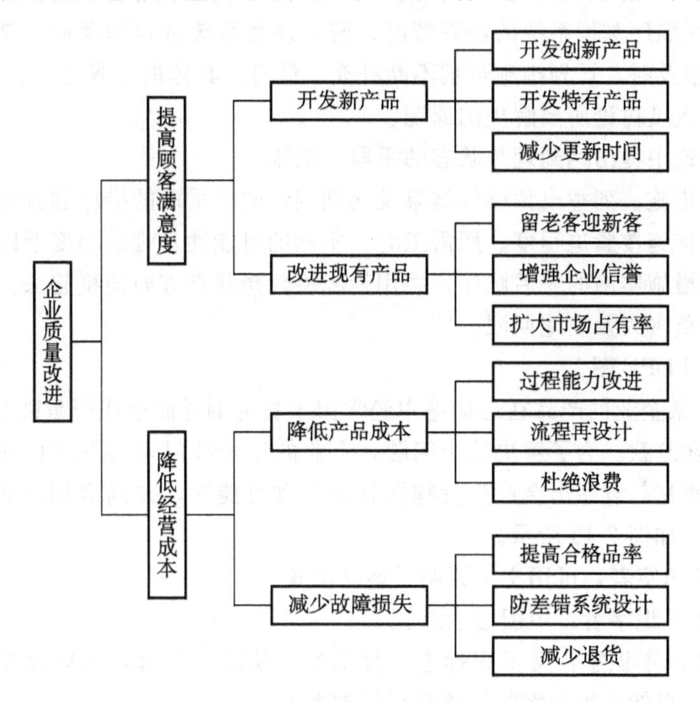

图 7-12 企业进行质量改进活动的系统图

8. 过程决策程序图法

(1) 过程决策程序图法的含义。过程决策程序图法（process decision program chart, PDPC）又称过程决定计划图。所谓 PDPC 法是针对为了达成目标的计划，尽量导向预期理想状态的一种手法。

任何一件事情的完成，必定有一个过程，有的过程简单，有的过程复杂，简单的过程较容易控制，但有些复杂的过程，如果采用 PDPC 法，可以做到防患于未然，避免重大事故的发生，最后达成目标。

一般情况下 PDPC 法可分为两种制作方法。①依次展开型。即一边进行问题解决作业，一边收集信息，一旦遇上新情况或新作业，即刻标示于图表上。②强制连接型。即在进行作业前，为达成目标，事先提出在所有过程中被认为有阻碍的因素，并且制定出对策或回避对策，将它标示于图表上。

(2) PDPC 法的应用。在日常管理中，特别是高层管理干部，面对公司的复杂情况，往往理不清其过程关系，或事先未进行过程策划，造成不必要的损失和混乱。PDPC 法在应用时应注意以下事项。

① 新产品的设计开发过程中，对不利状况和结果，设法导向理想状态，防患于未然。

② 计划的实施过程中，发生不测应迅速修正计划，增加必要的措施以保证目标达成。

③ 工厂的企划、研究开发、营业等工作，绝大部分都要预测未来并拟定对策，以及如何实施，此时可利用 PDPC 图进行过程进度管理，达成目标。因为 PDPC 法中使用了语言文字，而且其经过是依时间顺序加以标示的，故在实施对策时，只要检查 PDPC 图，就等于在进行过程管理。

(3) 制作步骤。应用 PDPC 法，可以从全局、整体掌握系统的状态，因而可作全局性判断；可按时间先后顺序掌握系统的进展情况；密切注意系统进程的动向，掌握系统输入与输出间的关系；情报及时，计划措施可被不断补充、修订。具体的步骤如下。

① 召集有关人员讨论所要解决的课题。

② 从自由讨论中提出达到理想状态的手段、措施。

③ 对提出的措施，列举出预测的结果及遇到困难时应采取的措施和方案。

④ 将各研究措施按紧迫程度、所需工时、实施的可能性及难易程度予以分类。

⑤ 决定各项措施实施的先后顺序，并用箭线将理想状态方向连接起来。

⑥ 落实实施负责人及实施期限。

⑦ 不断修订 PDPC 图。

【例 7-10】 某企业的产品在运输途中经常由于货物倒置而造成严重破损，企业每年都要为此支付大量的索赔款。为了解决这个问题，企业的运输部门采用 PDPC 法找出解决问题的方案。经过分析研究，设想出会产生货物倒置的三种可能性，并制定相应的对策。避免货物倒置的 PDPC 法，如图 7-13 所示。

方案 1：对于识字者，可用文字说明“请勿倒置”。

方案 2：对于不识字者，用图形示意。

方案 3：对于既不识字，又不识标志，且工作不认真负责者，可以改变包装设计，使得货物不可能倒置。当然这种方案的经济性可能要差些。

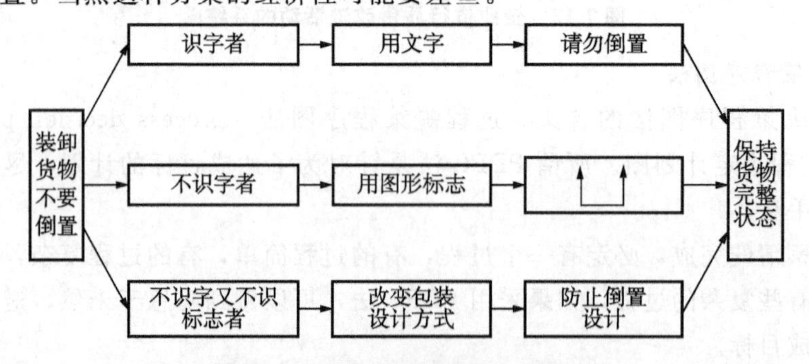

图 7-13 避免货物倒置的 PDPC 法

如果经济和技术条件允许，可同时实施方案 1 和方案 2，也可三种方案同时实施。在实践中，方案1和方案2实施的机会更多些。

9. 关联图法

（1）关联图法的含义。影响质量的因素之间存在大量的因果关系，这些因果关系有的是纵向关系，有的是横向关系。纵向关系可以使用因果图法来加以分析，但因果图法对横向因果关系的考虑不够充分，这时关联图就大有用武之地。关联图法（Inter-relationship diagraph）是根据事物之间横向因果逻辑关系找出主要问题的最合适的方法。

关联图，又称关系图，是用来分析事物之间“原因与结果”“目的与手段”等复杂关系的一种图表，它能够帮助人们从事物之间的逻辑关系中，寻找出解决问题的办法。关联图由圆圈（或方框）和箭头组成，其中圆圈中是文字说明部分，箭头由原因指向结果，由手段指向目的。文字说明力求简短、内容确切易于理解，重点项目及要解决的问题要用双线圆圈或双线方框表示（如图7-14所示）。图中各种因素A、B、C、D、E、F、G之间有一定的因果关系。其中因素B受到因素A、C、E的影响，它本身又影响到因素F，而因素F又影响着因素C和G，……这样，找出因素之间的因果关系，便于统观全局、分析研究及拟定解决问题的措施和计划。

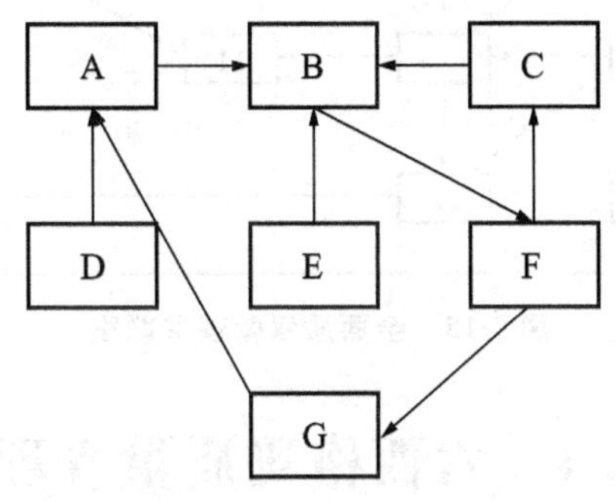

图7-14 关联图示例

（2）关联图法的应用。关联图法的应用范围十分广泛，主要用于纷繁复杂的因果纠缠分析，用于现场问题的掌握，用于市场调查及抱怨分析，用于方针管理的展开，TQM推行，方针管理，品质管理改善，生产方式，生产管理改善。例如：

① 制定质量管理的目标、方针和计划；

② 研究产生不合格品的原因分析，解决如何提高产品质量，减少不良品的措施；

③ 从大量的质量问题中，找出主要问题和重点项目；

④ 研究满足用户的质量、交货期、价格及减少索赔的要求和措施；

⑤ 研究解决如何用工作质量来保证产品质量问题。

（3）关联图的绘制步骤。

① 提出认为与问题有关的各种因素。

② 用简明而确切的文字或语言加以表示。

③ 把因素之间的因果关系，用箭头符号做出逻辑上的连接（不表示顺序关系，而是表示一种相互制约的逻辑关系）。箭头的指向通常是：对于各因素的关系是原因—结果型的，则从原因指向结果（原因—结果）；对于各因素间的关系是目的—手段型的，则从目的指向手段（目的—手段）。

④ 根据图形，进行分析讨论，检查有无不够确切或遗漏之处，复核和认可上述各种因素

之间的逻辑关系。

(4) 指出重点，确定从何处入手来解决问题，并拟订措施计划。

【例 7-11】 某公司开展全面质量管理应从何入手问题的调查，汇总如下 13 种意见。① 确定方针、目标、计划；② 思想上重视质量和质量管理；③ 开展质量管理教育；④ 定期监督检查质量与开展质量管理活动的情况；⑤ 明确管理项目和管理点；⑥ 明确领导的指导思想；⑦ 建立质量保证体系；⑧ 开展标准化工作；⑨ 明确评价标准尺度；⑩ 明确责任和权限；⑪ 加强信息工作；⑫ 全员参与；⑬ 研究质量管理的统计方法。

根据以上 13 项意见相互之间的因果关系，绘制出关联图（见图 7-15）。然后根据此图综观全局，进行分析，确定了首先应从第①项和第⑥项入手，解决进一步开展全面质量管理的问题。

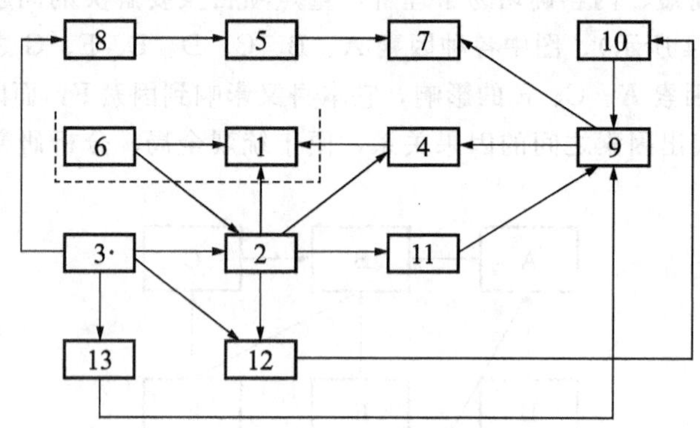

图 7-15 全面质量管理关联图

7.4 六西格玛质量管理

六西格玛最早作为一种突破性的质量管理战略，20 世纪 80 年代末，由摩托罗拉公司(Motorola) 成形并付诸实践，三年后该公司的六西格玛质量战略取得了空前的成功：产品的不合格率从百万分之 6 210 件，大约四西格玛，减少到百万分之 325 件，大约五西格玛，在此过程中节约成本超过 20 亿美元。但真正把这一高度有效的质量战略变成管理哲学和实践，从而形成一种企业文化的是在杰克·韦尔奇领导下的通用电气公司（GE)。该公司在 1996 年初开始把六西格玛作为一种管理战略，在公司全面推行六西格玛的流程变革方法。而六西格玛也逐渐从一种质量管理方法变成一个高度有效的企业流程设计、改造和优化技术，继而成为世界上追求管理卓越性的企业最为重要的战略举措。摩托罗拉、通用电气等世界顶级企业成功推行六西格玛管理的典范经验，向人们展示一个通向卓越质量务实之路，使“依靠质量取得效益”成为现实。越来越多的服务性企业，如美国最大的花旗银行、全球最大的 B2C 网站公司 Amazon. com 等也成功地采用六西格玛战略来提高服务质量、维护高的客户忠诚度。所以，六西格玛已不再是一种单纯的、面向制造性行业业务流程的质量管理方法，同时也是一种有效地提升服务性行业业务流程质量的管理方法和战略。更是政府机构用来提高政府服务水平的武器。六西格玛的推崇者通过不断的学习并结合企业的实践发展出六西格玛管理理论，使之成为质量管理理论一个重要的部分。一般美国公司的平均水准已从三西格玛上下提高到接近五西格玛的程度，而日本则已超过了五点五西格玛的水准。六西格玛水准已成为衡量一个国家综合实力与竞争力的最有效的指标。

7.4.1 六西格玛管理的特点

1. 六西格玛管理的概念

σ（sigma）是一个反映数据特征的希腊字母，从统计意义上讲，σ 代表标准差，反映了一个过程的分布状态，是描述一组数据、一群项目或一个过程存在多少波动的统计量。正态分布曲线部分的面积，就是通常所说的合格率、落在此范围之外部分的面积就是缺陷率或不合格品率，如图 7-16 所示。

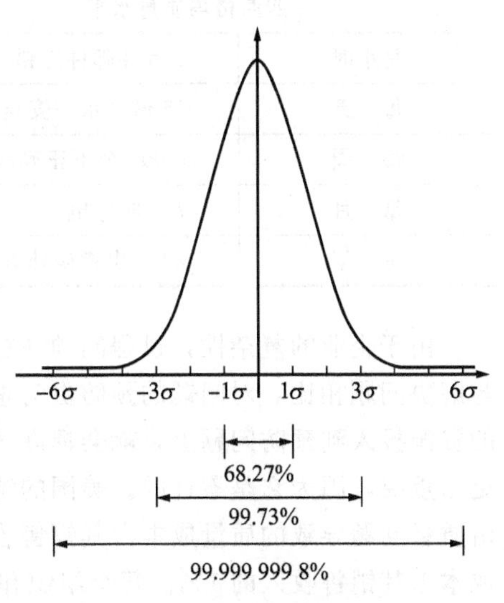

图 7-16 六西格玛与正态分布

用 σ 值来衡量质量要求（规格界限）或过程作业状况良好程度的话，值越高，则过程不良品率越低，过程状况越好。完成过程无缺陷作业的能力水平就越高。不考虑偏移时，以一西格玛为质量要求的合格率仅为 68.27%，以三西格玛为质量要求的合格率为 99.73%，而以 6σ 为质量要求的合格率高达 99.999 999 8%。即每 100 万仅有 0.002 落入规格限以外（缺陷率或不合格率）。由于种种随机因素的影响，任何过程在实际运行中都会产生偏离目标值或者偏离期望值的情况。美国学者本德和吉尔森研究了生产过程中的偏移，获得的结果是一点五个西格玛。因此在计算过程缺陷率时，一般将正态分布的中心向左或向右移动一点五个西格玛，其统计结果见表 7-14。

表 7-14 不同西格玛下的质量水平

西格玛值	均值无偏条件下		均值 1.5σ 偏移条件下	
	缺陷率/ppm	过程首次通过率	缺陷率/ppm	过程首次通过率
1	317 300	68.27	697 770	30.23
2	45 500	95.54	308 770	69.13
3	2 700	99.73	66 810	93.32
4	63	99.993 7	6 210	99.379 0
5	0.57	99.999 943	233	99.976 70
6	0.002	99.999 999 8	3.4	99.999 660

通常所说的六西格玛质量水平是考虑了漂移的情况，也就是六西格玛代表 3.4×10^{-6} 缺陷率，即在 100 万次产品缺陷的机会中，实际只有 3.4 次发生。六西格玛质量意味着管理过程的差错率为百万分之 3.4。根据美国学者 Evans 和 Lindsay 的统计，如果产品达到 99.37% 合格率，以下事件便会继续在美国发生：

- 每年有超过 15 000 名婴儿出生时会被抛落在地上；
- 每年平均有 9 小时没有水、电、暖气供应；
- 每小时有 2 000 封信邮寄错误。

这样的事情是顾客所无法容忍的。因此，六西格玛已从单纯的含义标准差，被赋予更新的内容。对于每年要生产数以千万件产品，或是提供上百万次服务的大企业来说，这样的合格率也不会让顾客和公司满意。表7-15给出的是对美国企业的现状约四西格玛质量水平和六西格玛质量水平的对比，可以看出从四西格玛质量提高到六西格玛质量的意义。作为一种衡量标准，西格玛的数量越多，质量就越好。

表7-15 美国企业的四西格玛质量水平和六西格玛质量水平

四西格玛质量水平		六西格玛质量水平	
每小时	2万件邮件送错	每小时	有7件邮件送错
每　天	15份供水不安全	每7个月	有1次供水不安全
每　周	5 000个不正确的手术	每周	1.7个不正确的手术
每　月	7小时停电	每34年	有1小时停电
每　年	20万次错误处方	每年	68次错误处方

由于企业的复杂性，过程问题往往与资金问题和技术问题混杂在一起，成为多元性问题。与解决问题相比，对问题的预防更为重要，“忙碌的经理人也许并不是好的经理人”，把更多的资源投入到预防问题上，就会提高“一次做好”的概率。与出厂合格率相比，过程合格率更为重要，因为它是累计的。美国的统计资料表明，一个执行三西格玛管理水平的公司直接由质量问题导致的质量成本占其销售收入的10%～15%，而六西格玛管理水平的公司其质量成本占其销售收入的1%。每个组织和企业都有成本核算，从这个意义上说，要想改进业绩，不断减少质量成本占销售额的比率，六西格玛管理就是一个务实、有效的途径。因此，从经济意义上讲，六西格玛管理是提高质量、稳定业务流程、提高客户满意度和企业改进业绩的根本要素。

2. 六西格玛管理的特点

(1) 以顾客为关注焦点的管理理念。六西格玛是以顾客为中心，关注顾客的需求。它的出发点就是研究顾客最需要的是什么，最关心的是什么。比如改进一辆载货车，可以让它的动力增大一倍，载重量增大一倍，这在技术上完全做得到，但这是不是顾客最需要的呢？因为这样做，成本就会增加，油耗就会增加，顾客就不一定想要，什么是顾客最需要的呢？这就需要去调查和分析。假如顾客买一辆摩托车要考虑30个因素，这就需要去分析这30个因素中哪一个最重要，通过计算，找到最佳组合。因此，六西格玛是根据顾客的需求来确定管理项目，将重点放在顾客最关心、对组织影响最大的方面。

(2) 通过提高顾客满意度和降低资源成本促使组织的业绩提升。六西格玛项目瞄准的目标有两个：一是提高顾客满意度，通过提高顾客满意度来占领市场，开拓市场，从而提高组织的效益；二是降低资源成本，通过降低资源成本，尤其是不良质量成本损失（cost of poor quality，COPQ），从而增加组织的收入。因此，实施六西格玛管理方法能给一个组织带来显著的业绩提升，这也是它受到众多组织青睐的主要原因。

(3) 注重数据和事实，使管理成为真正意义上数字科学。六西格玛管理方法是一种高度重视数据，依据数据进行决策的管理方法，强调“用数据说话”“依据数据进行决策”“改进一个过程所需要的所有信息，都包含在数据中”。另外，它通过定义“机会”与“缺陷”，通过计算DPO（每个机会中的缺陷数）、DPMO（每百万机会中的缺陷数），不但可以测量和评价产品质量，还可以把一些难以测量和评价的工作质量和过程质量，变得像产品质量一样可测量和用数据加以评价，从而有助于获得改进机会，达到消除或减少工作差错及产品缺陷的目的。因此，六西格玛管理方法广泛地采用各种统计技术工具、使管理成为一种可测量、数字化的科学。

（4）一种以项目为驱动力的管理方法。六西格玛管理方法的实施是以项目为基本单元，通过一个个项目的实施来实现的。通常项目是以黑带为负责人，牵头组织项目团队通过项目成功完成来实现一次六西格玛改进。

（5）实现对产品和流程的突破性质量改进。六西格玛项目的一个显著特点是项目的改进都是突破性的，旨在彻底解决问题产生的根源。通过这种改进能使产品质量得到显著提高，或者使流程得到改造；从而使组织获得显著的经济利益。实现突破性改进是六西格玛的一大特点，也是组织业绩提升的源泉。

（6）强调骨干队伍的建设。六西格玛管理方法比较强调骨干队伍的建设，其中，执行负责人、实施负责人、项目负责人、黑带大师、黑带和绿带构成了整个六西格玛队伍的骨干。对不同层次的骨干进行严格的资格认证制度。如黑带必须在规定的时间内完成规定的培训，并主持完成一项增产节约幅度较大的改进项目。

7.4.2 六西格玛管理的策划

1. 六西格玛管理的导入

（1）组建六西格玛团队。由于六西格玛管理是一场自上而下的、会对组织产生深远影响的运动，因此它要从企业高层开始启动。执行负责人、实施负责人、项目负责人、黑带大师、黑带和绿带构成了其管理团队中的所有组织结构的角色。

执行负责人通常由组织的一名高层管理人员担任，主要任务是去监督和支持整个六西格玛项目，这就给组织的每一位员工发出了信号：组织是认真的。这名高层管理人员可能是一名副总裁或者是一名主管生产或营销的总监等。实施负责人在六西格玛业务的实施全过程提供领导，参与项目，并承担责任。项目负责人的工作是监督、支持及为六西格玛项目提供资金和执行项目所需要的人员，从而让负责项目的人员把工作重心完全放在项目上，使工作顺利完成。项目的直接管理者是被称为“黑带大师”的人。黑带大师的角色通常由作为六西格玛专家身份进入公司内部机构的外部顾问担任，他要在组织的上层和下层之间起承上启下作用。在上层，他协助各位负责人选择好的项目和实施项目的人。然后他培训和指导在日常工作中实施六西格玛的人员，并且及时向上层报告有关项目的进展情况。黑带大师是主要负责人，负责组织从上到下实施持久而根本的变革。黑带是真正做具体工作的人员，他是整个项目的关键，是六西格玛的真正领导者。成为一名黑带应该具备管理和技术两个方面的才能，他最重要的任务就是把六西格玛从想法变成现实。绿带是真正的实施者，绿带向黑带提供实施项目所必需的支持。选拔出的绿带人员可以而且应该来自组织中不同的部门，应具有解决问题的能力、较强的沟通能力，强烈的责任感，成员之间还应具有互助互补的技术能力。

（2）培训支持。实施六西格玛管理的关键是对六西格玛及其管理要有一个正确的理解，对六西格玛管理原则有准确的把握，同时对六西格玛管理方法进行有效的运用。故实施六西格玛管理需要以大量的培训作为支持。一是对高层执行领导的培训，高层执行领导是推行六西格玛获得成功的核心，所以高层执行领导的培训采取走出去的培训方式，培训的主要内容是六西格玛能给公司带来的好处及公司推行六西格玛的必要性。二是对黑带大师的培训，如果组织外聘经验丰富的黑带大师，则他将负责向六西格玛团队内的其他人提供培训，当然组织也可以通过培训培养出自己的黑带大师。培训的主要内容是六西格玛管理原则、技巧、改进方法和工具，以及领导力、团队工作、项目管理等方面的“软”技能培训。三是对黑带和绿带培训。黑带是六西格玛项目的领导者，绿带是六西格玛活动中人数最多的，也是最基本的力量，分别由黑带大师负责培训。培训内容主要是六西格玛的认知性培训，六西格玛技术方面的培训。因此，实施六西格玛管理之前，团队要建立完整的六西格玛培训体系，进行覆盖组织管理层的培训、黑带和绿带及项目团队和全体员工的培训。

2. 六西格玛管理项目的策划

六西格玛突破性改进的成功，取决于所要改进的项目的选择，实施六西格玛策划，可以确保项目的正确选择。

（1）项目选择原则。在策划六西格玛项目时，选择的原则十分重要，此时，评价一系列潜在的六西格玛项目并从中挑选出最有希望被团队解决的项目是非常重要的。

挑选项目要基于两个“M”。一是 meaningful，有意义的，项目要真正有利于顾客和企业经营，项目才是有意义的；二是 manageable，可管理的。项目的规模应该能使团队有能力完成，便于管理，换句话说，团队的以后 5 个活动步骤 DMAIC（界定、测量、分析、改进和控制）都能够在这个范围内得以实施。这样给团队一些初步的界限，便于团队管理和开展活动。

（2）项目选择评价原则。六西格玛管理项目选择的评价要素基于以下几个方面。

① 顾客满意。关注顾客是六西格玛管理的主题之一。六西格玛质量的定义有两个基本点：一是产品特性让顾客满意直至忠诚；二是在此前提下避免任何缺陷（差错）。因此，过去企业许多常用的评价事项，如劳动工时、成本和销售额等都与顾客真正所关心的问题无关。让顾客满意，其关键是要掌握什么是顾客的期望和需求。用六西格玛语言来阐述，顾客的期望和需求称为关键质量特性，可以用六西格玛水平的测量方法来检查在满足顾客需求方面的业绩。

② 过程要素。六西格玛管理的另外一个主题是采取的措施应针对过程，通过对过程的分析，可以确定过程能力和过程的关键输入或输出变量，以及详细分析供方、输入、过程、输出和顾客情况。由于企业性质各异，过程相应不同，用西格玛水平量值，可以提供一致的方法来测量和比较不同的过程。

③ 劣质成本。六西格玛管理的一大特点就是用财务的语言来阐述现状水平和改进的绩效，用财务指标将业绩转化成财务效益，劣质成本分析是一个十分有效的方法。劣质成本是六西格玛管理的重要切入点，可帮助选择六西格玛改进项目。因为理想的改进项目必须是：在成本节省方面具有很大的潜力；涉及关键过程输出变量的有关问题；顾客和经营者都比较关心的问题。这样，根据劣质成本与销售收入的比例，也可以用西格玛水平来反映。

④ 增值能力。无论是制造业，还是服务业，其生产和服务过程经常出现一个“隐蔽工厂”。过程的最终合格率（PFY）的计算方法不能反映出该过程在通过成品质量检验之前所发生的返工等情况，滚动产出率（RTY）是一个能够找出“隐蔽工厂”地点和数量的有效方法，为过程是否增值做出判断。增值和减少值，以致消灭“隐蔽工厂”是六西格玛管理的一项重要指标，经过核算，知道 RTY 值也就知道六西格玛水平。

（3）项目选择评价程序。推行六西格玛管理的企业应设立一套决定策略性焦点议题的程序，以做出项目的正确选择。

如果缺少这样的程序，而仅将项目的选择留给黑带自己来做，六西格玛项目活动有可能演变成孤军奋斗。

① 评价程序。当组织的领导层，在掌握六西格玛项目团队前期工作情况的前提下，在对“顾客满意”“过程能力”“劣质成本”“增值能力”各有一个基本评估的基础上，依据先前所制定的书面化的项目评价程序来对项目选择展开评价。

② 项目特许任务书。选择项目确定的标志是一份项目特许任务书。在六西格玛管理中，特许任务书是提供关于项目或问题书面指南的重要文件。任务书包括实施项目的理由、目标、基本项目计划、范围和其他的考虑，以及角色的职责的评价。一般任务书的内容由项目负责人和团队在界定阶段更加精确地确定。但事实上，特许任务书通常随着实施过程的进展而不断完善。

公司不同，特许任务书是不同的，但它们至少应包括以下几点。

为什么这个特别的机会被选择；有什么特定的问题或困难需要解决，且结果将被证实是什么；确认的项目或资源预期使用的限制是什么；过程和（或）事件应包含多大的范围；谁是团队成员、倡导者和其他股东（相关方）；每个阶段什么时候完成等。

7.4.3　六西格玛管理的实施

六西格玛管理法在 PDCA 循环的基础上，形成个性化的 DMAIC 改进模式（见图 7-17）。该模式从调查顾客需求开始，确定所要研究的关键特性，对其进行测量，以寻找改进空间，确定改进的质量目标，然后进行优化，并对关键过程实施监控。

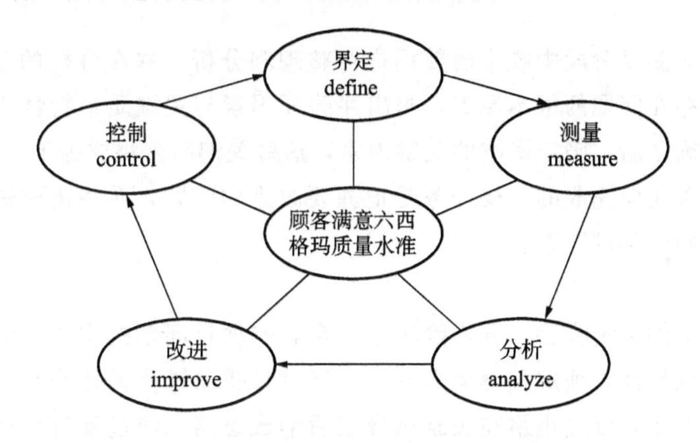

图 7-17　六西格玛管理的 DMAIC 模型

1. 界定阶段

界定阶段，必须抓住一些关键问题：我们的顾客是谁、重点关注哪个问题、顾客的需求是什么、我们正在做什么、为什么要解决这个特别的问题、过去是怎样做这项工作的、现在改进这项工作将获得什么益处等，其关键是明确过程中关键的质量特性。

（1）识别顾客需求。保证问题和目标始终围绕着顾客需求展开，以确定问题的核心，也就是关键输出变量 y。任何成本的节约都建立在不影响顾客满意的基础之上，项目的制定和实施是为了保证顾客对公司产品和服务保持更多关注。为追求更高的回报，不得不进行有限的投入，在投入和回报之间做一个平衡。

（2）编写项目计划。计划内容包括问题说明、目标说明、假设条件和限制条件、有关问题的初步数据、小组成员及责任和规划。

问题说明：简洁明了地说明过程在何处发生了问题，描述引起问题的症状，是对项目评估报告的润色和补充。

目标说明：问题说明描述的是“痛处”，目标说明描述“痛处”可能降低到的程度或消除等美好前景，确定将达成的预期收获，注意目标要与项目计划的时间及人力资源相一致。

范围和条件：明白现实的局限性，以避免团队小组误入歧途或不切实际的期望，围绕着问题提出新的问题，是对问题的进一步认识。

规划：明确制定项目进展的关键日期，有助于项目成员始终保持高昂的精神状态和紧迫感，以保证项目按照预期规划完成。

2. 测量阶段

测量是六西格玛管理分析的基础。在这个阶段开始描述过程，并将过程文件具体化，收集计划数据，在验证测量系统后，测量过程能力，以达到识别产品特性和过程参数，了解过程并测量其性能的目的。绘制过程流程图，以说明产品（服务）形成全过程；了解过程中所有可能造成波动的原因，以明确连续过程的每个阶段、过程中上下工序之间的关系、问题点或区域等。确定关键产品质量特性和过程参数。这是提高质量降低成本的一个重要环节。产品和过程中的任何质量特性和过程参数都很重要。根据测量阶段的实施要求，在测量业绩并描述过程及计划数据收集之后，需对测量系统进行验证，并开始测量过程能力。

3. 分析阶段

分析阶段需要对测量阶段中收集的数据进行整理和分析，并在分析的基础上，运用多种统计技术方法找出存在问题的根本原因，提出并验证因素与关键质量特性之间因果关系的假设。在因果关系明确之后，确定影响的关键因素，这些关键因素将成为下一阶段（改进阶段）关注的重点。这一阶段应完成的主要任务是把握要改进的问题，并找出改进的切入点，提出并验证因果关系和确定关键因素。

4. 改进阶段

改进是实现目标的关键步骤。分析阶段是确定影响项目问题的主要原因，寻求影响关键质量特性的关键过程特性，确定关键输入变量，然后寻找关键质量特性与关键过程特性之间的关系，提出改进方案，改进小组在头脑风暴之后形成思路，经过筛选形成方案计划，最后进入方案的实施阶段。此时小组成员可能会比较关注实施的结果，看效果是否明显。其实，为保证最后的成功，在实施改进措施的过程中也得注重预防，通过改进输入变量而实现提高输出变量的目标，同时对结果进行优化。

5. 控制阶段

将改进阶段所取得的成果一直保持下去，必须针对关键过程特性制订一系列非常详细的控制计划，应用SPC技术将主要变量的偏差控制在许可范围。

六西格玛项目的成功依赖于那些始终坚持如一的员工，控制过程中，明确管理职责，过程管理的职责应同其个人/部门职责相一致；使工作适合于过程要求；在工作中始终将顾客要求放在首要位置；过程要定期进行测量、分析、改进及设计等，对于新方法及相关的改变都要文件化，并实施监控。过程管理是六西格玛管理的终点，也是企业成为六西格玛组织的起点。一旦过程管理成熟，就会推动工作过程不断提高质量水平，对顾客的要求做出最及时的反应。

DMAIC 模式作为实施六西格玛的操作方法，其运作程序与六西格玛项目的周期及工作阶段紧密结合，从界定到控制不是一次性的直线过程，在运用当中有些技术与方法被反复使用。DMAIC 模型的应用是实现六西格玛质量水准的一个循环过程，只有不满足现状，勇于创新，不断改进，才能在六西格玛管理中取得卓越成就。

本章小结

质量改进作为朱兰“质量策划、质量改进、质量控制”三部曲中的一个部曲，只有研究新问题、吸收新营养，才能与时俱进，开拓新的领域。本章介绍质量改进的基本原理，着重介绍了质量改进的6个步骤，学习这一内容应结合阅读案例，只有结合案例的具体实施过程才能确切地理解质量改进6个步骤的具体含义，并在解决问题时具体应用。本章还介绍了在质量改进过程中，常用的质量改进方法与工具，这些方法虽然集中在这里介绍，但其应用却分散在其他各章节中。最后，介绍了目前风靡全球的六西格玛管理法，六西格玛管理法的实质就是一种更具号召力的质量改进模式，尤其是 DMAIC 模式，正以特有的魅力把质量改进推向创新的前沿。

阅读资料

质量改进的组织与方法：QC 小组法

QC 小组是企业中群众性质量管理活动的一种有效的组织形式，是员工参加企业民主管理的经验同现代科学管理方法相结合的产物。

QC 小组活动起源于日本。20 世纪 50 年代起，日本开始对现场负责人进行质量管理教育，并出现了名为“现场 QC 讨论会”的组织，1962 年正式改名为“QC 小组”，开始在全国注册登记，当时第一个注册登记的是日本电力和电信会社的松山搬运机 QC 小组。QC 小组在世界上发展十分迅速，已遍及五大洲的 40 多个国家和地区，中国从 1978 年开始开展 QC 小组活动。

1. QC 小组的内涵

QC 小组活动是实施全面质量管理的有效手段，是全面质量管理的群众基础和活动源泉。

(1) QC 小组的概念。QC 小组是指在生产或工作岗位上从事各种劳动的员工，围绕企业的经营战略、方针目标和现场存在的问题，以改进质量、降低消耗、提高人的素质和经济效益为目的组织起来，运用质量管理的理论和方法自愿地或由组织发起和领导开展改进活动的小组。

(2) QC 小组的特点。QC 小组具有明显的自主性、广泛的群众性、高度的民主性和严密的科学性等特点。

明显的自主性主要表现在成员自主参加、实行自主管理、自我教育、互相启发和共同提高；广泛的群众性体现了全员参与的特征，其成员包括管理、技术和操作等各阶层人员；高度的民主性则说明活动中只有职责不同，没有职位高低，在改进活动中，成员人人平等，高度民主，各抒己见，各显才能；严密的科学性则强调质量管理用事实说话的原则，重视运用质量管理的理论与方法，遵循科学的工作程序解决问题。

(3) QC 小组的分类。根据工作性质和内容的不同，QC 小组大致可以分为现场型、攻关型、管理型和服务型四种类型。

现场型主要以班组、工序、服务现场员工为主组成，以稳定工序，改进产品质量，降低物质消耗，提高服务质量为目的；攻关型一般由主管、工程技术人员和员工三结合组成，以解决有一定难度的质量问题为目的；管理型是以管理人员为主组成，以提高工作质量，改善与解决管理中的问题，提高管理水平为目的；服务型由从事服务性工作的员工组成，以提高服务质量，推动服务工作标准化、程序化、科学化，提高经济效益和社会效益为目的。

2. QC 小组活动的启动

组建 QC 小组一般应遵循“自愿参加，上下结合”与“实事求是，灵活多样”的原则。

(1) QC 小组的成员。为了便于活动，小组人员不宜过多，一般为 3～10 人较合适。小组成员要牢固树立“质量第一”的思想，努力学习全面质量管理基本知识和其他现代管理方法，熟悉本岗位的技术标准和工艺规程，具有一定的专业知识和技术水平，并能积极参加活动。

(2) QC 小组组长的选出。组长一般由全体组员选举产生，也可在成员同意的前提下，由行政领导提名。对于自愿结合的班组 QC 小组来讲，组长通常由小组的发起人担任。QC 小组组长应是全面质量管理的热心人，事业心强，技术水平和思维能力较强，善于团结周围员工，发挥集体智慧，掌握全面质量管理的基本知识和常用数理统计方法，并有一定的组织活动能力。

(3) QC 小组的注册登记。为便于管理，QC 小组的组建应进行备案注册，注册目的具有两方面的意义：一是获取必要的关注和支持；二是反映自身的自信，也是一种承诺。

QC 小组通常每年注册一次，新课题开题前还应进行课题注册登记，二者意义不同，不能混淆。小组可以长期存在，而课题在不断变化，若课题活动时间长，在小组每年注册时，课题尚未结束，应向主管部门说明情况。

3. QC 小组的活动程序

QC 小组组建以后，从选择课题开始开展活动。活动的具体程序如下。

(1) 选题。QC 小组一般应根据企业方针目标和中心工作；根据现场存在的薄弱环节；根据用户（包括下道工序）的需要选择活动课题。

从广义的质量概念出发，QC 小组的选题范围涉及企业各个方面工作。因此，选题的范围是广泛的，概括为十个方面：提高质量；降低成本；设备管理；提高出勤率、工时利用率和劳动生产率，加强定额管理；开发新品，开设新的服务项目；安全生产；治理“三废”，改善环境；提高顾客（用户）满意率；加强企业内部管理；加强思想政治工作，提高员工素质。

(2) 确定目标值。课题选定以后，应确定合理的目标值。目标值的确定要：注重目标值的定量化，使小组成员有一个明确的努力方向，便于检查，活动成果便于评价；注重实现目标值的可能性，既要防止目标值定得太低，小组活动缺乏意义，又要防止目标值定得太高，久攻不克，使小组成员失去信心。

(3) 调查现状。为了解课题目前的状况，必须认真做好现状调查。在进行现状调查时，应根据实际情况，应用不同的QC工具（如调查表、排列图、折线图、柱状图、直方图、管理图、饼分图等），进行数据的搜集整理。

(4) 分析原因。对调查后掌握的现状，要发动全体组员动脑筋，想办法，依靠掌握的数据，集思广益，选用适当的QC工具（如因果图、关联图、系统图、相关图、排列图等），进行分析，找出问题的原因。

(5) 找出主要原因。经过原因分析以后，将多种原因，根据关键、少数和次要多数的原理，进行排列，从中找出主要原因。在寻找主要原因时，可根据实际需要应用排列图、关联图、相关图、矩阵分析、分层法等不同分析方法。

(6) 制定措施。主要原因确定后，制订相应的措施计划，明确各项问题的具体措施，要达到的目的，谁来做，何时完成及检查人。

(7) 实施措施。按措施计划分工实施。小组长要组织成员，定期或不定期地研究实施情况，随时了解课题进展，发现新问题要及时研究、调查措施计划，以达到活动目标。

(8) 检查效果。措施实施后，应进行效果检查。效果检查是把措施实施前后的情况进行对比，看其实施后的效果，是否达到了预定的目标。如果达到了预定的目标，小组就可以进入下一步工作；如果没有达到预定的目标，就应该对计划的执行情况及其可行性进行分析，找出原因，在第二次循环中加以改进。

(9) 制定巩固措施。达到了预定的目标值，说明该课题已经完成。但为了保证成果得到巩固，小组必须将一些行之有效的措施或方法纳入工作标准、工艺规程或管理标准，经有关部门审定后纳入企业有关标准或文件。如果课题的内容只涉及本班组，那就可以通过班组守则、岗位责任制等形式加以巩固。

(10) 分析遗留问题。小组通过活动取得了一定的成果，也就是经过了一个PDCA循环。这时候，应对遗留问题进行分析，并将其作为下一次活动的课题，进入新的PDCA循环。

(11) 总结成果资料。小组将活动的成果进行总结，是自我提高的重要环节，也是成果发表的必要准备，还是总结经验、找出问题，进行下一个循环的开始。

以上步骤是QC小组活动的全过程，体现了一个完整的PDCA循环。由于QC小组每次取得成果后，能够将遗留问题作为小组下一个循环的课题（如没有遗留问题，则提出新的打算），因此就使QC小组活动能够持久深入地开展，推动PDCA循环不断前进。

案例分析

Mega Bytes 饭店的质量改进

Mega Bytes是一家招待商务旅行者的饭店，它有一个自助式午餐柜台，为了衡量顾客满意度，管理者组织了一次问卷调查。在三个月的期间内把问卷发放给就餐者，图 7-18 排列图概括的结果显示，饭店的主要问题是顾客等待就座的时间太长。他们成立 QC 小组来解决这个问题。小组成员决定采用“七步法”来改进顾客等待就座时间太长的问题。

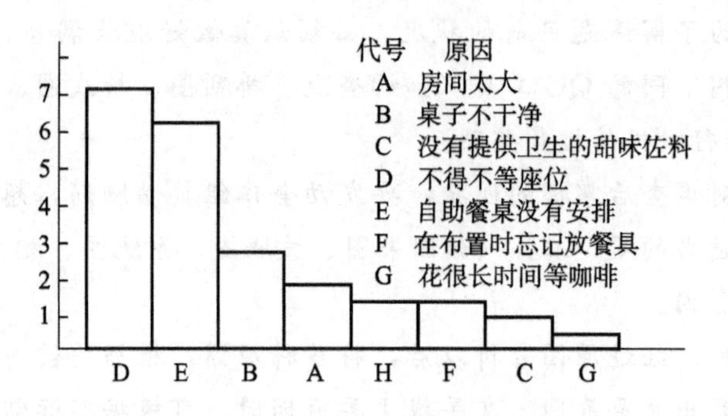

图 7-18 抱怨的排列图

(1) 界定项目。Mega Bytes 公司的调查结果显示，顾客等待就座的时间长。大多数顾客是商务旅行者，他们希望能快速就餐或在就餐时能有讨论业务问题的机会。小组思考了几个诸如“什么时候等待开始？什么时候结束？怎样测量”的问题。然后把要解决的问题界定为“等待就座”。

(2) 研究现在的状况。小组收集了基本数据并把它们绘制成图（见图 7-19)。同时，小组编制了一个安置一批人就座的流程图，还画出 Mega Bytes 的店堂布局图。

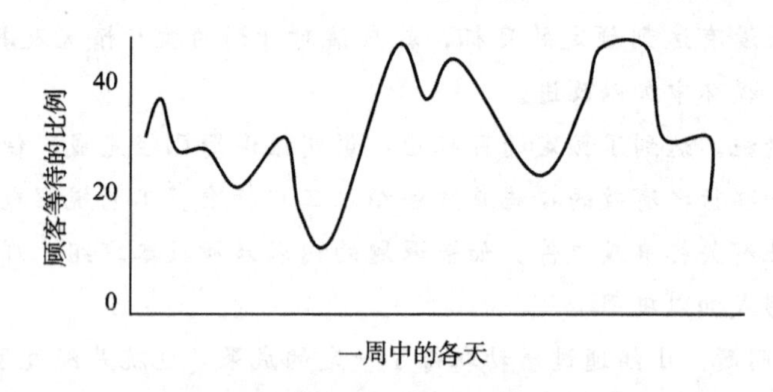

图 7-19 等候时间超过 1 分钟才就座的顾客比例走向图

基本数据显示，在每周的前几天中等待的顾客比后几天多。然而，因为 Mega Bytes 的大多数顾客是商务旅行者，这个发现在预料之中。一拨就餐者的人数看上去不是什么因素；而把等待超过 1 分钟的人数的直方图按早晨的不同时间标绘在一起时，发现在高峰时间等待的顾客比清闲时的更多，这一点儿也不奇怪。

但是，等待的原因却很有趣。大多数人一直在等待，既不是因为没有桌子可用，也不是因为在他们喜欢的地方没有桌子。顾客极少因为没有服务员安排他们就座或他们中有人还未到而等候。在这点上，很容易轻率地得出这样的结论：这个问题仅仅通过在每周的早些时候和高峰期增加一些雇员就能解决。

但是，小组成员们认为需要更多的信息。为什么这些餐桌不能使用及座位偏好如何影响候餐时间？随后的数据说明，不能使用的餐桌通常是由于它们必须被打扫而不能使用，而不是因为被就餐者占用。数据还显示：大多数的等待者对非吸烟区有偏好。

(3) 分析潜在原因。制作一个关于“为何没有快速清理”的因果图（见图 7-20），小组得出结论，两个（未清理餐桌和等候非吸烟区餐桌）最可能的原因可归结为餐桌与厨房的距离。

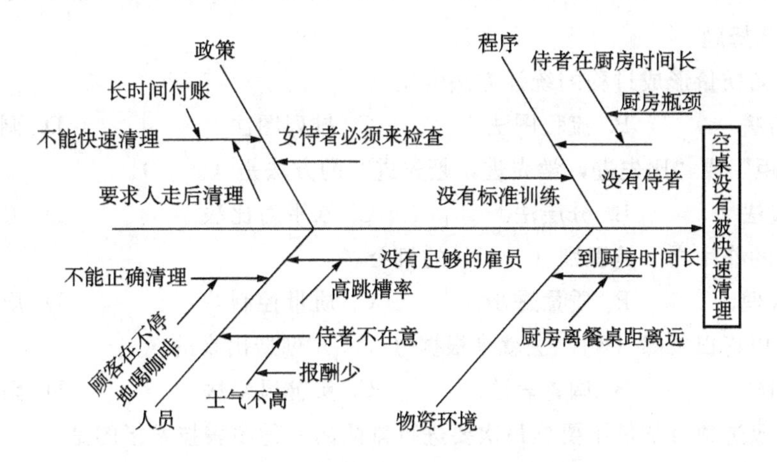

图 7-20 描述餐桌未快速清理的因果图

(4) 实施解决方案。小组开发出一连串可能的解决方案。因为不能通过控制变量来验证其结论，小组选择了易于检验的一个方案：在非烟区设立暂时的工作岗位。不做其他变化，收集现在就餐时间超过 1 分钟才就座的顾客的百分比数据。

(5) 检查结果。小组分析了步骤 4 在一个月中收集的数据结果。如图 7-21 所示，改善很显著。

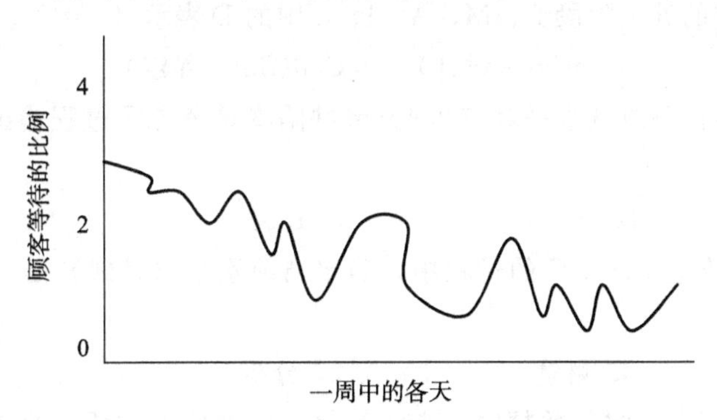

图 7-21 实施方案后等候时间超过 1 分钟才就座的顾客比例走向图

(6) 把改进标准化。用永久的工作岗位代替暂时的工作岗位。

(7) 制订未来计划。小组解决顾客抱怨排列图中次高的障碍，即供应便餐的柜台没有被很好地组织。

(资料来源：菲茨西蒙斯. 服务管理：运作、战略与信息技术 [M]. 北京：机械工业出版社. 2008：147-152)

案例思考

1. 本案例中应用的 SSM 方法与 PDCA 方法有什么不同？
2. 从程序、政策、物质环境和人员要素方面考虑，做一份关于问题方面的因果图。
3. 你如何解决本案例中 QC 小组运用 SSM 时遇到的问题？

习　题

一、单项选择题

1. 描述产品质量形成过程的统计方法常用（　　）。

A. 散布图法　　B. 流程图法　　C. 排列图法　　D. 调查表法

2. “找差距”或“比先进，学先进，赶先进”的方法是（　　）。

A. 调查表法　　B. 分层法　　C. 水平对比法　　D. 方差分析法

3. 排列图的作用之一是识别（　　）的机会。

A. 质量管理　　B. 质量进步　　C. 质量控制　　D. 质量改进

4. 日本的川喜田二郎（KJ）法就是根据（　　）创造出来的。

A. 流程图法　　B. 调查表法　　C. 头脑风暴法　　D. 因果图法

5. 将质量改进项目从最主要到最次要进行排队的一种图表技术指的是（　　）。

A. 调查表　　B. 分层法　　C. 因果图　　D. 排列图

6. 在质量改进中表示质量特性与原因关系的一种图表技术是（　　）。

A. 调查表　　B. 分层法　　C. 因果图　　D. 排列图

7. 记录某种事件发生的频率（次数）的一种图表技术是（　　）。

A. 调查表　　B. 分层法　　C. 因果图　　D. 排列图

8. 六西格玛改进的五个阶段 D、M、A、I、C 中的 D 表示（　　）。

A. do（实施）　　B. design（设计）　　C. define（界定）　　D. defect（缺陷）

9. 通常所说六西格玛质量水平对应 3.4ppm 缺陷率是考虑了过程输出质量特性的分布中心相对目标值偏移（　　）。

A. 3σ　　B. -1.5σ　　C. 1.5σ　　D. $\pm 1.5\sigma$

10. 在六西格玛改进 DMAIC 的过程中，确定当前水平（基线）是（　　）阶段的活动要点。

A. 界定　　B. 测量　　C. 分析　　D. 控制

11. 质量改进过程中，收集数据时，方法简单，数据处理方便，通常可用（　　）来实现这一目的。

A. 直方图　　B. 排列图　　C. 检查表　　D. 流程图

12. 质量改进过程中，（　　）常用来发现过程的异常波动，起到“报警”作用。

A. 排列图　　B. 直方图　　C. 散布图　　D. 控制图

13. 在产品设计阶段，为了防止可能出现的使用错误，提前考虑在产品设计中如何防范，可以使用（　　）。

A. 因果图　　B. 排列图　　C. 关联图　　D. PDPC 图

二、多项选择题

1. 在质量改进活动中，分析影响事物变化的因素所用的方法有（　　）。

A. 因果图　　B. 调查法　　C. 散布图　　D. 树图　　E. 排列图

2. 在质量改进活动中，分析事物之间的相互关系所用的方法有（　　）。

A. 散布图　B. 树图　C. 排列图　D. 头脑风暴法　E. 实验设计法

3. 美国质量管理专家朱兰博士称（　　）为“质量管理三部曲”。

A. 质量策划　B. 质量控制　C. 质量改进　D. 质量分析

4. 下述不属于实际分布范围 B 与公差 T 对比分析的典型直方图有（　　）。

A. 理想型　B. 偏向型　C. 平顶型　D. 双峰型

5. 常见的直方图形态有（　　）。

A. 正常型　B. 偏向型　C. 双峰型　D. 孤岛型　E. 平顶型

6. 适合确定为六西格玛项目的有（　　）。

A. 疏通瓶颈，提高生产效率　B. 关注成本节约

C. 改进服务，提高顾客满意度　D. 提高质量、降低缺陷

E. 新技术宣传推广　F. 优化管理流程，扩大市场占有率

7. 质量改进工作中常用的调查表格式有（　　）。

A. 统计分析表　B. 不合格品项目调查表

C. 缺陷位置调查表　D. 质量分布调查表

三、名词解释

1. 朱兰质量管理三部曲；

2. PDCA 循环；

3. QC 工具；

4. DMAIC。

四、简答题

1. 实施质量改进工作的一般步骤有哪些？各步的具体工作是什么？

2. 简述 PDCA 循环的四个程序和八个步骤。

3. 阐述 DMAIC 改进模式。

4. 应用 PDPC 法，做出质量管理培训的 PDPC 图。

五、计算题

1. 表 7-16 是某车床加工零件外径尺寸测定的 50 个数据，请作其直方图分析。

10.08	10.07	10.13	10.13	10.24	10.05	9.99
10.12	9.91	10.08	10.15	10.10	9.97	10.05
10.01	10.05	10.02	10.28	10.01	10.08	9.85
10.13	10.00	10.20	10.07	10.19	10.17	9.98
10.06	10.13	10.18	10.00	10.03	10.14	10.09
10.15	10.08	10.12	9.96	10.13	10.04	10.14
10.03	9.93	10.05	10.10	10.02	9.98	10.04
10.16						

2. 某家庭 5 月的支出项目如下：

伙食费：10 250 元；水电燃气费：3 750 元；教育费：2 000 元；零用钱：5 000 元；交际费：1 000 元；其他：3 000 元。请做出其家庭收支的排列图。

第8章 质量管理体系标准

学习目标

学完本章，应该理解和掌握：
ISO 9000族标准的应用范围；
质量管理七项原则；
ISO 9000：2015标准；
ISO 9001：2015标准。

8.1 ISO 9000 系列标准概述

ISO 是国际标准化组织（International Organization for Standardization）的简称，成立于1947 年，总部位于瑞士的日内瓦，是由各国标准化团体成员组成的世界性的联合会。ISO 通过它的技术机构开展技术活动。包括技术委员会（TC）、分技术委员会（SC）、工作组（WG）和特别工作组。

8.1.1 ISO 9000 系列标准的发展概况

为了适应经济全球化的趋势，1979 年，ISO 成立了第 176 技术委员会，即 ISO/TC 176，其愿景是“通过在全世界范围内接受和使用 ISO 9000 系列标准，为提高组织的绩效提供有效的方法，增强组织和个人的信心，从世界各地得到任何期望的产品，以及将自己的产品顺利地销往世界各地，促进贸易、经济繁荣和发展。”ISO/TC 176 的使命是“识别和理解社会、标准的使用者及其顾客在质量管理领域的需求，制定、支持和改进通用的或行业特定的（经国际标准化组织技术管理局批准）质量管理体系标准以满足所识别的需求，维护标准使用（包括合格评定活动）的完整性，抑制质量管理体系标准数量的增多，促进管理体系标准的相容性。”

“ISO 9000”不是指一个标准，而是由 ISO/TC 176 制定的一系列关于质量管理的所有国际标准、技术规范、技术报告、手册和网络文件的统称（“ISO 9000 族”)。ISO 标准每五年审查一次，根据当代社会、市场竞争环境的变化以及组织发展的需要来确定是否需要修改，以确保需求和期望发生变化的回应以及标准内容的及时更新。

截至 2019 年 9 月的 ISO 9000 系列标准的发展概况如表 8-1 所示。

表 8-1 ISO 9000 系列标准发展概况

国际标准编号	ISO（GB/T）标准名称	发布沿革	GB 标准化状况
ISO 18091:2019	质量管理体系 地方政府应用 ISO 9001（GB/T 19001—2000）指南	2014—02 第 1 版 2019—03 第 2 版	GB/Z 19034—2008 2009—05 实施
ISO 9000:2015	质量管理体系 基础和术语	2000—12 第 2 版 2005—09 第 3 版 2015—09 第 4 版	GB/T 19000—2016 2017—07 实施
ISO 9001:2015	质量管理体系 要求	1987—03 第 1 版 1994—06 第 2 版 2000—12 第 3 版 2008—11 第 4 版 2015—09 第 5 版	GB/T 19001—2016 2017—07 实施
ISO/TS 9002:2016	质量管理体系 ISO 9001:2015（GB/T 19001—2016）应用指南	2016—11 第 1 版	GB/T 19002—2018 2019—07 实施

续表

国际标准编号	ISO（GB/T）标准名称	发布沿革	GB/T 标准化状况
ISO 9004:2018	追求组织的持续成功 质量管理方法	2000—12 第 2 版 2009—11 第 3 版 2018—04 第 4 版	GB/T 19004—2011 2019—07 下达修订 正在征求意见
ISO 10001:2018	质量管理 顾客满意 组织行为规范指南	2007—12 第 1 版 2018—07 第 2 版	GB/T 19010—2009 2020—01 下达修订 正在起草
ISO 10002:2018	质量管理 顾客满意 组织投诉处理指南	2004—07 第 1 版 2014—07 第 2 版 2018—07 第 3 版	GB/T 19012—2019 2020—01 实施
ISO 10003:2018	质量管理 顾客满意 组织外部争议解决指南	2007—12 第 1 版 2018—07 第 2 版	GB/T 19013—2009 2020—01 下达修订 正在起草
ISO 10004:2018	质量管理 顾客满意 监视和测量指南	2012—09 第 1 版 2018—07 第 2 版	GB/T 19014—2019 2020—07 实施
ISO 10005:2018	质量管理体系 质量计划指南	1995—09 第 1 版 2005—06 第 2 版 2018—06 第 3 版	GB/T 19015—2008 2020—01 下达修订 正在征求意见
ISO 10006:2017	质量管理体系 项目质量管理指南	1997—12 第 1 版 2003—06 第 2 版 2017—04 第 3 版	GB/T 19016—2005 2020—01 下达修订 正在起草
ISO 10007:2017	质量管理体系 技术状态管理指南	1995—09 第 1 版 2003—06 第 2 版 2017—04 第 3 版	GB/T 19017—2008 2019—03 下达修订 正在征求意见
ISO 10008:2013	质量管理 顾客满意 企业—消费者电子商务交易指南	2013—05 第 1 版 2019—02 “确认”	GB/T 19018—2017 2018—05 实施
ISO 10012:2003	测量管理体系 测量过程和测量设备的要求	2003—04 第 1 版 2015 年 “确认”	GB/T 19022—2003 2004—03 实施
ISO/TR 10013:2001	质量管理体系文件指南	2001—07 第 1 版 修订：CD 阶段	GB/T 19023—2003 2003—09 实施
ISO 10014:2006	质量管理 实现财务和经济效益的指南	2006—07 第 1 版 修订：CD 阶段	GB/T 19024—2008 2008—12 实施

续表

国际标准编号	ISO（GB/T）标准名称	发布沿革	GB/T 标准化状况
ISO 10015:1999	质量管理 培训指南	1999－12 第 1 版修订：CD 阶段	GB/T 19025－2001 2001－09 实施
ISO/TR 10017:2003	ISO 9001:2000（GB/T 19001－2000）的统计技术指南	2003－05 第 1 版 修订：CD 阶段	GB/Z 19027－2005 2006－01 实施
ISO 10018:2012	质量管理 人员参与和能力指南	2012－08 第 1 版 修订：DIS 阶段	GB/T 19028－2018 2019－07 实施
ISO 10019:2005	质量管理体系咨询师的选择及其服务使用的指南	2005－01 第 1 版 2015 年“确认”	GB/T 19029－2009 2009－12 实施
ISO/TS 16949:2009	质量管理体系 汽车生产件及相关服务件组织应用 ISO 9001:2008（GB/T 19001－2008）的特别要求	2016－10 “IATF”修订	GB/T 18305－2016 2017－07 实施
ISO 19011:2018	管理体系审核指南	2002－10 第 1 版 2011－11 第 2 版 2018－07 第 3 版	GB/T 19011－2013 修订 2020－01 下达 正在起草
ISO 手册:2016	小型组织实施 ISO 9001:2015 指南	2016－07	

8.1.2 ISO 9000 系列标准的核心标准

在 ISO 9000 系列标准中，其核心标准有：ISO 9000 质量管理体系 基础和术语、ISO 9001 质量管理体系 要求、ISO 9004 质量管理－组织质量－实现持续成功指南以及 ISO 19011 管理体系审核指南。

1. ISO 9000:2015（GB/T 19000－2016）*质量管理体系 基础和术语*

ISO 9000:2015 标准为质量管理体系（QMS）提供了基本概念、原则和术语，为质量管理体系的其他标准奠定了基础。

该标准旨在帮助使用者理解质量管理的基本概念、原则和术语，以便能够有效和高效地实施质量管理体系，并实现质量管理体系标准的价值。

2. ISO 9001:2015（GB/T 19001－2016）*质量管理体系 要求*

ISO 9001:2015 标准规定了质量管理体系要求，用于组织证实具有提供满足顾客要求和适用法律法规要求的产品和服务的能力，获取增强顾客满意的机会。

该标准要求采用过程方法，包括策划－实施－检查－处置（PDCA）循环和基于风险的思维来建立质量管理体系。以谋求在复杂的环境中，能够持续满足要求和应对未来的需求和期望。

3. ISO 9004:2018 质量管理—组织质量—实现持续成功指南

ISO 9004:2018 标准侧重于在达到 ISO 9001:2015 标准后，高层管理人员的学习和领导对于组织的持续成功至关重要，而顶级引擎的力量将导致组织的改进和创新，从而实现可持续的成功。

该标准引用了 ISO 9000:2015 中规定的质量管理原则，旨在帮助组织在复杂、严峻且不断变化的环境中取得可持续的成功，并提供指导。

4. ISO 19011:2018 管理体系审核指南

ISO 19011:2018 标准提供了关于管理体系审核的术语和定义、审核原则、审核策划、审核实施的内容，以及关于评价参与审核过程的人员能力的指南。

该标准适用于需要策划和实施管理体系内部或外部审核或管理审核方案的所有组织。

该标准集中于内部审核（第一方）和组织对其外部提供者和其他外部利益方（第二方）进行的审核。也可用于第三方管理体系认证以外的其他目的的外部审核。

8.1.3 实施 ISO 9000 系列标准的作用

1. 有利于提高产品和服务质量，保护消费者利益

由于 ISO 9000 系列标准强调基于过程的方法和 PDCA 循环建立体系以满足法律法规和顾客要求，因此，组织在应用 ISO 9000 系列标准时，必须识别出产品生产过程和服务过程的质量改进机会，这也有利于提高产品和服务的质量，同时能保护消费者利益。

2. 帮助组织获得应对复杂环境变化的挑战能力

ISO 9000 系列标准的质量管理概念和原则，可帮助组织获得应对最近数十年深刻变化的环境所提出的挑战的能力。组织的工作所面临的环境表现出如下特性：变化加快、市场全球化以及知识作为主要资源的出现。质量的影响已经超出了顾客满意的范畴，它也可直接影响组织的声誉。ISO 9000 系列标准通过对建立的质量管理体系提出基本概念和原则，提供一种更加广泛的思考组织的方式。

3. 有利于增进国际贸易，消除技术壁垒

ISO 9000 质量管理体系认证制度在国际范围内得到互认，并纳入合作评定的程序之中。贯彻 ISO 9000 系列标准为国际经济技术合作提供了国际通用的共同语言和准则；取得质量管理体系认证，已成为参与国内和国际贸易，增强竞争能力的有力武器。因此贯彻 ISO 9000 族标准对消除技术壁垒，排除贸易障碍起到十分积极的作用。

4. 有利于组织的持续改进和持续满足顾客的需求和期望

由于顾客的需求和期望是不断变化的，这就促使组织持续地改进产品、服务和过程。而质量管理体系要求恰恰为组织改进其产品、服务和过程提供了一条有效途径。因而，ISO 9000 系列标准将质量管理体系和产品及其服务要求区分开来，它不是取代产品及其服务要求而是把质量管理体系要求作为对产品及其服务要求的补充，这样有利于组织的持续改进和持续满足顾客的需求和期望。

8.2 质量管理体系基础和术语

ISO 9000:2015（GB/T 19000－2016）《质量管理体系 基础和术语》是 ISO 9000 系列标准中核心标准之一，主要内容包括基本概念、质量管理七项原则、质量管理术语与定义。

8.2.1 基本概念

ISO 9000:2015（GB/T 19000－2016）标准中阐明的基本概念包括质量、质量管理体系、组织环境、相关方和支持。

1. 质量

一个关注质量的组织倡导一种文化，其结果导致其行为、态度、活动和过程，通过满足顾客和相关方的需求和期望实现其价值。

组织的产品和服务质量取决于满足顾客的能力，以及对相关方有意和无意的影响。

产品和服务的质量不仅包括其预期的功能和性能，而且还涉及顾客对其价值和利益的感知。

2. 质量管理体系

质量管理体系包括组织确定的目标，以及为获得所期望的结果而确定的所要求的过程和资源。

质量管理体系管理所需要的相互作用的过程和资源，以向相关方提供组织的价值并实现其结果。

质量管理体系能够使最高管理者通过考虑其决策的长期和短期影响而优化资源的利用。

质量管理体系提供了一种在提供产品和服务方面，针对预期和非预期的结果确定所采取措施的方法。

3. 组织环境

理解组织的环境是一个过程。这个过程确定了影响组织的目的、目标和可持续性的各种因素。它既需要考虑内部因素，例如，组织的价值观、文化、知识和绩效，还需要考虑外部因素，例如，法律的、技术的、竞争的、市场的、文化的、社会的和经济的环境。

组织的目的可被表达为其愿景、使命、方针和目标。

4. 相关方

相关方的概念扩展了以顾客为关注焦点，考虑所有的相关方是至关重要的。

识别相关方是理解组织的环境的过程的组成部分。相关方是指若其需求和期望未能满足，将对组织的持续发展产生重大风险的各方。组织应确定向相关方提供何种必要的结果以降低风险。

组织的成功，依赖于赢得和保持相关方的支持。

5. 支持

最高管理者对质量管理体系和全员参与的支持至关重要。主要表现在提供充分的人力和其他资源；监视过程和结果；确定和评估风险和机会；采取适当的措施。还应当对资源认真负责地获取、分配、维护、提高和处置，以支持组织实现其目标。

(1) 人员。人员是组织内不可缺少的资源。组织的绩效取决于体系内人员的工作表现。

通过对质量方针和组织所期望的结果的共同理解，可使组织内人员积极参与并协调一致。

(2) 能力。当所有人员理解并应用所需的技能、培训、教育和经验，履行其岗位职责时，质量管理体系是最有效的。为人员提供拓展必要能力的机会是最高管理者的职责。

(3) 意识。意识来源于人员认识到自身的职责，以及他们的行为如何有助于实现组织的目标。

(4) 沟通。经过策划并有效开展的内部（如整个组织内）和外部（如与有关相关方）沟通，可提高人员的参与程度并更加深入地相互理解。

8.2.2 质量管理原则

ISO 9000:2015（GB/T 19000—2016）标准给出了七项质量管理原则，包括以顾客为关注焦点、领导作用、全员参与、过程方法、改进、循证决策和关系管理。

1. 以顾客为关注焦点

组织只有赢得和保持顾客和相关方的信任才能获得持续成功。与顾客相互作用的每个方面，都提供了为顾客创造更多价值的机会。理解顾客和相关方的当前和未来的需求，有助于组织的持续成功。因而，质量管理的主要关注点是满足顾客要求并且努力超越顾客的期望。

2. 领导作用

统一的宗旨和方向的建立，以及全员参与，能够使组织将战略、方针、过程和资源保持一致，以实现其目标。因而，各层领导建立统一的宗旨和方向，并且创造全员参与的条件，以实现组织的质量目标。

3. 全员参与

为了有效和高效的管理组织，各级人员得到尊重并参与其中是极其重要的。通过表彰、授权和提高能力，促进全员参与实现组织的质量目标过程。因而，整个组织内各级人员的胜任、授权和参与，是提高组织创造价值和提供价值能力的必要条件。

4. 过程方法

质量管理体系是由相互关联的过程所组成。理解体系是如何产生结果的，能够使组织尽可能地完善其体系和绩效。因而，当活动被作为相互关联的功能连贯过程进行系统管理时，可更加有效和高效地始终得到预期的结果。

5. 改进

改进对于组织保持当前的业绩水平，对其内、外部条件的变化做出反应并创造新的机会都是非常必要的。因而，成功的组织总是致力于持续改进。

6. 循证决策

决策是一个复杂的过程，并且总是包含一些不确定因素。它常涉及多种类型和来源的输入及其解释，而这些解释可能是主观的。重要的是理解因果关系和潜在的非预期后果。对事实、证据和数据的分析可导致决策更加客观、可信。因而，基于数据和信息的分析和评价的决策更有可能产生期望的结果。

7. 关系管理

相关方影响着组织的绩效。组织管理与所有相关方的关系，以最大限度地发挥其在组织绩效方面的作用。对供方及伙伴的关系网的管理是非常重要的。因而，为了持续成功，组织需要管理与供方等相关方的关系。

8.2.3 质量管理体系的初步认识

1. 质量管理体系模式

组织就像人一样，是一个具有生存和学习能力的社会有机体。两者都具有适应的能力并且由相互作用的系统、过程和活动组成。为了适应变化的环境，均需要具备应变能力。组织经常通过创新实现突破性改进。在组织的质量管理体系模式中，我们可以认识到，不是所有的体系、过程和活动都可以被预先确定，因此，组织需要具有灵活性，以适应复杂的组织环境。

(1) 体系。组织寻求了解内外部环境，以识别有关的相关方的需求和期望。这些信息被用于质量管理体系的建设，从而实现组织的可持续发展。一个过程的输出可成为其他过程的输入，并连接成整个网络。虽然不同组织的质量管理体系，通常是由相类似的过程所组成，实际上，每个组织的质量管理体系都是唯一的。

(2) 过程。组织拥有可被确定、测量和改进的过程。这些过程相互作用以产生与组织的目标相一致的结果，并跨越职能界限。某些过程可能是关键的，而另外一些则不是。过程具有相互关联的活动和输入，以实现输出。

(3) 活动。组织的人员在过程中协调配合，开展他们的日常活动。依靠对组织目标的理解，某些活动可被预先规定。而另外一些活动则是出于对外界刺激的反应，来确定其性质并予以执行。

2. 质量管理体系建设

质量管理体系是一个不断改进的动态系统。

质量管理体系为策划、执行、监视和改进质量管理活动的绩效提供了框架。质量管理体系策划一个持续的过程。审核是一种评价质量管理体系有效性的方法，以识别风险和确定是否满足要求。

8.2.4 术语和定义

ISO 9000:2015 (GB/T 19000—2016) 标准中的“术语和定义”，分为13类、138个术语(见表8-2)。

表8-2 ISO 9000:2015术语和定义

序号	类别	术语	定义
1	有关人员的术语	3.1.1 最高管理者	在最高层指挥和控制组织的一个人或一组人
		3.1.2 质量管理体系咨询师	对组织的质量管理体系实现给予帮助、提供建议或信息的人员
		3.1.3 参与	参加活动、事项或介入某个情境
		3.1.4 积极参与	参与活动并为之做出贡献，以实现共同的目标
		3.1.5 技术状态管理机构	被赋予技术状态决策职责和权限的一个人或一组人
		3.1.6 调解人	<顾客满意>调节过程提供方指定的帮助相关各方解决争议的人

续表

序号	类别	术语	定义
2	有关组织的术语	3.2.1 组织	为实现目标，由职责、权限和相互关系构成自身功能的一个人或一组人
		3.2.2 组织环境	对组织建立和实现目标的方法有影响的内部和外部因素的组合
		3.2.3 相关方	可影响决策或活动，受决策或活动所影响，或自认为受决策或活动影响的个人或组织
		3.2.4 顾客	能够或实际接受为其提供的，或按其要求提供的产品或服务的个人或组织
		3.2.5 供方	提供产品或服务的组织
		3.2.6 外部供方	组织以外的供方
		3.2.7 调解过程提供方	提供和实施外部争议解决过程的人或组织
		3.2.8 协会	＜顾客满意＞由成员组织或个人组成的组织
		3.2.9 计量职能	负责确定并实施测量管理体系的行政和技术职能
3	有关活动的术语	3.3.1 改进	提高绩效的活动
		3.3.2 持续改进	提高绩效的循环活动
		3.3.3 管理	指挥和控制组织的协调的活动
		3.3.4 质量管理	关于质量的管理
		3.3.5 质量策划	质量管理的一部分，致力于制定质量目标并规定必要的运行过程和相关资源以实现质量目标
		3.3.6 质量保证	质量管理的一部分，致力于提供质量要求会得到满足的信任
		3.3.7 质量控制	质量管理的一部分，致力于满足质量要求
		3.3.8 质量改进	质量管理的一部分，致力于增强满足质量要求的能力
		3.3.9 技术状态管理	指挥和控制技术状态的协调活动
		3.3.10 更改控制	＜技术状态管理＞在输出的产品技术状态信息被正式批准后，对该输出的控制活动
		3.3.11 活动	＜项目管理＞在项目中识别出的最小的工作项
		3.3.12 项目管理	对项目各方面的策划、组织、监视、控制和报告，并激励所有参与者实现项目目标
		3.3.13 技术状态项	满足最终使用功能的某个技术状态内的客体

续表

序号	类别	术语	定义
4	有关过程的术语	3.4.1 过程	利用输入实现预期结果的相互关联或相互作用的一组活动
		3.4.2 项目	由一组有起止日期的、相互协调的受控活动组成的独特过程，该过程要达到符合包括时间、成本和资源的约束条件在内的规定要求的目标
		3.4.3 质量管理体系实现	建立、形成文件、实施、保持和持续改进质量管理体系的过程
		3.4.4 能力获得	获得能力的过程
		3.4.5 程序	为进行某项活动或过程所规定的途径
		3.4.6 外包	安排外部组织承担组织的部分职能或过程
		3.4.7 合同	有约束力的协议
		3.4.8 设计和开发	将对客体的要求转换为对其更详细的要求的一组过程
5	有关特性的术语	3.5.1 体系（系统）	相互关联或相互作用的一组要素
		3.5.2 基础设施	＜组织＞组织运行所必需的设施、设备和服务的系统
		3.5.3 管理体系	组织建立方针和目标以及实现这些目标的过程的相互关联或相互作用的一组要素
		3.5.4 质量管理体系	管理体系中关于质量的部分
		3.5.5 工作环境	工作时所处的一组条件
		3.5.6 计量确认	为确保测量设备符合预期使用要求所需要的一组操作
		3.5.7 测量管理体系	实现计量确认和测量过程控制所必需的相互关联或相互作用的一组要素
		3.5.8 方针	＜组织＞由最高管理者正式发布的组织的宗旨和方向
		3.5.9 质量方针	关于质量的方针
		3.5.10 愿景	＜组织＞由最高管理者发布的组织的未来展望
		3.5.11 使命	＜组织＞由最高管理者发布的组织存在的目的
		3.5.12 战略	实现长期或总目标的计划
6	有关要求的术语	3.6.1 客体	可感知或想象到的任何事物
		3.6.2 质量	客体的一组固有特性满足要求的程度
		3.6.3 等级	对功能用途相同的客体按不同要求所做的分类或分级
		3.6.4 要求	明示的、通常隐含的或必须履行的需求或期望
		3.6.5 质量要求	关于质量的要求
		3.6.6 法律要求	立法机构规定的强制性要求
		3.6.7 法规要求	立法机构授权的部门规定的强制性要求

续表

序号	类别	术语	定义
6	有关要求的术语	3.6.8 产品技术状态信息	对产品设计、实现、验证、运行和支持的要求或其他信息
		3.6.9 不合格（不符合）	未满足要求
		3.6.10 缺陷	与预期或规定用途有关的不合格
		3.6.11 合格（符合）	满足要求
		3.6.12 能力	客体实现满足要求的输出的本领
		3.6.13 可追溯性	追溯客体的历史、应用情况或所处位置的能力
		3.6.14 可信性	在需要时完成规定功能的能力
		3.6.15 创新	实现或重新分配价值的、新的或变化的客体
7	有关结果的术语	3.7.1 目标	要实现的结果
		3.7.2 质量目标	关于质量的目标
		3.7.3 成功	＜组织＞目标的实现
		3.7.4 持续成功	＜组织＞在一段时期内自始至终的成功
		3.7.5 输出	过程的结果
		3.7.6 产品	在组织和顾客之间未发生任何交易的情况下，组织能够产生的输出
		3.7.7 服务	至少有一项活动必须在组织和顾客之间进行的组织的输出
		3.7.8 绩效	可测量的结果
		3.7.9 风险	不确定性的影响
		3.7.10 效率	得到的结果与所使用的资源之间的关系
		3.7.11 有效性	完成策划的活动并得到策划结果的程度
8	有关数据、信息和文件的术语	3.8.1 数据	关于客体的事实
		3.8.2 信息	有意义的数据
		3.8.3 客观证据	支持事物存在或其真实性的数据
		3.8.4 信息系统	＜质量管理体系＞组织内部使用的沟通渠道的网络
		3.8.5 文件	信息及其载体
		3.8.6 成文信息	组织需要控制和保持的信息及其载体
		3.8.7 规范	阐明要求的文件
		3.8.8 质量手册	组织的质量管理体系的规范
		3.8.9 质量计划	对特定的客体，规定由谁及何时应用程序和相关资源的规范
		3.8.10 记录	阐明所取得的结果或提供所完成活动的证据的文件
		3.8.11 项目管理计划	规定满足项目目标所必需的事项的文件

续表

序号	类别	术语	定义
8	有关数据、信息和文件的术语	3.8.12 验证	通过提供客观证据对规定要求已得到满足的认定
		3.8.13 确认	通过提供客观证据对特定的预期用途或应用要求已得到满足的认定
		3.8.14 技术状态纪实	对产品技术状态信息、建议更改的状况和已批准更改的实施状况所做的正式记录和报告
		3.8.15 特定情况	＜质量计划＞质量计划的对象
9	有关顾客的术语	3.9.1 反馈	＜顾客满意＞对产品、服务或投诉处理过程的意见、评价和诉求
		3.9.2 顾客满意	顾客对其期望已被满足程度的感受
		3.9.3 投诉	＜顾客满意＞就产品、服务或投诉处理过程，表达对组织的不满，无论是否明确地期望得到回复或解决问题
		3.9.4 顾客服务	在产品或服务的整个寿命周期内，组织与顾客之间的互动
		3.9.5 顾客满意行为规范	组织为提高顾客满意，就自身行为向顾客做出的承诺及相关规定
		3.9.6 争议	＜顾客满意＞提交给调解过程提供方的对某一投诉的不同意见
10	有关特性的术语	3.10.1 特性	可区分的特征
		3.10.2 质量特性	与要求有关的，客体的固有特性
		3.10.3 人为因素	对所考虑的客体有影响的人的特性
		3.10.4 能力	应用知识和技能实现预期结果的本领
		3.10.5 计量特性	能影响测量结果的特性
		3.10.6 技术状态	在产品技术状态信息中规定的产品或服务的相互关联的功能特性和物理特性
		3.10.7 技术状态基线	由在某一时间点确立的，作为产品或服务整个寿命周期内活动的参考基准的产品或服务
11	有关确定的术语	3.11.1 确定	查明一个或多个特性及特征值的活动
		3.11.2 评审	对客体实现所规定的目标的适宜性、充分性或有效性的确定
		3.11.3 监视	确定体系、过程、产品、服务或活动的状态
		3.11.4 测量	确定数值的过程
		3.11.5 测量过程	确定量值的一组操作
		3.11.6 测评设备	为实现测量过程所必需的测量仪器、软件、测量标准、标准物质或辅助设备或它们的组合
		3.11.7 检验	对符合规定要求的确定
		3.11.8 试验	按照要求对特定的预期用途或应用的确定
		3.11.9 进展评价	＜项目管理＞针对实现项目目标所做的进展情况的评定

续表

序号	类别	术语	定义
12	有关措施的术语	3.12.1 预防措施	为消除潜在不合格或其他潜在不期望情况的原因所采取的措施
		3.12.2 纠正措施	为消除不合格的因素并防止再发生所采取的措施
		3.12.3 纠正	为消除已发现的不合格所采取的措施
		3.12.4 降级	为使不合格产品或服务符合不同于原有的要求而对其等级的变更
		3.12.5 让步	对使用或放行不符合规定要求的产品或服务的许可
		3.12.6 偏离许可	产品或服务实现前，对偏离原规定要求的许可
		3.12.7 放行	对进入一个过程的下一个阶段或下一个过程的许可
		3.12.8 返工	为使不合格产品或服务符合要求而对其采取的措施
		3.12.9 返修	为使不合格产品或服务满足预期用途而对其采取的措施
		3.12.10 报废	为避免不合格产品或服务原有的预期使用而对其所采取的措施
13	有关审核的术语	3.13.1 审核	为获得客观证据并对其进行客观的评价，以确定满足审核准则的程度所进行的系统的、独立的并形成文件的过程
		3.13.2 多体系审核	在一个受审核方，对两个或两个以上管理体系一起实施的审核
		3.13.3 联合审核	在一个受审核方，由两个或两个以上审核组织所做的审核
		3.13.4 审核方案	针对特定时间段所策划并具有特定目标的一组（一次或多次）审核安排
		3.13.5 审核范围	审核的内容和界限
		3.13.6 审核计划	对审核活动和安排的描述
		3.13.7 审核准则	用于与客观证据进行比较的一组方针、程序或要求
		3.13.8 审核证据	与审核准则有关并能够证实的记录、事实陈述或其他信息
		3.13.9 审核发现	将收集的审核证据对照审核准则进行评价的结果
		3.13.10 审核结论	考虑了审核目标和所有审核发现后得出审核结果
		3.13.11 审核委托方	要求审核的组织或个人
		3.13.12 受审核方	被审核的组织
		3.13.13 向导	＜审核＞由受审核方指定的协助审核组的人员
		3.13.14 审核组	实施审核的一名或多名人员，需要时，由技术专家提供支持
		3.13.15 审核员	实施审核的人员
		3.13.16 技术专家	＜审核＞向审核组提供特定知识或专业技术的人员
		3.13.17 观察员	随同审核组但不作为审核员的人员

8.3 质量管理体系要求与理解

ISO 9001:2015（GB/T 19001—2016）质量管理体系要求在结构、理念和思维等方面都导入了很多新鲜元素，不只是提出要求，更期望改变观念和思维，从而更有效地应对复杂多变的社会现实，切实帮助组织获得持续成功。

8.3.1 ISO 9001:2015 质量管理体系要求的主要理念

采用质量管理体系是组织的一项战略性决策，能够帮助组织提高整体绩效，为推动企业组织可持续发展奠定良好基础。

1. *建立质量管理体系的目的*

（1）促进组织整体绩效的提升。

针对当前组织所面临的市场全球化以及知识作为主要资源出现的复杂环境特性，质量的影响已经超出了顾客满意的范畴，直接影响到组织的声誉和绩效。社会教育水平的提高，需求的增长，使得相关方的影响力在增加。ISO 9001:2015 质量管理体系要求提供了一种对组织的更加广泛的进行思考的方式，有利于组织各个管理体系的整合，帮助组织提升绩效。

新的高级结构是现代组织管理模式在管理体系中的最佳实践，也是过程方法、PDCA 方法、基于风险思维以及强化领导层对管理体系的参与。从组织环境到战略定位，从方针到目标及方案策划，运营管理、绩效评估和改进，通过对产品和服务要求的补充寻找改进机会。

（2）组织实施质量管理体系具有潜在的益处。

a）稳定提供满足顾客要求以及适用的法律法规要求的产品和服务的能力；

b）促成增强顾客满意的机会；

c）应对与组织环境和目标相关的风险和机遇；

d）证实符合规定的质量管理体系要求的能力。

2. *质量管理体系方法*

质量管理体系方法强调建立质量管理体系的三个核心：一是采用过程方法识别过程，识别达到预期结果所需的过程；二是利用“策划－实施－检查－处置”（PDCA）循环管理过程；三是基于风险的思维持续监控风险。

（1）过程方法。本标准倡导在建立、实施质量管理体系以及提高其有效性时采用过程方法，通过满足顾客要求增强顾客满意。在实现其预期结果的过程中，系统地理解和管理相互关联的过程有助于提高组织的有效性和效率。此种方法使组织能够对体系中相互关联和相互依赖的过程进行有效控制，以增强组织整体绩效。

过程方法包括按照组织的质量方针和战略方向，对各过程及其相互作用进行系统的规定和管理，从而实现预期结果。可通过采用 PDCA 循环以及基于风险的思维对过程和整个体系进行管理，旨在有效利用机遇并防止发生不良结果。

在质量管理体系中应用过程方法能够：

a）理解并持续满足要求；

b）从增值的角度考虑过程；

c）获得有效的过程绩效；

d）在评价数据和信息的基础上改进过程。

图 8-1 给出了单一过程示意图并展示了过程要素的相互作用关系，它将输入和输出过程分别向两端延伸，从而强化和确保过程的效率和有效性，将风险的识别融入单一过程中并使其控制的监视和测量检查具体到每个过程，这些过程的实现会因相关风险而改变。

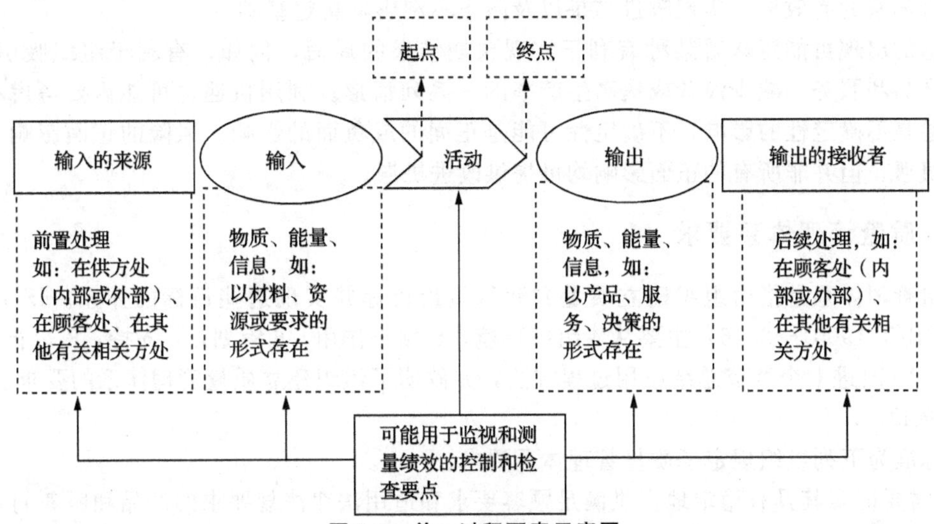

图 8-1 单一过程要素示意图

(2) PDCA 循环。PDCA 循环能够应用于所有过程和整个质量管理体系。图 8-2 展示了第 4 章到第 10 章分别与 PDCA 的关联。

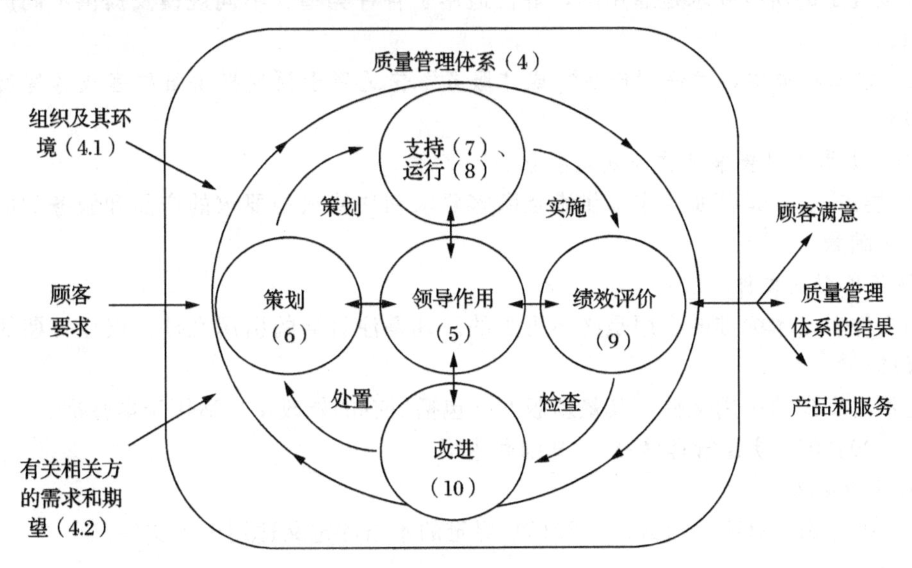

图 8-2 本标准中的 PDCA 循环

PDCA 模式可以简要描述如下。

策划（plan）：根据顾客的要求和组织的方针，建立体系的目标及其过程，确定实现结果所需的资源，并识别和应对风险和机遇。

实施（do）：执行所做的策划。

检查（check）：根据方针、目标、要求和所策划的活动，对过程以及形成的产品和服务进行监视和测量（适用时），并报告结果；

处置（act）：必要时，采取措施提高绩效。

（3）基于风险的思维。基于风险的思维是实现质量管理体系有效性的基础。为了满足本标准的要求，组织需策划和实施应对风险和利用机遇的措施。利用机遇和应对风险可为提高质量管理体系的有效性、实现改进结果以及防止不利影响奠定基础。

机遇的出现可能意味着某种有利于实现预期结果的局面，例如，有利于组织吸引顾客、开发新产品和服务、减少浪费或提高生产率的一系列情形。利用机遇也可能需要考虑相关风险。风险是不确定性的影响，不确定性可能是正面的或负面的影响。风险的正面影响可能提供改进机遇，但并非所有的正面影响均可提供改进机遇。

8.3.2 质量管理体系要求

质量管理体系是指由组织建立质量方针和质量目标并实现这些目标的体系。ISO 9001：2015（GB/T 19001—2016）主要从 4 组织环境，5 领导作用，6 策划，7 支持，8 运行，9 绩效评价，10 改进七个章节总结应用过程方法，并阐明了组织建立质量管理体系的要求。

1. 范围

本标准为下列组织规定了质量管理体系要求：

a）需要证实其具有稳定地提供满足顾客要求和适用法律法规要求的产品和服务的能力；

b）通过体系的有效应用，包括体系改进的过程，以及保证符合顾客要求和适用的法律法规要求，旨在增强顾客满意。

本标准规定的所有要求是通用的，旨在适用于各种类型、不同规模及提供不同产品和服务的组织。

注 1：在本标准中，术语“产品”或“服务”仅适用于预期提供给顾客或顾客所要求的产品和服务。

注 2：法律法规要求可称为法定要求。

[**理解要点**]：一是证实稳定提供满足顾客要求和法律法规要求的产品和服务的能力；二是增强顾客满意。

2. 规范性引用文件

下列文件对于本标准的应用是必不可少的。凡是注日期的引用文件，仅注日期的版本适用于本标准。

凡是不注日期的引用文件，其最新版本（包括所有的修改单）适用于本标准。

ISO 9000:2015 质量管理体系　基础和术语

3. 术语和定义

ISO 9000:2015（GB/T 19000—2016）界定的术语和定义适用于本文件。

4. 组织环境

4.1　理解组织及其环境

组织应确定与其宗旨和战略方向有相关并影响其实现质量管理体系预期结果的能力的各种内部和外部因素。

组织应对这些外部和内部因素的相关信息进行监视和评审。

注 1：这些因素可以包括需要考虑的正面和负面要素或条件；

注 2：通过考虑国际、国家、地区或当地的法律法规、技术、竞争、市场、文化、社会和经济因素，有助于理解外部环境；

注 3：考虑组织的价值观、文化、知识和绩效等相关因素，有助于理解内部环境。

［**理解要点**］：确定组织当前的宗旨、目标和战略，分析环境，发现机会和威胁；分析组织资源以识别优势和劣势，重新评估宗旨、目标，制定战略和评价结果。组织应对这些外部和内部因素的相关信息进行监视和评审，但是，不考虑环境监测能力。

4.2　理解相关方的需求和期望

由于相关方对组织持续提供符合顾客要求和适用法律法规要求的产品和服务的能力具有影响或潜在影响，因此，组织应确定：

a）与质量管理体系有关的相关方；

b）与质量管理体系有关的相关方的要求。

组织应监视和评审这些相关方的信息及其相关要求。

［**理解要点**］：理解相关方的需求和期望是理解组织环境的一部分。相关方及其要求的确定原则：双方均认为是相关方；相关方可以是：直接、间接、潜在相关方。针对顾客的不确定性，确定识别、分析相关方要求的方法。落实归口管理部门及专人，跟踪相关方及其要求，其结果应作为改进过程的输入或设计和开发输入。

4.3　确定质量管理体系的范围

组织应确定质量管理体系的边界和适用性，以确定其范围。在确定范围时，组织应考虑：

a）4.1 中提及的各种外部和内部因素；

b）4.2 中提及的相关方的要求；

c）组织的产品和服务。

如果本标准的全部要求适用于组织确定的质量管理体系范围，组织应实施本标准的全部要求。

组织的质量管理体系范围应作为成文信息，可获得并得到保持。该范围应描述所覆盖的产品和服务类型，如果组织确定本标准的某些要求不适用于其质量管理体系范围，应说明理由。

只有当所确定的不适用的要求不影响组织确保其产品和服务合格的能力或责任，对增强顾客满意也不会产生影响时，方可声称符合本标准的要求。

［**理解要点**］：在确定范围时要考虑影响达到预期结果的内外部因素、相关方要求以及组织的产品和服务类型。而质量管理体系范围一经确定应保存成文信息。成文信息是质量管理体系所需的文件可以采用不同媒介形式。进行删减既要不影响提供产品和服务的能力和责任，也不能影响确认产品合格的能力和责任。

4.4　质量管理体系及其过程

4.4.1　组织应按本标准的要求，建立、实施、保持和持续改进质量管理体系，包括所需的过程及其相互作用。

组织应确定质量管理体系所需的过程及其在整个组织中的应用，且应：

a）确定这些过程所需的输入和预期的输出；

b）确定这些过程的顺序和相互作用；

c）确定和应用所需的准则和方法（包括监视、测量和相关绩效指标），以确保这些过程的有效运行和有效控制；

d）确定并确保获得这些过程所需的资源；

e）规定与这些过程相关的职责和权限；

f）按照6.1的要求确定风险和机遇；

g）评价这些过程，实施所需的变更，以确保实现这些过程的预期结果；

h）改进过程和质量管理体系。

4.4.2 在必要时的范围和程度上，组织应：

a）保持成文信息以支持过程运行；

b）保留成文信息以确认其过程按策划进行。

[**理解要点**]：4.4.1主要考虑实际应用中将质量管理体系融入组织中需要的操作，按照条款a）—h）的要求建立、实施、保持和改进QMS，并适当地形成文件。同时，过程识别是确保建立质量管理体系最基础的工作。对过程之间的作用关系有清晰的认识。常见的质量管理实践活动的输出可能包括：书面程序、网站/内网、手册、指南、工作指导书、软件、表格、记录等。4.4.2新版标准不再笼统地要求文件化，相较于强调在每个工作场所都要实施文件化而言，应更加关注组织内外部的过程绩效与风险管控。

在审核中关注组织是否按照此条款的要求建立、实施、保持和改进QMS的相关过程的证据；QMS的所需过程是否与业务工作相融合，过程文件是否符合本条款a）—h）的要求；是否在必要的范围和程度上，确定了需要保留的QMS的文件和记录。

5. 领导作用

5.1 领导作用和承诺

5.1.1 总则

最高管理者应通过以下方面，证实其对质量管理体系的领导作用和承诺：

a）对质量管理体系的有效性承担责任；

b）确保制定质量管理体系的质量方针和质量目标，并与组织环境相适应，与战略方向相一致；

c）确保质量管理体系要求融入组织的业务过程；

d）促进使用过程方法和基于风险的思维；

e）确保质量管理体系所需的资源是可获得的；

f）沟通有效的质量管理和符合质量管理体系要求的重要性；

g）确保实现质量管理体系的预期结果；

h）促使人员积极参与，指导和支持他们为质量管理体系的有效性做出贡献；

i）推动改进；

j）支持其他相关管理者在其职责范围内发挥领导作用。

注：本标准使用的“业务”一词可广义地理解为涉及组织存在目的的核心活动，无论是公有、私有、营利或非营利组织。

[**理解要点**]：承诺是一种保证，是必须承担的责任。本条款旨在明确最高管理者在质量管理体系及策划结果的实现方面的职责，使其更好地发挥领导作用，相较于仅提供方向与支持而言，这10项内容不仅要求最高管理者确保实现所策划的结果来证实其履行了责任，还要求最高管理者亲身参与到过程中，体现了领导作用的根本变化。本阶段典型输出可能有：质量方针和目标的制定、日常态度、以身作则、为质量管理提供必要资源和条件、书面承诺、质量管理体系绩效结果等。

5.1.2 以顾客为关注焦点

最高管理者应通过确保以下方面，证实其以顾客为关注焦点的领导作用和承诺：

a）确定、理解并持续满足顾客要求以及适用的法律法规要求；

b）确定和应对影响产品和服务的符合性，以及增强顾客满意能力的风险和机遇；

c）始终致力于增强顾客满意。

［**理解要点**］：明确最高管理者在贯彻以顾客为关注焦点方面的领导作用；提出了风险和机遇的确定以及应对的要求；确定增强顾客满意的方法、措施。即：过程输入、过程活动、预期的过程输出结果、建立制度；要求最高管理者建立并实施定期征求顾客对产品和服务质量及其改进方面意见的机制。制度的符合性、适宜性。需要关注：标准的 8.2.1、8.5.3、8.5.5、9.1.2 等条款要求的符合性。

5.2　质量方针

5.2.1　制定质量方针

最高管理者应制定、实施和保持质量方针，质量方针应：

a）适应组织的宗旨和环境并支持其战略方向；

b）为建立质量目标提供框架；

c）包括满足适用要求的承诺；

d）包括持续改进质量管理体系的承诺。

［**理解要点**］：质量方针与组织战略方向保持一致。制定、实施和保持是最高管理者的责任，需要确定：组织现有宗旨、环境、（适用时）使命、愿景、指导原则之间不一致的地方；提供的框架要如何表述，如何评价目标是否实现；如何证实满足要求的承诺得到履行；进行绩效度量与分析来证实组织履行其持续改进承诺。

在审核中关注质量方针针对组织的产品和服务能够清晰表明组织在质量方面的意图和方向，并成为制定质量目标的原则和框架。审核证据包括最高管理者是否制定、实施和保持了适宜的质量方针，适宜即符合标准 a）—d）。

5.2.2　沟通质量方针

质量方针应：

a）可获取并保持成文信息；

b）在组织内得到沟通、理解和应用；

c）适宜时，可为有关相关方所获取。

［**理解要点**］：组织需要在考虑和组织员工、职能人员及利益相关方的沟通需求基础上，确保质量方针被清晰地理解并贯穿于整个组织。

5.3　组织的岗位、职责和权限

最高管理者应确保整个组织相关岗位的职责、权限得到分配、沟通和理解。

最高管理者应分配职责和权限，以：

a）确保质量管理体系符合本标准的要求；

b）确保各过程获得其预期输出；

c）报告质量管理体系的绩效及改进机会（见 10.1），特别是向最高管理者报告；

d）确保在整个组织推动以顾客为关注焦点；

e）确保在策划和实施质量管理体系变更时保持其完整性。

［**理解要点**］：强调了最高管理者对相关岗位进行指派，并确保这些人员了解自己的职责、权限以及自己工作相关人员的职责与权限。

在审核中关注岗位、职责和权限得到分配的证据；确定 QMS 相关过程是否得到分配，职责分配有否交叉重复；质量责任制的实施与激励证据。

6. 策划

6.1　应对风险和机遇的措施

6.1.1　在策划质量管理体系时，组织应考虑 4.1 所提及的因素和 4.2 所提及的要求，并确定需要应对的风险和机遇，以：

a) 确保质量管理体系能够实现其期望结果；

b) 增强有利影响；

c) 预防或减少不利影响；

d) 实现改进。

[**理解要点**]：结合 4.1 和 4.2 条款要求，通过识别与质量管理体系相关过程中的有关风险和机遇确保体系和过程的有效性并提高效率和增加效益。强调了完成 QMS 或相关要求过程策划时所需的基本要求，这样做可以为 QMS 带来 a）—d）的四个好处。

6.1.2　组织应策划：

a) 应对这些风险和机遇的措施；

b) 如何：

(a) 在质量管理体系过程中整合并实施这些措施（见 4.4）；

(b) 评价这些措施的有效性。

应对风险和机遇的措施应与其对于产品和服务符合性的潜在影响相适应。

注 1：应对风险可包括规避风险，为寻求机遇而承担风险、消除风险源、改变风险的可能性和后果、分担风险、或通过明智决策延缓风险。

注 2：机遇可能会导致采用新实践、推出新产品、开辟新市场、赢得新客户、建立合作伙伴关系、利用新技术以及能够解决组织或其顾客需求的其他有利的可能性。

[**理解要点**]：在 6.1.1 的基础上，提出的应对风险和机遇的要求。此标准重点在于将“基于风险的思维”融入组织的运行当中，同时没有要求使用证实的风险管理框架来识别风险和机遇，是因为希望企业把“机遇风险的思维”真正融入组织的日常运行过程中，而不是拘泥于条条框框，工具如 SWOT 分析等的使用也只是为了更好地达到这个目的。同时，在建立起主动预防的企业文化后，应该着手策划控制风险以及利用机遇的措施，将其纳入质量管理体系过程与组织业务过程，并建立相应评价机制。

6.2　质量目标及其实现的策划

6.2.1　组织应针对相关职能、层次和质量管理体系所需的过程建立质量目标。

质量目标应：

a) 与质量方针保持一致；

b) 可测量；

c) 考虑适用的要求；

d) 与产品和服务合格以及增强顾客满意相关；

e) 予以监视；

f) 予以沟通；

g) 适时更新。

组织应保留有关质量目标的成文信息。

6.2.2　策划如何实现质量目标时，组织应确定：

a）采取的措施；

b）需要的资源；

c）由谁负责；

d）何时完成；

e）如何评价结果。

［**理解要点**］：质量目标的建立和质量目标达成的策划，可帮助组织达成组织目标的一致性。质量目标是动态的，按 PDCA 进行。组织需要认真考虑目标在过程和各职能级别的可行性，并和质量方针保持一致。同时要考虑到质量目标的可测量性以便于对完成情况进行监控或评审。此目标一定要保证适用的要求并与产品/服务符合性及提升顾客满意度相关。通过组织间必要的沟通以及后续适当的修订，来设置具体的、可度量的、可达到的、相关的、有时限的目标（SMART 原则）。注意：质量管理体系策划不包括制定质量方针。

6.3　变更的策划

当组织确定需要对质量管理体系进行变更时，变更应按所策划的方式实施（见 4.4）。

组织应考虑到：

a）变更的目的及其潜在后果；

b）质量管理体系的完整性；

c）资源的可获得性；

d）职责和权限的分配或再分配。

［**理解要点**］：本条款属于对质量管理体系变更的动态管理，目的是确保对质量管理体系及过程的有效控制，防止不利影响的产生。同时在进行颠覆性的变更之时需要有更多前瞻性的策划。组织可以通过考虑内外部环境的变化、利益相关方的相关变化、组织已识别的风险和机遇的评审以及各种监视、测量、分析及评价的结果来考虑策划质量管理体系变更。进行变更之时采取基于风险思考的方法能有效识别变更时的必要措施，而在变更完成后，也需要对质量管理体系的变更本身进行评估以保证其可持续性。

7. 支持

7.1　资源

7.1.1　总则

组织应确定并提供所需的资源，以建立、实施、保持和持续改进质量管理体系。

组织应考虑：

a）现有内部资源的能力和局限；

b）需要从外部供方获得的资源。

［**理解要点**］：有效实施 QMS 离不开支持与资源。因此，为了达到目标或减少不利影响，组织在考虑所需的资源时，需基于产品和服务实现过程以及管理过程进行。

7.1.2　人员

组织应确定并配备所需要的人员，以有效实施质量管理体系，并运行和控制其过程。

［**理解要点**］：组织确定并提供所需要的人员，既包括确定有效实施 QMS 及其过程的人员数量，也包括保证其工作资质。以有效实施 QMS 及其过程为目的的前提下，聘用外部人员或将服务外包均可。

7.1.3　基础设施

组织应确定、提供并维护所需的基础设施以运行过程，并获得合格产品和服务。

注：基础设施可包括：

a）建筑物和相关设施；

b）设备，包括硬件和软件；

c）运输资源；

d）信息和通信技术。

［**理解要点**］：组织应基于顾客需求、法律要求以及组织自身需求来策划提供与维护必要的基础设施，基础设施一般随着所在行业的不同而有较大变化。组织可根据与组织目前状况的差距分析来确定基础设施需求。

7.1.4　过程运行环境

组织应确定、提供并维护所需的环境，以及运行过程，并获得合格产品和服务。

注：适当的过程运行的环境可以是人文因素和物理因素的组合，例如：

a）社会因素（如无歧视，和谐稳定，无对抗）；

b）心理因素（如舒缓心理压力、预防过度疲劳、保护个人情感）；

c）物理因素（如温度、热量、湿度、照明、空气流通、卫生、噪声等）。

由于所提供的产品和服务不同，这些因素可能存在显著差异。

［**理解要点**］：为提供合格的产品和服务，提出了对过程运行环境的管理要求。所需要的环境有时是物理性质的，如计算机芯片制造需要清洁的室内环境；有时也可以是非物理性质的，如服务行业中工作人员的心态以及精力。组织既要确定过程运行环境，也要适当地对其进行维护以保证其可持续性。

7.1.5　监视和测量资源

7.1.5.1　总则

当利用监视或测量来验证产品和服务符合要求时，组织应确定并提供所需的资源，以确保结果有效和可靠。

组织应确保所提供的资源：

a）适合所开展的监视和测量活动的特定类型；

b）得到维护，以确保持续适合其用途。

组织应保留适当的成文信息，作为监视和测量资源适合其用途的证据。

［**理解要点**］：组织在确定产品和服务符合性时需要考虑监视和测量的重要性，以需求为导向、因事制宜选择适宜的监视和测量资源。组织为了确保监视与测量的结果有效，必须确定产品和服务的哪些相关过程或内容需要监视与测量以及所使用监视与测量资源的功能、性能和精度的匹配。同时保留成文的信息以证明其符合预期目的。

7.1.5.2　测量溯源

当要求测量溯源时，或组织认为测量溯源是信任测量结果有效的基础时，测量设备应：

a）对照能溯源到国际或国家标准的测量标准，按照规定的时间间隔或在使用前进行校准和（或）检定。当不存在上述标准时，应保留作为校准或检定（验证）依据的成文信息；

b）予以标识，以确定其状态；

c）予以保护，防止由于调整、损坏或衰减所导致的校准状态和随后的测量结果的失效。

当发现测量设备不符合其预期用途时，组织应确定以往测量结果的有效性是否受到不利影响，必要时采取适当的措施。

[**理解要点**]：要明确与测量追溯性相关的术语、国际或国家标准，为了保证测量的可追溯性，现场使用测量设备校准和检定状态标识以及相应的证据。根据确定产品和服务符合性时测量的风险与重要性来制定测量设备的校准与维修计划。如发现测量设备不符合预期用途，应根据测量要求采取相应的必要措施。

7.1.6 组织的知识

组织应确定必要的知识，能以运行过程，并获得合格产品和服务。

这些知识应予以保持，并在所需的范围内得到。

为应对不断变化的需求和发展趋势，组织应审视现有的知识，确定如何获取或接触更多必要的知识和知识更新。

注1：组织的知识是组织特有的知识，通常从其经验中获得，是为实现组织目标所使用和共享信息。

注2：组织的知识可基于：

a）内部来源（如知识产权、从经验获得的知识、从失败和成功项目吸取的经验和教训、获取和分享未成文的知识和经验，以及过程、产品和服务的改进结果）；

b）外部来源（如标准、学术交流、专业会议，从顾客或外部供方收集的知识）。

[**理解要点**]：充分体现了信息时代知识的重要性。知识组织应该对过程运行及实现产品和服务符合性所必要的知识进行保护，所需知识的确定、适用对象的确定、知识保持、获取和更新。人员及其经验是组织知识的基础，组织应对其进行保障与分享。组织可以通过已有的经验吸取经验和教训，也可以获取内部人员或组织中已经存在的（隐性或显性）知识与经验，又或者通过外部的顾客、供应商、合作伙伴、竞争对手等相关方来获取知识。在获取知识的同时，组织需要与相关方分享以保证其持续性，并保证必要的更新。

7.2 能力

组织应：

a）确定在其控制下工作的人员所需具备的能力，这些人员从事的工作影响质量管理体系绩效和有效性；

b）基于适当的教育、培训或经验，确保这些人员是胜任的；

c）适用时，采取措施以获得所需的能力，并评价措施的有效性；

d）保留适当的成文信息，作为人员能力的证据。

注：适用措施可包括对在职人员进行培训、辅导或重新分配工作，或者聘用、外包胜任的人员。

[**理解要点**]：组织既需要确定能力的要求，也需要开展确保相关人员能够胜任工作。按照产品和服务过程要求确认上岗能力，能力的确认以教育、培训、技能和经验为依据，要保留能力的证据。若涉及外部提供，可能需要开展外包过程审核等措施来确保其能力符合要求。

7.3 意识

组织应确保在其控制下工作的人员知晓：

a）质量方针；

b）相关的质量目标；

c）他们对质量管理体系有效性的贡献，包括改进质量绩效的益处；

d）不符合质量管理体系要求的后果。

[**理解要点**]：确定意识宣导对象（领导、管理层、班组长、员工以及临时工、外部供方）

和宣导内容a）—d）。通过培训、教育、宣传、沟通等方式使员工树立质量第一的意识。沟通是养成质量第一意识的重要手段。验证有效性。

7.4 沟通

组织应确定与质量管理相关的内部和外部沟通的需求，包括：

a）沟通什么；

b）沟通时机；

c）与谁沟通；

d）如何沟通；

e）由谁负责。

[**理解要点**]：沟通作为支持过程运行的一种手段提出。目的是期望通过相关方的有效沟通提高QMS的有效性。沟通内容包括质量有关的法律法规、顾客投诉、产品性能与价格、交货期等有关事项；选择合适的沟通时机，如签订合同前或交付后与顾客沟通等；沟通对象是相关方；沟通方式如简报、电子邮件、正式书面报告或规范等，因沟通对象不同，沟通的方法也不尽一致。明确需要保留的沟通记录。

7.5 成文信息

7.5.1 总则

组织的质量管理体系应包括：

a）本标准要求的成文信息；

b）组织所确定的为确保质量管理体系有效性所需的成文信息。

注：对于不同组织，质量管理体系成文信息的多少与详略程度可以不同，取决于：

——组织的规模，以及活动、过程、产品和服务的类型；

——过程的复杂程度及其相互作用；

——人员的能力。

[**理解要点**]：成文信息标准中凡带有"成文信息"的条款必须将其形成文件，成文信息可以是质量手册"程序文件"作业指导书和记录等文件形式，以何种形式（或名称）由组织自行定义，除此之外，组织根据自身需要和QMS运行需要确定来自内部或外部的成文信息。

7.5.2 创建与更新

在创建和更新成文信息时，组织应确保适当的：

a）标识和说明（如标题、日期、作者、索引编号）；

b）形式（如语言、软件版本、图表）和载体（如纸质的、电子的）；

c）评审和批准，以保持适宜性和充分性。

[**理解要点**]：运行过程和体系不同的组织在更新与创建成文信息时所采用的方式和手段也不同。既可以使用电子手段，如允许编辑和批准，也可以使用书面形式规定发布、评审和控制文件的职责以及质量会签等。

7.5.3 成文信息的控制

7.5.3.1 应控制质量管理体系和本标准所要求的成文信息，以确保：

a）在需要的场合和时机，均可获得并适用；

b）予以妥善保护（如防止泄密、不当使用或缺失）。

[**理解要点**]：明确对成文信息实施控制的两个目的。既要在需要用到的地方适时地获取文件，也要负责妥善保管这些文件。

7.5.3.2　为控制成文信息，适用时，组织应进行下列活动：

a）分发、访问、检索和使用；

b）存储和防护，包括保持可读性；

c）更改控制（如版本控制）；

d）保留和处置。

对于组织确定的策划和运行质量管理体系所必需的来自外部的成文信息，组织应进行适当识别，并予以控制。

对所保留的、作为符合性证据的成文信息应予以保护，防止非预期的更改。

注：形成文件的信息的“访问”可能意味着仅允许查阅，或者意味着允许查阅并授权修改。

［**理解要点**］：明确对成文信息实施控制的5个方面。既要一是分发、获取、检索、使用；二是储存和保护；三是更改控制；四是保留和处置；五是防止非预期使用。还有对于外部成文信息要进行适当的识别和控制。要做好成文信息的区分和管理。

8. 运行

8.1　运行的策划和控制

为满足产品和服务提供的要求，并实施6所确定的措施，组织应通过以下措施对所需的过程（见4.4）进行策划、实施和控制：

a）确定产品和服务的要求；

b）建立以下内容的准则：

（a）过程；

（b）产品和服务的接收；

c）确定所需的资源以使产品和服务符合要求；

d）按照准则实施过程控制；

e）在必要的范围和程度上，确定并保持、保留成文信息，以：

（a）确信过程已经按策划进行；

（b）证明产品和服务符合要求。

策划的输出应适合于组织的运行。

组织应控制策划的更改，评审非预期变更的结果，必要时，采取措施消除不利影响。

组织应确保外包过程受控（见8.4）。

［**理解要点**］：“6策划”是对QMS及其过程进行策划要求，包括组织QMS范围内的各类活动及过程；本条款“运行策划”是对针对产品或服务实现的全过程，是更具体、更有针对性的策划。旨在运用前序过程（4.4质量管理体系过程、6策划和7支持等）的结果，策划过程（起点是确定产品和服务要求，终点是将产品和服务交付给顾客）的运行。组织应该利用过程方法来实施相应措施，同时运行策划的输入是8.2条款以及相关方和组织的需求等。输出可以是各种计划。运行策划的输出措施包括8.1条a）—c）适用要求。

8.2　产品和服务的要求

8.2.1　顾客沟通

与顾客沟通的内容应包括：

a）提供的产品和服务的有关信息；

b）处理问询、合同或订单，包括更改；

c）获取有关产品和服务的顾客反馈，包括顾客投诉；

d）处置或控制顾客财产；

e）关系重大时，制定有关应急措施的特定要求。

[**理解要点**]：本条款规定哪些事项是企业必须与顾客沟通的，与顾客沟通目的一是充分、准确地理解和确定顾客关于产品和服务的要求及更改；二是充分和准确地掌握顾客对产品和服务的满意程度。将顾客沟通放在产品和服务要求确定和评审之前，更符合产品和服务要求的确定过程的流程。顾客沟通可在提供产品和服务之前、之中和之后进行。

8.2.2　产品和服务要求的确定

在确定向顾客提供的产品和服务的要求时，组织应确保：

a）产品和服务的要求得到规定，包括：

(a）适用的法律法规要求；

(b）组织认为的必要要求；

b）提供的产品和服务能够满足所声明的要求。

[**理解要点**]：产品和服务的要求既可以是顾客的明示暗示、必须实现或超越的要求，也可以是企业自身的产品服务标准，也可以是相关法律法规。满足所声明的要求相当于一种对顾客的承诺（合同、投标文件、网上信息等），包括对可能风险的应对能力，为产品和服务的评审和运行的策划及控制提供依据。

8.2.3　产品和服务要求的评审

8.2.3.1　组织应确保有能力向顾客提供满足要求的产品和服务。在承诺向顾客提供产品和服务之前，组织应对以下各项要求进行评审：

a）顾客规定的要求，包括对交付及交付后活动的要求；

b）顾客虽然没有明示，但规定的用途或已知的预期用途所必需的要求；

c）组织规定的要求；

d）适用于产品和服务的法律法规要求；

e）与以前表述不一致的合同或订单的要求。

组织应确保与以前规定不一致的合同或订单要求已得到解决。

若顾客没有提供成文的要求，组织在接受顾客要求前应对顾客要求进行确认。

注：在某些情况下，如网上销售，对每一个订单进行正式的评审可能是不实际的，作为替代方法，可评审有关的产品信息，如产品目录。

[**理解要点**]：组织做出承诺之前要先评审a）—e）的内容，且当顾客提出要求没有形成文件之时组织应在提供产品和服务前确认其要求。若评审结果与之前确定的要求不一致，组织应通过与顾客的沟通解决这些不一致。

8.2.3.2　适用时，组织应保留与下列方面有关的成文信息：

a）评审结果；

b）产品和服务的新要求。

[**理解要点**]：组织应确保评审的过程得到了记录，避免纠纷并证明组织与顾客签订的最终协议。这些文件化的信息也可以作为将来的新顾客和现有顾客类似协议的依据。

8.2.4　产品和服务要求的更改

若产品和服务的要求发生更改，组织应确保相关的成文信息得到修改，并确保相关人员知道已更改的要求。

[**理解要点**]：当组织或顾客对产品和服务有更改的需求，组织应及时更新相关成文信息，并保留与相关人员进行沟通的成文信息。注意是否有更改、更改了什么是要留有证据的。

8.3 产品和服务的设计和开发

8.3.1 总则

组织应建立、实施和保持设计和开发过程，以便确保后续的产品和服务的提供。

[**理解要点**]：组织既要进行设计和开发的流程策划（8.1），也要保证其结果是有用的，对后期生产有利。

8.3.2 设计和开发策划

在确定设计和开发的各个阶段和控制时，组织应考虑：

a）设计和开发活动的性质、持续时间和复杂程度；

b）所需的过程阶段，包括适用的设计和开发评审；

c）所需的设计和开发验证、确认活动；

d）设计和开发过程涉及的职责和权限；

e）产品和服务的设计和开发所需的内部、外部资源；

f）设计和开发过程参与人员之间接口的控制需求；

g）顾客及使用者参与设计和开发过程的需求；

h）后续产品和服务提供的要求；

i）顾客和其他有关相关方所期望的对设计和开发过程的控制水平；

j）证实已经满足设计和开发要求所需的成文信息。

[**理解要点**]：作为一个过程：输入 8.1 运行的策划和控制—活动；8.3.2 设计和开发的策划—输出；8.3.5 设计和开发的输出；而本条款作为一个项目来策划，其内容包括上述方面，形式包括策划书、任务书、委托书等，其输出是针对特定项目的任务和活动计划，包括对策划的活动绩效可能产生影响的限制、风险和资源需求及对分工和职责的明确定义。

8.3.3 设计和开发输入

组织应针对具体类型的产品和服务，确定必须要求。组织应考虑：

a）功能和性能要求；

b）来源于以前类似设计和开发活动的信息；

c）法律法规要求；

d）组织承诺实施的标准和行业规范；

e）由产品和服务性质所导致的潜在的失效后果；

针对设计和开发的目的，输入应是充分和适宜的，且应完整、清楚。

相互矛盾的设计和开发输入应得到解决。

组织应保留有关设计和开发输入的成文信息。

[**理解要点**]：本条款规定了设计和开发输入的内容，是对 8.2 条款确定的产品和服务要求的进一步细化。目的是为设计和开发提供充分的依据。输入即准备，也就是必须考虑的内容包括上述内容。若输入的要求存在冲突、困难或无法实现，组织应该开展活动解决这些问题。

8.3.4 设计和开发控制

组织应对设计和开发过程进行控制，以确保：

a）规定拟获得的结果；

b）实施评审活动，以评价设计和开发的结果满足要求的能力；

c）实施验证活动，以确保设计和开发输出满足输入的要求；

d）实施确认活动，以确保形成的产品和服务能够满足规定的使用要求或预期用途；

e）针对评审、验证和确认过程中确定的问题采取必要的措施；

f）保留这些活动的成文信息。

注：设计和开发的评审、验证和确认具有不同的目的。根据组织的产品和服务的具体情况，可以单独或以任意组合的方式进行。

[**理解要点**]：设计和开发控制的目的是通过评审、验证、确认活动，确定设计和开发各阶段的输出结果的符合性，识别问题并提出必要的解决措施，以确保设计和开发过程的顺利进行。注意评审、验证和确认的目的、对象、时机以及方式的不同点。组织应保留以上内容的形成文件的信息。

8.3.5　设计和开发输出

组织应确保设计和开发输出：

a）满足输入的要求；

b）满足后续产品和服务提供过程的需要；

c）包括或引用监视和测量的要求，适当时，包括接收准则；

d）规定产品和服务特性，这些特性对于预期目的、安全和正常提供是必需的。

组织应保留有关设计和开发输出的成文信息。

[**理解要点**]：本条款规定了对设计和开发输出的要求，旨在确保能够满足输入的要求。输出是对输入要求进行细化的结果，是后续活动过程的输入。输出要确保为实现产品和服务所需的过程提供充分和必要的信息。应提供关于监视和测量所需的明确信息，产品和服务的特性不同，则其输出的形式也有所不同。

8.3.6　设计和开发更改

组织应对产品和服务在设计和开发期间以及后续所做的更改进行适当的识别、评审和控制，以确保这些更改对满足要求不会产生不利影响。

组织应保留下列方面的成文信息：

a）设计和开发更改；

b）评审的结果；

c）更改的授权；

d）为防止不利影响而采取的措施。

[**理解要点**]：更改可能源自质量管理体系中的任意活动，也可能发生在任一阶段，包括8.3.2到8.3.5。组织应将如何与其他过程以及相关方的互动视为设计和开发过程的一部分，并在识别设计和开发更改时考虑这些内容。

8.4　外部提供的过程、产品和服务的控制

8.4.1　总则

组织应确保外部提供的过程、产品和服务符合要求。

在下列情况下，组织应确定对外部提供的过程、产品和服务实施的控制：

a）外部供方的产品和服务构成组织自身的产品和服务的一部分；

b）外部供方代表组织直接将产品和服务提供给顾客；

c）组织决定由外部提供过程或部分过程。

组织应基于外部供方按照要求提供过程、产品或服务的能力，确定并实施外部供方的评价、选择、绩效监视以及再评价的准则。对于这些活动和由评价引发的任何必要的措施，组织应保留成文信息。

［**理解要点**］：外部供方并非组织的一部分，其提供的可以是组织不直接控制的任何过程、产品和服务。组织应该识别出内部过程与外部过程存在的交互，确定外部过程对组织绩效的影响，并识别由外部提供的哪些内容对产品或服务起到关键作用从而确定对外部提供方的要求与控制措施。同时组织要建立管理外部供方的过程。

8.4.2 控制类型和程度

组织应确保外部提供的过程、产品和服务不会对组织稳定地向顾客交付合格产品和服务的能力产生不利影响。

组织应：

a）确保外部提供的过程保持在其质量管理体系的控制之中；

b）规定对外部供方的控制及其输出结果的控制；

c）考虑：

(a）外部提供的过程、产品和服务对组织稳定地满足顾客要求和适用的法律法规要求的能力的潜在影响；

(b）由外部供方实施控制的有效性；

d）确定必要的验证或其他活动，以确保外部提供的过程、产品和服务满足要求；

［**理解要点**］：外部提供的过程会产生一定的风险，组织应明确这些可能造成的影响并确定具体的控制要求。旨在确保产品或服务提供按计划进行并符合要求，针对不同的外部提供可考虑验收检验、分析报告、第二方审核、试验、统计数据和绩效评价指标等控制活动。

8.4.3 提供给外部供方的信息

组织应确保在与外部供方沟通之前所确定的要求是充分和适宜的。

组织应与外部供方沟通以下要求：

a）所提供的过程、产品和服务；

b）对下列内容的批准：

(a）产品和服务；

(b）方法、过程和设备；

(c）产品和服务的放行。

c）能力，包括所要求的人员资格；

d）外部供方与组织的互动；

e）组织使用的对外部供方绩效的控制和监视；

f）组织或其顾客拟在外部供方现场实施的验证或确认活动。

［**理解要点**］：本条款规定了组织与外部供方关于过程、产品、服务进行沟通的相关信息，旨在确保组织明确与外部沟通了组织对其的控制要求，确保外部提供的过程、服务、产品不会对组织运行或顾客造成负面影响。同时组织应确保要求完整清晰、对可能发生的问题有应对措施，且双方对内容达成一致。这些信息既可以是形成文件的信息也可以是口头表述的相关信息。

8.5　生产和服务提供

8.5.1　生产和服务提供的控制

组织应在受控条件下进行生产和服务提供。

适用时，受控条件应包括：

a）可获得成文信息，以规定以下内容：

（a）拟生产的产品、提供的服务或进行的活动的特性；

（b）拟获得的结果。

b）可获得和使用适宜的监视和测量资源；

c）在适当阶段实施监视和测量活动，以验证是否符合过程或输出的控制准则以及产品和服务的接收准则；

d）为过程的运行使用适宜的基础设施，并保持适宜的环境；

e）配备胜任的人员，包括所要求的资格；

f）若输出结果不能由后续的监视或测量加以验证，应对生产和服务提供过程实现策划结果的能力进行确认，并定期再确认；

g）采取措施防止人为错误；

h）实施放行、交付和交付后活动。

[**理解要点**]：本条款规定产品和服务提供的管理要求，旨在使设计与开发所提供的信息通过产品和服务提供得以实现。其核心要求是考虑每一个过程对最终产品和服务的影响程度，有针对性地策划适合自身的受控条件，策划并确定适当的控制措施，以满足顾客和组织规定的各种要求。

8.5.2　标识和可追溯性

需要时，组织应采用适当的方法识别输出，以确保产品和服务合格。

组织应在产品和服务提供的整个过程中按照监视和测量要求识别输出状态。

当有可追溯要求时，组织应控制输出的唯一性标识，且应保留所需的成文信息以实现可追溯。

[**理解要点**]：识别产品和服务的输出以及监视和测量的状态，目的在于防止产品和服务被非预期地交付或使用。产品的批次号通常是追溯的方法之一。保留成文信息以实现可追溯。

8.5.3　顾客或外部供方的财产

组织应爱护在组织控制下或组织使用的顾客或外部供方的财产。

对组织使用的或构成产品和服务一部分的顾客和外部供方财产，组织应予以识别、验证、保护和防护。

若顾客或外部供方的财产发生丢失、损坏或出现不适用的情况，组织应向顾客或外部供方报告，并保留所发生情况的成文信息。

注：顾客或外部供方的财产可能包括材料、零部件、工具和设备以及场所，知识产权和个人资料。

[**理解要点**]：理解顾客财产的形式，顾客或外部供方的财产将会交付组织使用、保管或成为所提供产品的一部分。管理要求做到对其识别、验证、防护与保护；若丢失、损坏或不适用应及时向顾客报告并记录。无形的财产诸如个人信息和知识产权等也在需要保护的范畴。

8.5.4　防护

组织应在生产和服务提供期间对输出进行必要的防护，以确保符合要求。

注：防护可包括标识、处置、污染控制、包装、储存、传送或运输以及保护。

[**理解要点**]：本条款是指在生产和服务过程中的防护。要求和目的：针对产品特性提供防护，防止在交付前产品特性的丧失和破坏。

8.5.5　交付后的活动

组织应满足与产品和服务相关的交付后活动的要求。

在确定所要求的交付后活动的覆盖范围和程度时，组织应考虑：

a）法律法规要求；

b）与产品和服务相关的潜在不良的后果；

c）产品和服务的性质、用途和预期寿命；

d）顾客要求；

e）顾客反馈。

注：交付后活动可能包括保证条款所规定的措施，合同义务（如维护服务等）、附加服务（如回收或最终处置等）。

[**理解要点**]：本条款规定交付后的活动要求，目的是协助顾客持续、有效以及安全地使用交付的产品和服务。交付后活动既可以是组织对顾客的承诺，也可以是顾客向组织的要求，也可以是合同的一部分。组织若承诺满足这些要求，则必须对其潜在的不期望后果（性质、严重性、可能性），生命周期的特点，经济类型，顾客满意度，符合相关方利益，社会责任等方面进行周全的考虑。

8.5.6　更改控制

组织应对生产和服务提供的更改进行必要的评审和控制，以确保持续地符合要求。

组织应保留成文信息，包括有关更改评审的结果、授权进行更改的人员以及根据评审所采取的必要措施。

[**理解要点**]：在产品和服务提供过程中，会发生变更，如工艺流程的变更、控制要求的变更、组织管理方式的变更等，组织应予以控制。控制要求：变更后的结果评价、批准程序和措施等。在对变更进行控制时，组织应保留有关变更评审、变更授权人员及任何必要行动结果的文件化信息。

8.6　产品和服务的放行

组织应在适当阶段实施策划的安排，以验证产品和服务的要求已被满足。

除非得到有关授权人员的批准，适用时得到顾客的批准，否则在策划的安排已圆满完成之前，不应向顾客放行产品和交付服务。

组织应保留有关产品和服务放行的成文信息。成文信息应包括：

a）符合接收准则的证据；

b）可追溯到授权放行人员的信息。

[**理解要点**]：如何安排放行应在8.1中策划好，组织应该严格执行策划好的安排，制定好特殊情况下的放行许可，同时对放行进行记录，明确最终放行产品或服务的人员责任。

8.7　不合格输出的控制

8.7.1　组织应确保对不符合要求的输出进行识别和控制，以防止其非预期的使用或交付。

组织应根据不合格的性质及其对产品和服务符合性的影响采取适当措施。这也适用于在产品交付之后，以及在服务提供期间或之后发现的不合格产品和服务。

组织应通过下列一种或几种途径处置不合格输出：

a）纠正；

b）隔离、限制、退货或暂停对产品和服务的提供；

c）告知顾客；

d）获得让步接收的授权。

对不合格输出进行纠正之后应验证其是否符合要求。

[**理解要点**]：本条款规定了不合格输出的识别与控制，目的是防止不合格输出被不正确地使用和交付。不合格品具有阶段性的特征。具体采取的控制程度取决于不符合的性质及其潜在影响。给出了不合格品处置的多种途径。同时提出应注意再验证以保证处置后的产品符合规定的要求或使用要求。

8.7.2 组织应保留下列成文信息：

a）描述不合格；

b）描述所采取的措施；

c）描述获得的让步；

d）识别处置不合格的授权。

[**理解要点**]：本条款规定了证实保留成文信息的证据的主要内容。可以帮助组织实现过程改进和优化。同时也可以作为将来使用的作业指导书以及未来作为不符合趋势分析的依据等。

9. 绩效评价

9.1 监视、测量、分析和评价

9.1.1 总则

组织应确定：

a）需要监视和测量什么；

b）需要用什么方法进行监视、测量、分析和评价，以确保结果有效；

c）何时实施监视和测量；

d）何时对监视和测量的结果进行分析和评价。

组织应评价质量管理体系的绩效和有效性。

组织应保留适当的成文信息，以作为结果的证据。

[**理解要点**]：本条款是对 9.1 的总体要求，要求组织策划监视、测量、分析和评价的对象、方法和实际，以确保监视、测量、分析和评价活动的有效性。决定测量哪些内容时，组织应考虑在质量管理体系或其过程（4.4）、运行策划和控制（8.1）、顾客满意（9.1.2）、分析和评价（9.1.3）、内部审核（9.2）和管理评审（9.3）等条款中的措施。在做这些决定时，考虑条款 7.1.5 中的监视和测量资源。这些要求为组织提供了决策分析的基础。同时组织应该决定保留哪些文件化的信息作为结果的证据。

9.1.2 顾客满意

组织应监视顾客对其需求和期望获得满足的程度的感受。组织应确定这些信息的获取、监视和评审方法。

注：监视顾客感受的例子可包括顾客调查、顾客对交付产品或服务的反馈、顾客座谈、市场占有率分析、顾客赞扬、担保索赔和经销商报告。

［**理解要点**］：本小节作为一个独立的条款放在这里，凸显了“以顾客为关注焦点”的管理原则和体系追求的方向。顾客调查只是获得反馈的形式之一，组织可以综合考虑资源投入、验收性以及对企业的意义方面来选择理解顾客关于组织与产品感受的方法。同时组织应该决定从哪些顾客以及何时获取反馈以及如何监视这些数据。获得反馈的频次由组织决定，同时应该在对结果进行分析和评价后确定顾客满意并决定是否有必要采取措施提高顾客满意度。

9.1.3　分析与评价

组织应分析和评价通过监视和测量获得的适当的数据和信息。

应利用分析结果评价：

a）产品和服务的符合性；

b）顾客满意程度；

c）质量管理体系的绩效和有效性；

d）策划是否得到有效实施；

e）针对风险和机遇所采取措施的有效性；

f）外部供方的绩效；

g）质量管理体系改进的需求。

注：数据分析的方法可以包括统计技术。

［**理解要点**］：分析与评价的对象是产品、顾客满意、质量体系、项目计划、过程绩效、外部绩效、改进的机会；合理选择需要分析与评价的数据和信息，从而获得有效值的结果，以证实质量管理体系的有效性，力求持续改进。分析与评价的方法是采用数据收集（收集测量监视记录、历史资料、顾客满意度、竞争对手相关信息），分析整理（抽样、统计），获取信息（问题点、改善点、侧重点），有效利用（标准化、决策、纠正预防）。

9.2　内部审核

9.2.1　组织应按照策划的时间间隔进行内部审核，以提供有关质量管理体系的下列信息：

a）是否符合：

(a) 组织自身的质量管理体系要求；

(b) 本标准的要求。

b）是否得到有效的实施和保持。

［**理解要点**］：内部审核是以组织的名义进行的，目的在于评价质量管理体系的有效性和符合性，确保达成策划的安排。组织应该关注其质量管理体系的要求，并进行内审来证明质量管理体系符合 ISO 9001:2015 的要求。尽管组织应符合 ISO 9001 的要求，但并不要求每年对 ISO 9001 的每个使用条款或过程进行审核。

9.2.2　组织应：

a）依据有关过程的重要性、对组织产生影响的变化和以往的审核结果，策划、制定、实施和保持审核方案，审核方案包括频次、方法、职责、策划要求和报告。

b）规定每次审核的审核准则和范围；

c）选择审核员实施审核，以确保审核过程客观公正；

d）确保将审核结果报告给相关管理者；

e）及时采取适当的纠正和纠正措施；

f）保留成文信息，作为实施审核方案以及审核结果的证据。

注：相关指南参见 ISO 19011。

［**理解要点**］：组织应该确定审核程序，并做出（月度、季度、年度）审核进度计划。组织需要考虑过程运行的频次、成熟度或复杂度、过程变更以及内审方案的目标来确定审核频次。内审方案中还应该确定审核方法如访谈、观察、抽样等。ISO 9001 强调过程方法，组织应通过项目或过程而不是特定条款实施审核。审核应保证客观公正，保留内审结果形成文件的信息，并及时汇报给相关管理层，就结果提出适当的纠正或采取纠正措施要求。

9.3　管理评审

9.3.1　总则

最高管理者应按策划的时间间隔对组织的质量管理体系进行评审，以确保其持续地适宜性、充分性和有效性，并与组织的战略方向一致。

［**理解要点**］：管理评审是由最高管理者主持实施，目的是评审 QMS 的绩效，以便确定 QMS 是否具有适宜性、充分性、有效性以及与组织的战略方向一致性的评审。当组织内、外部环境发生重大变化，质量管理体系发生变化和各项重大质量问题时，要随时策划专题管理评审活动。通常时间间隔不超过 12 个月。

9.3.2　管理评审输入

策划和实施管理评审时应考虑下列内容：

a）以往管理评审所采取措施的情况；

b）与质量管理体系相关的内外部因素的变化；

c）下列有关质量管理体系绩效和有效性的信息，包括其趋势：

(a）顾客满意和有关相关方的反馈；

(b）质量目标的实现程度；

(c）过程绩效以及产品和服务的合格情况；

(d）不合格及纠正措施；

(e）监视和测量结果；

(f）审核结果；

(g）外部供方的绩效。

d）资源的充分性；

e）应对风险和机遇所采取措施的有效性（见 6.1）；

f）改进的机会。

［**理解要点**］：管理评审的输入是评审 QMS 适宜性、充分性、有效性的依据，也是有效实施管理评审的基础。组织策划实施管理评审输入时考虑 a）—f）的相关内容与信息。其形式可以是多种多样的，视具体情况而定。管理评审的输入应用于确定趋势，以便做出有关质量管理体系的决策和采取措施。只要输入的信息真实、问题描述准确、数据全面，才能使决策者做出正确的决策。

9.3.3　管理评审输出

管理评审的输出应包括与下列事项相关的决定和措施：

a）改进的机会；

b）质量管理体系所需的变更；

c）资源需求。

组织应保留成文信息，作为管理评审结果的证据。

［**理解要点**］：管理评审的输出是评审 QMS 适宜性、充分性、有效性的改进决策，是实施改进的基础。管理评审的输出包括 a）—c）相关条款所要求的决定和措施。对于管理评审所做出的决定和措施，要落实实施。为确保及时采取措施，组织可持续监控和评审这些措施，成文信息包括相关决定和措施，根据和验证的证据。

10. 改进

10.1　总则

组织应确定和选择改进机会，并采取必要措施，以满足顾客要求和增强顾客满意。

这应包括：

a）改进产品和服务，以满足要求并应对未来的需求和期望；

b）纠正、预防或减少不利影响；

c）改进质量管理体系的绩效和有效性。

注：改进的例子可包括纠正、纠正措施、持续改进、突变性变革、创新和重组。

［**理解要点**］：本条款提出了 QMS 改进的总体要求。目的在于满足顾客要求和增强顾客满意。组织应该识别和选择改进机会，根据改进的性质、内容及影响，采取必要的措施并加以实施。改进要关注 QMS 的主要过程，如产品和服务的设计和开发，生产和服务的提供，不合格和纠正措施、监视、测量、分析和评价，以及内部审核和管理评审等。

10.2　不合格和纠正措施

10.2.1　当出现不合格时，包括来自投诉的不合格，组织应：

a）对不合格做出应对，并在适用时：

（a）采取措施以控制和纠正不合格；

（b）处置后果。

b）通过下列活动，评价是否需要采取措施，以消除产生不合格的原因，避免其再次发生或者在其他场合发生：

（a）评审和分析不合格；

（b）确定不合格的原因；

（c）确定是否存在或可能发生类似的不合格。

c）实施所需的措施；

d）评审所采取的纠正措施的有效性；

e）需要时，更新策划期间确定的风险和机遇；

f）需要时，变更质量管理体系。

纠正措施应与不合格所产生的影响相适应。

［**理解要点**］：本条款规定了出现不合格时，企业的工作要求。不仅指不合格产品，还包括活动和过程不符合。先控制、纠正、处置，再评价是否需要采取措施；如果采取措施，组织要考虑如何评审措施的有效性，对原有风控的改进以及改进引起的质量管理体系变更。

10.2.2　组织应保留成文信息，作为下列事项的证据：

a）不合格的性质及随后所采取的措施；

b）纠正措施的结果。

[**理解要点**]：本条款提出了对出现的不合格所采取的措施以及要求保留成文信息。识别纠正措施所需要的信息来源可能包括：顾客抱怨、不合格报告、内部审核报告、管理评审的输出、数据分析的输出、满意程度测量的输出、有关质量管理体系的记录、组织内人员、过程测量、自我评定结果等。组织所保留的体现采取哪些纠正或纠正措施的形成文件的信息可以是纠正措施表、数据库以及其他证明采取了措施的证据。

10.3　持续改进

组织应持续改进质量管理体系的适宜性、充分性和有效性。

组织应考虑分析和评价的结果以及管理评审的输出，以确定是否存在需求或机遇，这些需求或机遇应作为持续改进的一部分加以应对。

[**理解要点**]：本条款提出持续改进的总要求，目的是通过持续改进活动，确保 QMS 的适宜性、充分性、有效性。持续改进是提高绩效的循环活动。组织应建立持续改进的机制，明确持续改进的基本活动，要求职责和方法并关注改进效果。

8.4　质量管理—组织质量—实现持续成功指南

ISO 9004:2018 质量管理—组织质量—实现持续成功指南是组织质量的指南，超越产品和服务的质量。它提供有关如何通过其使命、愿景、价值观和文化来构建组织特性，组织领导力和吸引员工的指导，以实现持续成功。

8.4.1　ISO 9004:2018 的主要内容

ISO 9004:2018 专注于战略和最佳实践，并为组织提供指导，以在瞬息万变和充满挑战的环境中发展、适应和繁荣，而不仅仅是生存。它还为组织提供了自我评估工具，以评估其成熟度。其主要内容条目如下。

前言
引言
1 范围
2 规范性引用标准
3 术语和定义
4 组织质量和持续成功
　4.1 组织质量
　4.2 组织持续成功管理
5 组织环境
　5.1 总则
　5.2 利益相关方
　5.3 外部和内部问题
6 组织特性
　6.1 总则
　6.2 使命、愿景、价值观及文化
7 领导作用
　7.1 总则
　7.2 战略与方针
　7.3 目标
　7.4 沟通
8 过程管理
　8.1 总则
　8.2 过程的确认
　8.3 过程职责和权限
　8.4 管理过程
9 资源管理
　9.1 总则
　9.2 人员
　9.3 组织知识
　9.4 技术

最高管理者负责满足客户和其他利益相关方的需求和期望，并负责所有管理层都识别组织所面临的内部和外部挑战且不断变化的过程和活动。

ISO 9004:2018 标准结构包含了实现组织持续成功所必需的要素，如图 8-3 所示。

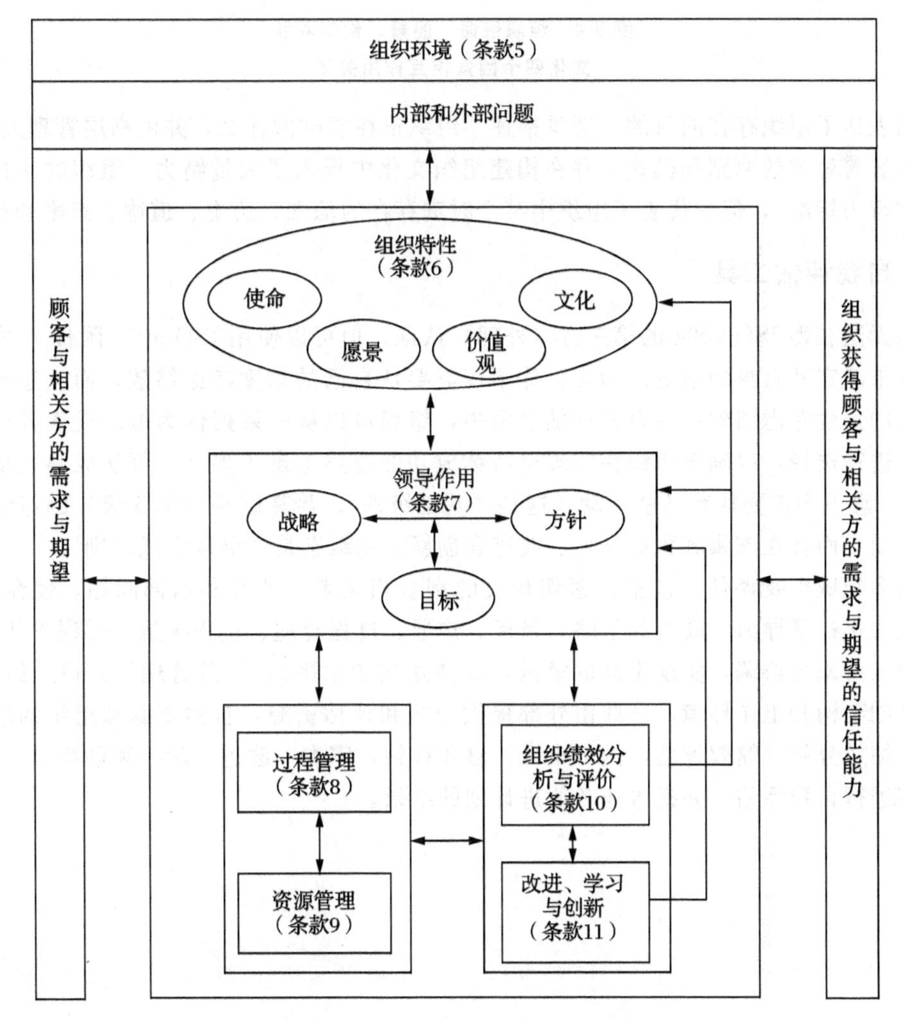

图 8-3 ISO 9004:2018 标准结构要素

8.4.2 组织质量与组织特性

组织质量的定义为：组织的固有特性满足客户和利益相关方的需求和期望，以实现可持续成功的程度。为了获得持续的成功，组织需要关注的不仅仅是提高产品和服务的质量。组织必须专注于满足利益相关方（而不仅仅是客户）的需求和期望。这不容易。利益相关方的需求和期望会随着时间而变化。

提高组织质量可以帮助组织获得可持续的成功。ISO 9004 指出组织特性是组织的使命、愿景、价值观和文化四个因素相互作用的结果（见图 8-4）。

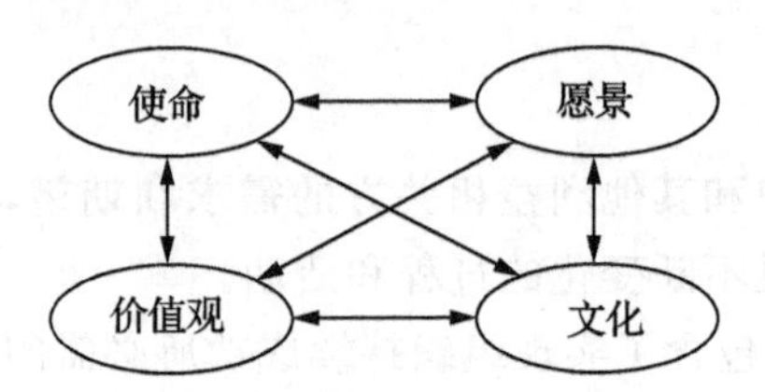

图 8-4 组织使命、愿景、价值观和文化四个因素相互作用关系

使命表达了组织存在的目的、愿景描述了组织正在尝试做什么，并由高层管理人员确定。价值观代表着思维的原则和模式，并在构建组织文化中投入了大量精力。组织的文化是组织设定的“行为标准”，但它代表了组织中某个时刻存在的信念、历史、道德、态度和行为。

8.4.3 自我评估工具

组织无法获得 ISO 9004 的第三方（外部）认证，但可以使用 ISO 9004 附件 A 中的自我评估工具来确定其自身的绩效。为此，你不仅需要从自己的角度考虑绩效，而且还需要从利益相关方的角度考虑绩效。在自我评估模型中，组织可以从一系列认为最能代表其当前状态的陈述中进行选择，以确定组织在实现可持续成功的道路上走了多远。可从成熟度最低的组织（1 级）意识到需要执行某些活动。这是“基础级别”。最高级别（第 5 级）的组织不仅每天进行活动，而且在该领域积极学习、改进和创新。此级别是“最佳实践级别”。

有很多领域需要评估，包括：密切相关的利益相关者、外部和内部问题、使命、愿景，价值观和文化；领导力、政策和策略、目标、沟通、过程管理、过程决策，过程责任和权限，流程管理（协调与协调，实现更高的绩效，保持达到的水平），资源管理，人员，组织知识，技术，基础架构和工作环境，这些由外部提供分析和评估资源，自然资源和组织的绩效，绩效指标，绩效分析，绩效评估，内部审计，自我评估，审查，改进，学习和创新。

定期进行自我评估，并报告业务改进计划的结果。

本章小结

ISO 9000（GB/T 19000）族质量管理体系标准可帮助各种类型和规模的组织建立并运行有效的质量管理体系，通过不断增强相关方满意来提高组织绩效。其核心标准包括 ISO 9000—2015 质量管理体系基础与术语、ISO 9001—2015 质量管理体系要求、ISO 9004—2018 质量管理—组织质量—实现持续成功指南、ISO 19001—2018 管理体系审核指南。而七项质量管理原则是 ISO 9000（GB/T 19000）族质量管理体系标准的基础，也是最高管理者用于领导组织进行业绩改进的指导原则。

阅读资料

某部门质量管理体系内部审核检查表

<table>
<tr><td colspan="2">受审核部门：</td><td>审核日期：</td><td>审核员：</td><td colspan="4"></td></tr>
<tr><td colspan="2">审核准则</td><td colspan="6">GB/T 19001—2016/ISO 9001—2015</td></tr>
<tr><td rowspan="2">序号</td><td rowspan="2">标准条款</td><td rowspan="2">审核内容</td><td rowspan="2">审核记录</td><td colspan="4">符合程度判断</td></tr>
<tr><td></td><td></td><td></td><td></td></tr>
<tr><td>1</td><td>4.1 理解组织及其环境</td><td>1. 公司是否确定与其战略方向相关且影响质量管理体系实现其预期结果的各种内部和外部因素？2. 是否对这些相关信息进行监视和评审？</td><td>公司年度报告的环境分析与 SWOT 分析表</td><td></td><td></td><td></td><td></td></tr>
<tr><td>2</td><td>4.2 理解相关方的需求和期望</td><td>1. 公司是否确定了与质量管理体系有关的所有相关方？2. 是否对这些相关方的相关要求做了规定并进行了监视和评审？</td><td>公司的相关方要求调查、识别与评审材料</td><td></td><td></td><td></td><td></td></tr>
<tr><td>3</td><td>4.3 确定质量管理体系的范围</td><td>1. 公司是否确定质量管理体系范围？2. 是否对这些形成了成文信息？3. 是否考虑了外部和内部因素、相关方的要求以及本公司的产品和服务？</td><td>公司的体系管理手册</td><td></td><td></td><td></td><td></td></tr>
<tr><td>4</td><td>4.4 质量管理体系及其过程</td><td>1. 质量管理体系所需过程及其相互作用关系是否进行了确认？2. 对这些过程的要求是否形成了成文信息？</td><td>公司的体系管理手册</td><td></td><td></td><td></td><td></td></tr>
</table>

续表

受审核部门：		审核日期：	审核员：				
审核准则		GB/T 19001—2016/ISO 9001—2015					
序号	标准条款	审核内容	审核记录	符合程度判断			
5	5.1 领导作用和承诺	1. 最高管理者以何种方式承诺和传达满足顾客要求的重要性？2. 最高管理者的职责是否确定并发布？	全员参与、让顾客满意、持续改进、追求卓越				
6.	5.2 质量方针	1. 最高管理者是否制定了质量方针并形成成文信息？2. 质量方针是否由最高管理者签发？3. 质量方针以什么方式在公司内和相关方传达？是否得到充分理解和沟通？	管理手册、网页、文件；贯标标语、小卡片以及胸牌等				
7.	5.3 组织的岗位、职责和权限	1. 公司是否制定了组织结构图？2. 相关岗位是否规定了职责与权限？3. 职责与权限是否以顾客为关注焦点？以什么方式传达给各部门？	管理手册、网页的组织结构图				
8	6.1 应对风险和机遇的措施	1. 是否依据内外部环境分析和相关方的需求而形成风险和机遇的识别与控制的成文信息？2. 是否确定了应对风险和机遇的措施？3. 这些措施是否得到评价，且形成成文信息？	内外部环境分析与年度风险和机遇的识别与控制程序；风险和机遇评估表				
9	6.2 质量目标及其实现的策划	1. 公司各个部门是否设定了可测量的质量目标？2. 质量目标是否形成了成文信息？3. 质量目标是否与质量方针一致？4. 质量目标是否包括顾客满意的相关信息？	各个部门的质量责任书、质量目标分解表以及一览表				
10	6.3 变更的策划	1. 公司针对 QMS 变更时是否考虑了 QMS 的完整性？2. 公司针对 QMS 变更时是否考虑了资源的可获得性？3. 公司针对 QMS 变更时是否产生了职责和权限的分配或再分配？	变更时考虑了这些因素，并及时更改相关管理手册内容				

续表

受审核部门：		审核日期：	审核员：				
审核准则		GB/T 19001－2016/ISO 9001－2015					
序号	标准条款	审核内容	审核记录	符合程度判断			
11	7.1 资源	1. 公司是否提供了建立、实施、保持和持续改进 QMS 的有效性所需的资源？2. 最高管理者是如何对这些所需资源进行识别的？3. 为持续改进 QMS 的有效性这些所需资源能否得到及时的配置？	修改的程序文件可以证明				
12	9.1 监视、测量、分析和评价	1. 公司需要对哪些过程进行监视和测量？2. 用什么方法进行监视和测量？3. 能否对这些过程的绩效和有效性进行评价？4. 能否对产品的合格率、退货率和顾客满意度等目标的完成情况进行统计分析？5. 能否对风险和机遇所采取措施情况进行统计分析？6. 能否对外部的绩效情况进行统计分析？	质量目标分解表以及各个部门的质量责任履行情况，按时按规定的各级别的相关会议记录				
13	9.2 内部审核	1. 是否按规定的时间间隔进行内部审核？2. 如何对 QMS 的有效性和充分性进行验证？3. 内部审核过程及内容是否保留成文信息？	半年一次，见内部审核记录				
14	9.3 管理评审	1. 是否按规定的时间间隔进行管理评审？2. 管理评审采取什么方式评价 QMS 的有效性和充分性？3. 管理评审是否保留了成文信息？4. 对前一次管理评审所做出的决定和措施是否得到了落实？	每年一次，见管理评审报告				
15	10.1 总则	1. 公司 QMS 持续改进的机制是否已形成？2. 该机制是否使员工得到质量的意识和改进的机会？3. 能否通过质量方针和质量目标的落实来提高 QMS 的绩效和有效性？4. 能否通过审核结果、数据分析、纠正和预防措施以及管理评审来提高 QMS 的绩效和有效性？5. 可有充分可靠的事实和数据来证明 QMS 持续改进的绩效？	形成 QC 小组开展持续改进活动；质量目标的达成结果证明；QMS 每年的管理评审报告证明				

续表

受审核部门：		审核日期：	审核员：				
审核准则		GB/T 19001—2016/ISO 9001—2015					
序号	标准条款	审核内容	审核记录	符合程度判断			
16	10.2 不合格和纠正措施	1. 评审是否对评审的不合格以及顾客的投诉来进行不合格的原因分析与确定，并依据不合格的性质采取不同的措施？2. 是否对这些措施进行了评审？3. 对这些采取的措施是否保留了成文信息？4. 对于评审的不合格以及顾客的投诉是否建立了“数据分析与改进控制程序”？5. 对于采取的纠正措施是否执行了“数据分析与改进控制程序”？6. 对于顾客的投诉采取的补救和纠正措施是否能够防止顾客的投诉再发生？	管理手册、不合格品控制程序以及QC小组活动报告、内部审核以及管理评审报告				
17	10.3 持续改进	1. 采取哪些持续改进的方式、方法和手段来确保QMS的适宜性、充分性、有效性？2. 对评审的改进机会是否实施了跟踪检查？3. 持续改进过程及内容是否保留了成文信息？	通过QC小组、质量月、日、周会议，培训和质量责任制的落实				

不合格品控制程序

1. 目的

对不合格的原辅材料、半成品和成品进行有效控制，防止不合格品非预期使用或交付。

2. 适用范围

适用于产品生产全过程及交付或顾客开始使用后出现不合格品的控制。

3. 职责

3.1　质检部负责进货/进料质量检验、生产过程质量检验、成品质量检验和试验中不合格品的识别、判定和记录，并负责组织不合格品的评审和处置。

3.2　销售部负责针对不合格原材料、零部件与供方的联络与处理工作；并负责交付顾客或顾客使用后出现不合格品信息的反馈及与顾客沟通工作。

4. 工作程序

4.1　不合格品的判定、标识

质检部检验员负责按照检验文件和技术标准对原材料、半成品和成品进行验证、检验和试验，发现不合格品时要对其进行状态标识，并在检验记录上记录不合格性质，相关人员对其进行隔离存放。

4.2　不合格品的分类

① 一般不合格品。检验结果（外观、外形尺寸）不符合要求，但不影响产品质量和使用

的不合格品。

② 严重不合格品。检验结果（安全指标）不符合要求，影响产品质量和正常使用，会对企业造成较大损失的不合格品。

4.3 不合格品的评审和处置

4.3.1 本公司不合格品处置的方式

a) 返工

b) 返修

c) 让步使用（让步使用的成品要事先征得顾客的同意）

d) 退货或降级使用（针对采购产品）

e) 报废

4.3.2 一般不合格品，由检验员确认后，通知操作工进行返工，并做好记录。

4.3.3 不合格性质严重或同一问题发生频次较多，由检验员填写《不合格品评审处置单》报质检部部长，由质检部部长组织技术部、生产部和销售部召开评审会，对不合格原因进行分析后拿出处置意见，责任部门根据不合格原因制定纠正措施，经管理者代表批准后实施，质检部对实施效果进行验证，并记录任何处置意见和采取的措施。

4.3.4 对于交付顾客或顾客在使用过程中出现的不合格品，由销售部将信息反馈到质检部，质检部按本程序4.3.3条规定进行处理。销售部及时将处理结果与顾客沟通。顾客让步使用的成品，销售部要保存好顾客同意的证据。

4.3.5 做报废处理的成品要经总经理批准。

4.3.6 进货/进料质量检验不合格的产品由质检部出具《不合格品通知单》通知生产部采购人员退货。需要让步接收的，必须经技术部部长批准后接收，并填写《让步接收记录》。

4.4 本程序产生的所有记录均由质检部按《记录控制程序》进行保管。

5. 相关文件

记录控制程序。

6. 质量记录

不合格品评审处置单。

不合格品通知单。

让步接收记录。

习 题

一、单项选择题

1. ISO 9000族标准是由（　　）制订的。

A. ISO/TC 175　　B. ISO/TC 176　　C. SAC/TC 151　　D. IEC

2. （　　）标准是ISO 9000族核心标准之一，它表述了质量管理体系基础知识并规定了质量管理体系术语。

A. ISO 9000　　B. ISO 9001　　C. ISO 9004　　D. ISO 19011

3. 采用质量管理体系是组织的一项（　　）决策。

A. 策略性　　B. 战术性　　C. 战略性　　D. 政策性

4. ISO 9001－2015 标准对哪些人员的能力提出要求？（　　）

A. 组织内所有员工

B. 组织的外部供方人员

C. 在组织控制范围内的人员

D. 在组织控制范围内从事的工作影响质量管理

5. 管理评审应由（　　）。

A. 负有决策职责的董事长领导进行　　B. 质量经理负责领导和组织实施

C. 最高管理者领导进行　　D. 以上均可

6. 以下哪些属于分析和评价的内容？（　　）

A. 质量管理体系的绩效和有效性　　B. 策划是否得到有效实施

C. 针对风险和机遇所采取措施的有效性　　D. 以上都是

7. 顾客满意是指（　　）。

A. 没有顾客抱怨　　B. 顾客对自己的要求被满足的程度的感受

C. 顾客满意度测量的结果　　D. B+C

8. 最高管理者的职责可以不包括（　　）。

A. 组织内部审核　　B. 制定质量方针

C. 确保获得资源　　D. 进行管理评审

9. 成文信息的目的是（　　）。

A. 体现组织的技术和管理人员的能力　　B. 使各过程一致地、稳定地运行

C. 满足 GB/T 19001 标准的要求　　D. 区别是否与国际接轨

10. 以下描述中，关于质量管理体系策划的内容不包括（　　）。

A. 质量目标及其实现的策划　　B. 改进应对风险和机会的措施

C. 沟通质量方针　　D. 变更的策划

11. 在对质量管理体系的变更进行策划时，应保持质量管理体系的（　　）。

A. 符合性　　B. 完整性　　C. 适宜性　　D. 充分性

12. 组织实施质量管理体系所需的资源是指（　　）。

A. 建立、实施、保持和持续改进质量管理体系所需的资源

B. 人力资源

C. 设施

D. 信息

13. 根据 GB/T 19001－2016，设计和开发评审的目的是（　　）。

A. 确定设计和开发的职责和权限

B. 评价设计和开发结果满足要求的能力

C. 确保设计和开发的输出满足输入的要求

D. 确保质量管理体系的完整性

14. GB/T 19001－2016 标准中“设计和开发”术语可包括（　　）的设计和开发。

A. 产品和服务　　B. 过程

C. 质量管理体系　　D. 以上全部

15. 以下不属于质量管理体系评价方法的是（　　）。

A. 内部审核　　　　　　　　　　　　　B. 自我评定

C. 管理评审　　　　　　　　　　　　　D. 绩效考核

二、多项选择题

1. 要求指“明示的、通常隐含的或必须履行的需求或期望”，下列说法正确的是(　　)。

A. “明示的”可以理解为是规定的要求

B. “通常隐含的”是指组织、顾客和其他相关的惯例或一般做法，所考虑的需求或期望是不言而喻的

C. “必须履行的”是指顾客或相关方要求的或有强制性标准要求的

D. 要求可以由不同的相关方提出，不同的相关方对同一产品的要求可能是不相同的

2. 在质量管理体系中应用过程方法能够（　　）。

A. 理解并持续满足要求

B. 从增值的角度考虑过程

C. 获得有效的过程绩效

D. 在评价数据和信息的基础上改进过程

3. 以下关于组织的环境，说法正确的是（　　）。

A. 组织的环境包括内部和外部因素

B. 组织的环境将影响其实现质量管理体系预期结果

C. 组织的环境与其目标和战略方向相关

D. 组织的环境包括需要考虑的正面和负面要素或条件

4. GB/T 19001—2016 标准中与组织质量管理体系有关的相关方是（　　）。

A. 当地人民政府　　　　　　　　　　B. 顾客

C. 行业协会　　　　　　　　　　　　D. 竞争厂家

5. 关于质量管理体系的范围，说法正确的是（　　）。

A. 涉及质量管理体系的边界和适用性

B. 应形成文件

C. 该范围应描述所覆盖的产品和服务类型

D. 对质量管理体系的应用范围内不适用 ISO 9001 标准的某些要求，无须说明理由

6. ISO 9001:2015 标准对“成文信息”的要求主要有（　　）。

A. 支持过程运行所需的文件

B. 确认其过程按策划进行所需的文件

C. 第三方认证所需的文件

D. 满足法定要求所需的文件

7. 以下应保留成文信息的有（　　）。

A. 监视和测量资源满足使用要求的证据

B. 在组织控制下从事影响质量管理体系绩效和有效性工作的人员的能力的证据

C. 基础设施的维护信息

D. 描述产品和服务变更的评审结果、有权变更的人员以及评审引起的任何必要措施

8. 领导作用的体现的是（　　）。

A. 确定职责、权限

B. 实施内审

C. 确保质量方针、质量目标的制定

D. 确保资源的获得

9. 依据 GB/T 19001－2016 标准，以下属于对质量方针的管理要求的是（　　）。

A. 形成文件，可获得并保持

B. 在组织内得到沟通、理解和应用

C. 适宜时，可向有关相关方提供

D. 定期评审

10. 最高管理者应分派职责和权限，目的是（　　）。

A. 确保质量管理体系符合本标准的要求

B. 确保各过程获得其预期输出

C. 报告质量管理体系的绩效及其改进机会

D. 确保在整个组织中推动以顾客为关注焦点

11. 组织确定需要应对的风险和机遇，目的是（　　）。

A. 确保质量管理体系能够实现其预期结果

B. 增强有利影响

C. 避免或减少不利影响

D. 实现改进

12. 以下描述正确的是（　　）。

A. 质量方针为质量目标的建立提供框架

B. 质量目标应与质量方针一致

C. 质量方针不能变更

D. 质量目标应考虑适用的要求，且可测量

13. 组织确定质量管理体系所需的资源时应考虑（　　）。

A. 现有内部资源的能力和约束

B. 需要从外部供方获得的资源

C. 只需考虑内部资源

D. 不考虑外部资源

14. 依据 GB/T 19001－2015 标准，以下属于对组织的知识管理要求的是（　　）。

A. 组织应确定运行过程所需的知识

B. 组织应保持运行过程所需的知识

C. 组织应确保在需要范围内可得到知识

D. 组织应考虑现有的知识，确定如何获取更多必要的知识，并进行更新

15. 质量管理体系规定需控制的顾客财产可以包括（　　）。

A. 纳税人申报的税务登记信息

B. 客户提供的包装箱

C. 顾客提供的加工图纸

D. 在客户指定的供方采购的原料

16. 如果产品和服务要求发生更改，组织应（　　）。

A. 确保相关的形成文件的信息得到修改
B. 确保相关人员知道已更改的要求
C. 确保产品和服务新要求成文信息的保留
D. 重新签订合同
17. 根据 GB/T 19001－2015 标准 8.5.4，防护包括（　　）。
A. 传送　　B. 保护　　C. 产品标识　　D. 运输
18. 管理评审的输入应包括（　　）。
A. 有关质量管理体系绩效和有效性的信息
B. 内外部情况的变化
C. 资源的需求
D. 以往管理评审的跟踪措施
19. 关于内部审核，以下正确的是（　　）。
A. 每次审核应覆盖所有部门和场所
B. 审核员不能审核自己的工作
C. 审核中发现不合格，应及时采取必要的纠正和纠正措施
20. 以下属于对不合格做出应对的方法有（　　）。
A. 采取措施予以控制
B. 纠正
C. 纠正措施
D. 处置产生的后果

三、简答题

1. 质量管理的七项原则是什么？
2. 简述质量方针和质量目标之间的关系。
3. 如何理解组织的生存环境状况？
4. 如何把质量管理体系融入组织的业务流程中去？
5. 如何管理变更？
6. 如何获取和使用知识？

四、论述题

1. 试举例说明如何对某些特殊过程进行确认。
2. 论述 GB/T 19001－2015 标准中如何体现追求顾客满意。

第9章　质量审核与质量认证

学习目标

学完本章，应该理解和掌握：

质量管理体系审核的术语；

质量管理体系审核的主要内容；

质量认证的概念与作用；

质量认证的8种模式；

质量管理体系认证的程序。

9.1 质量管理体系审核指南

质量管理体系审核是一个组织为保证其质量管理体系正常有效运行的重要手段，是由审核员依据审核准则进行的系统的、独立的、客观的并形成文件的审查过程。

9.1.1 审核的相关术语

1. 审核

ISO 19011:2018 标准对审核（audit）的定义："为获得审核证据并对其进行客观的评价，以确定满足审核准则的程度所进行的系统的、独立的并形成文件的活动。"

注1：内部审核，有时称第一方审核，由组织自己或以组织的名义进行，用于管理评审和其他内部目的（例如确认管理体系的有效性或获得用于改进管理体系的信息），可作为组织自我合格声明的基础。在许多情况下，尤其在中小型组织内，可以由与正在被审核的活动无责任关系、无偏见以及无利益冲突的人员进行，以证实独立性。

注2：外部审核包括第二方审核和第三方审核。第二方审核由组织的相关方，如顾客或由其他人员以相关方的名义进行。第三方审核由外部独立的审核组织进行，如监管机构或提供认证或注册的机构。

2. 结合审核

注3：当两个或两个以上不同领域的管理体系（如质量、环境、职业健康安全）被一起审核时，称为结合审核。

3. 联合审核

注4：当两个或两个以上审核组织合作，共同审核同一个受审核方时，称为联合审核。

4. 审核方案

审核方案（audit programme）是"针对特定时间段所策划并具有特定目标的一组（一次或多次）审核安排"。

注：审核方案包括策划、组织和实施审核的所有必要的活动。

ISO 9001:2015 倡导审核以过程和PDCA循环相结合的方式运行，而审核是C（Check检查）的重要方法。审核准则的定义是："用作依据的一组方针、程序或要求。"因此审核的目的是获得审核证据并客观评价质量管理体系。审核的系统性表现在审核要根据审核策划进行有条理的行动。审核的独立性表现在审核是由审核员独立完成的，不受其他因素影响。审核的客观性表现在审核准则和审核证据是客观存在的，并非审核员的主观臆断。

5. 审核范围

审核的范围和界限。

注1：审核范围一般包括物理和虚拟场所、功能、组织单元、活动和过程以及所覆盖的时间段的描述。

注2：虚拟场所是指组织使用在线环境执行工作或提供服务的场所，该在线环境允许个人执行过程，而不管物理位置如何。

6. 审核计划

审核活动和安排的描述。

7. 审核准则

审核准则（audit criteria）是“用于与审核证据进行比较的一组方针、程序或要求”。

注1：如果审核准则是法律法规要求，术语“合规”或“不合规”常用于审核发现。

注2：要求可以包括方针、程序、工作指令、法律要求、合同义务等。

8. 审核证据

审核证据（audit evidence）是“与审核准则有关并能够证实的记录、事实陈述或其他信息”。

审核证据可以是定性的或定量的。

9. 审核发现

审核发现（audit findings）是“将收集到的审核证据对照审核准则进行评价的结果”。

注1：审核发现表明符合或不符合。

注2：审核发现可引导识别改进的机会或记录良好实践。

注3：如果审核准则选自法律法规要求或其他要求，审核发现可表述为合规或不合规。

10. 审核结论

审核结论（audit conclusion）是“考虑了审核目的和所有审核发现后得出的审核结果”。

根据审核方的不同，审核分为第一方审核（内部审核）、第二方审核（相关方审核）和第三方审核（认证机构的审核），其区别如表9-1所示。

表9-1 三种审核的区别

比较项目	第一方审核	第二方审核	第三方审核
审核类型	内部审核	相关方审核	独立的第三方对组织体系审核
审核类型	内部审核	组织的相关方对其审核	独立的第三方对组织体系审核
执行者	组织自己或以组织的名义进行	组织的相关方或由其他人以相关方的名义进行	外部独立的组织（如第三方认证机构派出审核组）
审核目的	推动内部改进，自我合格声明	选择、评定或控制供方	认证注册
审核准则	适用的法律、法规及标准；顾客要求；组织自己的质量管理体系文件	指定的产品标准或体系标准；适用的法律法规	ISO 9001:2008是组织适用的法律法规和标准；组织质量管理体系文件；顾客要求
审核范围	可扩大到所有内部管理要求	限于相关方关心的标准及要求	限于申请的产品；ISO 9001:2008

9.1.2 审核的原则与分类

1. 审核原则

审核的特征在于其遵循若干原则。这些原则有助于使审核成为支持管理方针和控制的有效与可靠的工具，并为组织提供可以改进其绩效的信息。遵循这些原则是得出相应和充分的审核结论的前提，也是审核员独立工作时，在相似的情况下得出相似结论的前提。

• 诚实正直：职业的基础；

• 公正表达：真实、准确地报告的义务；

• 职业素养：在审核中勤奋并具有判断力；

• 保密性：信息安全；

• 独立性：审核的公正性和审核结论的客观性的基础；

• 基于证据的方法：在一个系统的审核过程中，得出可信的和可重视的审核结论的合理的方法；

• 基于风险的方法：考虑风险和机遇的审核方法。

2. 审核分类

质量审核按照不同的标准分类，有审核对象分类法、审核方分类法和审核范围分类法，如图 9-1 所示。

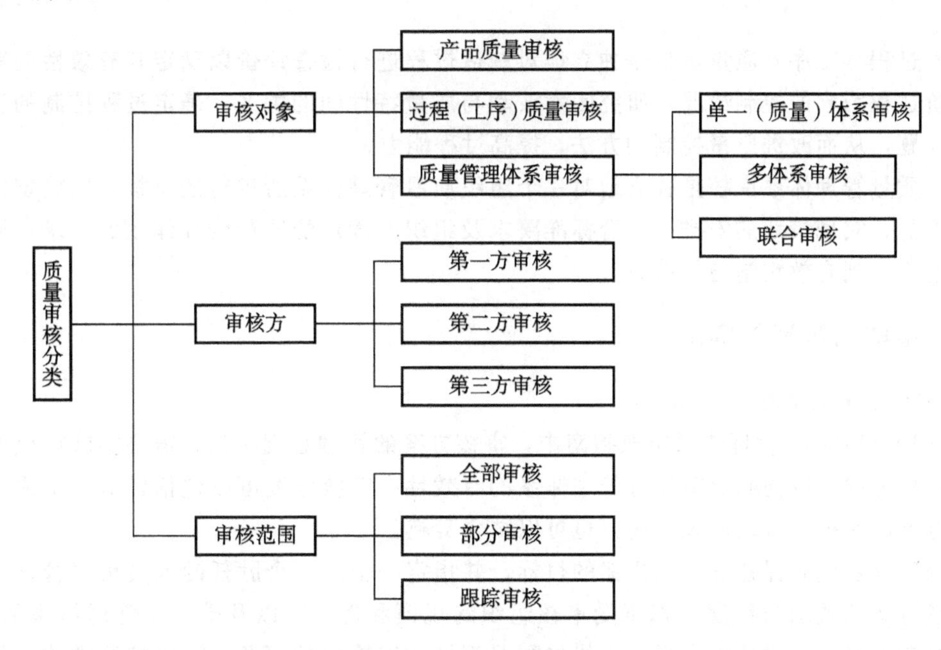

图 9-1 质量体系审核分类

对于审核的对象，分为产品质量审核、过程（工序）质量审核和质量管理体系审核。其三种审核活动的比较，如表 9-2 所示。

表 9-2 体系、过程、产品三种审核活动的比较

项　目	质量管理体系审核	过程（工序）质量审核	产品质量审核
目的	确定质量管理体系的符合性和有效性	对制造过程的质量能力进行评定	将产品视为质量特性进行评定
范围	组织的质量管理体系所涉及的所有内容	与顾客产品制造相关的过程	生产和交付适当阶段的产品
依据	质量管理体系标准； 组织的质量管理体系文件； 顾客特殊要求； 相关法律法规	过程流程图； 控制计划； 作业指导书； 检验指导书	图纸； 技术规范； 作业指导书； 检验指导书
频次	按计划，一般一年一至二次	按计划及根据需要	按计划，一般是经常性的
相关记录	检验结果、不合格与纠正措施、审核报告	检查记录、不合格与纠正措施、审核报告	内审计划、检查表与结果、不合格与纠正措施、内审报告

（1）产品质量审核是对最终产品的质量特性进行评价的活动，用以确定产品质量的符合性。

（2）过程（工序）质量审核是独立地对制造过程进行检查评价以确定其有效性的审核活动，评价过程因素的控制情况，研究因素波动与质量特性间的关系，确定过程控制的程度和存在的问题，从而改进质量控制的方法、提高过程能力。

（3）质量管理体系审核是独立地对一个组织质量管理体系所进行的审核，以确定体系能否符合产品、实现策划的安排、符合标准要求及组织所确定的质量管理体系的要求，同时确定体系能否得到有效实施与保持。

9.1.3 审核的策划与实施

1．审核方案的管理

ISO 19011:2018 管理体系审核指南中，审核方案的管理总则指出，需要实施审核的组织应建立审核方案，以便确定审核方管理体系的有效性。审核方案可以包括针对一个或多个管理体系标准的审核，可以单独实施，也可以结合实施。

最高管理者应确保建立审核方案的目标，并指定一个或多个胜任的人员负责管理审核方案。审核方案的范围与程度应基于受审核组织的规模和性质，以及受审核管理体系的性质、功能、复杂程度以及成熟度水平。应优先配置审核方案确定的资源，以审核管理体系的重大事项。这些重大事项可能包括产品质量的关键特性、健康和安全的相关危险源或重要环境因素及其控制措施。

审核方案应包括在规定的时间内有效和高效地组织和实施审核所需的信息和资源，并包括：审核方案和每次审核的目标；审核的范围与程度、数量、类型、持续时间、地点、日程安排；审核方案的程序；审核准则；审核方法；审核组的选择；所需的资源，包括交通和食宿；处理保密性、信息安全、健康和安全，以及其他类似事宜的过程。

审核方案的实施应受到监视和测量以确保达到目标，应评审审核方案以识别可能的改进。图 9-2 所示是审核方案的管理流程。

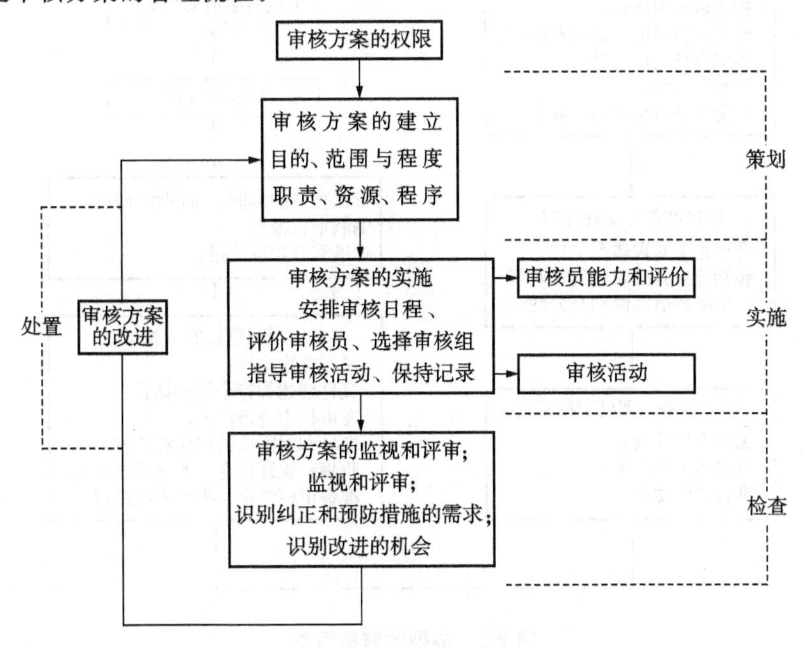

图 9-2 审核方案的管理流程

图 9-2 说明了策划一实施一检查一处置（PDCA）方法在 ISO 19011:2018 管理体系审核指南标准中的应用。

2. 实施审核

在 ISO 19011:2018《管理体系审核指南》中，实施审核总则指出，作为审核方案一部分的审核活动的准备与实施的适用程度，取决于特定审核的目标和范围。图 9-3 给出了典型审核活动的概述。

(1) 审核的启动。从审核开始直到审核完成，指定的审核组组长都应对审核的实施负责。启动一项审核应考虑图 9-3 中的步骤；然而，根据受审核方、审核过程和具体情形的不同，顺序可以不同。

① 与受审核方建立初始联系。审核组组长应与受审核方就审核的实施进行初步联系，联系可以是正式的也可以是非正式的。建立初始联系的目的是：与受审核方的代表建立沟通渠道；确认实施审核的权限；提供有关审核目标、范围、方法和审核组组成的信息；请求有权使用用于策划审核的相关文件和记录；确定与受审核方的活动和产品相关的适用法律法规要求、合同要求和其他要求；确认与受审核方关于保密信息的披露程度和处理的协议；对审核方做出安排，包括日程安排；确定特定场所的访问、安保、健康安全或其他要求；就观察员的到场和审核组向导的需求达成一致意见；针对具体审核，确定受审方的关注事项。

② 确定审核的可行性。应确定审核的可行性，以确定能够实现审核目标。同时考虑策划和实施审核所需的充分和适当的信息；受审核方的充分合作；实施审核所需的足够时间和资源。当审核不可行时，应向审核委托方提出替代建议并与受审核方协商一致。

(2) 审核活动的准备。审核活动的准备包括审核准备阶段的文件评审、编制审核计划、

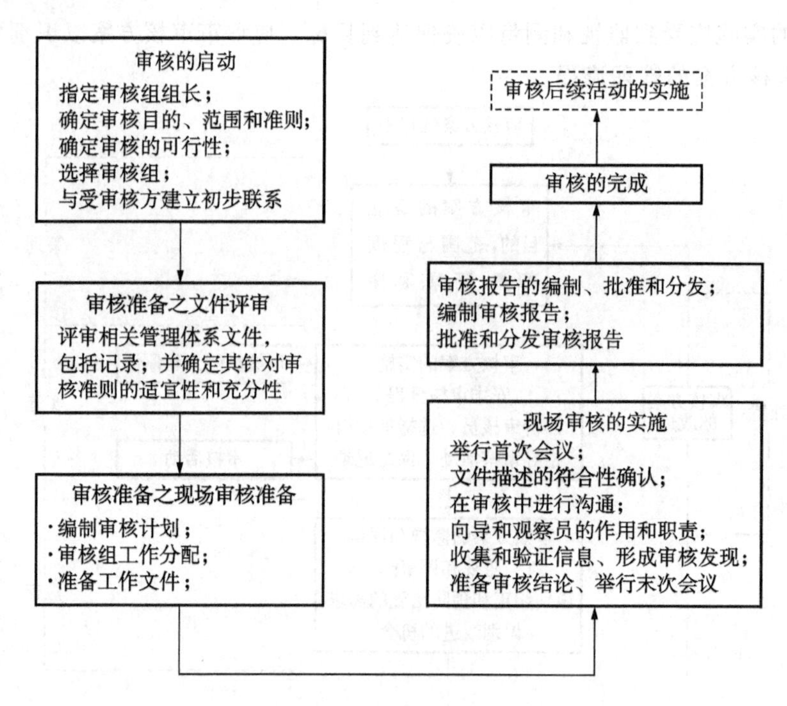

图 9-3　典型的审核活动

审核组工作分配和准备工作文件。

① 审核准备阶段的文件评审。应评审受审核方的相关管理体系文件，收集信息以准备审核活动和适用的工作文件；了解体系文件服务和程度的概况以发现可能存在的差距。

适用时，文件可包括管理体系文件和记录，以及以往的审核报告。文件评审应考虑受审核方管理体系的规模、性质和复杂程度以及审核目标和范围。

② 编制审核计划。审核组组长应根据审核方案和受审核方提供文件中包含的信息编制审核计划。审核计划应考虑审核活动对受审核方的过程的影响，并为审核委托方、审核组和受审核方之间就审核的实施达成一致提供依据。审核计划应便于有效安排和协调审核活动，以达到审核目标。

对于初次审核和随后的审核、内部审核和外部审核，审核计划的内容和详略程度可以有所不同。审核计划应具有充分的灵活性，以允许随着审核活动的进展进行必要的调整。

③ 审核组工作分配。审核组组长可以在审核组内协商，将具体的过程、活动、职能或场所的审核工作分配给审核组每位成员。分配审核组工作时，应考虑审核员的独立性和能力、资源的有效利用以及审核员、实习审核员和技术专家的不同作用和职责。

④ 准备工作文件。审核组成员应收集和评审与其承担的审核工作有关的信息，并准备必要的工作文件，用于审核过程的参考和记录审核证据。这些工作文件可包括检查表、审核抽样方案和其使用后形成的记录。

(3) 审核活动的实施。

① 首次会议。首次会议的目的是：确认所有有关方对审核计划安排的一致性；介绍审核组成员；确保所策划的审核活动能够实施。

② 审核实施阶段的文件评审。应评审受审核方的相关文件，以确定文件所述的体系与审

核准则的符合性；收集信息以支持审核活动。

③ 审核中的沟通。在审核期间，可能有必要对审核组内部以及审核组与受审核方之间的沟通做出正式安排。尤其是法律法规要求强制性报告不符合的情况。定期讨论以交换信息，评定审核进展情况，以及需要时重新分配审核组成员的工作。

如果收集的证据显示受审核方存在紧急的和重大的风险，应及时报告受审核方，适当时向审核委托方报告；当获得的审核证据表明不能达到审核目标时，审核组组长应向审核委托和受审核方报告理由以确定适当的措施。

随着审核活动的进展，出现的任何变更审核计划的需求都应经评审，适当时，经审核方案管理人员和受审核方批准。

④ 向导和观察员的作用和职责。向导和观察员可以陪同审核组。他们不应影响或干扰审核的进行。如果不能确保如此，审核组组长有权拒绝观察员参加特定的审核活动。

向导的作用在于可以代表受审核方对审核进行见证和在收集信息的过程中，做出澄清或提供帮助。

⑤ 信息的收集和验证。在审核中，通过适当的抽样收集并验证与审核目标、范围和准则有关的信息，包括与职能、活动和过程间接口有关的信息。只有能够验证的信息方可作为审核证据。导致审核发现的审核证据应予以记录。

⑥ 形成审核发现。应对照审核准则评价审核证据以确定审核发现。审核发现能表明符合或不符合的审核准则。当审核计划有规定时，具体的审核发现应包括证据支持符合事项和良好实践、改进机会及受审核方的建议。

应记录不符合及其支持不符合的审核证据。可以对不符合的进行分级。应与受审核方一起评审不符合，以获得承认，并确认审核证据的准确性，使受审核方理解不符合。应努力解决对审核证据和（或）审核发现有分歧的问题，并记录尚未解决的问题。

⑦ 准备审核结论。审核组在末次会议前应充分讨论，以根据审核目标，评审审核发现及在审核过程中所收集的其他适当信息；考虑审核过程中固有的不确定因素，对审核结论达成一致；如果审核计划中有规定，提出建议；讨论审核后续活动（适用时）。

审核结论可陈述管理体系与审核准则的符合程度和其稳健程度，包括管理体系所声称的目标的有效性；管理体系的有效实施、保持和改进；管理评审过程在确保管理体系持续的适宜性、充分性、有效性和改进方面的能力；审核目标的完成情况、审核范围的覆盖情况及审核准则的履行情况；审核发现的根本原因；为识别从其他领域获得的相似的审核发现。

⑧ 举行末次会议。末次会议应当由审核组组长主持，提出审核发现和审核结论。参加末次会议的人员应当包括受审核方管理者和适当的受审核的职能、过程的负责人，也可包括审核委托方和其他方。适当时，审核组组长应报告受审核方在审核过程中遇到的可能降低审核结论可信程度的情况。如果管理体系有规定或与审核委托方达成协议，与会者应就针对审核发现而制定的行动计划的时间框架达成一致。

（4）审核报告的编制和分发。审核组组长应根据审核方案程序报告审核结果。审核报告应当提供完整、准确、简明和清晰的审核记录，并包括审核目标；审核范围；明确审核委托方；审核组和受审核方在审核中参加的人员；进行审核活动的日期和地点；审核准则；审核发现和相关证据；审核结论和关于对审核准则遵守程度的陈述。

审核报告应当在商定的时间期限内提交。如果延迟，应向受审核方和审核方案管理人员通告原因。审核报告应按审核方案程序的规定注明日期，并经适当的评审和批准。审核报告应分发至审核程序或审核计划规定的接收人。

审核报告属审核委托方所有，审核组成员和审核报告的所有接收者都应当尊重并保持审核的保密性。

（5）审核的完成。当所有策划的审核活动已执行或出现与审核委托方约定的情形，审核即告结束。

审核的相关文件应根据参与各方的协议，按照审核方案的程序或适用要求予以保存或销毁。除非法律法规要求，若没有得到审核委托方和受审核方的（适当时）明确批准，审核组和审核方案管理人员不应当向任何其他方泄露审核文件的内容及审核中获得的其他信息或审核报告的内容。如果需要披露审核文件的内容，应当尽快通知审核委托方和受审核方。

（6）审核后续活动的实施。根据审核目标，审核结论可以表明采取纠正、纠正措施和预防措施或改进措施的需要。此类措施通常由受审核方确定并在商定的期限内实施，适当时，受审核方应将这些措施的实施情况告知审核方案管理人员和审核组。

对纠正的完成情况及有效性进行验证。验证可以是后续审核活动的一部分。

9.2 质量认证

9.2.1 质量认证的认识

21 世纪，经济向全球化发展，贸易趋向国际化，质量意识、质量竞争贯穿全球交易，不同国家、行业都存在不同的认证要求，不同的认证要求已经成为各组织继续发展的障碍。组织实施质量认证犹如雨后春笋成为世界性的大趋势，了解、研究、发展质量认证的有关知识已成为组织的迫切需求，也是时代的需求。

1. 合格评定

根据《合格评定　词汇和通用原则》（ISO/IEC 17000：2004）中的定义，合格评定是与产品、过程、体系、人员或机构有关的规定要求得到满足的证实。从定义中可见：合格评定的对象是产品、过程、体系、人员或机构；合格评定的依据是认证认可法规、指南和标准。合格评定的方法一般包括检测、检查、认证、审核、评价和批准等。合格评定的主要活动如图 9-4 所示。

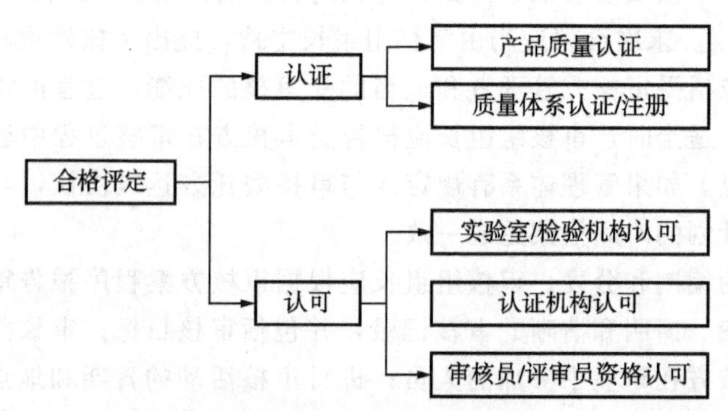

图 9-4　合格评定的主要活动

现代合格评定制度起源于英国，1903 年，英国 ESC（英国工程标准委员会）第一次使用“风筝”标志，用来说明标有“风筝”标志的钢轨是合格品。1922 年，该标志依照英国商标法注册，成为第一个受法律保护的认证标志，如图 9-5 所示。

图 9-5 英国风筝标志

(1) 认证。认证（certification）根据《合格评定 词汇和通用原则》(ISO/IEC 17000:2004) 中的定义：认证是与产品、过程、体系或人员有关的第三方证明。在注意里说明，管理体系认证有时也称作注册；认证适合于除了合格评定机构外的所有合格评定对象，认可适合于合格评定机构。

认证通常分为产品、服务和管理体系认证。CCC 认证就是强制性产品认证。而体系认证包括：以 ISO 9001（GB/T 19001）标准为依据开展的质量管理体系认证；以 ISO 14001（GB/T 14001）标准为依据开展的环境管理体系认证；以 GB/T 28001 标准为依据开展的职业健康安全管理体系认证；食品安全管理体系认证（HACCP）认证等。还有以体育场所服务标志为依据开展的体育服务认证。

(2) 认可。认可（accreditation）是指正式表明合格评定机构具备实施特定合格评定工作的能力的第三方证明。即一个权威机构依据程序对某一团体或个人具有从事特定任务的能力给予正式确认。

认可包括三部分：实验室/检验机构认可、认证机构认可、审核员/评审员资格认可。

2. 认证与认可的区别

(1) 认证是由第三方认证机构进行的，认可是由权威机构进行的。认证工作由具有第三方地位的机构进行，以确保认证结果的公正性。权威机构通常是由政府部门授权组建的一个组织，以确保认可的权威性。我国的认可机构为中国合格评定国家认可委员会（CNAS），统一负责实施对认证机构、实验室和检查机构等相关机构的认可工作。

(2) 认证是书面保证，认可是正式承认。书面保证是通过由第三方认证机构颁发的认证证书使有关方面确信经认证的产品或质量体系符合规定的要求。正式承认则意味着经批准准予从事某项活动。

(3) 认证是证明符合性，认可是证明具备能力。经认证的产品是指由第三方认证机构证明该产品符合特定产品标准的规定，经认证的质量体系是由第三方认证机构证明该质量体系符合某一质量保证标准的要求。经认可的认证机构表明该机构具有从事特定任务（如质量体系认证、产品认证、质量体系审核、产品检验）的能力。

9.2.2 产品质量认证

产品质量认证是依据产品标准和相应技术要求，经认证机构确认并通过颁发认证证书和认证标志来证明某一产品符合相应标准和相应技术要求的活动。

1. 产品质量认证的性质

按照产品质量认证的性质或强制程度可分为自愿性认证和强制性认证两类。

(1) 自愿性认证。由产品生产企业自愿申请，绝大多数工业、农业、节能产品都实行自愿性合格认证。

(2) 强制性认证。强制性产品认证制度，是各国政府为保护广大消费者人身和动植物生命安全，保护环境、保护国家安全，依照法律法规实施的一种产品合格评定制度，它要求产品必须符合国家标准和技术法规。强制性产品认证是通过制定强制性产品认证目录和实施强制性产品认证程序，凡列入强制性产品认证目录内的产品，没有获得指定认证机构的认证证书，没有按规定加施认证标志，一律不得进口、不得出厂销售和在经营服务场所使用。我国的强制性认证是 CCC 认证（China Compulsory Certification），获得认证的产品可以在产品外包装上施加认证标志。在境内生产并获得认证的产品必须在出厂前施加认证标志。我国于 2001 年 12 月 3 日，由国家质量监督检验检疫总局和 CNCA 联合发布了第一批实施强制性产品认证的 19 类产品目录，至今已达到 22 类产品。

2. 产品认证的范围区分

按产品认证制度作用范围分，认证可分为国际认证、区域认证、国家认证三种。

（1）国际认证。国际认证是“由政府或非政府的国际团体进行组织和管理的认证，其成员资格向世界上所有的国家开放”。目前，国际认证主要是指国际标准化组织和国际电工委员会等国际组织采用的质量认证。

（2）区域认证。区域认证是由政府或非政府的区域团体组织和管理的认证。它的成员资格通常限于世界某一区域的国家。

目前，在国际上较有权威的区域认证是欧洲标准化委员会（CEN）和欧洲电工标准化委员会（CENELEC）的认证。

（3）国家认证。国家认证是由国家级的政府或非政府团体进行组织和管理的认证，也是目前世界上最多见的一种质量认证。一般根据不同的国家和组织有不同的产品认证标志，这些认证标志，多数与本国的国家标准或标准化团体的代号、文字、图形相同。图 9-6 给出了不同国家（地区）的认证标志。

图 9-6　不同国家（地区）的认证标志

3. 产品质量认证的模式

20 世纪 70 年代以来，为了适应产品认证的发展，尤其是为了给发展中国家的质量认证活动提供建议和指导。国际标准化组织（ISO）组织编写的《认证的原则与实践》，第一次依据质量认证的要素，总结了下列八种产品质量认证模式。表 9-3 中列出了八种产品质量认证方式及其要素构成，从表中可以看出，第 5 种产品认证方式是一种比较严格又科学合理的认证方式。ISO 与 IEC 制定的有关质量认证指南（如：ISO/IEC 指南 28）均以这种方式为基本依据。

表 9-3 八种产品质量认证方式及其要素构成

认证模式	产品型式试验	质量体系评审	认证后的监督方式		
			市场抽样检验	企业抽样检验	质量管理体系评审
1	√				
2	√		√		
3	√			√	
4	√			√	
5	√	√	√	√	√
6		√			
7	批量抽样检验				
8	全数检验				

（1）一次性型式试验。一次性型式试验的认证模式，是指按照规定的试验方法，对从企业或市场随机抽取的产品样本进行型式试验，从而判断被检验的样品是否符合标准或技术规范。

这种方式是一种最简单的产品质量认证方式，只经过一次试验，不能完全证明企业生产的产品都符合标准要求，有较大的偶然性。比如有时候认证机构受顾客委托，对某企业产品抽样进行 ROHS 检测，然后出具检测报告。

（2）型式试验＋市场上抽样监督检验的事后监督。型式试验＋市场上抽样监督检验的事后监督的认证模式，是一种以型式试验为基础，随后又对产品生产企业的产品进行监督检验。监督的办法是从市场上购买样品或从批发商、零售商的仓库中随机抽样进行检验，以证明认证产品的质量持续符合标准或技术规范的要求，这种形式使用产品认证标志，可以提供可靠的产品质量信任程度。

（3）型式试验＋生产企业产品抽样监督检验（工厂抽样检验）。型式试验＋工厂抽样检验的认证模式，与第二种形式相近，区别在于认证后的监督检验方式不同。它是从工厂发货前的产品中随机抽样进行检验，这种认证形式同样可以证明认证产品的质量持续符合标准或技术规范的要求，也可以使用产品认证标志，还可以提供可靠的产品质量信任程度。

（4）型式试验＋对市场和生产企业的产品抽样监督检验（工厂和市场抽样检验）。型式试验＋工厂和市场抽样检验认证模式，实际上是第二和第三两种形式的结合。认证后监督抽取的样品，既采自市场又来自工厂的成品库，因而监督的力度更强。通过这种认证的产品可以使用认证标志，提供产品质量的信任程度也较前两种高。但是由于没有对企业的质量管理体系进行评审，因此对不合格品的处理及纠正预防措施就有可能不完善。

（5）型式试验＋质量体系评审＋市场和生产企业的产品抽样监督检验。型式试验＋质量体系评审＋市场和生产企业的产品抽样监督检验认证模式，是目前很多国家采取的产品认证方式。它既要求产品依据标准进行型式试验合格，又要求生产企业有一个完善的质量管理体系，确保具有持续生产合格品的能力，它能对顾客提供最高程度的信任。这也是国际标准化组织向各国推荐的一种认证形式。我国的产品质量认证的典型工作流程也是采用这种模式，通过这种形式认证的产品可以使用认证标志。

(6) 工厂质量管理体系评审。工厂质量管理体系评审认证模式，是对产品生产企业的质量管理体系进行评定，从而证实生产企业具有按既定的标准或规范要求提供产品的质量保证能力。其认证的对象是企业的质量管理体系而不是产品，因此，通过这种形式认证的企业，不能在出厂的产品上使用产品认证标志，而是由认证机构给予生产该产品的企业质量管理体系注册登记，授予注册证书，表明该体系符合标准的要求。如企业进行 ISO 9001:2015 认证，这是典型的工厂质量管理体系评审。

(7) 批量抽样检验。批量抽样检验认证模式，是指依据统计抽样技术按规定的抽样方案对企业生产的一批产品进行抽样检验的认证。其目的主要是帮助买方判断该批产品是否符合技术规范。这种认证模式，只有在供需双方协商一致后才能有效地执行，就该批产品而言，能提供相当高的质量信任。这种认证模式只对该批检验合格的产品发放认证证书，而不授予认证标志。如某企业出口一批产品，委托某国外认证机构按照某标准对该批产品进行检查(验货)。

(8) 全数检验。全数检验的认证模式，是对认证产品做 100%的检验，这种检验是由经过认可的独立检验机构按照指定的标准来进行的。因而所需费用很高，一般只在政府有专门规定的情况下才采用这种认证模式。它一般适用于产品结构复杂，性能要求高、批量少的高、精、尖产品（如飞机、火箭等）及与人民身体健康安全密切相关的产品。例如，英国和法国政府对体温表有特殊规定，必须经政府指定的检验机构对每件产品检验合格并打上标志后才能在市场上销售。

4. 产品质量认证的管理

产品质量认证的管理包括产品质量认证流程和认证证书与认证标志的管理。

(1) 产品质量认证流程。国内外产品质量认证机构，尽管都有自己的产品质量认证规范和程序，但它们一般都采用 ISO/IEC《认证的原则和实践》中所推荐的第五种方式，即通过对产品试验和对产品生产企业质量管理体系的评审来确定产品质量是否符合标准，然后颁发产品质量认证证书和标志，并对企业进行获证后的监督，产品质量认证的一般程序如图 9-7 所示。

① 申请阶段。

• 提出产品质量认证意向。申请产品质量认证的企业要在自评认为具有认证条件时，向多家已被认可的产品质量认证机构表述申请认证意向，索取有关文件和申请表，了解认证机构经授权的业务范围、工作流程或程序、收费标准（尤其涉及单元的划分）。

• 咨询。必要时，申请者可邀请有关产品认证专家或咨询公司进行咨询，以便确认如何更高效地满足认证要求。

• 申请产品质量认证。依据产品质量认证机构的授权范围、其权威性、组织顾客的意向等因素选定认证机构，并向其正式提出认证申请，填写申请表，递交相关资料。

• 审查申请材料。产品认证机构对申请者的申请表及其材料的完整性、正确性进行审查，决定是否受理申请。

• 签订产品质量认证合同。如果认证机构同意受理申请，则应该与申请者签订产品质量认证合同，明确各自的责任和义务。如果不受理，则应该通知申请者，并说明原因和理由。

② 评审与试验。合同生效后，产品质量认证机构应该从产品试验与产品生产企业质量管理体系评审两个方面进行评审和检验。

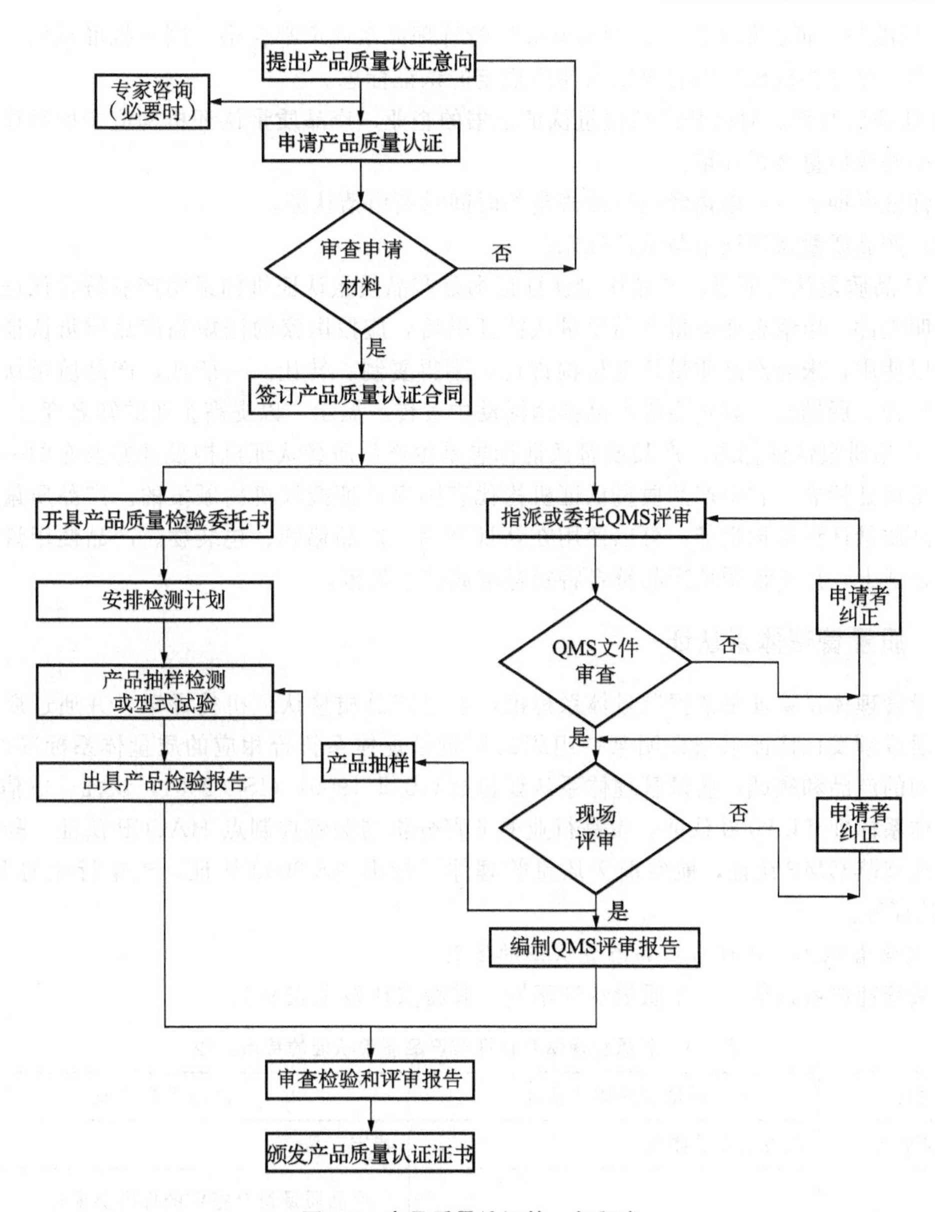

图 9-7　产品质量认证的一般程序

·产品试验。产品质量认证机构应开具产品质量检测委托书，委托已认可的实验室进行产品质量检测或型式试验，试验要根据产品的类型和规格按照规定的单元进行。

产品检验机构依据产品质量检验委托书，安排产品检测计划，并按计划对产品进行抽样，完成检测或型式试验，填写和提交检验报告。

·企业质量管理体系评审。一般在产品检验合格后，产品质量认证机构指派审核组或委托有关质量管理体系认证机构选配审核组，在对其质量管理体系文件审核合格后，到企业按照合同规定的质量管理体系标准及企业质量管理体系文件进行现场评审，并在评审后编制质量管理体系评审报告。有时候，也可以在现场评审合格后，进行产品抽样，交产品检测机构进行产品试验。

③ 批准与发证。如果产品检测与有关质量管理体系评审都合格，则可批准颁发产品质量认证证书，允许在认证证书有效期内使用规定的认证标志。

④ 认证后监督。对已获产品质量认证证书的企业，产品质量认证机构应按照程序规定安排抽样检测或质量体系评审。

认证证书期满后，申请者应按照规定的时间重新申请认证。

(2) 产品质量认证证书与认证标志。

① 产品质量认证证书。产品质量认证证书是产品质量认证机构证明产品符合认证要求的法定证明文件。申请企业取得产品质量认证证书后，应按国家的法规和产品质量认证机构的规定加以使用，未经产品质量认证机构许可，不得复制、转让。一般地，产品质量认证证书可以在广告、展销会、订货会等产品推销活动中宣传、展示，以提高企业的知名度。

② 产品质量认证标志。产品质量认证标志是由产品质量认证机构设计并发布的一种专用产品质量认证标志。它由产品质量认证机构代表国家认证授权机构颁发的。产品质量认证标志经产品质量认证机构批准，可以使用在认证产品、产品铭牌、包装物、产品使用说明书或出厂合格证上，用来证明该产品符合特定标准或技术规范。

9.2.3 质量管理体系认证

质量管理体系认证是依据质量体系标准，经过产品质量认证机构评审，并通过质量管理体系注册或颁发认证证书来证明某一组织的质量管理体系符合相应的质量体系标准的活动。根据不同的产品和领域，质量管理体系认证包括 GB/T 19001（ISO 9001）认证，电信行业质量管理体系标准 TL 9000 认证，食品行业的危害分析与关键控制点 HACCP 认证，药品生产质量管理规范 GMP 认证，航空航天质量管理体系标准 AS 9000 认证，汽车行业的 ISO/TS 16949 认证等。

1. 质量管理体系认证与产品质量认证的区别

质量管理体系认证与产品质量认证不同，其特点比较见表 9-4。

表 9-4　质量管理体系认证与产品质量认证的特点比较

项目	质量管理体系认证	产品质量认证
认证对象	供方的质量体系	特定产品
评定依据（获准认证的基本条件）	质量管理体系满足申请的质量管理体系的要求和必要的补充要求	产品质量符合指定的标准要求；质量管理体系满足指定的质量管理体系标准要求及特定的产品补充要求；评定依据应经认证机构认可
认证证明方式	质量管理体系认证（注册）证书	产品质量认证证书；认证标志
证明使用	认证证书和认证标志可用于宣传资料，但不能用于产品或包装上	认证标志能用于产品及其包装上
认证性质	一般属于自愿性认证	自愿性认证和强制性管理相结合

2. 质量管理体系认证的程序和规则

世界各国质量管理体系认证的程序都要依据 ISO/IEC 指南 48《质量管理体系认证实施程

序规则》，各质量管理体系认证机构都确定了各自的质量管理体系认证程序，虽然这些程序略有差异，但整体上都遵守如图 9-8 所示的程序。

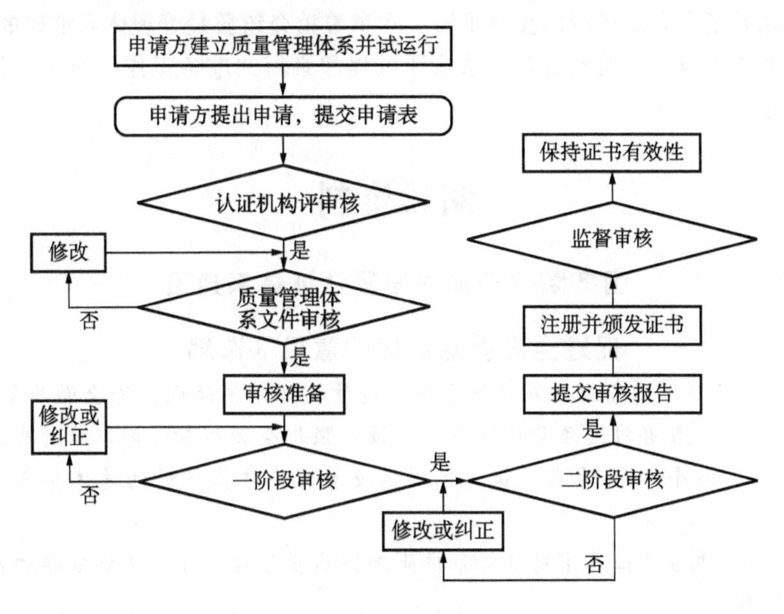

图 9-8　质量管理体系认证程序

3. 认证后的监督审核

认证机构对于获准认证的组织在其质量管理体系认证证书有效期（3 年）内实施监督审核，按照规定每年不少于一次。

质量管理体系监督审核与质量管理体系初次认证的程序基本相同，但在审核关注重点上和审核时间上有区别，一般审核时间（人天）是初次认证审核的三分之一。监督审核关注的重点如下。

（1）审核影响产品质量的主要部门或要素。

（2）确认上次审核发生的不符合项及纠正措施的落实情况。

（3）调查从上次审核结束后组织的质量管理体系的变化情况及其对产品质量的影响程度。

（4）审核组织的内部审核和管理评审，确认质量管理体系运行的适宜性和有效性。

（5）了解顾客反馈情况，尤其是对于顾客投诉的处理情况。

（6）审核组织对法律法规的遵守情况及对合同的履行情况。

监督审核如果发现受审核企业质量管理体系存在严重不合格情况，认证机构可能会给出证书暂停、证书撤销等不利于组织的审核结论。

本章小结

随着质量审核和质量认证的发展，质量管理体系认证已经从生产硬件产品的企业逐渐向生产其他产品和提供服务的组织拓展，这是一种正在发展的必然趋势。从竞争角度看，作为全球贸易壁垒的关税壁垒已让位于质量壁垒，变成质量竞争，在 ISO 的规划下逐渐演进为质量认证的竞争。了解质量审核与质量认证知识、掌握质量审核与质量认证技术是组织生存的需要，是不断提高的生活质量的需要，也是时代发展的要求。认证与认可是合格评定的主要活动，认证主要包括产品质量认证和质量管理体系认证。质量管理体系审核是一个组织为保证其质量管理体系正常有效运行的重要手段。本章着重介绍质量管理体系审核的概念和程序、现场审核实施方法与技巧、质量管理体系认证过程和必需的准备工作，对于质量审核和认证具有一定的指导性。

阅读资料

国务院关于加强质量认证体系建设促进全面质量管理的意见（选编）

2018 年 1 月 26 日，国务院印发《关于加强质量认证体系建设促进全面质量管理的意见》（以下简称《意见》），部署推进质量认证体系建设，强化全面质量管理，推动我国经济高质量发展。《意见》共分八个部分 27 条，提出了加强质量认证体系建设的总体要求、目标任务和保障措施。

《意见》指出，质量认证是市场经济条件下加强质量管理、提高市场效率的基础性制度。

一、指导思想

全面贯彻党的十九大精神，以习近平新时代中国特色社会主义思想为指导，按照高质量发展的要求，认真落实党中央、国务院决策部署，统筹推进“五位一体”总体布局和协调推进“四个全面”战略布局，坚持以人民为中心的发展思想，牢固树立和贯彻落实新发展理念，坚持质量第一、效益优先，以推进供给侧结构性改革为主线，按照实施质量强国战略和质量提升行动的总体部署，运用国际先进质量管理标准和方法，构建统一管理、共同实施、权威公信、通用互认的质量认证体系，促进行业发展和改革创新，强化全面质量管理，全面提高产品、工程和服务质量，显著增强我国经济质量优势，推动经济发展进入质量时代。

二、基本原则

——统一管理，顶层设计。按照“统一管理，共同实施”的要求，强化对质量认证体系建设的统筹规划和顶层设计，打破行业垄断和市场壁垒，避免多头管理和重复评价，维护质量认证工作的统一性和权威性。

——市场主导，政府引导。发挥市场在资源配置中的决定性作用，以市场需求为导向，突出市场主体地位，完善质量信号传导反馈机制，促进供需对接和结构优化。强化政府规划引导、政策扶持、监管服务等作用，完善公共服务体系，加强全面质量监管，营造良好发展环境。

——深化改革，创新发展。充分发挥认证认可制度的市场化、国际化特性，把质量认证作为推进供给侧结构性改革和“放管服”改革的重要抓手，促进政府职能转变，创新质量发展机制，激发质量提升动能。以改革创新为动力，完善质量认证体系，破解体制机制障碍，提升质量认证供给水平和创新能力。

——激励约束，多元共治。坚持引导和强制相结合，以自愿开展为主、强制实施为辅，对涉及安全、健康、环保等方面的产品依法实施强制性认证，鼓励企业参与自愿性认证，完善激励约束机制，引导社会各方开展质量共治，加强全面质量管理，共享质量发展成果。

三、主要目标

通过3～5年努力，我国质量认证制度趋于完备，法律法规体系、标准体系、组织体系、监管体系、公共服务体系和国际合作互认体系基本完善，各类企业组织尤其是中小微企业的质量管理能力明显增强，主要产品、工程、服务尤其是消费品、食品、农产品的质量水平明显提升，形成一批具有国际竞争力的质量品牌。

四、广泛开展质量管理体系升级行动

(1) 打造质量管理体系认证“升级版”。运用新版ISO 9001质量管理体系等国际先进标准、方法提升认证要求，以互联网、大数据等新技术改造传统认证模式，通过质量管理体系认证的系统性升级，带动企业质量管理的全面升级。

(2) 拓展质量认证覆盖面。开展万家企业质量认证现状抽样调查，摸清质量管理状况和认证需求。健全质量认证激励引导机制，鼓励企业参与自愿性认证，推行企业承诺制，接受社会监督，通过认证提升产品质量和品牌信誉，推动在市场采购、行业管理、行政监管、社会治理等领域广泛采信认证结果。

五、深化质量认证制度改革创新

(1) 完善强制性认证制度。着力发挥强制性认证“保底线”作用，遵循世界贸易组织规则，按照必要性和最小化原则，对涉及安全、健康、环保等方面的产品依法实施强制性认证。

(2) 创新自愿性认证制度。发挥自愿性认证“拉高线”作用，创新质量标准管理方式，优化标准体系，对新技术、新产品、新业态实施包容审慎监管，建立新领域研发认证“绿色通道”，促进产业转型升级。大力推行高端品质认证，开展绿色有机、机器人、物联网、城市轨道交通装备等高端产品和健康、教育、体育、金融、电商等领域服务认证，推进内外销产品“同线同标同质”工程，增加优质产品及服务供给，打造质量标杆。支持运用认证手段推进区域品牌建设，培育优势产业和拳头产品，提升区域经济竞争力。

(3) 清理涉及认证、检验检测的行政许可和行业评价制度。清理、整合、规范现有认证事项，取消不合理收费，坚决治理认证乱象。凡已建立国家统一认证制度的，不再设立类似的合格评定项目。面向社会的第三方技术评价活动应遵循通用准则和标准，逐步向国家统一的认证制度转变。全面清理工业产品生产许可证，加快向国际通行的产品认证制度转变。加快建设统一的绿色产品标准，认证、标识体系。清理涉及检验检测能力的行政许可事项，避免重复评价，实施统一的资质认定管理。鼓励认证机构为企业提供检验检测认证“一体化”解决方案和“一站式”服务，降低企业制度性交易成本。

六、加强认证活动事中事后监管

(1) 完善认证监管体系。完善“法律规范、行政监管、认可约束、行业自律、社会监督”五位一体监管体系。加强认证监管能力建设，充实基层认证监管力量，推进部门联动监管。健全认可约束机制，强化行业自律和社会监督作用，形成多元共治格局。

(2) 创新认证监管和激励约束机制。充分运用大数据技术和信息共享平台，推行“互联网+认证监管”方式，向社会公开产品质量认证信息，建立健全质量认证全过程追溯机制，完善风险预警、快速处置、信息通报、倒查追溯等措施。健全政府、行业、社会等多层面的认证采信机制，完善鼓励企业参与自愿性认证活动的激励措施，出台质量认证责任保险、获证企业授信等政策。

(3) 加大认证监管工作力度。全面推行“双随机、一公开”监管，加强对检验检测认证机构和获证企业、产品的联动监管，严厉打击非法从事检验检测认证活动和伪造、冒用、买卖认证证书或者认证标志等行为，严禁未获强制性认证的产品进入市场，确保认证有效性和公信力。

(4) 严格落实从业机构及人员责任。严格落实从业机构对检验检测认证结果的主体责任、对产品质量的连带责任，健全对参与检验检测认证活动从业人员的全过程责任追究机制，建立出证人对检验检测认证结果负总责制度，落实“谁出证，谁负责；谁签字，谁担责”。推行从业机构公开承诺和信息公示制度，建立从业机构及从业人员的诚信档案，完善永久退出和终身禁入等失信惩戒机制，提高违法失信成本。

习　题

一、单项选择题

1. 为获得审核证据并对其进行客观的评价，以确定满足审核准则的程度所进行的系统的、独立的并形成文件的活动是（　　）。

A. 审核　　B. 认证　　C. 验证　　D. 试验

2. 下列是第二方审核的是（　　）。

A. 企业自己进行内部审核　　B. 认证机构对企业进行认证审核

C. 咨询公司帮助企业进行内部审核　　D. 顾客委托某机构对企业进行审核

3. 多个认证机构同时对企业进行审核叫（　　）。

A. 结合审核　　B. 多体系审核　　C. 联合审核　　D. 以上都不对

4. 审核的内容和界限是（　　）。

A. 审核范围　　B. 认证范围　　C. 注册范围　　D. 审核准则

5. 以下与审核员无关的审核原则是（　　）。

A. 道德行为　　B. 公正表达　　C. 独立性　　D. 职业素养

6. 以下不属于现场审核实施阶段的是（　　）。

A. 首次会议　　B. 末次会议

C. 信息的收集和验证　　D. 文件审核

7. 与产品、过程、体系或人员有关的第三方证明是（　　）。

A. 认证　　B. 认可　　C. 合格评定　　D. 评审

8. 欧洲标准化委员会（CEN）进行的认证属于（　　）。

A. 国际认证　　B. 区域认证　　C. 国家认证　　D. 以上都不对

二、多项选择题

1. 下面属于管理体系审核的是（　　）。

A. 产品审核　　B. 联合审核　　C. 多体系审核　　D. TS 16949 审核

2. 以下属于审核方案管理过程的是（　　）。

A. 确定审核方案的目的　　B. 审核方案的实施

C. 审核报告的分发　　D. 审核方案的监视

3. 审核的启动包括（　　）。

A. 指定审核组组长　　　　　　B. 确定审核的可行性

C. 选择审核组　　　　　　　　D. 与受审核方建立初步联系

4. 举行首次会议的目的是（　　）。

A. 确认审核计划　　　　　　　B. 简要介绍审核活动如何实施

C. 确认沟通渠道　　　　　　　D. 向受审方提供询问的机会

5. 下列产品出口到欧盟需要符合欧盟指令的是（　　）。

A. 压力容器　　B. 电梯　　C. 玩具　　D. 衣物

6. 质量认证活动的特征包括（　　）。

A. 质量认证的对象是产品（服务）和质量管理体系

B. 认证机构属于第三方性质

C. 质量认证的依据是标准

D. 质量认证是证明具备能力

7. 下面属于质量管理体系认证标准的是（　　）。

A. ISO 9001（GB/T 19001）　　B. ISO/TS 16949

C. ISO 14001（GB/T 14001）　　D. TL 9000

三、判断题

1. 认证和认可都属于合格评定。

2. 独立性和客观性是审核的原则。

3. 产品质量认证证书可以在展销会、企业宣传册上使用。

4. 所有认证机构都能对各个专业的企业进行质量管理体系认证。

5. 咨询过程不是体系或产品认证的必需过程。

6. 审核方案就是审核计划。

7. 在八种产品认证模式中，全数检验比质量管理体系审核的模式严格而有效。

四、简答题

1. 认证和认可的区别是什么？

2. 质量管理体系认证和产品质量认证的区别是什么？

3. 产品质量认证的模式有哪几种？

4. 质量管理体系审核要经过哪些阶段？

5. 质量管理体系审核后的监督审核关注的重点是什么？

五、论述题

1. 试论述产品质量认证的一般流程。

2. 论述质量管理体系审核按照不同的标准如何进行分类。

第10章　质量监督与监管体系

学习目标

学完本章，应该理解和掌握：

质量监督的概念、类别和基本特征；

我国主要的产品质量监督的制度、条例和法规；

产品质量法的主要内容。

质量监督主要是指企业外部的宏观方面的政府部门的监督、检查活动。质量监督作为国民经济管理的一项重要制度，是政府宏观经济调控的重要手段，是维护市场经济秩序的重要保证，以及保障广大人民群众根本利益的重要措施。

10.1　质量监督概述

从古代埃及的金字塔、中国的长城、秦始皇的“车同轨、书同文、统一度量衡”、毕昇的活字印刷术到今天的摩天大楼、宇宙飞船、信息网络，都包含质量技术监督的内容。可以说，经济建设的各个领域，人民生活的各个方面，都离不开质量技术监督。我们的祖先早已概括为“不以规矩，不能成方圆”。

在欧洲，自从詹姆斯·瓦特 1765 年发明了世界上第一台蒸汽机，这一新技术在整个欧洲迅速推广。然而，新技术应用的同时也带来了大量的危险事故。于是 1865 年法国成立了蒸汽锅炉监督协会，1872 年德国成立了蒸汽锅炉监督协会（Verein zür überwachüng der Dampfkessel），为生产设备提供安全保障。这些监督协会成立后不久便受委托对锅炉进行强制性检测。通过专业人员的检验，欧洲的蒸汽锅炉安全可靠性大大提高。这就是欧洲初期的质量监督。

在我国，1988 年 7 月，隶属于国务院的国家技术监督局正式成立，行使技术监督职能。1998 年 4 月，国家技术监督局改名为国家质量技术监督局。2001 年 4 月，国家质量技术监督局与国家进出口检验检疫局合并成立国家质量监督检验检疫总局。2018 年 3 月，根据第十三届全国人民代表大会第一次会议批准的国务院机构改革方案，将国家质量监督检验检疫总局的职责与其他机构整合，共同组建中华人民共和国国家市场监督管理总局，下设法规司、质量发展局、产品质量安全监督管理司、计量司等。其中，产品质量安全监督管理司的主要职能是：拟订国家重点监督的产品目录并组织实施；承担产品质量国家监督抽查、风险监控和分类监督管理工作；指导和协调产品质量的行业、地方和专业性监督；承担工业产品生产许可管理和食品相关产品质量安全监督管理工作；承担棉花等纤维质量监督工作。

10.1.1　质量监督的概念

1. 质量监督的含义

国际标准化组织（ISO）对质量监督的定义是：“为了保证满足规定的要求，对实体状况进行连续的监视和验证，并对记录进行分析。”

（1）质量监督的对象是“实体”。在实际工作中可以单独进行描述和考虑的事物都可以成为质量监督的对象，包括产品、活动、过程、组织、体系、人或者他们的有机组合。

（2）质量监督的目的是使监督对象确保满足规定的要求。所谓规定的要求，可以是标准、规范、法律、法规、规章、制度等。这些规定的实施，通过质量监督来保证。因此，质量监督的任务就是根据国家或法律规定的质量法规和产品技术标准，对生产、流通、运输、储存领域的产品进行有效的监督管理，实现对产品质量的宏观控制，保护消费者和生产者的合法权益，维护国家的利益，促进经济的发展。

（3）质量监督的手段是监视、验证，并对记录进行检查、分析，其方式可以是连续的，也可以是定期的；可以是即时的，也可以是延时的。

(4) 质量监督实施的主体是顾客或顾客的代表。顾客代表主要是指顾客授权的代表（如第三方检验机构）或代表顾客利益的人或组织（如国家机关、消费者协会）等。一般是国家通过立法授权的特定国家机关或社会团体，如消费者协会等。

2. 质量监督的类型

质量监督可以分为企业内部的质量监督和企业外部的质量监督，企业外部的质量监督又可以分为国家监督、行业监督和社会监督三种类型。

(1) 企业内部的质量监督。企业内部的质量监督是为了保证满足质量要求，由管理者授权的相关人员对程序、方法、条件、产品、过程或服务进行随机检查，对照规定的质量要求，发现问题并予以记录，并督促责任部门分析原因，制定解决措施，直至问题得到解决。所以，也称企业内部的质量监督为自我监督。

企业内部的质量监督涉及各个职能部门所管辖的全部工作和活动。例如，质量检验部门和检验人员负责对生产条件的监控和对外购、外协物资、工序、零部件和成品的验证；工艺部门相工艺人员负责工艺系统对执行规定操作要求和工艺纪律的监督；计量部门及其人员负责计量值传递，法定计量单位贯彻和测试设备的配置是否满足产品检验的精密度与准确度的管理和监督等。企业内部的质量监督主要是由质量检验部门和质量职能部门通过质量保证部门来进行质量监督。

(2) 国家监督。国家监督是一种行政监督执法，是由国家通过立法授权的国家机关，利用国家的权力和权威来行使的，其监督具有法律效力。这种执法是从国家的整体利益出发，以法律为依据，不受部门、行业利益的局限，具有法律的权威性和严肃性。只受行政诉讼法的约束，不受其他单位的影响和干扰。

我国的政府监督主要是指由质量监督检验检疫总局统一管理、组织协调各级政府职能部门的质量监督工作。其涉及的主要产品是针对可能危及人体健康和人身、财产安全的产品，影响国计民生的重要工业产品及有重大质量问题的产品。

质量监督一般理解为政府职能部门依据国家的法律、法规及政府批准的标准等进行的具有执法性质的政府监督，即根据政府法令或规定，对产品质量和企业保证质量的条件进行监督的活动。

(3) 行业监督。行业监督是指由行业的主管部门对所管辖的行业、企业贯彻、执行国家有关质量法律、法规的情况进行监督。其主要任务是根据国家产业政策，组织制订本行业或企业的产品升级换代计划，指导企业按市场需求，调整产品结构，提高产品质量，推动技术进步，生产适销对路的优质产品，创建名牌产品，提高产品在国内外市场中的竞争能力。

行业质量监督不能与国家监督等同，无权使用国家法律、法规对所管辖的行业、企业实行行政处罚。

(4) 社会监督。社会监督是指消费者（顾客）或消费委员会等社会组织，协助国家或行业有关质量监督部门做好质量监督工作，保护用户或消费者的合法权益，协助顾客或消费者对假冒伪劣产品的揭露和投诉，进行一般质量争议的协调等工作。

社会监督还包括媒体和电视、电台、报刊等的舆论监督。舆论及新闻媒体的社会监督作用越来越大。如 2011 年发生在上海的“染色馒头事件”就是新闻媒体发挥社会监督作用的结果。

鉴于上述的质量监督实施者的类型，本章主要阐述政府行使的宏观方面的质量监督活动和监管体系。因此，质量监督一般理解为政府职能部门依据国家的法律、法规及政府批准的标准等进行的具有执法性质的政府监督，即根据政府法令或规定，对产品质量和企业保证质量的条件进行监督检查、抽样检验、验证，并对检查、检验、验证的记录进行分析的活动。质量监督是一项技术性、政策性和法律性很强的工作。

10.1.2　质量监督的特征

1. 质量监督的作用

汽车作为现代重要的交通运输工具，应当具有载重量、排气量、安全、耗油、污染物排放、寿命、舒适等满足用户需要的基本质量性能，以及维修服务的基本要求。这些质量性能和要求，既要先进，又要合理；既要考虑用户的需求，又要考虑生产的水平。这就要制定一个科学、合理、公认的标准来衡量。一辆汽车由成千上万个零部件组装而成，而它们不可能都由一个企业加工制造，这种社会化的大生产，又要求制定一些标准，把零部件连接配套的尺寸和性能统一协调起来，使一辆汽车，从原材料选用、零件加工、外购件采购，直到部件、整机组装，能够协调配套，最终达到设计要求。那么，怎么衡量汽车的质量是否达到标准要求呢？这就必须进行测试检验，用数据说话。要测试检验，就要有可靠的计量器具和正确的测试检验方法，因此，要保证量值传递的统一和计量器具的准确。这里，还有一个问题，那就是汽车质量由谁来检验的问题。日常生产检验和出厂检验，当然由汽车生产企业负责。但是，像汽车这类重要产品的质量，特别是涉及人体健康、人身财产安全的性能，政府需要进行监督检查，以维护国家和消费者的利益。当供需双方发生质量争议的时候，也需要第三方的公正的法定检验机构进行检验，并以此检验结果作为判定的依据。

食品是人类生存的第一需要。随着社会的进步，物质的丰富，人们对食品的要求越来越高。不仅要求食品含有一定的营养成分，而且要求严格的卫生指标，还要求有明确的标签事项，定量包装的食品不能缺秤短量。因此，需要制定各类食品的质量标准、卫生标准和标签标准，作为衡量食品质量的依据。同样，也需要用准确可靠的计量器具来测试检验，政府也需要进行监督检查。如果标识不符，消费者可以投诉，可以不买。这样，就可以提高消费者的自我保护意识，对不合格的食品也能够依法予以查处。

宾馆、饭店已经是我国重要的服务业。人们可根据自己的条件，选择相应档次的宾馆。每个档次的宾馆应该有公认的硬件、软件功能。这样，就需要制定一个宾馆的星级标准，以便消费者选择和监督。宾馆中的电器设备、娱乐设施、食品饮料、防火设施等安全、卫生要求，以及用于贸易结算的计量器具，也要政府进行监督检查，以维护顾客的安全和利益。如果顾客发现有名不符实的情况，可以与宾馆交涉，也可以投诉，得到合理的解决。

因此，政府行使质量监督的职能是对产品质量和企业保证质量的条件进行宏观控制，对保护消费者、生产者和国家利益不受到损害是十分必要的。质量监督作为国民经济管理的一项重要制度，是政府宏观经济调控的重要手段，是维护市场经济秩序的重要保证，是保障广大人民群众根本利益的重要措施。

（1）质量监督是维护市场经济秩序的重要保证。在市场经济体制下，遵守和执行质量法规和技术标准是保证市场经济运行的重要条件之一。在完善的市场经济体制下，质量监督已成为推行质量法规和技术标准，调解、仲裁人们在生产、流通、分配、消费中质量争议和维护市场经济正常秩序的重要手段。质量监督是指用法律手段监督市场运行和维护平等竞争，监督企业严格依法组织生产和销售，规范市场行为，培育市场体系，从而为企业的生产、销售活动和经济发展创造一个良好的市场经济环境。

(2) 质量监督是规范企业经营行为和提高质量水平的手段。在经济生活中往往有些企业和个人违背诚信道德，忽视质量，粗制滥造，以次充好，甚至弄虚作假欺骗用户，非法牟取利益，损害消费者和国家的利益。质量监督就是要发现和纠正这种不规范的企业经营行为，并给予坚决的制止和有力的打击。质量监督督促企业在公平、公正、公开的前提下，开展企业间的竞争，使企业的经营行为符合市场经济的运行规则。

实行质量监督，是对企业的产品质量和质量工作的考核和检验，发现问题，要依据有关的法规进行处理，奖优罚劣，以促进和帮助企业健全质量体系，加强生产检验工作，不断提高产品质量水平。

(3) 质量监督能够积极维护消费者利益。质量监督是维护消费者利益、保障人民权益的需要。各级政府的质量监督管理部门，一般都设有专人、备有专用电话和投诉信箱，接待和处理消费者和用户的质量投诉及对产品质量的意见。通过及时处理消费者的质量投诉，帮助解决产品质量问题，并依据法规对劣质商品的责任者进行查处，从而增强了人民群众同政府之间的联系，密切了政府和人民群众的关系。

(4) 质量监督是贯彻质量法规和技术标准的监察措施。国家颁布的有关质量的许多法规的贯彻执行，如《标准化法》《计量法》《食品卫生法》《药品管理法》《经济合同法》《工业产品质量责任条例》《产品质量监督试行办法》等，需要质量监督予以维护和监督执行。国家颁布的强制性的技术标准，包括国家标准、行业标准、地方标准，是必须执行的技术法规，也需要通过质量监督进行督导和监察，以促进技术标准的贯彻执行。

(5) 质量监督是现代社会重要的质量信息源。质量监督管理部门对产品进行质量监督能公正地、科学地反映产品质量状况，向国家提供产品质量信息，作为国家完善经济计划，分析质量形势，制定相应的政策、措施的依据。质量监督管理部门提供的产品抽样检查中，公布的质量信息，可指导消费者和用户选购好的产品。通过质量监督还能发现技术标准本身的缺陷和不足，为修订标准和制定新标准及改进标准化工作提供依据。

2. 质量监督的基本特征

随着经济建设、科学技术和贸易的发展，质量技术监督的领域越来越广，内容越来越多，方式也在不断改革。尽管质量技术监督的内容、方式在不断发展和变化，但它具有以下的基本特征。

(1) 以质量为中心。质量问题是经济发展中的战略问题。提高产品质量，既是满足市场需求、扩大出口、提高经济运行质量和效益的关键，也是实现跨世纪宏伟目标、增强综合国力和国际竞争力的必然要求。在我国面临经济结构调整的关键时期，质量工作正是主攻方向。没有质量就没有效益。

这里所说的质量，包括产品质量、工程质量和服务质量。改革开放以来，特别是近年来，我国产品质量的总体水平有了较大提高，部分产品质量已经达到或接近国际先进水平。但是，目前我国产品质量状况与经济发展要求和国际先进水平相比，仍有比较大的差距，许多产品档次低、质量差，抽查合格率较低，假冒伪劣商品屡禁不止，优难胜、劣不汰现象相当普遍，重大质量事故时有发生，影响经济健康发展和人民生活质量的提高。因此，质量技术监督要始终围绕质量做工作，把提高质量，为国家和人民提供高质量的商品和服务作为工作的出发点和落脚点。

(2) 以技术为依托。质量的好坏，不是仅用手摸眼看就能辨别出来的。质量技术监督中包含大量的技术内容，凝聚大量科研成果。质量技术监督工作必须以技术为依托，用科学的数据说话。

① 标准。标准所规定的产品型式尺寸、性能技术要求、试验检测方法、包装标志要求等，都是在经过大量调查分析、试验研究、专家讨论、总结国内外实践经验的基础上确定的。标准的内容要做到技术先进、经济合理、安全可靠。

② 计量。为了保证量值传递的统一，要研究建立长度、热工、力学、电学、化学、放射性等各种准确度很高的基准、标准，要对各种工作计量器具定期进行检定，要对用于贸易结算、安全防护、医疗卫生、环境监测等的计量器具实施强制性鉴定。在建立的基准、标准和作为鉴定依据的规程中都包含了大量的科研成果和实践经验的总结。

③ 对质量的检验，特别是对内在质量的检验，要研究科学适用的检测方法，要选用、研制准确可靠的测试仪器设备，才能提供可信的检验结果。

(3) 政府质量技术监督部门履行综合管理和行政执法两大职能。由于质量技术监督涉及各个领域，而各个专业领域之间又需要统一协调；质量技术监督部门不是一个行业主管部门，不涉及本行业的利害关系。因此，依据国家有关法律、法规和国务院批准的“三定”方案，质量技术监督部门履行综合管理和行政执法两大职能。

① 综合管理就是对标准化、计量和质量进行统一管理。统一管理，着重在政策指导，统筹规划，组织协调，监督服务。

② 行政执法就是依据法律、法规的规定，查处生产、流通领域中的产品质量、标准违法行为和流通领域中的计量违法行为；组织协调依法查处生产和经销假冒商品活动中的质量违法行为。

(4) 监督与服务相结合。质量技术监督工作，不仅要搞好管理和监督，而且要做好服务。服务的对象主要是企业和广大消费者。服务的内容主要是帮助企业建立健全质量管理体系、标准体系和计量检测体系，提高管理水平；帮助企业实施名牌战略，获得质量认证，形成一批名优产品；为企业和消费者提供质量、标准化、计量的信息，引导企业加快技术创新和产品更新换代；开展对企业领导人和消费者的质量技术监督法律、法规知识、质量管理知识和质量鉴别知识的教育培训；帮助消费者处理质量纠纷。

10.1.3 我国质量监督行政管理体系

2018 年 3 月以前，中华人民共和国国家质量监督检验检疫总局（简称国家质检总局）是中华人民共和国国务院主管全国质量、计量、出入境商品检验、出入境卫生检疫、出入境动植物检疫、进出口食品安全和认证认可、标准化等工作，并行使行政执法职能的直属机构。其职责为拟定产品质量安全监督的工作制度；承担产品质量国家监督抽查工作；拟订国家重点监督的国内产品目录并组织实施；承担工业产品生产许可证管理、产品质量安全强制检验和风险监控工作；指导和协调产品质量的行业、地方和专业性监督；管理机动车安全技术检验机构资格；监督管理产品质量检验机构及仲裁检验、鉴定。

2018 年 3 月，第十三届全国人民代表大会第一次会议批准的国务院机构改革方案提出，将国家工商行政管理总局的职责，国家质量监督检验检疫总局的职责，国家食品药品监督管理总局的职责，国家发展和改革委员会的价格监督检查与反垄断执法职责，商务部的经营者集中反垄断执法以及国务院反垄断委员会办公室等职责整合，组建国家市场监督管理总局，作为国务院直属机构。组建国家药品监督管理局，由国家市场监督管理总局管理。市场监管实行分级管理，药品监管机构只设到省一级，药品经营销售等行为的监管，由市县市场监管部门统一承担。将国家质量监督检验检疫总局的出入境检验检疫管理职责和队伍划入海关总署。保留国务院食品安全委员会、国务院反垄断委员会，具体工作由国家市场监督管理总局承担。国家认证认可监督管理委员会、国家标准化管理委员会职责划入国家市场监督管理总局，对外保留牌子。将重新组建国家知识产权局，由国家市场监督管理总局管理。由此，国家市场监督管理总局成为主管全国质量、计量和认证认可、标准化等工作，并行使行政执法职能的直属机构。

国家市场监督管理总局的主要职责如下。

（1）负责市场综合监督管理。起草市场监督管理有关法律法规草案，制定有关规章、政策、标准，组织实施质量强国战略、食品安全战略和标准化战略，拟订并组织实施有关规划，规范和维护市场秩序，营造诚实守信、公平竞争的市场环境。

（2）负责市场主体统一登记注册。指导各类企业、农民专业合作社和从事经营活动的单位、个体工商户以及外国（地区）企业常驻代表机构等市场主体的登记注册工作。建立市场主体信息公示和共享机制，依法公示和共享有关信息，加强信用监管，推动市场主体信用体系建设。

（3）负责组织和指导市场监管综合执法工作。指导地方市场监管综合执法队伍整合和建设，推动实行统一的市场监管。组织查处重大违法案件。规范市场监管行政执法行为。

（4）负责反垄断统一执法。统筹推进竞争政策实施，指导实施公平竞争审查制度。依法对经营者集中行为进行反垄断审查，负责垄断协议、滥用市场支配地位和滥用行政权力排除、限制竞争等反垄断执法工作。指导企业在国外的反垄断应诉工作。承担国务院反垄断委员会日常工作。

（5）负责监督管理市场秩序。依法监督管理市场交易、网络商品交易及有关服务的行为。组织指导查处收费价格违法违规，不正当竞争，违法直销、传销、侵犯商标专利知识产权和制售假冒伪劣行为。指导广告业发展，监督管理广告活动。指导查处无照生产经营和相关无证生产经营行为。指导中国消费者协会开展消费维权工作。

（6）负责宏观质量管理。拟订并实施质量发展的制度措施。统筹国家质量基础设施建设与应用，会同有关部门组织实施重大工程设备质量监理制度，组织重大质量事故调查，建立并统一实施缺陷产品召回制度，监督管理产品防伪工作。

（7）负责产品质量安全监督管理。负责产品质量安全风险监控、国家监督抽查工作。建立并组织实施质量分级制度、质量安全追溯制度。指导工业产品生产许可管理。负责纤维质量监督工作。

（8）负责特种设备安全监督管理。综合管理特种设备安全监察、监督工作，监督检查高耗能特种设备节能标准和锅炉环境保护标准的执行情况。

（9）负责食品安全监督管理综合协调。组织制定食品安全重大政策并组织实施。负责食品安全应急体系建设，组织指导重大食品安全事件应急处置和调查处理工作。建立健全食品安全重要信息直报制度。承担国务院食品安全委员会日常工作。

（10）负责食品安全监督管理。建立覆盖食品生产、流通、消费全过程的监督检查制度和隐患排查治理机制并组织实施，防范区域性、系统性食品安全风险。推动建立食品生产经营者落实主体责任的机制，健全食品安全追溯体系。组织开展食品安全监督抽检、风险监测、核查处置和风险预警、风险交流工作。组织实施特殊食品注册、备案和监督管理。

（11）负责统一管理计量工作。推行法定计量单位和国家计量制度，管理计量器具及量值传递和比对工作。规范、监督商品质量和市场计量行为。

（12）负责统一管理标准化工作。依法承担强制性国家标准的立项、编号、对外通报和授权批准发布工作。制定推荐性国家标准。依法协调指导和监督行业标准、地方标准、团体标准制定工作。组织开展标准化国际合作和参与制定、采用国际标准工作。

（13）负责统一管理检验检测工作。推进检验检测机构改革，规范检验检测市场，完善检验检测体系，指导协调检验检测行业发展。

（14）负责统一管理、监督和综合协调全国认证认可工作。建立并组织实施国家统一的认证认可和合格评定监督管理制度。

（15）负责市场监督管理科技和信息化建设、新闻宣传、国际交流与合作。按规定承担技术性贸易措施相关工作。

（16）管理国家药品监督管理局、国家知识产权局。

（17）完成党中央、国务院交办的其他任务。

国家市场监督管理总局机关内设 29 个司（厅、局），即：

办公厅、综合规划司、法规司、执法稽查局、登记注册局（小微企业个体工商户专业市场党建工作办公室）、信用监督管理司、反垄断局、价格监督检查和反不正当竞争局（规范直销与打击传销办公室）、网络交易监督管理司、广告监督管理司、质量发展局、产品质量安全监督管理司、食品安全协调司、食品生产安全监督管理司、食品经营安全监督管理司、特殊食品安全监督管理司、食品安全抽检监测司、特种设备安全监察局、计量司、标准技术管理司、标准创新管理司、认证监督管理司、认可与检验检测监督管理司、新闻宣传司、科技和财务司、人事司、国际合作司（港澳台办公室）、机关党委、离退休干部办公室。

国家认证认可监督管理委员会、国家标准化管理委员会职责划入国家市场监督管理总局，对外保留牌子。

国家市场监督管理总局下设 23 个直属事业单位，16 个行业学、协会挂靠在国家市场监督管理总局，即：

机关服务中心、信息中心、发展研究中心、行政学院、专业技术人才开发中心、宣传中心、中国纤维质量监测中心、食品审评中心（中保委）、中国计量科学研究院、中国标准化研究院、中国检验检疫科学研究院、中国特种设备检测研究院、中国合格评定国家认可中心、中国网络安全审查技术与认证中心、全国组织机构统一社会信用代码数据服务中心、中国物品编码中心、认证认可技术研究中心、国家标准技术审评中心、中国市场监管报社、中国质量报刊社、中国消费者报社、中国工商出版社有限公司、中国质量标准出版传媒有限公司、中国市场监督管理学会、中国计量测试学会、中国检验检测学会、中国个体劳动者协会、中国消费者协会、中国质量万里行促进会、中国品牌建设促进会、中国消费品质量安全促进会、中国出入境检验检疫协会、中国认证认可协会、中国质量检验协会、中国计量协会、中国标准化协会、中国防伪行业协会、中国设备监理协会、中国特种设备安全与节能促进会。

其中几个重要技术监督部门的职责如下。

(1) 质量发展局，拟订推进质量强国战略的政策措施并组织实施，承担统筹国家质量基础设施协同服务及应用工作，提出完善质量激励制度措施；拟订实施产品和服务质量提升制度、产品质量安全事故强制报告制度、缺陷产品召回制度，组织实施重大工程设备质量监理和产品防伪工作，开展服务质量监督监测，组织重大质量事故调查。

(2) 产品质量安全监督管理司，拟订国家重点监督的产品目录并组织实施；承担产品质量国家监督抽查、风险监控和分类监督管理工作；指导和协调产品质量的行业、地方和专业性监督；承担工业产品生产许可管理和食品相关产品质量安全监督管理工作；承担棉花等纤维质量监督工作。

(3) 食品安全协调司，拟订推进食品安全战略的重大政策措施并组织实施；承担统筹协调食品全过程监管中的重大问题，推动健全食品安全跨地区跨部门协调联动机制工作；承办国务院食品安全委员会日常工作。

(4) 食品生产安全监督管理司，分析掌握生产领域食品安全形势，拟订食品生产监督管理和食品生产者落实主体责任的制度措施并组织实施；组织食盐生产质量安全监督管理工作；组织开展食品生产企业监督检查，组织查处相关重大违法行为；指导企业建立健全食品安全可追溯体系。

(5) 食品经营安全监督管理司，分析掌握流通和餐饮服务领域食品安全形势，拟订食品流通、餐饮服务、市场销售食用农产品监督管理和食品经营者落实主体责任的制度措施，组织实施并指导开展监督检查工作；组织食盐经营质量安全监督管理工作；组织实施餐饮质量安全提升行动；指导重大活动食品安全保障工作；组织查处相关重大违法行为。

(6) 特殊食品安全监督管理司，分析掌握保健食品、特殊医学用途配方食品和婴幼儿配方乳粉等特殊食品领域安全形势，拟订特殊食品注册、备案和监督管理的制度措施并组织实施；组织查处相关重大违法行为。

(7) 食品安全抽检监测司，拟订全国食品安全监督抽检计划并组织实施，定期公布相关信息；督促指导不合格食品核查、处置、召回；组织开展食品安全评价性抽检、风险预警和风险交流；参与制定食品安全标准、食品安全风险监测计划，承担风险监测工作，组织排查风险隐患。

(8) 特种设备安全监察局，拟订特种设备目录和安全技术规范；监督检查特种设备的生产、经营、使用、检验检测和进出口，以及高耗能特种设备节能标准、锅炉环境保护标准的执行情况；按规定权限组织调查处理特种设备事故并进行统计分析；查处相关重大违法行为；监督管理特种设备检验检测机构和检验检测人员、作业人员；推动特种设备安全科技研究并推广应用。

(9) 计量司，承担国家计量基准、计量标准、计量标准物质和计量器具管理工作，组织量值传递溯源和计量比对工作；承担国家计量技术规范体系建立及组织实施工作；承担商品质量、市场计量行为、计量仲裁检定和计量技术机构及人员监督管理工作；规范计量数据使用。

(10) 标准技术管理司，拟订标准化战略、规划、政策和管理制度并组织实施；承担强制性国家标准、推荐性国家标准（含标准样品）和国际对标采标相关工作；协助组织查处违反强制性国家标准等重大违法行为；承担全国专业标准化技术委员会管理工作。

（11）标准创新管理司，承担行业标准、地方标准、团体标准、企业标准和组织参与制定国际标准相关工作；承担全国法人和其他组织统一社会信用代码相关工作；管理商品条码工作；组织参与国际标准化组织、国际电工委员会和其他国际或区域性标准化组织活动。

（12）认证监督管理司，拟订实施认证和合格评定监督管理制度；规划指导认证行业发展并协助查处认证违法行为；组织参与认证和合格评定国际或区域性组织活动。

（13）认可与检验检测监督管理司，拟订实施认可与检验检测监督管理制度；组织协调检验检测资源整合和改革工作，规划指导检验检测行业发展并协助查处认可与检验检测违法行为；组织参与认可与检验检测国际或区域性组织活动。

10.2 质量监督管理制度

产品质量管理制度是国家采用法规的形式，规范一系列关于产品质量方面的宏观管理的措施。其内容是规范政府行为。目的是实现国家对产品质量进行依法管理，保证产品质量满足社会需求和国民经济建设的需要，维护市场经济秩序。这些制度是国家宏观调控的手段，创造了外部法制管理的社会环境。同时，也为企业合法经营，依法维护自身权益，依法履行义务和承担责任提供了依据。

10.2.1 产品质量监督抽查制度

1. 产品质量监督抽查的依据

《中华人民共和国产品质量法》第十五条规定：国家对产品质量实行以抽查为主要方式的监督检查制度，对可能危及人体健康和人身、财产安全的产品，影响国计民生的重要工业产品及消费者、有关组织反映有质量问题的产品进行抽查。

为了加强产品质量监督管理，规范产品质量监督抽查工作，保护消费者的合法权益，根据《中华人民共和国产品质量法》和《中华人民共和国消费者权益保护法》等法律、行政法规，国家市场监督管理总局于 2019 年 11 月制定了《产品质量监督抽查管理暂行办法》，并于 2020 年 1 月 1 日施行。法律、行政法规、部门规章对产品质量监督抽查另有规定的，依照其规定。

产品质量监督抽查是指市场监督管理部门为监督产品质量，依法组织对在中华人民共和国境内生产、销售的产品进行抽样、检验，并进行处理的活动。监督抽查实行抽检分离制度。除现场检验外，抽样人员不得承担其抽样产品的检验工作。

2. 产品质量监督抽查的对象

根据《中华人民共和国产品质量法》中的规定，主要对下面三类产品进行监督抽查。

（1）可能危及人体健康和人身、财产安全的产品。主要指食品、药品、化妆品、电器、医疗器械、交通工具等。

（2）影响国计民生的重要工业产品。主要指钢铁、水泥、计量器具、建材等。

（3）有关组织反映有质量问题的产品。这主要是指由消费者在消费过程中提出的假冒伪劣或使用过程中发现有较大质量缺陷的产品。这也可能是前两类的产品。

另外，《产品质量监督抽查管理暂行办法》中规定，市场监督管理部门对本行政区域内生产、销售的产品实施监督抽查。生产者、销售者应当配合监督抽查，如实提供监督抽查所需材料和信息，不得以任何方式阻碍、拒绝监督抽查。同一市场监督管理部门不得在六个月内对同一生产者按照同一标准生产的同一商标、同一规格型号的产品（以下简称同一产品）进行两次以上监督抽查。被抽样生产者、销售者在抽样时能够证明同一产品在六个月内经上级市场监督管理部门监督抽查的，下级市场监督管理部门不得重复抽查。

3. 产品质量监督抽查的类别

根据新的《产品质量监督抽查管理暂行办法》中规定，监督抽查分为由国家市场监督管理总局组织的国家监督抽查和县级以上地方市场监督管理部门组织的地方监督抽查。

国家市场监督管理总局负责统筹管理、指导协调全国监督抽查工作，组织实施国家监督抽查，汇总、分析全国监督抽查信息。

省级市场监督管理部门负责统一管理本行政区域内地方监督抽查工作，组织实施本级监督抽查，汇总、分析本行政区域监督抽查信息。

市级、县级市场监督管理部门负责组织实施本级监督抽查，汇总、分析本行政区域监督抽查信息，配合上级市场监督管理部门在本行政区域内开展抽样工作，承担监督抽查结果处理工作。

4. 产品质量监督抽查的实施

从 2020 年 1 月 1 日开始实施的《产品质量监督抽查管理暂行办法》，对监督抽查的组织、抽样、检验、异议复检、结果处理与法律责任都作了具体的规定。

国家市场监督管理总局负责制定国家监督抽查年度计划，并通报省级市场监督管理部门。县级以上地方市场监督管理部门负责制定本级监督抽查年度计划，并报送上一级市场监督管理部门备案。

组织监督抽查的市场监督管理部门应当根据本级监督抽查年度计划，制定监督抽查方案和监督抽查实施细则。监督抽查方案应当包括抽查产品范围、工作分工、进度要求等内容。监督抽查实施细则应当包括抽样方法、检验项目、检验方法、判定规则等内容。

组织监督抽查的市场监督管理部门应当按照政府采购等有关要求，确定承担监督抽查抽样、检验工作的抽样机构、检验机构，并签订委托协议，明确权利、义务、违约责任等内容。抽样机构、检验机构应当在委托范围内开展抽样、检验工作，保证抽样、检验工作及其结果的客观、公正、真实。

5. 监督抽查后的结果处理与法律责任

（1）结果处理。组织监督抽查的市场监督管理部门应当汇总分析、依法公开监督抽查结果，并向地方人民政府、上一级市场监督管理部门和同级有关部门通报监督抽查情况。组织地方监督抽查的市场监督管理部门发现不合格产品为本行政区域以外的生产者生产的，应当及时通报生产者所在地同级市场监督管理部门。

对检验结论为不合格的产品，被抽样生产者、销售者应当立即停止生产、销售同一产品。负责结果处理的市场监督管理部门应当责令不合格产品的被抽样生产者、销售者自责令之日起六十日内予以改正。自责令之日起七十五日内按照监督抽查实施细则组织复查。被抽样生产者、销售者经复查不合格的，负责结果处理的市场监督管理部门应当逐级上报至省级市场监督管理部门，由其向社会公告。

负责结果处理的市场监督管理部门应当在公告之日起六十日后九十日前对被抽样生产者、销售者组织复查，经复查仍不合格的，按照《中华人民共和国产品质量法》第十七条规定，责令停业，限期整顿；整顿期满后经复查仍不合格的，吊销营业执照。复查所需样品由被抽样生产者、销售者无偿提供。被抽样生产者、销售者在经负责结果处理的市场监督管理部门认定复查合格前，不得恢复生产、销售同一产品。

监督抽查发现产品存在区域性、行业性质量问题，市场监督管理部门可以会同其他有关部门、行业组织召开质量分析会，指导相关产品生产者、销售者加强质量管理。

（2）法律责任。被抽样生产者、销售者有下列情形之一的，由县级市场监督管理部门按照有关法律、行政法规规定处理；法律、行政法规未做规定的，处三万元以下罚款；涉嫌构成犯罪，依法需要追究刑事责任的，按照有关规定移送公安机关：

被抽样产品存在严重质量问题的；阻碍、拒绝或者不配合依法进行的监督抽查的；未经负责结果处理的市场监督管理部门认定复查合格而恢复生产、销售同一产品的；隐匿、转移、变卖、损毁样品的。

抽样机构、检验机构及其工作人员违反规定的，由县级市场监督管理部门按照有关法律、行政法规规定处理；法律、行政法规未做规定的，处三万元以下罚款；涉嫌构成犯罪，依法需要追究刑事责任的，按照有关规定移送公安机关。

市场监督管理部门工作人员滥用职权、玩忽职守、徇私舞弊的，对直接负责的主管人员和其他直接责任人员依法给予行政处分。

10.2.2 认证认可监督管理制度

认证制度由于其科学性和公正性，已被世界上很多国家采用。认证是指由认证机构证明产品、服务、管理体系符合相关技术规范、相关技术规范的强制性要求或者标准的合格评定活动。认可是指由认可机构对认证机构、检查机构、实验室以及从事评审、审核等认证活动人员的能力和执业资格，予以承认的合格评定活动。

1. 认证认可条例

为了规范认证认可活动，提高产品、服务的质量和管理水平，促进经济和社会的发展，认证监督管理司于2019年2月15日发布了《中华人民共和国认证认可条例》。

国家实行统一的认证认可监督管理制度。国家对认证认可工作实行在国务院认证认可监督管理部门统一管理、监督和综合协调下，各有关方面共同实施的工作机制。认证认可活动应当遵循客观独立、公开公正、诚实信用的原则。国家鼓励平等互利地开展认证认可国际互认活动。认证认可国际互认活动不得损害国家安全和社会公共利益。

（1）认证。国家根据经济和社会发展的需要，推行产品、服务、管理体系认证。认证机构应当按照认证基本规范、认证规则从事认证活动。认证基本规范、认证规则由国务院认证认可监督管理部门制定；涉及国务院有关部门职责的，国务院认证认可监督管理部门应当会同国务院有关部门制定。属于认证新领域，前款规定的部门尚未制定认证规则的，认证机构可以自行制定认证规则，并报国务院认证认可监督管理部门备案。任何法人、组织和个人可以自愿委托依法设立的认证机构进行产品、服务、管理体系认证。

认证机构以及与认证有关的检查机构、实验室从事认证以及与认证有关的检查、检测活动，应当完成认证基本规范、认证规则规定的程序，确保认证、检查、检测的完整、客观、真实，不得增加、减少、遗漏程序。认证机构以及与认证有关的检查机构、实验室应当对认证、检查、检测过程作出完整记录，归档留存。认证机构及其认证人员应当及时作出认证结论，并保证认证结论的客观、真实。认证结论经认证人员签字后，由认证机构负责人签署。认证机构及其认证人员对认证结果负责。

认证结论为产品、服务、管理体系符合认证要求的，认证机构应当及时向委托人出具认证证书。获得认证证书的，应当在认证范围内使用认证证书和认证标志，不得利用产品、服务认证证书、认证标志和相关文字、符号，误导公众认为其管理体系已通过认证，也不得利用管理体系认证证书、认证标志和相关文字、符号，误导公众认为其产品、服务已通过认证。

认证机构应当对其认证的产品、服务、管理体系实施有效的跟踪调查，认证的产品、服务、管理体系不能持续符合认证要求的，认证机构应当暂停其使用直至撤销认证证书，并予公布。

为了保护国家安全、防止欺诈行为、保护人体健康或者安全、保护动植物生命或者健康、保护环境，国家规定相关产品必须经过认证的，应当经过认证并标注认证标志后，方可出厂、销售、进口或者在其他经营活动中使用。国家对必须经过认证的产品，统一产品目录，统一技术规范的强制性要求、标准和合格评定程序，统一标志，统一收费标准。统一的产品目录（以下简称目录）由国务院认证认可监督管理部门会同国务院有关部门制定、调整，由国务院认证认可监督管理部门发布，并会同有关方面共同实施。国务院认证认可监督管理部门应当公布指定的认证机构、检查机构、实验室名录及指定的业务范围。未经指定，任何机构不得从事列入目录产品的认证以及与认证有关的检查、检测活动。

（2）认可。国务院认证认可监督管理部门确定的认可机构（以下简称认可机构），独立开展认可活动。除国务院认证认可监督管理部门确定的认可机构外，其他任何单位不得直接或者变相从事认可活动。其他单位直接或者变相从事认可活动的，其认可结果无效。

认证机构、检查机构、实验室可以通过认可机构的认可，以保证其认证、检查、检测能力持续、稳定地符合认可条件。从事评审、审核等认证活动的人员，应当经认可机构注册后，方可从事相应的认证活动。

认可机构根据认可的需要，可以选聘从事认可评审活动的人员。从事认可评审活动的人员应当是相关领域公认的专家，熟悉有关法律、行政法规以及认可规则和程序，具有评审所需要的良好品德、专业知识和业务能力认可机构委托他人完成与认可有关的具体评审业务的，由认可机构对评审结论负责。

认可机构应当在公布的时间内，按照国家标准和国务院认证认可监督管理部门的规定，完成对认证机构、检查机构、实验室的评审，做出是否给予认可的决定，并对认可过程做出完整记录，归档留存。认可机构应当确保认可的客观公正和完整有效，并对认可结论负责。

认可机构应当向取得认可的认证机构、检查机构、实验室颁发认可证书，并公布取得认可的认证机构、检查机构、实验室名录。认可机构应当按照国家标准和国务院认证认可监督管理部门的规定，对从事评审、审核等认证活动的人员进行考核，考核合格的，予以注册。认可证书应当包括认可范围、认可标准、认可领域和有效期限。取得认可的机构应当在取得认可的范围内使用认可证书和认可标志。取得认可的机构不当使用认可证书和认可标志的，认可机构应当暂停其使用直至撤销认可证书，并予公布。

认可机构应当对取得认可的机构和人员实施有效的跟踪监督，定期对取得认可的机构进行复评审，以验证其是否持续符合认可条件。取得认可的机构和人员不再符合认可条件的，认可机构应当撤销认可证书，并予公布。取得认可的机构的从业人员和主要负责人、设施、自行制定的认证规则等与认可条件相关的情况发生变化的，应当及时告知认可机构。认可机构不得接受任何可能对认可活动的客观公正产生影响的资助。境内的认证机构、检查机构、实验室取得境外认可机构认可的，应当向国务院认证认可监督管理部门备案。

(3) 监督管理。国务院认证认可监督管理部门可以采取组织同行评议，向被认证企业征求意见，对认证活动和认证结果进行抽查，要求认证机构以及与认证有关的检查机构、实验室报告业务活动情况的方式，对其遵守本条例的情况进行监督。发现有违反本条例行为的，应当及时查处，涉及国务院有关部门职责的，应当及时通报有关部门。

国务院认证认可监督管理部门应当重点对指定的认证机构、检查机构、实验室进行监督，对其认证、检查、检测活动进行定期或者不定期的检查。指定的认证机构、检查机构、实验室，应当定期向国务院认证认可监督管理部门提交报告，并对报告的真实性负责；报告应当对从事列入目录产品认证、检查、检测活动的情况做出说明。

认可机构应当定期向国务院认证认可监督管理部门提交报告，并对报告的真实性负责；报告应当对认可机构执行认可制度的情况、从事认可活动的情况、从业人员的工作情况做出说明。国务院认证认可监督管理部门应当对认可机构的报告做出评价，并采取查阅认可活动档案资料、向有关人员了解情况等方式，对认可机构实施监督。

县级以上地方人民政府质量技术监督部门和国务院质量监督检验检疫部门设在地方的出入境检验检疫机构，在国务院认证认可监督管理部门的授权范围内，依照本条例的规定对认证活动实施监督管理。国务院认证认可监督管理部门授权的县级以上地方人民政府质量技术监督部门和国务院质量监督检验检疫部门设在地方的出入境检验检疫机构，统称地方认证监督管理部门。

任何单位和个人对认证认可违法行为，有权向国务院认证认可监督管理部门和地方认证监督管理部门举报。国务院认证认可监督管理部门和地方认证监督管理部门应当及时调查处理，并为举报人保密。

2. 强制性产品认证制度

强制性产品认证是通过制定强制性产品认证的产品目录和实施强制性产品认证程序，对列入《目录》中的产品实施强制性的检测和审核。凡列入强制性产品认证目录内的产品，没有获得指定认证机构的认证证书，没有按规定加施认证标志，一律不得进口、不得出厂销售和在经营服务场所使用。实行市场经济制度的国家，政府利用强制性产品认证制度作为产品市场准入的手段，正在成为国际通行的做法。

(1) 强制性产品认证制度的法律与法规、规章。我国强制性产品认证制度是以《产品质量法》《进出口商品检验法》《标准化法》为基础建立的。强制性产品认证制度的对象为涉及人体健康、动植物生命安全、环境保护、公共安全、国家安全的产品。强制性产品认证的技术依据为国家强制性标准或国家技术规范中的强制性要求。强制性产品认证制度的基本框架为三部分，一是认证制度的建立，二是认证的实施，三是认证实施有效性的行政执法监督。强制性产品认证制度的建立由中央政府负责，国家认监委负责按照法律法规和国务院的授权，协调有关部门按照“四个统一”的原则建立国家强制性产品认证制度；指定认证机构在授权范围内承担具体产品的认证任务，向获证产品颁发CCC认证证书；地方质量技术监督局和各地出入境检验检疫局负责对列入《目录》产品的行政执法监督工作，确保未获得认证的列入《目录》内的产品不得进口、出厂、销售和在经营服务性活动中使用。对于特殊产品（如：消防产品），国务院有关行政主管部门按照授权职能承担相应的监管职能。

(2) 强制性产品认证制度的规范性文件构成。《强制性产品认证管理规定》是实施强制性产品认证制度的基础文件，详细规定了如下内容。

强制性产品认证标志的性质：为政府拥有的，与指定机构颁发的认证证书一起作为列入目录内产品进入流通和使用领域的标识。

认证标志的基本式样：认证标志简称3C标志。规定了标准与非标准认证标志的要求。规定了认证标志的印制、使用要求以及申领程序。

第一批实施强制性产品认证制度的产品目录，共19类132种产品。列入目录内产品的强制性认证实施规则。这些规则总计47份，详细规定了相关产品的强制性认证申请单元、型式试验、工厂审查、认证批准和认证后监督以及标志具体使用规定、认证变更、认证扩展等要求，是认证机构实施认证、认证申请人申请认证和地方执法机构对特定产品进行监督检查等的基本依据文件。

10.2.3 产品质量申诉与仲裁

产品质量申诉是由用户和消费者对产品进行监督的重要形式。其法律依据为《产品质量法》第二十二条“消费者有权就产品质量问题，向产品的生产者、销售者查询；向产品质量监督部门、工商行政管理部门及有关部门申诉，接受申诉的部门应当负责处理”。它是由申诉人把有关产品质量问题交给有关技术监督行政部门处理，并解决产品质量纠纷的一种行政调解方式。1998年3月12日国家技术监督局第51号局长令发布了《产品质量申诉处理办法》，具体规定了消费者对有质量问题的产品进行申诉、申诉处理、质量争议的调节等内容。

产品质量仲裁检验和质量鉴定是在处理产品质量争议时判定产品质量状况的重要方式。根据1999年4月1日原国家技术监督局4号令《产品质量仲裁检验和产品质量鉴定管理办法》对其实施有具体的要求。

产品质量仲裁检验（以下简称“仲裁检验”）是指经省级以上产品质量技术监督部门或者其授权的部门考核合格的产品质量检验机构（以下简称“质检机构”），在考核部门授权其检验的产品范围内根据申请人的委托要求，对存在质量争议的产品进行检验，出具仲裁检验报告的过程。

产品质量鉴定（以下简称“质量鉴定”）是指省级以上质量技术监督部门指定的鉴定组织单位，根据申请人的委托要求，组织专家对质量争议的产品进行调查、分析、判定，出具质量鉴定报告的过程。表10-1是两者的比较。

表 10-1 产品质量仲裁检验和质量鉴定的比较

项 目	产品质量仲裁检验	产品质量鉴定
目 的	处理质量争议	处理质量争议
申请人	1. 司法机关； 2. 仲裁机构； 3. 质量技术监督部门或者其他行政管理部门； 4. 处理产品质量纠纷的有关社会团体； 5. 产品质量争议双方当事人	1. 司法机关； 2. 仲裁机构； 3. 质量技术监督部门或者其他行政管理部门； 4. 处理产品质量纠纷的有关社会团体； 5. 产品质量争议双方当事人
管理部门	省级以上产品质量技术监督部门	省级以上产品质量技术监督部门
原则	公正、公平、科学、求实	公正、公平、科学、求实
受理	质检机构	质量鉴定组织（质检机构、科研机构、大专院校或社会团体）
质量判定依据	1. 法律、法规规定或者国家强制性标准规定的质量要求； 2. 法律、法规或者国家强制性标准未做规定的，执行争议双方当事人约定的产品标准或者有关质量要求； 3. 法律、法规或者国家强制性标准未作规定，争议双方当事人也未作约定的，执行提供产品一方所明示的质量要求	质量鉴定委托书中规定的产品质量要求
检验或鉴定方法	1. 国家强制性标准有检验方法规定的，按规定执行； 2. 国家强制性标准没有检验方法规定的，执行生产方出厂检验方法； 3. 生产方没有出厂检验方法的或者提供不出检验方法的，执行申请人征求争议双方当事人同意的检验方法或者申请人确认的质检机构提供的检验方法	按照专家组制订的质量鉴定实施方案
报告	仲裁检验报告	质量鉴定报告

10.3 质量监督管理法律法规与条例

为保护消费者的合法权益、食品安全和保障公众身体健康和生命安全，维护社会经济秩序，促进社会主义市场经济健康发展，国家制定《中华人民共和国产品质量法》《中华人民共和国食品安全法》《中华人民共和国药品管理法》等一系列法律法规和实施条例。鼓励、支持一切组织和个人对损害消费者合法权益的行为进行社会监督。

10.3.1 工业生产许可证管理条例

为了保证直接关系公共安全、人体健康、生命财产安全的重要工业产品的质量安全，贯彻国家产业政策，促进社会主义市场经济健康、协调发展，2005 年 6 月国务院发布了《中华人民共和国工业产品生产许可证管理条例》，对重要工业产品实行生产许可制度。

1. 工业产品生产许可证管理条例的主要内容和特点

《工业产品生产许可证管理条例》共分七章七十条，详细描述了条例所涉及的产品范围、申请与受理、审查与决定、许可证书和标志、监督检查要求和法律责任等。其主要特点如下。

(1) 强制性特点。国家实行生产许可证制度的工业产品目录（以下简称目录）由国务院工业产品生产许可证主管部门会同国务院有关部门制定，任何企业未取得生产许可证不得生产列入目录的产品。任何单位和个人不得销售或者在经营活动中使用未取得生产许可证的列入目录的产品。

(2) 四个统一特点。即统一目录，统一审查要求，统一证书标志，统一监督管理。

(3) 工业产品生产许可证管理，遵循科学公正、公开透明、程序合法、便民高效的原则。

2. 工业生产许可证管理的产品范围

国家对生产下列重要工业产品的企业实行生产许可证制度：

(1) 乳制品、肉制品、饮料、米、面、食用油、酒类等直接关系人体健康的加工食品；

(2) 电热毯、压力锅、燃气热水器等可能危及人身、财产安全的产品；

(3) 税控收款机、防伪验钞仪、卫星电视广播地面接收设备、无线广播电视发射设备等关系金融安全和通信质量安全的产品；

(4) 安全网、安全帽、建筑扣件等保障劳动安全的产品；

(5) 电力铁塔、桥梁支座、铁路工业产品、水工金属结构、危险化学品及其包装物、容器等影响生产安全、公共安全的产品；

(6) 法律、行政法规要求依照本条例的规定实行生产许可证管理的其他产品。

国家质量监督检验检疫总局公告 2007 年第 174 号关于公布实行生产许可制度管理的产品目录的公告，目前共有 66 类。参照表 10-2。

表 10-2 实行生产许可制度管理的产品目录

序号	产品名称	序号	产品名称
1	人造板	10	机动脱粒机
2	钢筋混凝土用变形钢筋	11	防爆电气
3	预应力混凝土用钢丝钢绞线	12	砂轮
4	冶炼用耐火材料	13	内燃机
5	圆股钢丝绳	14	电线电缆
6	轴承钢材	15	电焊条
7	泵	16	电力整流器
8	空气压缩机	17	轻小型起重运输设备
9	蓄电池	18	卫星电视广播地面接收设备

续表

序号	产品名称	序号	产品名称
19	集成电路（IC）卡及读写机	43	铜管材
20	化肥	44	铝、钛合金加工产品
21	农药	45	广播铁塔
22	橡胶制品	46	电力线路金具
23	液压防喷器	47	输电线路铁塔
24	钻井悬吊工具	48	电力调度通信设备
25	电热毯	49	水工金属结构
26	助力车	50	水文仪器
27	香精香料	51	岩土工程仪器
28	眼镜	52	制冷设备
29	预应力混凝土轨枕	53	救生设备
30	铁路桥预应力混凝土简支梁	54	抽油设备
31	港口装卸机械	55	燃气器具
32	公路桥梁支座	56	饲料粉碎机
33	汽车制动液	57	人民币伪钞鉴别仪
34	特种劳动防护产品	58	危险化学品
35	建筑钢管脚手架扣件	59	危险化学品包装物、容器
36	建筑外窗	60	棉花加工机械
37	建筑卷扬机	61	防伪技术产品
38	摩托车头盔	62	无线广播电视发射设备
39	水泥	63	税控收款机
40	混凝土输水管	64	加工食品
41	摩擦材料及密封制品	65	直接接触食品的材料等食品相关产品
42	建筑防水卷材	66	化妆品

3. 实施工业生产许可证管理条例的意义

2005年7月9日，国务院第440号令公布了《中华人民共和国工业产品生产许可证管理条例》，于2005年9月1日开始实施。实施该条例的主要意义如下。

（1）工业产品生产许可制度是国家采取行政手段，加强对重要工业产品的质量管理，确保重要工业产品质量的强制手段。建立许可制度，能从源头遏制假冒伪劣产品的生产，保证直接关系公共安全、人体健康、生命财产安全的重要工业产品的质量安全。

（2）能够贯彻国家的产业政策。如2004年2月，根据《国务院办公厅转发发展改革委等部门关于制止钢铁、电解铝、水泥行业盲目投资若干意见的通知》（国办发〔2003〕103号），国家质检部门针对当时钢铁、电解铝、水泥行业存在的原材料和能源消耗过快，有些偷工减料，忽视产品质量等突出问题，发挥工业产品生产许可制度在市场准入把关方面的重要作用，通过采取对钢铁、水泥、铝型材等产业政策规定不得新上、不得重复建设和扩大规模，不颁发生产许可证等方式平衡社会需求，防止盲目投资。

(3) 促进社会主义市场经济健康协调发展。工业产品生产许可制度作为一项典型的行政审批制度，从生产和流通两个领域对粗制滥造的劣质产品起到清源截流的作用，是市场经济健康发展的一个重要保障，为实现市场经济的公平有序构建一个坚实的平台。在这个平台上，除有产业政策规定的外，没有数量限制，只要求符合条件，能保证质量安全，就准予许可。

(4) 促进企业提高管理水平和产品质量。通过实施生产许可制度，按照有关规定对企业的生产能力、质量保证能力进行现场核查和产品检验，使申请取证企业满足国家规定的取证条件。企业通过申请办理生产许可证，完善生产技术装备，健全生产管理制度、质量管理体系，提高了产品质量，进而促进企业经济效益的增长。

10.3.2 特种设备安全监察条例

为了加强特种设备的安全监察，防止和减少事故，保障人民群众生命和财产安全，促进经济发展，国务院决定对《特种设备安全监察条例》进行了修改，条例由 2009 年 1 月 14 日国务院第 46 次常务会议签署，自 2009 年 5 月 1 日起实施。条例对特种设备的生产（含设计、制造、安装、改造、维修、合同)、使用、检验检测及其监督检查都做了具体的规定。

1.《特种设备安全监察条例》主要内容和特点

它对特种设备的生产（含设计、制造、安装、改造、维修）使用、检验检测及其监督检查做了法规上的要求，并对其事故处理方式和法律责任做了明确规定。该条例的主要特点如下。

(1) 强调安全第一。条例强调以预防为主，事先严格准入，强化政府监管和行政许可措施，确保人民群众和财产安全。

(2) 企业负责。企业是特种设备安全的第一责任人，《条例》明确了企业在特种设备安全方面的权利、义务和法律责任。

(3) 权责一致。《条例》严格按照“三定”方案的规定设立特种设备安全监督管理部门的职责和权限，依法履行职责，明确了特种设备安全监督管理部门的法律责任。

(4) 统一监管。履行 WTO 承诺，统一进口特种设备和国内特种设备的安全监察制度，做到监管主体、监管制度、监管规范、监管收费“四个统一”。对七大类特种设备实行统一立法、统一监管。

(5) 综合治理。特种设备安全涉及社会各个方面，单靠一个部门不可能做好这项工作，应当发挥全社会的力量，综合治理，严格监督。各级政府及其相关部门、广大人民群众、新闻媒体及其他社会中介组织等均有监督权、建议权、举报权。

2.《特种设备安全监察条例》的产品范围

根据条例第二条的内容，特种设备是指涉及生命安全、危险性较大的锅炉、压力容器（含气瓶，下同)、压力管道、电梯、起重机械、客运索道、大型游乐设施和场（厂）内专用机动车辆。

3.《特种设备安全监察条例》制定的意义

(1) 制定《特种设备安全监察条例》是为了加强对特种设备的安全监察。特种设备是生产和生活中广泛使用的具有危险性的设备，有的在高温高压下工作，有的盛装易燃、易爆、有毒的介质，有的在高空、高速下运行，一旦发生事故，会造成严重人身伤亡及重大财产损失。因此把监察制度法制化已被社会广泛认可。

(2) 制定《特种设备安全监察条例》是为了防止和减少事故。特种设备的安全事关人民群众生命和财产安全，事关社会稳定。根据条例规定，特种设备的生产（含设计、制造、安装、改造、维修）全过程都要接受国家有关部门安全监察，国家特种设备监察司每月要把有关特种设备发生的各类事故进行公布，并追究责任人的刑事责任。

(3) 制定《特种设备安全监察条例》是为了保障人民群众生命和财产安全，促进经济发展。鉴于特种设备具有危险性的特点和在经济、社会生活中特殊的重要性，其安全问题得到我国政府的高度重视，并通过立法、采取行政手段等强制措施予以专门的监督管理，建立特种设备安全监督管理制度，目的是把事故发生率控制到最低的程度。加强特种设备的安全监察，防止和减少事故发生，保证特种设备的安全运行，就是为了保障人民群众生命和财产安全，促进经济的发展。

10.3.3　产品质量法

1993年2月22日第七届人大常委会第三十次会议通过了我国质量领域第一部法律——《中华人民共和国产品质量法》（以下简称《产品质量法》)，并于1993年9月1日起施行。2000年7月第一次修正《产品质量法》。2009年8月第二次修正《产品质量法》。2018年12月第三次修正《产品质量法》。

1.《产品质量法》颁布的意义

(1) 产品质量立法能提高全民的产品质量意识，提高我国产品质量的总体水平。法律引导企业采用先进科学的质量管理办法，根据产品质量实施奖惩措施，对产品质量进行监督抽查、实施认证制度等能显著提高全民的产品质量意识，提高我国总体的产品质量。

(2) 产品质量立法能明确产品的法律责任，保护消费者的合法权益。因为法律规定如果产品存在缺陷，造成消费者的人身、财产损害，将追究生产者和销售者的民事责任。

(3) 产品质量立法能维护社会经济秩序。国家鼓励企业在公开、公平、公正的环境下进行市场竞争，而假冒伪劣产品能够破坏正常的社会经济秩序，在质量法中的罚则中详细规定了对生产假冒伪劣产品的处罚措施及法律责任，对不法企业起到了震慑作用。

2.《产品质量法》的主要内容

《产品质量法》共分六章七十四条。

第一章　总则。主要规定立法宗旨和法律的调整对象；明确产品质量责任主体并确定其责任的依据；原则规定了我国产品监督管理的体制及有关部门的职责。

第二章　产品质量的监督。主要规定了国家为了确保产品质量而采取的一系列宏观管理和监督检查措施，提出了两项管理制度：一项是企业质量体系认证和产品认证；另一项是对产品质量的监督抽查制度。同时还规定了消费者、国家产品质量监督部门、检验机构的权利和义务。

第三章　生产者和销售者的产品质量责任和义务。主要规定了生产者应当对其生产的产品质量负责，销售者应当采取措施，保持销售产品的质量。

第四章　损害赔偿。主要规定了因产品存在一般质量问题和产品存在缺陷造成损害引起的民事纠纷的处理及渠道。

第五章　罚则。主要规范行政责任、刑事责任，当违反本法有关规定时，对责任人员，包括生产者、销售者、储运者及企业负责人、检验机构人员、执法人员乃至违法行为的包庇纵容者，追究相应的行政责任或刑事责任。

第六章　附则。规定了军工产品的质量管理由中央军委及有关部门另行制定办法，以及本法正式开始实施日期。

详细内容请参考阅读资料《中华人民共和国产品质量法》。

10.3.4　食品安全法

民以食为天，为了保证食品安全，保障公众身体健康和生命安全，中华人民共和国第十一届全国人民代表大会常务委员会第七次会议于2009年2月28日通过了《中华人民共和国食品安全法》（以下简称《食品安全法》），并于2009年6月1日开始实施。2015年4月第一次修正《食品安全法》。2018年12月第二次修正《食品安全法》。

1.《食品安全法》颁布的意义

(1)《食品安全法》规定了食品安全风险评估机制，这是食品安全监管思路的重大转变，第一次从法律角度确立和保证风险评估体制的建立，使得对食品安全的监督有了更可靠的科学基础。

(2)《食品安全法》统一了食品安全标准。长期以来我国的食品安全标准不统一、不完整，既有卫生主管部门制定的食品卫生标准，又有农业主管部门制定的食用农产品质量安全标准和国家市场监督管理总局制定的食品质量标准，还有各相关食品行业的标准。这些标准导致政府对企业难以监管。

(3)《食品安全法》明确了企业作为食品安全第一责任人，强调事先预防和生产经营过程控制，以及食品发生安全事故后的可追溯。生产是食品安全的基础，保障食品安全，必须对食品生产过程实施全过程控制，同时详细规定食品生产经营者的进货索证索票义务。

(4)《食品安全法》强化了各部门在食品安全监管方面的职责，完善监管部门在分工负责与统一协调相结合体制中的相互协调、衔接与配合。关于食品安全由国务院领导食品安全委员会协调组织，质量监督、工商行政管理和国家食品药品监督管理部门依照本法和国务院规定的职责，分别对食品生产、食品流通、餐饮服务活动实施监督管理。

2.《食品安全法》的主要内容

《食品安全法》总计十章一百五十四条内容，各章主要内容如下。

第一章　总则。一是阐明了《食品安全法》对境内从事六类活动的范围，包括食品生产和加工（以下称食品生产），食品销售和餐饮服务（以下称食品经营）；食品添加剂的生产经营；用于食品的包装材料、容器、洗涤剂、消毒剂和用于食品生产经营的工具、设备（以下称食品相关产品）的生产经营；食品生产经营者使用食品添加剂、食品相关产品；食品的贮存和运输；对食品、食品添加剂、食品相关产品的安全管理。二是确定了食品安全工作实行预防为主、风险管理、全程控制、社会共治，建立科学、严格的监督管理制度。三是明确了食品生产经营者对其生产经营食品的安全负责。四是明确了我国食品安全管理的组织机构，如图 10-1所示。

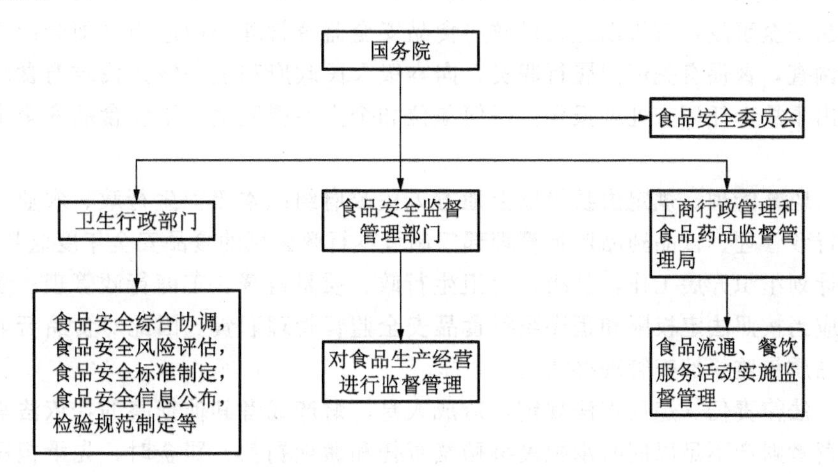

图 10-1　我国食品安全管理的组织机构

第二章　食品安全风险监测和评估。主要规定国家建立食品安全风险监测制度，国务院卫生行政部门会同国务院有关部门制订、实施国家食品安全风险监测计划。国家建立食品安全风险评估制度，对食品、食品添加剂中生物性、化学性和物理性危害进行风险评估。这是基于世界上食品加工合成方法越来越复杂，添加剂的种类也越来越多，因此要建立这样的风险评估制度。

第三章　食品安全标准。说明食品安全标准是强制执行的标准。除食品安全标准外，不得制定其他的食品强制性标准。国务院卫生行政部门应当对现行的食用农产品质量安全标准、食品卫生标准、食品质量标准和有关食品的行业标准中强制执行的标准予以整合，统一公布为食品安全国家标准。食品生产经营者、食品行业协会发现食品安全标准在执行中存在问题的，应当立即向卫生行政部门报告。

第四章　食品生产经营。规定了国家对食品生产经营实行许可制度，并对企业环境、工艺、从业人员、原辅材料、质量记录、标签等多方面做出了具体规定。同时，该章还提出了食品安全追溯体系和食品召回制度。并对保健食品、特殊医学用途配方食品和婴幼儿配方食品等特殊食品实行严格监督管理。

第五章　食品检验。提出了食品检验机构的资质认定条件和检验规范，由国务院食品安全监督管理部门规定。食品检验实行食品检验机构与检验人负责制。明确规定食品安全监督管理部门对食品不得实施免检。

第六章　食品进出口。国家出入境检验检疫部门对进出口食品安全实施监督管理。发现进口食品不符合我国食品安全国家标准或者有证据证明可能危害人体健康的，进口商应当立即停止进口，并依照规定召回。预包装食品没有中文标签、中文说明书或者标签、说明书不符合本条规定的，不得进口。出口食品生产企业应当保证其出口食品符合进口国（地区）的标准或者合同要求。

第七章　食品安全事故处置。国务院组织制定国家食品安全事故应急预案。食品安全事故应急预案应当对食品安全事故分级、事故处置组织指挥体系与职责、预防预警机制、处置程序、应急保障措施等做出规定。发生食品安全事故的单位应当立即采取措施，防止事故扩大。任何单位和个人不得对食品安全事故隐瞒、谎报、缓报，不得隐匿、伪造、毁灭有关证据。发生食品安全事故，市级以上人民政府食品安全监督管理部门应当立即会同有关部门进行事故责任调查，督促有关部门履行职责，向本级人民政府和上一级人民政府食品安全监督管理部门提出事故责任调查处理报告。任何单位和个人不得阻挠、干涉食品安全事故的调查处理。

第八章　监督管理。规定由县级以上地方人民政府组织本级卫生行政、农业行政、质量监督、工商行政管理、食品药品监督管理部门制订本行政区域的食品安全年度监督管理计划，并按照年度计划组织开展工作，县级以上卫生行政、质量监督、工商行政管理、食品药品监督管理部门应当按照法定权限和程序履行食品安全监督管理职责。因此对食品行业的监督并不根据《产品质量监督抽查管理办法》。

第九章　法律责任。违反本法规定，造成人身、财产或者其他损害的，依法承担赔偿责任。生产经营者财产不足以同时承担民事赔偿责任和缴纳罚款、罚金时，先承担民事赔偿责任。构成犯罪的，依法追究刑事责任。

第十章　附则（略）。

10.3.5 药品管理法

为了加强药品管理，保证药品质量，保障公众用药安全和合法权益，保护和促进公众健康，第九届全国人民代表大会常务委员会第二十次会议于 2001 年 2 月 28 日修订通过《中华人民共和国药品管理法》（以下简称《药品管理法》），于 2001 年 12 月 1 日起施行。2013 年 12 月第一次修正《药品管理法》。2015 年 4 月第二次修正《药品管理法》。2019 年 8 月第二次修订《药品管理法》，2019 年 12 月 1 日起施行。

1.《药品管理法》颁布的意义

(1) 药品管理立法能强化对药品的监督管理。对药品实施监督管理，需要综合运用法律的、经济的和必要的行政手段，而法律的手段更具有权威性、强制性和稳定性的特点，是更为重要和有效的手段。

(2) 药品管理立法能保证药品质量，保障人体用药安全，维护人民身体健康。药品管理法自 1985 年施行以来，有关执法机关依照药品管理法和相关配套法规的规定，加强了对药品生产、经营活动的监督管理，加大了对药品监督抽查检验的力度，依法严厉打击制售假药、劣药的行为，使药品质量在总体上呈稳中有升的趋势。

(3) 药品管理立法能维护药品直接使用者的合法权益。法律内容中明确了药品生产企业、药品经营企业及医疗机构在保证药品质量、保障人体用药安全方面各自的法定义务和责任；执法机关依法加强对药品价格的监督管理，建立合理的药品价格形成机制，使药品价格保持在合理水平；依法规范药品广告，防止对用药者造成误导；依法严厉惩治生产、销售假药劣药的行为等，都是为了保护药品直接使用者的合法权益。

2.《药品管理法》的主要内容

《药品管理法》总计十二章一百五十五条内容，各章主要内容如下。

第一章　总则。总则中明确药品的定义“药品，是指用于预防、治疗、诊断人的疾病，有目的地调节人的生理机能并规定有适应证或者功能主治、用法和用量的物质，包括中药、化学药和生物制品等”。药品管理应当以人民健康为中心，坚持风险管理、全程管控、社会共治的原则，建立科学、严格的监督管理制度，全面提升药品质量，保障药品的安全、有效、可及。建立健全药品追溯制度、药物警诫制度。药品管理实行药品上市许可持有人制度。药品监督管理部门及其职责的说明。

第二章 药品研制和注册。严格规定药品研制环节的管理，以及加强临床试验过程的管理，药物非临床研究质量管理规范、药物临床试验质量管理规范由国务院药品监督管理部门会同国务院有关部门制定。保证药品全过程信息真实、准确和完整。实施原料、辅料、包材关联审批审评制度。建立沟通交流和专家咨询等制度。

第三章 药品上市许可持有人。药品上市许可持有人是指药品注册证书的企业或者药品研制机构等。对药品上市许可持有人的条件、权利、义务和责任等做出了全面系统的规定。药品上市后建立年度报告制度。

第四章 药品生产。从事药品生产要取得药品生产许可证。明确了从事药品生产活动的人员、硬件、质量机构和设备应当具备的条件，生产的规则和法律责任，以及原辅料、包材与容器、药品出厂、药品标签和说明书管理。

第五章 药品经营。从事药品批发活动要取得药品经营许可证。明确了药品经营的必要条件、药品经营遵循的规则和法律责任。药品分类、购进渠道、购进记录、储存以及出入库等管理。在网络销售管理中规定疫苗、血液制品、麻醉药品、精神药品、医疗用毒性药品、放射性药品、药品类易制毒化学品等国家实行特殊管理的药品不得在网络上销售。并对药品网络销售平台做出规定。对药品进口的备案、通关、检验和允许药品进口的口岸等内容做出了规定要求，以及对特药进、出口的管理要求。

第六章 医疗机构药事管理。对药学人员提出了要求。医疗机构的进货检查验收制度、药品储存管理、审核处方管理、处方调配管理等的规定要求。医疗机构制剂许可证制度。并规定医疗机构配制的药剂不得在市场上销售。

第七章 药品上市后管理。药品上市许可持有人应当制定药品上市后风险计划，开展药品上市后研究。不良反应风险监测、药品不良反应的管理、药品召回管理以及药品上市后评价。

第八章 药品价格和广告。对药品价格进行监测、依法实行市场调节价、制定和标明药品零售价格、价格公开、广告发布管理以及医疗机构药价管理等内容做出了相应要求。药品广告内容以核准的药品说明书为准。

第九章 药品储备和供应。实施药品储备制度、国家基本药物制度、对短缺药品实施预警、药物短缺的生产管理和优先审批管理，以及对短缺药品限制或者禁止出口，组织生产、价格干预和扩大进口等措施。

第十章 监督管理。禁止生产（包括配制）、销售、使用假药、劣药。界定了假药和劣药的范围。明确了药监部门的检查权限、抽样检验的规定。质量公告和药品检验异议的规定。药品监督管理部门建立药品安全信用档案，并按规定实施联合惩戒，增加社会、群众举报途径等相关内容。

第十一章 法律责任。加重了处罚力度，增加连带责任，明确对相关责任人的处罚等内容。

第十二章 附则（略）。

本章小结

质量监督包括政府监督、行业监督、社会监督、第三方监督、自我监督等形式。质量监督具有以质量为中心、以技术为依托、政府质量技术监督部门履行综合管理和行政执法两大职能、监督与服务相结合等基本特征。我国的质量技术监督管理由国家市场监督管理总局负责。我国的产品质量监督制度包括抽查制度和认证制度等。我国的产品质量监督法律法规和条例，主要包括工业生产许可制度、特种设备安全监察条例、产品质量法、食品安全法和药品管理法等。

阅读资料

中华人民共和国产品质量法

《中华人民共和国产品质量法》是为了加强对产品质量的监督管理，提高产品质量水平，明确产品质量责任，保护消费者的合法权益，维护社会经济秩序而制定。

1993 年 2 月 22 日第七届全国人民代表大会常务委员会第三十次会议通过，自 1993 年 9 月 1 日起施行。

当前版本是 2018 年 12 月 29 日第十三届全国人民代表大会常务委员会第七次会议通过第十三届全国人民代表大会常务委员会第七次会议修改。

第一章　总则

第一条　为了加强对产品质量的监督管理，提高产品质量水平，明确产品质量责任，保护消费者的合法权益，维护社会经济秩序，制定本法。

第二条　在中华人民共和国境内从事产品生产、销售活动，必须遵守本法。

本法所称产品是指经过加工、制作，用于销售的产品。

建设工程不适用本法规定；但是，建设工程使用的建筑材料、建筑构配件和设备，属于前款规定的产品范围的，适用本法规定。

第三条　生产者、销售者应当建立健全内部产品质量管理制度，严格实施岗位质量规范、质量责任以及相应的考核办法。

第四条　生产者、销售者依照本法规定承担产品质量责任。

第五条　禁止伪造或者冒用认证标志等质量标志；禁止伪造产品的产地，伪造或者冒用他人的厂名、厂址；禁止在生产、销售的产品中掺杂、掺假，以假充真，以次充好。

第六条　国家鼓励推行科学的质量管理方法，采用先进的科学技术，鼓励企业产品质量达到并且超过行业标准、国家标准和国际标准。

对产品质量管理先进和产品质量达到国际先进水平、成绩显著的单位和个人，给予奖励。

第七条　各级人民政府应当把提高产品质量纳入国民经济和社会发展规划，加强对产品质量工作的统筹规划和组织领导，引导、督促生产者、销售者加强产品质量管理，提高产品质量，组织各有关部门依法采取措施，制止产品生产、销售中违反本法规定的行为，保障本法的施行。

第八条　国务院市场监督管理部门主管全国产品质量监督工作。国务院有关部门在各自的职责范围内负责产品质量监督工作。

县级以上地方市场监督管理部门主管本行政区域内的产品质量监督工作。县级以上地方人民政府有关部门在各自的职责范围内负责产品质量监督工作。

法律对产品质量的监督部门另有规定的，依照有关法律的规定执行。

第九条　各级人民政府工作人员和其他国家机关工作人员不得滥用职权、玩忽职守或者徇私舞弊，包庇、放纵本地区、本系统发生的产品生产、销售中违反本法规定的行为，或者阻挠、干预依法对产品生产、销售中违反本法规定的行为进行查处。

各级地方人民政府和其他国家机关有包庇、放纵产品生产、销售中违反本法规定的行为的，依法追究其主要负责人的法律责任。

第十条　任何单位和个人有权对违反本法规定的行为，向市场监督管理部门或者其他有关部门检举。

市场监督管理部门和有关部门应当为检举人保密，并按照省、自治区、直辖市人民政府的规定给予奖励。

第十一条　任何单位和个人不得排斥非本地区或者非本系统企业生产的质量合格产品进入本地区、本系统。

第二章　产品质量的监督

第十二条　产品质量应当检验合格，不得以不合格产品冒充合格产品。

第十三条　可能危及人体健康和人身、财产安全的工业产品，必须符合保障人体健康和人身、财产安全的国家标准、行业标准；未制定国家标准、行业标准的，必须符合保障人体健康和人身、财产安全的要求。

禁止生产、销售不符合保障人体健康和人身、财产安全的标准和要求的工业产品。具体管理办法由国务院规定。

第十四条　国家根据国际通用的质量管理标准，推行企业质量体系认证制度。企业根据自愿原则可以向国务院市场监督管理部门认可的或者国务院市场监督管理部门授权的部门认可的认证机构申请企业质量体系认证。经认证合格的，由认证机构颁发企业质量体系认证证书。

国家参照国际先进的产品标准和技术要求，推行产品质量认证制度。企业根据自愿原则可以向国务院市场监督管理部门认可的或者国务院市场监督管理部门授权的部门认可的认证机构申请产品质量认证。经认证合格的，由认证机构颁发产品质量认证证书，准许企业在产品或者其包装上使用产品质量认证标志。

第十五条　国家对产品质量实行以抽查为主要方式的监督检查制度，对可能危及人体健康和人身、财产安全的产品，影响国计民生的重要工业产品以及消费者、有关组织反映有质量问题的产品进行抽查。抽查的样品应当在市场上或者企业成品仓库内的待销产品中随机抽取。监督抽查工作由国务院市场监督管理部门规划和组织。县级以上地方市场监督管理部门在本行政区域内也可以组织监督抽查。法律对产品质量的监督检查另有规定的，依照有关法律的规定执行。

国家监督抽查的产品，地方不得另行重复抽查；上级监督抽查的产品，下级不得另行重复抽查。

根据监督抽查的需要，可以对产品进行检验。检验抽取样品的数量不得超过检验的合理需要，并不得向被检查人收取检验费用。监督抽查所需检验费用按照国务院规定列支。

生产者、销售者对抽查检验的结果有异议的，可以自收到检验结果之日起十五日内向实施监督抽查的市场监督管理部门或者其上级市场监督管理部门申请复检，由受理复检的市场监督管理部门作出复检结论。

第十六条　对依法进行的产品质量监督检查，生产者、销售者不得拒绝。

第十七条　依照本法规定进行监督抽查的产品质量不合格的，由实施监督抽查的市场监督管理部门责令其生产者、销售者限期改正。逾期不改正的，由省级以上人民政府市场监督管理部门予以公告；公告后经复查仍不合格的，责令停业，限期整顿；整顿期满后经复查产品质量仍不合格的，吊销营业执照。

监督抽查的产品有严重质量问题的，依照本法第五章的有关规定处罚。

第十八条　县级以上市场监督管理部门根据已经取得的违法嫌疑证据或者举报，对涉嫌违反本法规定的行为进行查处时，可以行使下列职权：

（一）对当事人涉嫌从事违反本法的生产、销售活动的场所实施现场检查；

（二）向当事人的法定代表人、主要负责人和其他有关人员调查、了解与涉嫌从事违反本法的生产、销售活动有关的情况；

（三）查阅、复制当事人有关的合同、发票、账簿以及其他有关资料；

（四）对有根据认为不符合保障人体健康和人身、财产安全的国家标准、行业标准的产品或者有其他严重质量问题的产品，以及直接用于生产、销售该项产品的原辅材料、包装物、生产工具，予以查封或者扣押。

第十九条　产品质量检验机构必须具备相应的检测条件和能力，经省级以上人民政府市场监督管理部门或者其授权的部门考核合格后，方可承担产品质量检验工作。法律、行政法规对产品质量检验机构另有规定的，依照有关法律、行政法规的规定执行。

第二十条　从事产品质量检验、认证的社会中介机构必须依法设立，不得与行政机关和其他国家机关存在隶属关系或者其他利益关系。

第二十一条　产品质量检验机构、认证机构必须依法按照有关标准，客观、公正地出具检验结果或者认证证明。

产品质量认证机构应当依照国家规定对准许使用认证标志的产品进行认证后的跟踪检查；对不符合认证标准而使用认证标志的，要求其改正；情节严重的，取消其使用认证标志的资格。

第二十二条　消费者有权就产品质量问题，向产品的生产者、销售者查询；向市场监督管理部门及有关部门申诉，接受申诉的部门应当负责处理。

第二十三条　保护消费者权益的社会组织可以就消费者反映的产品质量问题建议有关部门负责处理，支持消费者对因产品质量造成的损害向人民法院起诉。

第二十四条　国务院和省、自治区、直辖市人民政府的市场监督管理部门应当定期发布其监督抽查的产品的质量状况公告。

第二十五条　市场监督管理部门或者其他国家机关以及产品质量检验机构不得向社会推荐生产者的产品；不得以对产品进行监制、监销等方式参与产品经营活动。

第三章 生产者、销售者的产品质量责任和义务

第一节 生产者的产品质量责任和义务

第二十六条 生产者应当对其生产的产品质量负责。

产品质量应当符合下列要求：

（一）不存在危及人身、财产安全的不合理的危险，有保障人体健康和人身、财产安全的国家标准、行业标准的，应当符合该标准；

（二）具备产品应当具备的使用性能，但是，对产品存在使用性能的瑕疵作出说明的除外；

（三）符合在产品或者其包装上注明采用的产品标准，符合以产品说明、实物样品等方式表明的质量状况。

第二十七条 产品或者其包装上的标识必须真实，并符合下列要求：

（一）有产品质量检验合格证明；

（二）有中文标明的产品名称、生产厂厂名和厂址；

（三）根据产品的特点和使用要求，需要标明产品规格、等级、所含主要成分的名称和含量的，用中文相应予以标明；需要事先让消费者知晓的，应当在外包装上标明，或者预先向消费者提供有关资料；

（四）限期使用的产品，应当在显著位置清晰地标明生产日期和安全使用期或者失效日期；

（五）使用不当，容易造成产品本身损坏或者可能危及人身、财产安全的产品，应当有警示标志或者中文警示说明。

裸装的食品和其他根据产品的特点难以附加标识的裸装产品，可以不附加产品标识。

第二十八条 易碎、易燃、易爆、有毒、有腐蚀性、有放射性等危险物品以及储运中不能倒置和其他有特殊要求的产品，其包装质量必须符合相应要求，依照国家有关规定作出警示标志或者中文警示说明，标明储运注意事项。

第二十九条 生产者不得生产国家明令淘汰的产品。

第三十条 生产者不得伪造产地，不得伪造或者冒用他人的厂名、厂址。

第三十一条 生产者不得伪造或者冒用认证标志等质量标志。

第三十二条 生产者生产产品，不得掺杂、掺假，不得以假充真、以次充好，不得以不合格产品冒充合格产品。

第二节 销售者的产品质量责任和义务

第三十三条 销售者应当建立并执行进货检查验收制度，验明产品合格证明和其他标识。

第三十四条 销售者应当采取措施，保持销售产品的质量。

第三十五条 销售者不得销售国家明令淘汰并停止销售的产品和失效、变质的产品。

第三十六条 销售者销售的产品的标识应当符合本法第二十七条的规定。

第三十七条 销售者不得伪造产地，不得伪造或者冒用他人的厂名、厂址。

第三十八条 销售者不得伪造或者冒用认证标志等质量标志。

第三十九条 销售者销售产品，不得掺杂、掺假，不得以假充真、以次充好，不得以不合格产品冒充合格产品。

第四章　损害赔偿

第四十条　售出的产品有下列情形之一的，销售者应当负责修理、更换、退货；给购买产品的消费者造成损失的，销售者应当赔偿损失：

（一）不具备产品应当具备的使用性能而事先未做说明的；

（二）不符合在产品或者其包装上注明采用的产品标准的；

（三）不符合以产品说明、实物样品等方式表明的质量状况的。

销售者依照前款规定负责修理、更换、退货、赔偿损失后，属于生产者的责任或者属于向销售者提供产品的其他销售者（以下简称供货者）的责任的，销售者有权向生产者、供货者追偿。

销售者未按照第一款规定给予修理、更换、退货或者赔偿损失的，由市场监督管理部门责令改正。

生产者之间，销售者之间，生产者与销售者之间订立的买卖合同、承揽合同有不同约定的，合同当事人按照合同约定执行。

第四十一条　因产品存在缺陷造成人身、缺陷产品以外的其他财产（以下简称他人财产）损害的，生产者应当承担赔偿责任。

生产者能够证明有下列情形之一的，不承担赔偿责任：

（一）未将产品投入流通的；

（二）产品投入流通时，引起损害的缺陷尚不存在的；

（三）将产品投入流通时的科学技术水平尚不能发现缺陷的存在的。

第四十二条　由于销售者的过错使产品存在缺陷，造成人身、他人财产损害的，销售者应当承担赔偿责任。

销售者不能指明缺陷产品的生产者也不能指明缺陷产品的供货者的，销售者应当承担赔偿责任。

第四十三条　因产品存在缺陷造成人身、他人财产损害的，受害人可以向产品的生产者要求赔偿，也可以向产品的销售者要求赔偿。属于产品的生产者的责任，产品的销售者赔偿的，产品的销售者有权向产品的生产者追偿。属于产品的销售者的责任，产品的生产者赔偿的，产品的生产者有权向产品的销售者追偿。

第四十四条　因产品存在缺陷造成受害人人身伤害的，侵害人应当赔偿医疗费、治疗期间的护理费、因误工减少的收入等费用；造成残疾的，还应当支付残疾者生活自助具费、生活补助费、残疾赔偿金以及由其扶养的人所必需的生活费等费用；造成受害人死亡的，并应当支付丧葬费、死亡赔偿金以及由死者生前扶养的人所必需的生活费等费用。

因产品存在缺陷造成受害人财产损失的，侵害人应当恢复原状或者折价赔偿。受害人因此遭受其他重大损失的，侵害人应当赔偿损失。

第四十五条　因产品存在缺陷造成损害要求赔偿的诉讼时效期间为二年，自当事人知道或者应当知道其权益受到损害时起计算。

因产品存在缺陷造成损害要求赔偿的请求权，在造成损害的缺陷产品交付最初消费者满十年丧失；但是，尚未超过明示的安全使用期的除外。

第四十六条　本法所称缺陷，是指产品存在危及人身、他人财产安全的不合理的危险；产品有保障人体健康和人身、财产安全的国家标准、行业标准的，是指不符合该标准。

第四十七条 因产品质量发生民事纠纷时，当事人可以通过协商或者调解解决。当事人不愿通过协商、调解解决或者协商、调解不成的，可以根据当事人各方的协议向仲裁机构申请仲裁；当事人各方没有达成仲裁协议或者仲裁协议无效的，可以直接向人民法院起诉。

第四十八条 仲裁机构或者人民法院可以委托本法第十九条规定的产品质量检验机构，对有关产品质量进行检验。

第五章 罚则

第四十九条 生产、销售不符合保障人体健康和人身、财产安全的国家标准、行业标准的产品的，责令停止生产、销售，没收违法生产、销售的产品，并处违法生产、销售产品（包括已售出和未售出的产品，下同）货值金额等值以上三倍以下的罚款；有违法所得的，并处没收违法所得；情节严重的，吊销营业执照；构成犯罪的，依法追究刑事责任。

第五十条 在产品中掺杂、掺假，以假充真，以次充好，或者以不合格产品冒充合格产品的，责令停止生产、销售，没收违法生产、销售的产品，并处违法生产、销售产品货值金额百分之五十以上三倍以下的罚款；有违法所得的，并处没收违法所得；情节严重的，吊销营业执照；构成犯罪的，依法追究刑事责任。

第五十一条 生产国家明令淘汰的产品的，销售国家明令淘汰并停止销售的产品的，责令停止生产、销售，没收违法生产、销售的产品，并处违法生产、销售产品货值金额等值以下的罚款；有违法所得的，并处没收违法所得；情节严重的，吊销营业执照。

第五十二条 销售失效、变质的产品的，责令停止销售，没收违法销售的产品，并处违法销售产品货值金额二倍以下的罚款；有违法所得的，并处没收违法所得；情节严重的，吊销营业执照；构成犯罪的，依法追究刑事责任。

第五十三条 伪造产品产地的，伪造或者冒用他人厂名、厂址的，伪造或者冒用认证标志等质量标志的，责令改正，没收违法生产、销售的产品，并处违法生产、销售产品货值金额等值以下的罚款；有违法所得的，并处没收违法所得；情节严重的，吊销营业执照。

第五十四条 产品标识不符合本法第二十七条规定的，责令改正；有包装的产品标识不符合本法第二十七条第（四）项、第（五）项规定，情节严重的，责令停止生产、销售，并处违法生产、销售产品货值金额百分之三十以下的罚款；有违法所得的，并处没收违法所得。

第五十五条 销售者销售本法第四十九条至第五十三条规定禁止销售的产品，有充分证据证明其不知道该产品为禁止销售的产品并如实说明其进货来源的，可以从轻或者减轻处罚。

第五十六条 拒绝接受依法进行的产品质量监督检查的，给予警告，责令改正；拒不改正的，责令停业整顿；情节特别严重的，吊销营业执照。

第五十七条 产品质量检验机构、认证机构伪造检验结果或者出具虚假证明的，责令改正，对单位处五万元以上十万元以下的罚款，对直接负责的主管人员和其他直接责任人员处一万元以上五万元以下的罚款；有违法所得的，并处没收违法所得；情节严重的，取消其检验资格、认证资格；构成犯罪的，依法追究刑事责任。

产品质量检验机构、认证机构出具的检验结果或者证明不实，造成损失的，应当承担相应的赔偿责任；造成重大损失的，撤销其检验资格、认证资格。

产品质量认证机构违反本法第二十一条第二款的规定，对不符合认证标准而使用认证标志的产品，未依法要求其改正或者取消其使用认证标志资格的，对因产品不符合认证标准给消费者造成的损失，与产品的生产者、销售者承担连带责任；情节严重的，撤销其认证资格。

第五十八条　社会团体、社会中介机构对产品质量作出承诺、保证，而该产品又不符合其承诺、保证的质量要求，给消费者造成损失的，与产品的生产者、销售者承担连带责任。

第五十九条　在广告中对产品质量作虚假宣传，欺骗和误导消费者的，依照《中华人民共和国广告法》的规定追究法律责任。

第六十条　对生产者专门用于生产本法第四十九条、第五十一条所列的产品或者以假充真的产品的原辅材料、包装物、生产工具，应当予以没收。

第六十一条　知道或者应当知道属于本法规定禁止生产、销售的产品而为其提供运输、保管、仓储等便利条件的，或者为以假充真的产品提供制假生产技术的，没收全部运输、保管、仓储或者提供制假生产技术的收入，并处违法收入百分之五十以上三倍以下的罚款；构成犯罪的，依法追究刑事责任。

第六十二条　服务业的经营者将本法第四十九条至第五十二条规定禁止销售的产品用于经营性服务的，责令停止使用；对知道或者应当知道所使用的产品属于本法规定禁止销售的产品的，按照违法使用的产品（包括已使用和尚未使用的产品）的货值金额，依照本法对销售者的处罚规定处罚。

第六十三条　隐匿、转移、变卖、损毁被市场监督管理部门查封、扣押的物品的，处被隐匿、转移、变卖、损毁物品货值金额等值以上三倍以下的罚款；有违法所得的，并处没收违法所得。

第六十四条　违反本法规定，应当承担民事赔偿责任和缴纳罚款、罚金，其财产不足以同时支付时，先承担民事赔偿责任。

第六十五条　各级人民政府工作人员和其他国家机关工作人员有下列情形之一的，依法给予行政处分；构成犯罪的，依法追究刑事责任：

（一）包庇、放纵产品生产、销售中违反本法规定行为的；

（二）向从事违反本法规定的生产、销售活动的当事人通风报信，帮助其逃避查处的；

（三）阻挠、干预市场监督管理部门依法对产品生产、销售中违反本法规定的行为进行查处，造成严重后果的。

第六十六条　市场监督管理部门在产品质量监督抽查中超过规定的数量索取样品或者向被检查人收取检验费用的，由上级市场监督管理部门或者监察机关责令退还；情节严重的，对直接负责的主管人员和其他直接责任人员依法给予行政处分。

第六十七条　市场监督管理部门或者其他国家机关违反本法第二十五条的规定，向社会推荐生产者的产品或者以监制、监销等方式参与产品经营活动的，由其上级机关或者监察机关责令改正，消除影响，有违法收入的予以没收；情节严重的，对直接负责的主管人员和其他直接责任人员依法给予行政处分。

产品质量检验机构有前款所列违法行为的，由市场监督管理部门责令改正，消除影响，有违法收入的予以没收，可以并处违法收入一倍以下的罚款；情节严重的，撤销其质量检验资格。

第六十八条　市场监督管理部门的工作人员滥用职权、玩忽职守、徇私舞弊，构成犯罪的，依法追究刑事责任；尚不构成犯罪的，依法给予行政处分。

第六十九条　以暴力、威胁方法阻碍市场监督管理部门的工作人员依法执行职务的，依法追究刑事责任；拒绝、阻碍未使用暴力、威胁方法的，由公安机关依照治安管理处罚法的规定处罚。

第七十条 本法第四十九条至第五十七条、第六十条至第六十三条规定的行政处罚由市场监督管理部门决定。法律、行政法规对行使行政处罚权的机关另有规定的，依照有关法律、行政法规的规定执行。

第七十一条 对依照本法规定没收的产品，依照国家有关规定进行销毁或者采取其他方式处理。

第七十二条 本法第四十九条至第五十四条、第六十二条、第六十三条所规定的货值金额以违法生产、销售产品的标价计算；没有标价的，按照同类产品的市场价格计算。

第六章 附则

第七十三条 军工产品质量监督管理办法，由国务院、中央军事委员会另行制定。

因核设施、核产品造成损害的赔偿责任，法律、行政法规另有规定的，依照其规定。

第七十四条 本法自1993年9月1日起施行。

公安部发布整治食品安全问题十大典型案例

1. 山东烟台侦破“11·27”系列制售假酒案

2019年9月，烟台市公安局破获系列制售假酒案，捣毁制售窝点20个，抓获犯罪嫌疑人51名，现场查获假冒某知名品牌葡萄酒5.5万瓶、包材50万套。经查，2017年10月以来，犯罪嫌疑人刘某某等从天津、深圳等地购进假冒某知名品牌酒塞、酒标，在黑窝点灌装加工假冒葡萄酒进行销售。公安机关循线深挖，先后破获宋某某等销售假酒案、天津吉旺工贸有限公司非法制造假冒注册商标标识案、郑某某等制售假冒葡萄酒案等系列案件，总涉案金额达5亿余元。

2. 四川南充侦破李某森等制售假劣饮料案

2019年9月，南充市公安局破获一起制售伪劣产品案，捣毁窝点4个，现场查获假冒某功能饮料16.8万罐、用于制造假冒饮料的罐体200万个、盖体400万个。经查，2017年以来，李某森犯罪团伙为谋取高额利润，从各地购买食品添加剂等原材料，从广东、湖北购买包装材料，生产假冒10余个国内知名品牌饮料，并在四川成都先后注册“泰牛牛”“红泰牛”国际贸易公司作为掩护进行非法销售，涉案金额近2亿元。

3. 黑龙江齐齐哈尔侦破李某等制售有毒有害减肥食品案

2019年10月，齐齐哈尔市公安局破获一起制售有毒有害减肥食品案，捣毁窝点6处，抓获犯罪嫌疑人10名，现场查获减肥食品1 700余盒、各类胶囊片剂44万余粒、西布曲明40公斤、酚酞2.5千克以及大量包材等物品。经查，2018年3月以来，犯罪嫌疑人李某等从河北购进含有西布曲明的片剂，从广东购进包材，在河南组装加工成减肥食品“艾洛美牌纤SO片压片糖果”，通过微信、物流方式销往各地，涉案金额达1亿元。

4. 上海宝山侦破“8·9”制售假冒品牌水产品案

2019年10月，上海市公安局宝山分局破获一起生产、销售伪劣产品案，抓获犯罪嫌疑人12人，捣毁生产、销售窝点9处，现场查获假冒“吉娜朵”品牌生蚝1 000余只、假冒“吉娜朵”品牌标签、包装盒2万余件。经查，2018年4月以来，犯罪嫌疑人雷某、董某等在上海浦东注册成立上海蚝锦食品贸易有限公司，先后通过国际物流从爱尔兰、韩国等地以14至17元不等价格购入普通生蚝，用光雕机在生蚝外壳刻上“G”（“吉娜朵”）字样，同时委托江西吉安的包材生产窝点印制假冒“吉娜朵”品牌的包材，在上海包装加工后，以28至35元的价格销售给分销商，涉案金额达4 000余万元。

5. 河北衡水查处未经许可生产假冒橄榄油案

2019年8月20日，河北省衡水市市场监管局冀州区局南午村分局在开展整治食品安全问题联合行动检查中发现，南午村镇东北角村鹏鑫粮棉厂北侧的库房内存有食用油灌装生产线一条和大豆油、“太阳树”特级初榨橄榄油、包装箱、标签等物品若干。执法人员随即对现场予以查封，抽调执法骨干组成专案小组开展现场核查。经过连夜调查核实，当事人周某荣在未取得食品生产经营许可的条件下，先后在廊坊市和衡水市冀州区进行灌装、贴标、装盒、封箱，之后附上伪造的进口报关单、入境检验检疫合格证制成假冒橄榄油成品，从事食品生产经营活动，现场查获物品生产经营货值金额共计267 470元，涉案金额达2 000余万元。本案已向公安部门进行移交，并将按规定在刑事处罚后做出行政处罚。

6. 浙江金华查处有毒有害“悍马糖”案

2019年2月底，浙江省金华市市场监管局发现有人通过微信、淘宝等手段销售一款声称来自马来西亚的进口糖果（名为“悍马糖”），声称具有保健功效、能有效提升男性性功能。金华市市场监管局通过多种渠道购买样品并开展检测。经过排查，锁定深圳及金华两家淘宝网店销售的“悍马糖”产品，并把在售的5种“悍马糖”产品送检。经检验，确定含有他达拉非及其衍生物去甲基他达拉非的西药成分，为有毒有害食品。

金华市市场监管局联合公安机关成立专案组，经过专案经营，基本查清了以深圳彭某翔为主共四个层级的犯罪网络，并于2019年10月组织执法人员分别在广州、深圳、东莞、揭阳、苏州等地开展集中统一收网行动，共依法刑拘10人，捣毁生产、销售窝点6处，现场查获10个品种共计200余箱，总计2吨多的非法添加药物成分的有毒有害食品（糖果类）。经查，2010年以来，彭某翔等人向上家匡某采购“悍马糖”，并通过淘宝、微信等网络，将“悍马糖”非法销往浙江、江苏、福建、上海、北京等20余省市，总涉案金额达2 000余万元。

7. 湖南长沙查处富迪健康科技有限公司虚假宣传案

2019年3月，湖南省长沙市开福区市场监管局接举报，反映富迪健康科技有限公司在当地酒店召开业绩表彰大会，会议过程中该公司实际控制人在会上宣称国家领导人服用该公司产品等内容涉嫌虚假宣传。湖南省长沙市开福区市场监管局迅速对当事人立案调查。经查，当事人在大会上假称国家领导人服用其“富迪小分子肽”产品、并假称国家部委负责人称赞该产品效果的事实属实，违反了《反不正当竞争法》第八条规定，构成对其商品作虚假的商业宣传的违法行为。2019年6月，湖南省长沙市开福区市场监管局依据《反不正当竞争法》第二十条下达处罚决定，责令当事人停止虚假宣传行为，并处罚款200万元。

8. 上海查处上海马利来实业有限公司发布违法广告案

上海马利来实业有限公司通过经营场所的广告牌、官方网站、微信公众号等媒介发布普通食品“KI多醣体”等产品的广告，包含“KI多醣体能深度解肝毒，火花干细胞，让肝细胞再生，所有慢性肝病包括乙肝大小三阳、脂肪肝、酒精肝、肝硬化、肝腹水、肝癌都有调理好的成功案例”等疾病预防、治疗功能以及谎称取得专利权等内容，并在产品未取得“有机”认证的情况下，在产品外包装上宣传标注“有机”字样。当事人行为违反了《广告法》第九条第（三）项、第十二条第二款、第十七条、第二十八条第一款、第二款第（二）项、第（五）项及《有机产品认证管理办法》第三十五条第一款第（一）项的规定。依据《广告法》第五十五条第一款、第五十八条第一款第（二）项、第五十九条第一款第（三）项、《有机产品认证管理办法》第五十条的规定，上海市松江区市场监督管理局做出行政处罚，责令停止发布违法广告，并处罚款50万元。

9. **甘肃金昌查处马某某在洋葱种植过程中违法使用甲拌磷案**

2019年7月3日，甘肃省金昌市金川区农业农村局接到群众举报，反映金川区双湾镇营盘村将土地流转给民勤县村民种植洋葱，每晚向田地浇水时喷洒甲拌磷（俗称“3911”）。金川区农产品质量安全监督站相关工作人员随后开展多次调查，发现有3名农民在用农药喷施机械喷施农药，在其农用车内发现甲拌磷农药空瓶20个，地面有遗弃的农药瓶盖，空气中弥漫着浓烈的刺激性气味。经调查，种植户马某某在所种植的洋葱地块内违法使用了甲拌磷农药。7月18日，金川区农业农村局将案件相关证据移交公安机关查处。

10. **青岛查处制售假农药“黑窝点”案**

2019年5月，青岛市农业农村局根据线索，联合青岛市公安局城阳分局和城阳区综合行政执法局，在河南省郑州市郊区捣毁一个制售假农药的“黑窝点”。现场查获各类农药原料、农药成品7吨及大量生产设备、产品包装、农药图册等，当场抓获造假犯罪嫌疑人7人。经检测，22种农药成品含有违禁成分。经公安机关认定，涉案金额达一千多万元，产品销售涉及全国所有省份。目前，7名犯罪嫌疑人已有3人被批捕，4人取保候审，案件正在进一步审理过程中。

来源：公安部网站

习 题

一、单项选择题

1. 推广先进的质量管理经验和科学的质量管理方法，承办建立重大工程设备质量监理制度有关事宜，实施缺陷产品召回制度，以上职能的行使部门是（　　）。

A. 计量司　　B. 质量管理司

C. 特种设备安全监察司　　D. 产品质量监督司

2. 产品强制性质量认证是国家市场监督管理总局授权（　　）进行主管的。

A. 质量管理司　　B. 中国认证认可监督管理委员会

C. 产品质量监督司　　D. 中国认证认可协会

3. 国家已经废除了免检制度的产品是（　　）。

A. 钢铁　　B. 医疗器械　　C. 电器　　D. 食品

4. 食品的流通环节应由（　　）部门监管。

A. 技术监督局　　B. 工商局　　C. 农业局　　D. 卫生局

5. 以下不属于监督抽查对象的是（　　）。

A. 化妆品　　B. 医疗器械　　C. 家用电器　　D. 水杯

二、多项选择题

1. 下面关于质量监督说法正确的是（　　）。

A. 质量监督的对象是“实体”

B. 质量监督的目的是确保满足规定的要求

C. 质量监督的手段是“监视、验证、记录和分析”

D. “车同轨、书同文、统一度量衡”中也包含质量监督的内容

2. 质量监督的基本特征是（　　）。

A. 以技术为依托

B. 以质量为中心

C. 政府质量技术监督部门履行综合管理和行政执法两大职能

D. 监督与服务相结合

3. 免检企业应具备的基本条件有（　　）。

A. 申报产品必须在申报前连续稳定生产两年以上，两年内未出现产品质量事故，出口产品未出现检验不合格情况

B. 产品市场占有率和企业经济效益位于本行业全国前列

C. 产品在全国省级以上质量技术监督部门近年内组织的监督检查中连续 3 次以上（含 3 次）均为合格

D. 企业规模为 1 000 人以上

4. 《特种设备安全监察条例》主要特点有（　　）。

A. 监督机构负责制　　B. 强调安全第一

C. 统一监管　　D. 综合治理

5. 《产品质量法》颁布的意义有（　　）。

A. 加强对产品质量的监督管理，提高产品质量水平

B. 明确产品质量责任，保护消费者的合法权益

C. 维护社会经济秩序

D. 以上都不对

三、判断题

1. 质量监督中不包括自我监督。

2. 对于免检企业就不实施抽查了。

3. 国家主要对影响国计民生的产品进行抽查，其他的就不实施抽查制度了。

4. 食品企业抽查由卫生部门进行。

5. 食品安全风险评估机制的建立是新的《食品安全法》提出的。

6. 工业产品生产许可证管理，遵循科学公正、公开透明、程序合法、便民高效的原则。

7. 产品质量申诉是由用户和消费者对产品进行监督的重要形式。

8. 国家市场监督管理总局应当汇总分析监督抽查结果，并向社会公布。

四、简答题

1. 什么是质量监督？

2. 产品质量仲裁检验和质量鉴定有什么不同？

3. 哪些设备属于特种设备？

4. 我国的食品安全组织机构和职责是怎样的？

5. 企业获得生产许可证应具备的基本条件有哪些？

五、论述题

1. 试论述我国实施生产许可制度的重要意义。

2. 论述产品质量法主要有哪些内容。

参考文献

[1] 埃文斯，林赛．质量管理与质量控制[M]．北京：中国人民大学出版社，2010.
[2] 张根保，保桢，刘英．质量管理与可靠性[M]．北京：中国科学技术出版社，2009.
[3] 米切尔．质量管理[M]．雷秀云，译．上海：上海交通大学出版社，2006.
[4] 宋明顺．质量管理学[M]．3 版．北京：科学出版社，2017.
[5] 严莉莉，鲍安平．质量检验与品质管理[M]．3 版．北京：电子工业出版社，2020.
[6] 贾新章，游海龙，顾铠，等．统计过程控制理论与实践[M]．3 版．北京：电子工业出版社，2017.
[7] 菲茨西蒙斯．服务管理、运作、战略与信息技术[M]．7 版．北京：机械工业出版社，2013.
[8] 龚益鸣．质量管理学[M]．3 版．上海：复旦大学出版社，2008.
[9] 李京斌．工厂质量控制精细化管理手册[M]．北京：人民邮电出版社，2010.
[10] 韩福荣．现代质量管理学[M]．3 版．北京：机械工业出版社，2019.
[11] 匹兹德克．六西格玛项目译者[M]．北京：电子工业出版社，2005.
[12] 中国质量协会．质量经理手册[M]．北京：中国人民大学出版社，2010.
[13] 刘晓论，柴邦衡．ISO 9001:2015 质量管理体系文件[M]．2 版．北京：机械工业出版社，2017.
[14] 方圆标志认证集团有限公司．2015 版 ISO 9001 质量管理体系内审员培训教程[M]．北京：中国质检出版社，2016.
[15] 柴邦衡，刘晓论．ISO 9001:2008 质量管理体系文件[M]．北京：机械工业出版社，2009.
[16] 谭洪华．ISO 9001:2015 新版质量管理体系详解与案例文件汇编[M]．北京：中华工商联合出版社，2016.